Werner Abriß, Christel Bendfeld, Sabine Gans

Wirtschafts- und Betriebslehre für die Berufsfachschule

Technik und Naturwissenschaften
Ausgabe NRW

1. Auflage

Bestellnummer 60250

Bildungsverlag EINS

Die in diesem Produkt gemachten Angaben zu Unternehmen (Namen, Internet- und E-Mail-Adressen, Handelsregistereintragungen, Bankverbindungen, Steuer-, Telefon- und Faxnummern und alle weiteren Angaben) sind i. d. R. fiktiv, d. h., sie stehen in keinem Zusammenhang mit einem real existierenden Unternehmen in der dargestellten oder einer ähnlichen Form. Dies gilt auch für alle Kunden, Lieferanten und sonstigen Geschäftspartner der Unternehmen wie z. B. Kreditinstitute, Versicherungsunternehmen und andere Dienstleistungsunternehmen. Ausschließlich zum Zwecke der Authentizität werden die Namen real existierender Unternehmen und z. B. im Fall von Kreditinstituten auch deren IBANs und BICs verwendet.

Die in diesem Werk aufgeführten Internetadressen sind auf dem Stand zum Zeitpunkt der Drucklegung. Die ständige Aktualität der Adressen kann vonseiten des Verlages nicht gewährleistet werden. Darüber hinaus übernimmt der Verlag keine Verantwortung für die Inhalte dieser Seiten.

service@bv-1.de
www.bildungsverlag1.de

Bildungsverlag EINS GmbH
Ettore-Bugatti-Straße 6-14, 51149 Köln

ISBN 978-3-427-**60250**-7

Vorwort

Liebe Schülerinnen und Schüler,

mit diesem Lern- und Arbeitsbuch liegt Ihnen ein schülernahes, verständliches und methodisch klar gegliedertes Unterrichtswerk vor.

Wie ist dieses Lern- und Arbeitsbuch grafisch gestaltet?
Das Layout (= Text- und Bildgestaltung) soll dazu beitragen, Ihnen die unterschiedlichen Lerninhalte anschaulich zu vermitteln.

Das vorliegende Unterrichtswerk ist in **sieben** verbindliche, wirtschaftliche **Anforderungssituationen** gegliedert, die durch unterschiedliche Farben gekennzeichnet sind.

Das **handlungs- und kompetenzorientierte Lehr- und Arbeitsbuch** entspricht dem seit 2015 gültigen Bildungsplan zur Erprobung für die Bildungsgänge der Berufsfachschule, die zu beruflichen Kenntnissen, Fähigkeiten und Fertigkeiten und Abschlüssen der Sekundarstufe I führen (Bildungsgänge der Anlage B APO-BK, Fachbereich: Technik/Naturwissenschaften).

Die **einjährigen Bildungsgänge** der Berufsfachschule bereiten auf die Aufnahme einer Berufsausbildung im jeweiligen Fachbereich vor und ermöglichen den Absolventinnen und Absolventen den Einstieg in die Erwerbstätigkeit oder Berufsausbildung. Der theoretische Kompetenzerwerb wird unterstützt durch betriebliche Praktika.

Absolventinnen und Absolventen der **zweijährigen doppeltqualifizierenden Bildungsgänge** erreichen durch die integrierten Theorie- und Praxisanteile Kompetenzen, die einen unmittelbaren Einstieg in die Erwerbstätigkeit ermöglichen.

Um den unterschiedlichen Ansprüchen der beiden Bildungsgänge gerecht zu werden, sind die Aufgaben am Ende der jeweiligen Anforderungssituation zweigeteilt. Die grün unterlegten Fragen sind **Basisaufgaben**, die blau unterlegten Fragen erfordern ein **erweitertes** und **intensiveres Auseinandersetzen** mit dem Fragekomplex.

Der neue Bildungsplan Nordrhein-Westfalens fordert im Fach Wirtschafts- und Betriebslehre, dass die Schülerinnen und Schüler **Kompetenzen** (= Fähigkeiten) und **Fertigkeiten** entwickeln, um einen wirtschaftlichen Sachverhalt **aus verschiedenen Perspektiven** (= Blickrichtungen) beschreiben und beurteilen zu können. Die Blickrichtungen sind:

- die Perspektive der Konsumentin (= Verbraucherin)/des Konsumenten
- die Perspektive der Unternehmerin/des Unternehmers
- die Perspektive der Arbeitnehmerin/des Arbeitnehmers

Als Schüler/-in sollen Sie dazu veranlasst werden, entscheidende Fragen und Problemstellungen, z. B. der Berufsausbildung, der Produktion in den Betrieben, des Vertragsrechts usw., aus **bis zu dreifacher Sicht und Interessenlage** zu betrachten. Dadurch sollen Sie befähigt werden, mithilfe realistischer Fallbeispiele, einen betriebs- oder volkswirtschaftlichen Tatbestand aus unterschiedlichen Blickwinkeln zu **analysieren** und zu **beurteilen**. Dazu gehört, dass Sie, entsprechend den Forderungen des sog. **Deutschen Qualifikationsrahmens (DQR)** bereit sind, lebenslang zu lernen, um den Anforderungen und dem ständigen Wandel der Lebens- und Arbeitswelt gewachsen zu sein.

Die Fragen am Ende der jeweiligen Anforderungssituation sind gemäß der Struktur und den Kompetenzkategorien des DQR viergeteilt. Die Kategorien der **Fachkompetenz und der personalen Kompetenz** werden differenziert in **Wissen** und **Fertigkeiten** bzw. in **Soziale Kompetenz** und **Selbstständigkeit** und sind dementsprechend farbig gekennzeichnet.

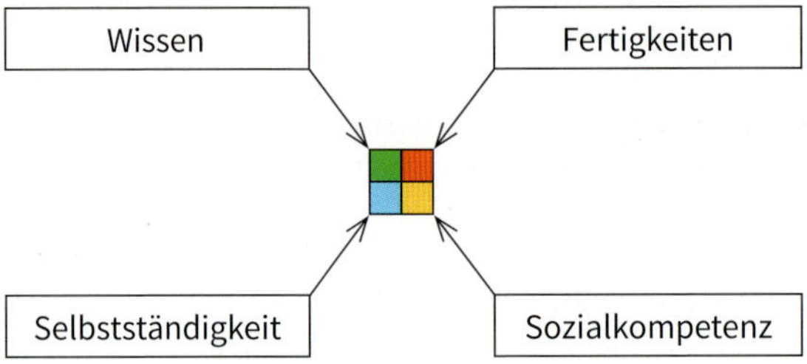

Grundsätzlich haben die vier im Lehrplan geforderten Kompetenzen eine feste Stellung im Kompetenzquadrat, der auch jeweils eine unterschiedliche Farbe zugeordnet wird.

Kompetenzen, die in einer Aufgabe nicht den Schwerpunkt bilden oder nur am Rande gestreift werden, werden farbig nicht hinterlegt.

Aus Gründen der besseren Lesbarkeit wird bei geschlechtsspezifischen Bezeichnungen in vielen Fällen ausschließlich die männliche Form gewählt.

Autoren und Verlag sind für Kritik und Anregungen dankbar und würden sich über Rückmeldungen zu diesem Buch unter der Mailadresse service@bv-1.de freuen.

Inhaltsverzeichnis

Anforderungssituation 1
Geschäftsideen entwickeln und Parameter der Unternehmensgründung festlegen

Anforderungssituation 2
Die Beschaffung in einem Unternehmen planen und Aufträge bearbeiten

Anforderungssituation 3
Produktionsfaktoren wirtschaftlich einsetzen und alternative Fertigungsverfahren kennen

Anforderungssituation 4 Marketingmix aufgrund unterschiedlicher Marktbedingungen erarbeiten

Anforderungssituation 5 Personalwirtschaftliche Entscheidungen beschreiben und daraus den eigenen Berufsweg planen

Anforderungssituation 6
Die Notwendigkeit von Investitionen und deren Finanzierung erkennen

Anforderungssituation 7
Schwankungen der gesamtwirtschaftlichen Aktivitäten erklären

Anforderungssituation 1

Geschäftsideen entwickeln und Parameter der Unternehmensgründung festlegen

1

Kompetenzen

In dieser Anforderungssituation entwickeln Sie realistische Geschäftsideen, legen ausgewählte Parameter (= Kriterien) der Unternehmensgründung fest und ordnen das Unternehmen in den volkswirtschaftlichen Zusammenhang ein.

Im Team entwickeln Sie eine Geschäftsgrundlage, formulieren verschiedene Unternehmensziele und berücksichtigen dabei auch Aspekte der Nachhaltigkeit, wobei Sie mögliche Zielkonflikte entdecken. Das Unternehmen soll im gesamtwirtschaftlichen Kontext (= Wirtschaftskreislauf) dargestellt werden.

Bei den verschiedenen Voraussetzungen zur Unternehmensgründung soll der Businessplan eine besondere Rolle spielen. Hierzu können unterschiedliche Beratungsangebote von staatlichen oder privaten Anbietern genutzt werden. Sie vergleichen die infrage kommenden Rechtsformen eines jungen Unternehmens und wägen deren Vor- und Nachteile gegeneinander ab.

Abschließend werden Sie in der Lage sein, die Organisation eines Betriebs am Beispiel Ihres Praktikumsbetriebs zu beschreiben, wobei Wert auf das Umweltmanagement sowie auf den Arbeits- und Gesundheitsschutz gelegt werden sollte.

Einstiegssituation:

Der 24-jährige Kfz-Mechatroniker Marc Röder arbeitet nach sehr gut bestandener Gesellenprüfung in der Kfz-Werkstatt seines 62-jährigen Onkels Werner Groß. Die Büroarbeit/Buchhaltung wird von dessen Ehefrau Ellen erledigt. In der Werkstatt sind noch ein weiterer Geselle, Robin Wildner, mit dem Marc befreundet ist, und ein Azubi beschäftigt. Herr Groß würde gerne demnächst in Rente gehen und seinen Handwerksbetrieb an einen geeigneten Nachfolger übergeben. Sein Neffe Marc trägt sich schon länger mit dem Gedanken, sich selbstständig zu machen, da er dann „sein eigener Herr sei und sich weiterentwickeln kann“, wie er gegenüber seiner Tante geäußert hat. Dabei fragt er sich, ob er das Ganze eventuell sogar mit seinem Freund Robin angehen sollte und welche Chancen oder auch Risiken bei der Übernahme des florierenden Reparaturbetriebs auf ihn bzw. auf sie beide zukommen würden.

Aufgaben

1. ***Versetzen Sie sich in die Lage des Kraftfahrzeugmechatronikers Marc Röder und legen Sie anhand der verschiedenen Fallbeispiele im Laufe des gesamten Kapitels dar, wie Sie sich jeweils verhalten hätten.***
2. ***Wären Sie bereit, die Kfz-Werkstatt allein oder eventuell mit jemand anderem weiterzuführen? Wie beurteilen Sie das Risiko und die Zukunftschancen bei einer Geschäftsübernahme?***
3. ***Für welche Unternehmensform würden Sie sich bei der Weiterführung der Firma entscheiden? Begründen Sie Ihre jeweilige Entscheidung.***

1.1 Geschäftsideen für ein Unternehmen darstellen

„Wer kein Ziel vor Augen hat, wird seinen richtigen Weg nie finden!“

Diese alte Weisheit ist nach wie vor gültig, insbesondere dann, wenn sich jemand mit dem Gedanken trägt, ein Geschäft zu eröffnen, und damit den Schritt in die Selbstständigkeit wagt.

- Wie sollte sich der Kfz-Geselle Marc Röder verhalten? Stellt diese Firmenübernahme eine einmalige Gelegenheit dar oder sind eventuell andere Geschäftsideen in anderen Branchen bedeutend zukunftsträchtiger? Was dürfte alles auf ihn zukommen, wenn er der Chef ist?
- Kann in Deutschland eigentlich jeder über 18-jährige „Jungunternehmer“ einen Handels-, Handwerks- oder Dienstleistungsbetrieb eröffnen?
- Braucht der Firmengründer (außer dem notwendigen Startkapital) besondere Voraussetzungen, wie Bürgen, Meistertitel usw.?
- Wie könnte eventuell das Unternehmerrisiko begrenzt werden?

Art. 12 GG

Alle Deutschen haben das Recht, Beruf, Arbeitsplatz und Ausbildungsstätte frei zu wählen. Die Berufsausübung kann durch Gesetz […] geregelt werden.

§ 1 GewO

Der Betrieb eines Gewerbes ist jedermann gestattet, soweit nicht durch dieses Gesetz Ausnahmen […] vorgeschrieben […] sind.

Nach Artikel 12 Grundgesetz, nach § 1 der Gewerbeordnung und nach § 2 des Umsatzsteuergesetzes kann in Deutschland grundsätzlich jeder einen Gewerbebetrieb eröffnen, gleichgültig ob im Handwerk, im Handel oder auch in der Industrie. Trotz der bei uns garantierten Berufs- und Gewerbefreiheit ist die Gründung eines Gewerbebetriebs jedoch abhängig von bestimmten Voraussetzungen (siehe Kap. 1.3, S 18 ff.).

Beispiel:
Falls der Kfz-Mechatroniker Marc Röder das Geschäft seines Onkels übernehmen sollte, hätte er gegenüber einer Neugründung verschiedene Vorteile, da das Geschäft „alteingesessen“ und bekannt ist.

1.1.1 Vorteile einer Firmenübernahme

- Es gäbe einen „nahtlosen Übergang“ zum neuen Firmeninhaber und dadurch keine Umsatzeinbußen.
- Die Werkstatt ist in der Region am Markt etabliert und die Konkurrenz/die Mitbewerber sind bekannt.
- Die Geschäftsidee, der Kundenstamm und die Zulieferer sind weiterhin vorhanden.
- Die übernommenen Mitarbeiter kennen das Geschäft und sind eingearbeitet usw.

Trotz dieser Vorteile könnte es vor der Geschäftsübernahme sinnvoll sein, mit dem **Steuerberater** und ggf. auch mit einem **Unternehmensberater** Kontakt aufzunehmen, um sich über den kaufmännischen Erfolg besser zu informieren.

Das Schaubild zeigt, dass vor der Übernahme bzw. einem Beteiligungsvorhaben und insbesondere vor der Neugründung einer Firma umfangreiche Informationen über die persönlichen, finanziellen und rechtlichen Voraussetzungen zusammengetragen werden sollten.

Wer sich mit einer **neuen, innovativen Geschäftsidee** selbstständig machen möchte, muss sich fragen:

- Was ist der Zweck des Vorhabens?
- Was ist das Besondere an der Geschäftsidee?
- Was wird als kurz- und langfristiges Unternehmensziel angestrebt?
- Welches Produkt soll hergestellt, welche Dienstleistung angeboten werden?
- Will man den Betrieb allein oder eventuell mit einem oder gar mehreren Partnern eröffnen?
- Wie ist der Entwicklungsstand des Produkts/der Dienstleistung?
- Wie kann das Produkt sinnvoll vermarktet werden? Spielt dabei der Verkauf/Vertrieb über das Internet eine wichtige Rolle?
- Wie viel Startkapital ist erforderlich? Wie kann ggf. weiteres (Gründungs-)Kapital evtl. auch mithilfe des Internets als sog. Crowdfunding bzw. Crowdinvesting beschafft werden?
- Welche gesetzlichen Formalitäten (z. B. Zulassungen, Genehmigungen) sind zu erledigen usw.?

Wer in heutiger Zeit neue Geschäftsideen sucht, um sich selbstständig zu machen, sollte sich intensiv mit dem gesamten Dienstleistungsbereich beschäftigen. Denn dieser nimmt nach wie vor stark zu und viele Unternehmen lagern Dienstleistungen aus, wodurch neue Geschäftsmöglichkeiten entstehen. Dabei ist wichtig, die Digitalisierung (= Einsatz der Computertechnologie) und den Verkauf über Onlineshops usw. ins Auge zu fassen.

Entscheidend ist die Frage, welche **Unternehmensziele** der Neugründer mit seiner Geschäftsidee anstreben möchte. Eine gute Hilfe auf der Suche nach Geschäftsideen und Zielen stellt das Internet dar. Dort wird oft auch auf US-amerikanische Beispiele wie Onlineversandhäuser, Lebensmittellieferanten über das Internet, das „Teilen" von Autos und Schlafplätzen usw. hingewiesen.

Unter dem Schlagwort „Geschäftsideen" werden im Internet beispielsweise auf www.fuer-gruender.de, www.existenzgruender.de, www.essen.ihk24.de/Existengruendung/Unternehmensgruendung/STARTERCENTER_NRW usw. zahlreiche Ideen und Konzepte dargestellt, die interessierte Unternehmensgründer und -gründerinnen von vornherein mitberücksichtigen sollten.

1.1.2 Wege zur Geschäftsidee

Ob jemand ein Geschäft neu gründet oder eine bestehende Firma übernimmt bzw. weiterführt, hängt von der individuellen Situation ab. Auf dem Weg zu einer Geschäftsidee/Gründung sollten allerdings einige Punkte beachtet werden.

Der Staat hat großes Interesse an neuen Geschäftsideen und -gründungen, da dadurch neue **Arbeitsplätze** geschaffen und **Investitionen** (= Anlage von möglichst langfristigem Kapital) getätigt werden. Daher bietet er für Gründungswillige vielfältige Beratung und Unterstützung an.

Geschäftsideen

- **Innovationen** (= Neuerungen) basieren meist auf jahrelanger Forschungs- und Entwicklungsarbeit, daher kann es sinnvoller sein, bereits vorhandene Produkte oder Dienstleistungen zu verbessern und weiterzuentwickeln. Der MP3-Player wurde z. B. durch eine innovative Benutzerführung zum iPod „aufgerüstet".
- Erfolgreiche **Ideen aus anderen Ländern oder Märkten** können kopiert und übernommen werden. Damit wäre es möglich, bei uns neue Verkaufsmärkte oder Zielgruppen zu erschließen.
- **Marktlücken** kann man **nutzen,** wenn für die Bedürfnisse bestimmter Kunden kein entsprechendes Angebot vorliegt. Marktlücken entstehen, wenn sich Kundenwünsche ändern oder Anbieter vom Markt verschwinden usw.
- **Franchise-Gründer:** Beim Franchising vermietet ein Unternehmer ein erfolgreiches Geschäftskonzept an andere (Neu-)Unternehmer. Gleichzeitig werden neben dem bereits eingeführten Produkt und der Dienstleistung noch Hilfen zur Vermarktung und Beratung angeboten.

1.1.3 Neue Geschäftskonzepte

In allen Wirtschaftsbereichen (Handel, Dienstleistungen, Handwerk, Industrie, freie Berufe usw.) kann es gute Geschäftsideen geben. Im Folgenden werden beispielhaft Möglichkeiten von Neugründungen in den Bereichen Handel, Service und Handwerk aufgeführt.

Geschäftsideen

Handel

- Gründung einer **Einkaufsagentur,** die z. B. Lebensmittelmärkte und ggf. auch Discounter usw. beliefert,
- **Einzelhandelsgeschäft mit „hochwertiger gebrauchter Kleidung"** („Secondhandladen"),
- Onlineshop mit „wieder gefüllten Druckerpatronen" (**„Refill-Shop"**) für Tintendrucker usw.

Service

- Gründung eines **Fahrradkurierdienstes** in einem städtischen Umfeld, wobei auch Einkäufe, Behördengänge getätigt werden können usw.,
- **Aufräum- und Entrümpelungsservice** für Privathaushalte,
- **„Tattoo-Entfernung"**, da zwischenzeitlich viele ihre alten Hautbilder wieder loswerden wollen usw.

Handwerk

- **Mobiler Fahrrad-Reparaturservice,** der zum Kunden kommt,
- **Garten-Rundum-Service,** der sich ganzjährig um Gartenpflege, Rasenschnitt, Bepflanzung usw. kümmert,
- **Wohnungsmodernisierung,** viele ältere Wohnungen benötigen eine Badrenovierung usw.

Bevor eine eventuell „zündende Geschäftsidee" in die Tat umgesetzt werden soll, muss sie untersucht werden auf:

- ihren **Kundennutzen** – spricht man damit auch genug Kunden an?
- ihr sog. **Marktpotenzial** – hat das neue Produkt/die Dienstleistung Wachstumschancen auf dem Markt?

- das Verhalten der **Konkurrenz** – bietet diese evtl. Ähnliches an?
- die **Realisierbarkeit** – stehen genug eigenes oder auch geliehenes Geld, „Know-how“, mögliche Mitarbeiter usw. zur Verfügung?
- das **Alleinstellungsmerkmal** – spricht das neue Angebot einen bestimmten Kundenkreis an?

1.2 Unternehmen im Wirtschaftskreislauf beschreiben

Fallbeispiel:
Noch ist der Geselle Marc Röder Angestellter in der Werkstatt seines Onkels und erhält seinen Stundenlohn für die geleistete Arbeit. Als Gegenleistung dafür stellt er seine Arbeitskraft dem Handwerksunternehmen zur Verfügung. Im Betrieb führt er beispielsweise die Inspektion eines Pkw für einen Kunden durch (= Dienstleistung), der anschließend die Rechnung zu begleichen hat. Damit haben wir die Teilnehmer im Modell des einfachen Wirtschaftskreislaufs, nämlich Unternehmen und private Haushalte.

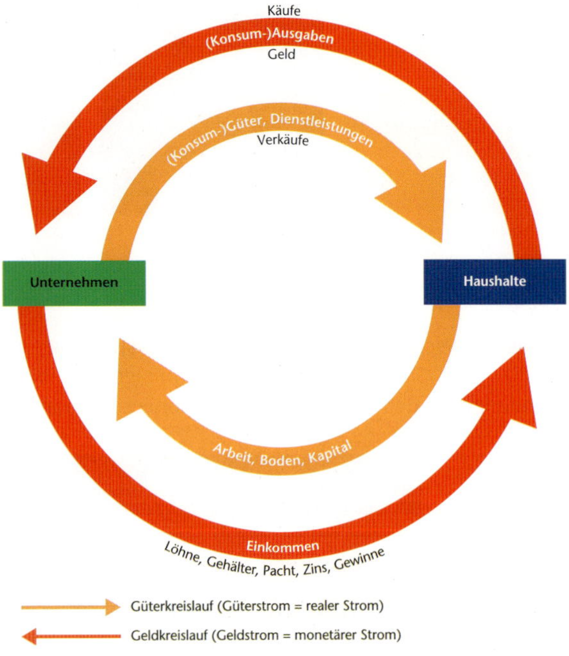

Einfacher Wirtschaftskreislauf (Güter- und Geldkreislauf)

1.2.1 Modell des einfachen Wirtschaftskreislaufs

Der Wirtschaftskreislauf ist eine gedankliche Konstruktion zur Darstellung der Güter- und Geldbewegungen in einer Volkswirtschaft, z. B. in Deutschland. In diesem **Modell** sollen die Zusammenhänge einer arbeitsteiligen Volkswirtschaft veranschaulicht werden. Der einfache Kreislauf besteht nur aus zwei Wirtschaftsakteuren, nämlich den privaten Haushalten und den Unternehmen.

Im **Güterkreislauf** stellen die Privathaushalte den Unternehmen die **Arbeitskraft, den Boden und das Kapital**, z. B. auf dem Arbeitsmarkt, Kapitalmarkt usw., zur Verfügung. Die Unternehmen produzieren Güter, stellen Dienstleistungen zur Verfügung und verkaufen diese an die Haushalte. Die gekauften Güter werden dann in den Haushalten konsumiert (= verbraucht).

Im Geldkreislauf erhalten die Privathaushalte für die „Zurverfügungstellung“ von Arbeitskraft, Kapital usw. von den Unternehmen, gemäß dem Marktwert, **Löhne, Pacht, Gewinne und Zinsen.**

Diese Einnahmen der Haushalte (**Faktoreinkommen**) sind in gleicher Höhe für die Unternehmen Kosten (**Faktorkosten**), da die Betriebe die Produktionsfaktoren einsetzen und „verbrauchen". Die hergestellten Güter/Dienstleistungen werden über die jeweiligen Märkte für Konsumgüter an die Haushalte verkauft. Dadurch fließen dann die Einkommen der Privathaushalte wieder an die Unternehmen zurück.

Der Geldkreislauf bewegt sich gegenüber dem Güterkreislauf immer entgegengesetzt, da Güter mit Geld bezahlt werden. Er beinhaltet die Konsumausgaben und Einkommen der privaten Haushalte, die dann zu Einnahmen/Erlösen/Gewinnen der Betriebe führen.

Im modellhaft dargestellten einfachen Wirtschaftskreislauf fehlen weitere Bestandteile wie Banken, der Staat und das Ausland, die das Wirtschaftsleben ebenfalls stark beeinflussen. Diese zusätzlichen Faktoren zählen zum erweiterten oder auch offenen Wirtschaftskreislauf.

1.2.2 Modell des erweiterten Wirtschaftskreislaufs

Fallbeispiel:
Die Werkstatt, die Marc Röder übernehmen möchte, liegt nahe der niederländischen Grenze, daher kommen auch ausländische Kunden in den Betrieb und lassen Reparaturen durchführen. Die fälligen Rechnungsbeträge werden dann über niederländische Banken auf das Geschäftskonto in Deutschland überwiesen. Nachdem größere Schäden an zwei Limousinen repariert wurden, diskutiert Marc mit seinem Onkel über mögliche Gewinne, die sein Geschäft im Jahresverlauf abwirft. Dabei verdeutlicht ihm Werner Groß, dass er von den Einnahmen zuerst einmal die 19-prozentige Mehrwertsteuer an das Finanzamt weitergeben muss und dann den verbleibenden Gewinn noch zu versteuern hat. Zusätzlich muss er noch Gewerbesteuer an die Kommune/Stadt abführen.

Das Beispiel verdeutlicht, dass in einer realistischen Wirtschaft die Sektoren Ausland, Banken (= Kapitalsammelstellen) und Staat unentbehrlich sind.

Im erweiterten Wirtschaftskreislauf spielen die **Banken** eine wichtige Rolle, da die Unternehmen Kredite für neue Investitionen erhalten oder auch ihre Rücklagen bei den Banken/Sparkassen oder auch Versicherungen verzinst bekommen. Das Gleiche gilt für die Privathaushalte und den Staat, die ebenfalls Kredite erhalten bzw. ihre Ersparnisse/Einlagen bei Banken hinterlegen.

Dem **Staat** (Bund, einschließlich Sozialversicherungen, Länder und Gemeinden) fließen die Steuermittel zu, d. h. direkte und indirekte Steuern sowohl von den Haushalten (Lohnsteuer, Verbrauchsteuer usw.) als auch von den Unternehmen

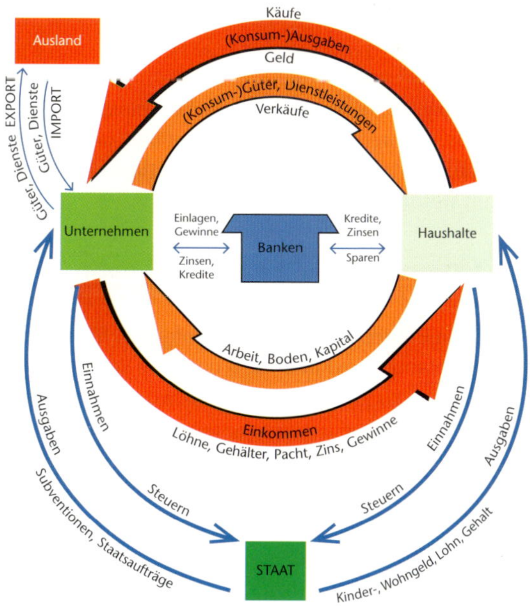

Erweiterter Wirtschaftskreislauf mit Haushalten, Unternehmen, Banken, Staat und Auslandsbeziehungen

(Umsatzsteuer, Körperschaftsteuer usw.). Gleichzeitig unterstützt er die Haushalte durch sog. Transferzahlungen (Kindergeld, Arbeitslosengeld usw.) und Unternehmen durch Subventionen oder öffentliche Aufträge wie den Straßenbau o. Ä.

In unserer globalisierten Welt spielt der Handel mit dem **Ausland** eine besondere Rolle. Zahlreiche Sachgüter und Dienstleistungen werden exportiert, dafür fließen Devisen (= ausländische Zahlungsmittel) zu einheimischen Unternehmen. Beim gegenläufigen Zahlungsstrom müssen inländische Firmen für importierte Güter (Rohstoffe, Halbfertigwaren usw.) Geld ins Ausland überweisen (Importzahlungen).

1.3 Voraussetzungen einer Unternehmensgründung ermitteln

Fallbeispiel:
Marc Röder hat nach seiner überdurchschnittlichen mittleren Reife die Ausbildung zum Kfz-Mechatroniker begonnen und diese mit Auszeichnung beendet. Seitdem arbeitet er engagiert im Betrieb seines Onkels mit. Zu den anderen Mitarbeitern und zu den Kunden hat er ein gutes Verhältnis. Privat ist er Jugendtrainer in einem Fußballclub und mit der 23-jährigen Jessica verlobt. Zwischenzeitlich ist sein Wunsch, die Werkstatt von Werner Groß eigenverantwortlich weiterzuführen, immer größer geworden. Allerdings ist er sich noch nicht im Klaren darüber, ob er die Firma allein übernehmen oder evtl. doch noch seinen Freund Robin „mit ins Boot nehmen" soll. Obwohl er weiß, dass die Neugründung einer Firma bedeutend risikoreicher als die Weiterführung eines Betriebs ist, denkt er gemeinsam mit seiner Verlobten darüber nach, ob er die Voraussetzungen erfüllt, ein Handwerksunternehmen erfolgreich führen zu können.

§ 2 Umsatzsteuergesetz

(1) Unternehmer ist, wer eine gewerbliche oder berufliche Tätigkeit selbstständig ausübt. […]

Der Sprung in die unternehmerische Selbstständigkeit beinhaltet ein großes Risiko. Um später nicht zu scheitern, müssen **persönliche** und **fachliche Qualifikationen** vorhanden sein und **(betriebs-)wirtschaftliche** sowie **rechtliche** Voraussetzungen eines solchen Start-ups intensiv geprüft werden.

1.3.1 Persönliche Voraussetzungen

Wer einen Betrieb gründen und erfolgreich führen will, muss sich über seine **eigene Lebens- und Familienplanung** im Klaren sein und eine Reihe **persönlicher Eigenschaften** mitbringen. Denn eine eigene Firma zu gründen und verantwortlich zu führen, ist anspruchsvoll. Persönliche Voraussetzungen sind:

- ausgezeichnete Fachkenntnisse,
- gute Allgemeinbildung,
- kaufmännische Qualifikation,
- Bereitschaft zum Risiko,
- Menschenkenntnis,
- Kreativität,
- gute Umgangsformen,
- Leistungsmotivation und Führungswille,
- Organisationstalent,
- Befähigung zu vorausschauender Planung,
- Belastbarkeit unter Druck,
- Kommunikations- und Kompromissfähigkeit,
- Verhandlungsgeschick,
- Entscheidungsfreude
- Realitätssinn usw.

Zu einer Geschäftsgründung gehört eine intensive und **systematische Planung.** Dazu bietet das Land Nordrhein-Westfalen beispielsweise ein sog. STARTER-Paket mit Informationsmaterialien zur Existenzgründung in verschiedenen „Startercentern“ an. Diese 77 Startercenter werden meist von den Handwerks- oder Industrie- und Handelskammern getragen. Sie bieten unter der Webadresse www.startercenter.nrw.de Seminare und persönliche Beratungsgespräche an und geben Informationen über **Chancen, Risiken und Konsequenzen** des „Sich-selbstständig-Machens“.

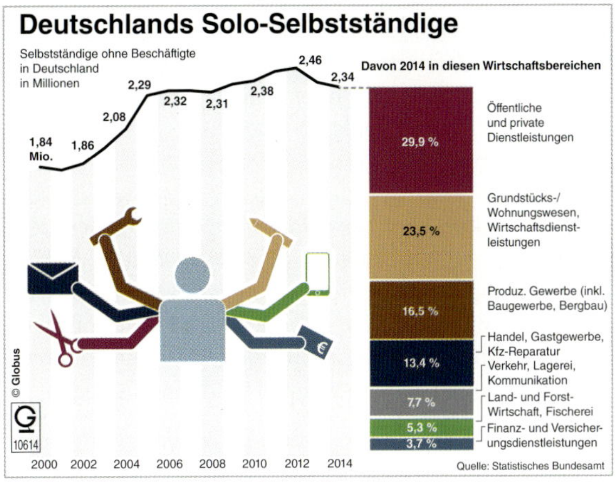

1.3.2 Sachliche und betriebswirtschaftliche Voraussetzungen

Neben den persönlichen Eigenschaften spielen die fachlichen Qualifikationen eine wichtige Rolle. Wer ein Geschäft gründet, der muss wissen, welche **Qualifikations- und Zulassungsvoraussetzungen,** wie z. B. ein Meisterbrief im Handwerk, die Zulassungsbescheinigung bei Gastwirten usw., in seiner Branche erforderlich sind.

Zusätzlich muss ein künftiger Unternehmer über **betriebswirtschaftliches und kaufmännisches Wissen** verfügen, um die Übersicht über sämtliche Kosten, Umsätze und Erträge zu behalten und die Bücher korrekt zu führen.

Weitere Faktoren, die bei Unternehmensgründungen wichtig sind:

Marktuntersuchung (Marktanalyse, siehe auch Seite 252)

Wer als Selbstständiger seine überzeugende **Geschäftsidee** auf dem Markt umsetzen will, sollte vorher durch **Untersuchungen** klären, ob die Kunden auch bereit sind, seine Güter zu kaufen bzw. seine Dienstleistungen in Anspruch zu nehmen. Ebenso ist es wichtig, die **Konkurrenz** und deren Produkte, Preisgestaltung, Internetauftritt usw. zu kennen. Außerdem sollte man die **Zukunftsaussichten** der Branche einschätzen können, die **Standortfaktoren** beachten (siehe Schaubild) und einen sog. **Businessplan** (= Unternehmenskonzept) mit Investitions- und Finanzierungsplan erstellen.

Eine weitere wichtige Rolle können Lohnkosten, Grundstückspreise, Ansiedlungsbeihilfen, Steuern, Abgaben, erforderliche Versicherungen, Umweltauflagen usw. spielen.

Untersuchungen über den Kapitalbedarf
Beim Businessplan ist besonders die Frage der Finanzierung durch Eigenkapital oder durch Fremdkapital bzw. das Verhältnis dieser beiden Finanzierungsarten zueinander zu prüfen.

- **Eigenkapital** wird vom Betriebsinhaber (oder den Betriebsinhabern) selbst aus eigenen Mitteln aufgebracht und in den Betrieb hineingesteckt (= investiert). Bei Geschäftsgründern gilt die Devise: **Je mehr Eigenkapital, desto besser!** Es verringert die Gefahr von Liquiditätsproblemen (= Zahlungsschwierigkeiten). Der Eigenkapitalanteil sollte nicht unter 20 % des gesamten Startkapitals liegen.
- **Fremdkapital** wird von außenstehenden Kreditgebern für eine bestimmte Zeit (d. h. kurzfristig oder langfristig) zur Verfügung gestellt. Dafür hat der Kreditnehmer Zinsen zu zahlen und Sicherheiten zu leisten. Mit der Aufnahme von Fremdkapital ist häufig auch der Verlust der unternehmerischen Unabhängigkeit und Alleinentscheidung verbunden.
- Ein **Existenzgründerdarlehen** der KfW (= Kreditanstalt für Wiederaufbau) ist, ähnlich wie ein Mikrodarlehen der NRW.Bank, ein öffentlich gefördertes Darlehen zur Finanzierung eines Existenzgründungsvorhabens.
- **Crowdfunding** (= Schwarmfinanzierung) ist eine neue Art der Geldbeschaffung für junge Unternehmensgründer. Die Kapitalgeber (= stille Beteiligung usw.) sind meist eine Vielzahl von **Internetnutzern.** Dort werden oft Kleininvestoren angesprochen, um Projekte, neue Geschäftsideen, sog. Start-ups usw. zu finanzieren. Dies wird auch als Anschubfinanzierung (= Crowdinvesting) bezeichnet.

1.3.3 Rechtliche Voraussetzungen

Zur Betriebsgründung müssen auch rechtliche Voraussetzungen erfüllt werden:

- Der Betriebsinhaber muss **voll geschäftsfähig** sein.
- Für bestimmte Betriebe, die für die Nachbarschaft Schäden, Gefahren oder Belästigungen verursachen (z. B. chemische Fabriken), schreibt die Gewerbeordnung eine **besondere behördliche Genehmigung** vor. Das Gleiche gilt für Betriebe, die im Interesse der Allgemeinheit nicht ohne besondere Sachkenntnisse gegründet und geführt werden können (z. B. Banken, Versicherungen, Apotheken usw.).
- Für die Führung von Handwerksbetrieben muss i. d. R. die **Meisterprüfung**[1] (§ 7 Handwerksordnung) abgelegt werden sowie eine Kaufmannsgehilfenprüfung oder Sach- und Warenkundeprüfung für bestimmte Einzelhandelsbetriebe (Gastronomie, Bäckereien usw.).
- Jede Neugründung eines Betriebs muss bei einer Reihe öffentlicher Behörden **angemeldet** werden. Im Einzelnen sind dabei erforderlich:
  - Eintrag ins **Handelsregister** (§ 12 Handelsgesetzbuch).
  - Anmeldung beim örtlichen **Gewerbeamt (§ 14 Gewerbeordnung).**
  - Anmeldung beim örtlichen **Finanzamt (§ 138 Abgabenordnung).**
  - Anmeldung bei der zuständigen **Berufsgenossenschaft.** Dadurch wird der Unfallversicherungsschutz für die Belegschaft gewährleistet.

---

1 *In einigen Berufen mit früherem „Meisterzwang" können auch Gesellen den Betrieb leiten, wenn sie sechs Jahre Berufserfahrung haben.*

- Anmeldung bei der **Industrie- und Handelskammer** oder bei der **Handwerkskammer** (Eintrag in Handwerksrolle).
- Meldung der Betriebsgründung bei den **Trägern der Sozialversicherung,** z. B. der Krankenkasse, aus Gründen des Versicherungsschutzes usw.

Den **Namen,** unter dem ein Vollkaufmann (Einzelkaufmann oder Handelsgesellschaft) seine Handelsgeschäfte betreibt, bezeichnet man als **Firma.** Sie wird in das Handelsregister beim Amtsgericht eingetragen und kann gemäß § 17 Handelsgesetzbuch (HGB) klagen und verklagt werden.

1.3.4 Erstellen eines Businessplans

Ein junger Unternehmensgründer wird i. d. R. nicht ganz so einfach an sog. **Venturecapital** (= „Startkapital" von Industrieunternehmen oder auch von anderen privaten Finanzierern) kommen, da die Geldgeber ganz genau wissen wollen, wofür sie das sog. Wagniskapital ausgeben. Voraussetzung, um an Startkapital zu gelangen, ist ein **Businessplan.** Hierbei handelt es sich um einen **Fahrplan in die Selbstständigkeit** und einen ausgefeilten Regieplan,

- wie die Geschäftsidee in die Tat umgesetzt werden soll,
- welches Produkt/welche Dienstleistung angeboten wird,
- welche Kunden erreicht werden sollen,
- wie alles finanziert werden soll usw.

Der sorgfältig und schriftlich ausgearbeitete Businessplan ist die entscheidende Unterlage, die die geldgebende Bank überzeugen soll, dass das Vorhaben auf festen Füßen steht. Er soll sowohl Chancen als auch Risiken klar aufzeigen, damit er dem Kreditgeber die Gewissheit verschafft, das geliehene Geld zurückzubekommen.

Inhalte eines Businessplans

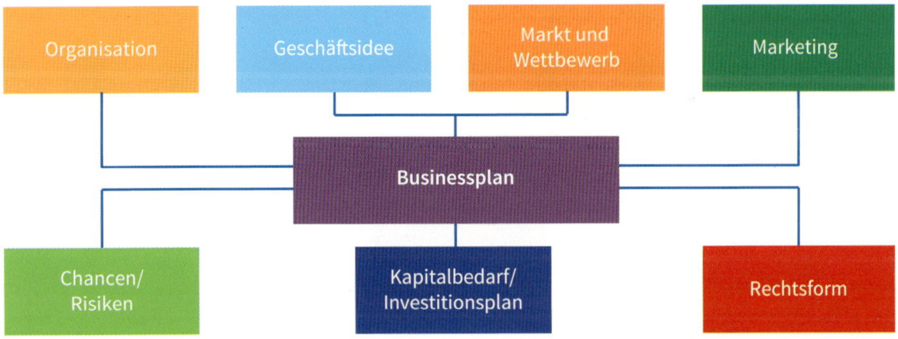

Bei der **Geschäftsidee** muss das Produkt/die Dienstleistung genau beschrieben werden, und es sollte dargelegt werden, was im Vergleich zur Konkurrenz Besonderes angeboten wird (= Zusatznutzen). Ebenso sollten die kurz- und auch langfristigen Unternehmensziele erläutert werden sowie die Rechtsform, die dem Gründer für seine künftige Firma vorschwebt.

1.4 Rechtsformen von Unternehmen vergleichen

Fallbeispiel:
Marc Röder diskutiert mit seiner Verlobten und mit seiner Tante Ellen Groß, die die Büroarbeit in ihrem Handwerksbetrieb erledigt, wie es weitergehen soll, wenn er die Werkstatt einmal übernehmen sollte. Er ist sich unsicher, ob er das Geschäft wie bisher als Einzelunternehmer weiterführen oder ob er seinen Freund und Mitgesellen Robin Wildner „mit ins Boot nehmen soll", damit er nicht die alleinige Verantwortung und Haftung trägt. Frau Groß trägt ihm die jeweiligen Vor- und Nachteile der möglichen Unternehmensformen vor.

Bevor sich Marc Röder für eine bestimmte Unternehmensform entscheidet, muss er für sich einige Fragen klären, wie z. B. diese: Welche Ziele habe ich? Will ich allein in der Firma bestimmen? Welche Haftung bin ich bereit zu übernehmen? Wie viele Steuern habe ich zu zahlen? Welches Image hat die jeweilige Unternehmensform?

Wer die **alleinige Verantwortung** tragen und mit niemandem das Risiko und den Gewinn teilen will, sollte sich für ein **Einzelunternehmen,** eine **Ein-Personen-GmbH** oder eine **Unternehmergesellschaft** (haftungsbeschränkt) entscheiden.

Wer als Unternehmer eine zugesicherte Leistung nicht erbringt, **haftet** für den beim Kunden eventuell entstehenden **Schaden.** Bei Kapitalgesellschaften haften die Gesellschafter nur mit ihrer Einlage. Bei **Einzelkaufleuten und Gesellschaftern** (Teilhabern) haftet neben dem Vermögen des Unternehmens auch der Firmenbesitzer/Gesellschafter mit seinem **Privatvermögen.** Der Kaufmann wird mit (s)einer Firma gemäß **Handelsgesetzbuch** (HGB) ins elektronische **Handelsregister** eingetragen.

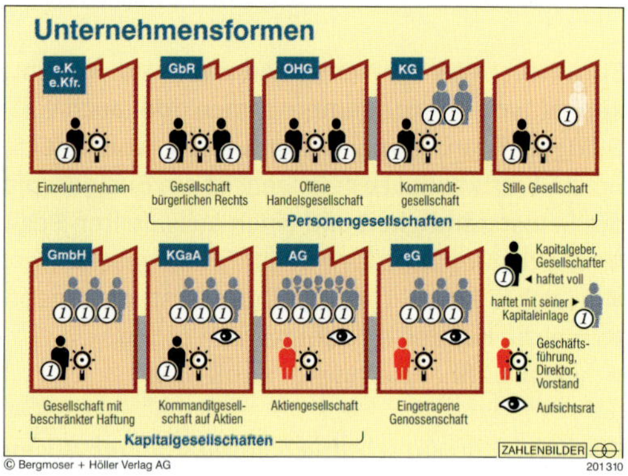

 201310

Die Rechtsform eines Unternehmens sagt auch etwas darüber aus, mit wem man es zu tun hat. Wenn ein Kunde/Kreditgeber weiß, dass beim Einzelkaufmann und bei einer Personengesellschaft (GbR, OHG) auch mit dem Privatvermögen gehaftet wird, erhöht dies auch das **Image** dieser Firma.

1.4.1 Personengesellschaften

Die **Einzelunternehmung** ist geeignet für Handwerker, Dienstleister, Kleingewerbetreibende, freie Berufe usw. Diese Unternehmensform eignet sich zum Einstieg, da Umsätze und der Geschäftsverkehr keine vollkaufmännische Einrichtung erfordert. Betreibt man ein Handelsgewerbe allerdings nach kaufmännischen Gesichtspunkten (gemäß HGB), ist die Firma z. B. Anna Müller e. K. (= eingetragene Kauffrau) ins Handelsregister einzutragen.

Gründung	Haftung
■ Die Einzelunternehmung entsteht bei der (formlosen) Gründung automatisch, wenn keine andere Rechtsform gewählt wird. ■ Es ist kein Mindestkapital erforderlich.	■ Der Unternehmer haftet sowohl mit seinem Geschäfts- als auch mit seinem Privatvermögen unbegrenzt.

Gesellschaft bürgerlichen Rechts (GbR oder BGB-Gesellschaft gemäß §§ 705–740 BGB)

Diese Unternehmensform/Geschäftspartnerschaft ist eine vertragliche Vereinbarung ohne vorgeschriebene Formalitäten zur Erreichung eines gemeinsamen Zwecks. Für die Kompetenzen der Gesellschafter bietet die GbR einen großen Spielraum.

Gründung	Haftung
■ Mindestens zwei Personen (= Gesellschafter) schließen einen (formlosen) Gesellschaftsvertrag, um ein gemeinsames Geschäft zu tätigen. ■ Es ist kein Mindestkapital erforderlich.	■ Für die Verbindlichkeiten der Gesellschaft haften die Gesellschaft und jeder einzelne Gesellschafter mit seinem gesamten Vermögen. ■ Über das Gesellschaftsvermögen als Ganzes können nur alle Gesellschafter gemeinsam verfügen.

Offene Handelsgesellschaft (OHG gemäß §§ 105–160 HGB)

Mithilfe einer OHG betreiben mindestens zwei Gesellschafter ein Handelsgewerbe unter einer gemeinsamen Firma. Diese Unternehmensform steht bei Geschäftspartnern/Kreditinstituten wegen der persönlichen Haftung in höherem Ansehen als z. B. eine GmbH.

Gründung	Haftung
■ Mindestens zwei Gesellschafter legen in einem Gesellschaftsvertrag Rechte und Pflichten (formlos) fest. ■ Der Eintrag ins Handelsregister mit der Firmenbezeichnung OHG ist notwendig. ■ Es ist kein Mindestkapital erforderlich.	■ Jeder Gesellschafter haftet für die Verbindlichkeiten gegenüber den Gläubigern persönlich, d. h. unbeschränkt sowohl mit dem Gesellschafts- als auch mit dem Privatvermögen.

Kommanditgesellschaft (KG gemäß §§ 161–177 HGB)

Die KG besteht aus mindestens einem Komplementär (= Vollhafter) und mindestens einem Kommanditisten (= Teilhafter). Die Geschäfte werden allein vom Komplementär geführt. Diese Unternehmensform bietet sich an, wenn zusätzliches Kapital, z. B. durch Kommanditisten benötigt wird, diese dürfen allerdings in die gewöhnlichen Geschäfte nicht hineinreden.

Gründung	Haftung
■ Mindestens ein Komplementär und mindestens ein Kommanditist schließen einen formfreien Gesellschaftsvertrag ab, der ins Handelsregister mit dem Firmenzusatz KG eingetragen wird. ■ Es ist kein Mindestkapital erforderlich.	■ Der persönlich haftende Gesellschafter (= Komplementär) haftet sowohl mit dem Geschäfts- als auch mit seinem Privatvermögen. ■ Der Kommanditist haftet persönlich nur bis zur Höhe seiner Einlage.

GmbH & Co. KG (gemäß §§ 105, 119, 161–168 HGB)

Diese Unternehmensform ist zwar eine KG, allerdings ist der persönlich haftende Gesellschafter (= Komplementär) keine natürliche Person, sondern eine GmbH. Ziel dieser Rechtsform ist es, die **Haftungsrisiken** für die hinter der Firma stehenden Personen zu begrenzen oder sogar auszuschließen. Die jeweiligen Entscheidungsbefugnisse und die Gewinnverteilung hängen von der Vermögenseinlage der GmbH (= Komplementärin) und den Kommanditisten ab.

Gründung	Haftung
■ Ein oder mehrere Komplementäre schließen mit mindestens einem Kommanditisten einen formfreien Gesellschaftsvertrag ab, der ins Handelsregister eingetragen wird. ■ Es ist ein Mindestkapital für die GmbH erforderlich.	■ Die Gesellschafter haften für die Verbindlichkeiten als Gesamtschuldner. ■ Der Komplementär in dieser KG ist die GmbH, daher ist die Haftung wie bei einer herkömmlichen GmbH nur beschränkt.

Stille Gesellschaft (gemäß §§ 230–237 HGB)

Eine stille Gesellschaft entsteht, wenn sich eine andere Person (**stiller Teilhaber**) mit einer Vermögensbeteiligung an einer Einzelunternehmung beteiligt, ohne dass sie an der Geschäftsführung teilnimmt oder haftet (§ 230 ff. HGB).

Gemäß seiner finanziellen Beteiligung erhält der stille Gesellschafter entsprechend seinem Gesellschaftsvertrag einen **Anteil am Gewinn bzw. Verlust**.

Im Falle einer **Insolvenz** kann der stille Gesellschafter seine Einlage als Insolvenzgläubiger geltend machen, aber nur, wenn sein Anteil den Verlust der Gesellschaft übersteigt (§ 236 HGB). Das heißt, er bekommt in der Regel bei einer Insolvenz nichts mehr!

Partnergesellschaft (Gesetz über Partnergesellschaften Angehöriger Freier Berufe PartG)

Diese Unternehmensform bietet sich für **Freiberufler**, wie z. B. Heilpraktiker, Physiotherapeuten, Steuerbevollmächtigte, Hebammen, Journalisten usw., an, die mit Partnern kooperieren. Zur **Gründung** ist kein Mindestkapital vorgeschrieben und man benötigt nur zwei Gesellschafter für diese Geschäftsform. Es wird ein schriftlicher Partnerschaftsvertrag verfasst und die Partnergesellschaft muss ins Partnerschaftsregister eingetragen werden. Wie bei der GbR auch haften die Partner für Verbindlichkeiten (= Schulden) der Partnerschaft gesamtschuldnerisch und persönlich. Das heißt, sie haften ebenfalls mit dem Privatvermögen.

1.4.2 Kapitalgesellschaften

Im Vergleich zu Personengesellschaften sind Kapitalgesellschaften juristische Personen, d. h., sie können unter ihrem Namen klagen und verklagt werden. Ihre Haftung ist beschränkt.

Gesellschaft mit beschränkter Haftung (GmbH gemäß GmbH-Gesetz)

Die GmbH ist eine Handelsgesellschaft, deren Eigenkapital (= Stammkapital) von den Gesellschaftern aufgebracht wird. Diese Unternehmensform ist sinnvoll für Unternehmer, die die Haftung beschränken oder nicht aktiv mitarbeiten wollen.

Gründung	Haftung
■ Mindestens ein Gesellschafter (= Ein-Personen-GmbH) erstellt einen Gesellschaftsvertrag (= Satzung) oder ein Musterprotokoll bei einfachen Gründungen. ■ Beide müssen notariell beurkundet und ins Handelsregister eingetragen werden. ■ Mindeststammkapital: 25 000,00 €.	■ Die Gesellschafter haften nur in Höhe ihrer geleisteten Stammeinlage, nicht mit ihrem Privatvermögen. ■ Die GmbH haftet gegenüber Dritten mit ihrem Gesellschaftsvermögen, d. h. mit mindestens 25 000,00 €.

Bei der GmbH-Variante **Unternehmergesellschaft (UG)** ist bei der Gründung als Mindeststammkapital nur ein Euro erforderlich. Bei der haftungsbeschränkten UG gibt es allerdings eine Pflicht zur Rücklagenbildung, bis ein Stammkapital von 25 000,00 € aufgebracht ist. Ansonsten gelten die gleichen Rechte und Pflichten wie bei der GmbH.

Aktiengesellschaft (AG gemäß Aktiengesetz)

Bei einer AG wird das Grundkapital auf mindestens 50 000,00 € festgelegt, das in Bruchteile zerlegt wird. Diese Bruchteile sind Anteilscheine (= Aktien). Existenzgründer haben die Möglichkeit, eine **kleine AG** zu gründen (als alleiniger Aktionär und Vorstand, sie benötigen jedoch drei Aufsichtsräte). Bei einer Belegschaft bis zu 500 Mitarbeitern ist dann keine Mitbestimmung im Aufsichtsrat vorgesehen.

Gründung	Haftung
▪ Kleine AG ohne Börsennotierung, Anleger sind i. d. R. Mitarbeiter, Kunden oder Nachfolger. ▪ Der Vorstand hat Entscheidungs-, der Aufsichtsrat Kontrollbefugnis. ▪ Eine notarielle Satzung und der Eintrag ins Handelsregister sind notwendig. ▪ Grundkapital: 50 000,00 €.	▪ Als juristische Person haftet die AG nur mit ihrem Gesellschaftsvermögen. ▪ Die Aktionäre selbst haften nicht für die Schulden der AG.

Eingetragene Genossenschaft (eG gemäß Genossenschaftsgesetz)

Diese Unternehmensform eignet sich für Gründungsteams und ist ein Kooperationsmodell für kleine und mittlere Unternehmen. Die eG zielt darauf, den Erwerb oder die Wirtschaftstätigkeit ihrer Mitglieder zu fördern. Sie ist eine juristische Person und Kaufmann. Der Solidaritätsgedanke steht dabei im Vordergrund. Der Aufsichtsrat kontrolliert die Tätigkeit des geschäftsführenden Vorstands.

Gründung	Haftung
▪ Mindestens drei Mitglieder (= Genossen) werden ins Genossenschaftsregister beim Amtsgericht eingetragen, weitere Mitglieder treten durch einfache schriftliche Erklärung bei. ▪ Jedes Mitglied hat eine Stimme bei der General- bzw. Vertreterversammlung und muss mindestens einen Geschäftsanteil zeichnen (= erwerben). ▪ Die eG muss dem zuständigen Genossenschaftsverband angehören, der berät und die wirtschaftlichen Verhältnisse prüft.	▪ Die eG haftet gegenüber Gläubigern in Höhe ihres Vermögens. ▪ Jeder Genosse haftet nicht persönlich, sondern nur bis zur Höhe seiner Einlage. ▪ Im Sanierungsfall besteht Nachschusspflicht (= weitere Zahlung) für die Genossen, diese kann jedoch per Satzung beschränkt oder sogar ausgeschlossen werden.

1.4.3 Vergleich einer Personen- mit einer Kapitalgesellschaft

Wichtige Kriterien (= Merkmale), um eine Personengesellschaft, wie z. B. eine KG, mit einer Kapitalgesellschaft, wie z. B. einer GmbH, vergleichen zu können, sind die jeweilige **Geschäftsführung und Vertretung sowie die Haftung.**

Die **KG** ist eine Gesellschaft, in der die Gesellschafter unter einem gemeinsamen Firmennamen ein **Handelsgewerbe** betreiben.

Die **GmbH** ist eine **Handelsgesellschaft**, deren Stammkapital (= mindestens 25 000,00 €) in sog. Stammeinheiten zerlegt und von den Gesellschaftern aufgebracht wird.

	Kommanditgesellschaft (KG)	Gesellschaft mit beschränkter Haftung (GmbH)
Geschäftsführung und Vertretung	Grundsätzliche Leitung durch den Komplementär (Prinzip der Einzelgeschäftsführung). Kommanditisten haben bei außergewöhnlichen Geschäften Widerspruchs- und Kontrollrecht (§ 164 HGB).	Leitung und Vertretung durch den Geschäftsführer (Prinzip der Gesamtgeschäftsführung). Er ist neben dem Aufsichtsrat (bei mehr als 500 Arbeitnehmern) und der Gesellschafterversammlung ein Organ der Gesellschaft (GmbH-Gesetz).
Haftung	Der Komplementär haftet persönlich (mit Privatvermögen), der Kommanditist nur bis zur Höhe seiner Einlage.	Nur mit dem Gesellschaftsvermögen (mind. 25 000,00 €). Die Gesellschafter haften nur in Höhe der geleisteten Einlage und im Rahmen ihrer Nachschusspflicht.

1.5 Unterschiedliche Unternehmensziele ermitteln

Fallbeispiel:
Marc Röder trägt sich mit dem Gedanken, den Handwerksbetrieb seines Onkels zu übernehmen. Dabei überlegt er sich, welche Ziele er eigentlich damit kurz- und auch langfristig anstreben soll. Außer seinen **persönlichen Zielen**, wie z. B. eigene Vorstellungen zu verwirklichen, als Firmeninhaber unabhängiger zu sein, durch höheren Gewinn den Lebensstandard zu verbessern, möchte er mit seinen Mitarbeitern bestimmte **unternehmerische Ziele** anstreben. Diese Ziele will er schriftlich fixieren und deren Einhaltung von Zeit zu Zeit überprüfen.

Weshalb sollte man sich bei einer Geschäftsübernahme, -beteiligung oder Neugründung Unternehmensziele setzen? Manche Gründer wirtschaften einfach so drauflos, daher auch die zahlreichen Insolvenzen in den ersten Jahren nach der Gründung.

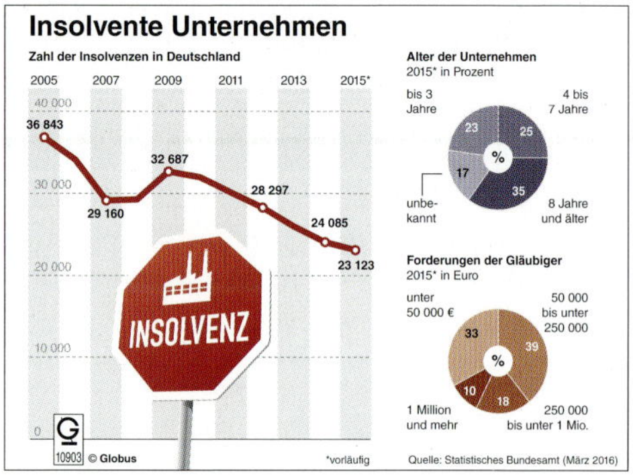

„Sie verfügen weder über konkrete Unternehmensziele noch über eine Vorstellung, auf welchen Wegen sie diese Ziele erreichen wollen. […] Dazu kommt, dass viele Gründer zahlreiche verschiedene Geschäftsfelder mit unterschiedlichen Produkten oder Dienstleistungen ‚beackern'. Die zwangsläufige Folge ist, dass sie sich bei ihren persönlichen und betrieblichen **Ressourcen** [= Hilfsmitteln, Möglichkeiten] wie Know-how, Kapital, Energie und Zeit heillos verzetteln. Die Erfahrung lehrt:

> **„Wer auf allen Gebieten gut sein will, kann insgesamt allenfalls nur durchschnittlich sein!"**[1]

1 *Bundesministerium für Wirtschaft und Energie (Hg.): GründerZeiten 07 – Businessplan, Ausgabe Oktober 2015, Berlin, S. 4.*

Daher muss man sich unternehmerische Ziele setzen.

Unternehmensziele

Funktionale Aspekte

- Mit Zielen werden Prioritäten gesetzt.
- Ziele sind Grundlagen für unternehmerisches Handeln.
- Ziele ermöglichen die Kontrolle.
- Mit Zielen sollen Kreditinstitute überzeugt werden.
- Ziele schaffen Zuversicht.

Inhaltliche Aspekte

- Ökonomische Ziele (betriebswirtschaftliche Kennzahlen),
- Formal- oder Wertziele (gutes Betriebsklima usw.).
- ökologische Ziele,
- Sozialziele usw.

1.5.1 Allgemeine Unternehmensziele

Jedes Unternehmen verfolgt im Allgemeinen mehrere Ziele gleichzeitig. Deshalb spricht die Betriebswirtschaftslehre auch von einem **Zielgeflecht** oder einer **Zielkombination**.

Als mögliche Unternehmensziele kommen dabei in Betracht:
Wirtschaftliche Ziele:

- Gewinnerzielung (Gewinnmaximierung[1]),
- Kostendeckung,
- Marktversorgung (Marktanteile erhöhen),
- Verlustminimierung[2],
- Kundenpflege,
- gutes Firmenimage,
- hoher Qualitätsstandard,
- Steigerung/Erhöhung der Produktivität (= mengenmäßige Messgröße für Ergiebigkeit), der Wirtschaftlichkeit (= Grad der Ergiebigkeit/Sparsamkeit) und der Rentabilität des eingesetzten Kapitals.

Soziale Ziele:

- Verantwortung gegenüber den Mitarbeitern (z. B. Arbeitsplätze sichern),
- Engagement für die Region usw.

Ökologische Ziele:

- Umweltverträglichkeit der Produktion (einschließlich der Regionalverträglichkeit und Nachhaltigkeit) usw.

Je nachdem, ob es sich um erwerbswirtschaftlich ausgerichtete **Privatunternehmen** oder um **öffentliche Unternehmen handelt**, kommen unterschiedliche Unternehmensziele in Betracht.

Ein Privatunternehmen arbeitet nach dem **erwerbswirtschaftlichen Prinzip**, daher steht die Gewinnmaximierung und die Verzinsung des eingesetzten Kapitals (= Rentabilität) dort im Vordergrund. Ein öffentliches oder auch staatliches Unternehmen, z. B. ein Wasserwerk, arbeitet nach dem **Kostendeckungsprinzip**, daher stehen dort die Daseinsvorsorge und die allgemeine Marktversorgung, aber nicht das Gewinnstreben im Vordergrund.

Beim Ermitteln der unterschiedlichen Unternehmensziele sind auch die jeweilige Geschäftsidee und die gesetzten Schwerpunkte der Firmenleitung wichtig.

---

1 Gewinnmaximierung = Anstreben eines höchstmöglichen Gewinns
2 Verlustminimierung = Anstreben eines geringstmöglichen Verlusts

1.5.2 Funktionale Aspekte der Unternehmensziele

Aus den **Prioritäten** (= Schwerpunkten), die sich eine Firma gesetzt hat, folgen klare Abläufe, da alle nun wissen, wo es hingehen soll. Gleichzeitig werden damit inhaltliche Teilziele verfolgt, auf die sich dann alle konzentrieren können. Nur aus klaren Unternehmenszielen können eine **strukturierte Vorgehensweise** und konkrete Schritte der eigenen Zielsetzung abgeleitet werden. (Auf diese Weise „verzettelt" man sich nicht!)

Zur Bewältigung von Aufgaben/Problemen gehört die häufiger durchgeführte **Kontrolle**, ob die Ziele auch erreicht wurden. Dazu ist ggf. herauszufinden, weshalb die angestrebten Aufgaben nicht erreicht wurden. Nur dann können Ziele korrigiert oder aber die Vorgehensweise verbessert werden.

Realistische Zielsetzungen sind wichtige Grundlagen für die **finanzielle Begleitung** durch die Bank, wenn Kredite zur Gründung benötigt wurden. Diese Ziele müssen im sog. Businessplan dargelegt werden.

„Realistische Ziele

Mit den schriftlich fixierten Zielen legen Sie einmal fest, was Sie erreichen MÜSSEN: vor allem Ihre eingesetzten Kosten plus einen Gewinn erwirtschaften! Und außerdem, was Sie erreichen WOLLEN: z.B. zehn Prozent Gewinn im Geschäftsjahr erwirtschaften oder 50 neue Kunden gewinnen. Dabei ist es nicht sinnvoll, Luftschlösser zu bauen. Ihre Ziele sollten daher nur festlegen, was Sie erreichen KÖNNEN. Welche Ziele erreichbar sind, hängt von Ihren Kräften, Ihren Stärken (und Schwächen) ab. […]"

Quelle: Bundesministerium für Wirtschaft und Energie (Hg.): GründerZeiten 07 – Businessplan, Ausgabe Oktober 2015, Berlin, S. 4.

1.5.3 Inhaltliche Aspekte der Unternehmensziele

Ein Gewerbebetrieb muss seine Kosten decken und einen Gewinn erwirtschaften, ansonsten ist er auf Dauer nicht überlebensfähig. **Gewinn und Liquidität** (= vorhandene Zahlungsmittel, Guthaben usw.) haben höchste Priorität beim Formulieren der Unternehmensziele. Mithilfe von **betriebswirtschaftlichen Kennzahlen** wie Erfolgskennzahlen (Gewinn vor Steuern), vorhandene Barmittel, Rentabilitäts- und Wirtschaftlichkeitskennziffern, Bilanzkennzahlen (Verschuldungsgrad) und Umschlagshäufigkeit können **Entscheidungen** besser getroffen und Betriebsabläufe kontrolliert werden. Mit **Formal- oder Wertzielen** werden das gute Betriebsklima, sichere Arbeitsplätze, das Firmenimage usw. beschrieben. Größere Betriebe legen immer öfter **ökologische Ziele** fest, um sowohl die Umweltverträglichkeit der Produktion, die Regionalverträglichkeit als auch die Nachhaltigkeit des Unternehmens zu verdeutlichen.

Mit **Sozial- oder Humanzielen** wird das angestrebte Verhalten gegenüber den Mitarbeitern, den Kunden oder auch der Öffentlichkeit festgehalten.

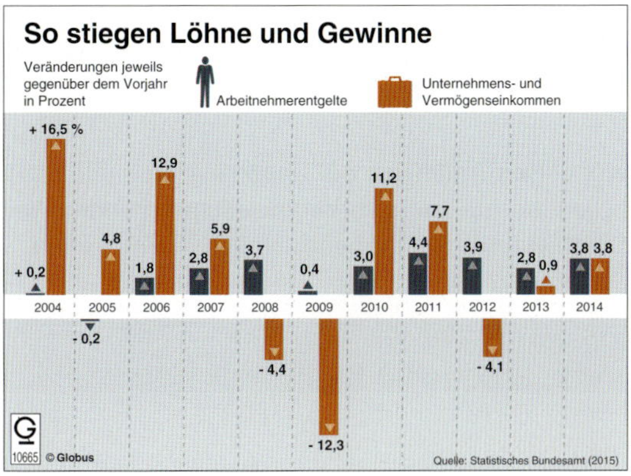

Beim Festlegen der Unternehmensziele muss den Beteiligten (Geschäftsführung und Belegschaft) allerdings klar sein, dass es leicht zu **Zielkonflikten** kommen kann.

Beispiel:
Will ein mittelständisches Unternehmen Personalkosten sparen, kann es normalerweise nicht gleichzeitig auch besonderen Wert auf die Sicherung von Arbeitsplätzen legen, da bei der Kostenreduzierung meist auch Arbeitsplätze abgebaut werden.

Fallbeispiel:
Unser Kfz-Mechatroniker Marc Röder muss sich bei der möglichen Geschäftsübernahme nicht nur über die anzustrebenden Ziele Gedanken machen, sondern auch darüber im Klaren werden, welches Gewerbe er überhaupt betreiben möchte: ein kleines **Handwerksgewerbe**, das nach der **Handwerksordnung** (HwO) geführt wird oder aber ein (größeres) **Handelsgewerbe**, das nach den Prinzipien des **Handelsgesetzbuchs** (HGB) zu führen ist. Auch diese Entscheidung über die Rechtsform eines Geschäfts kann Konflikte mit sich bringen.

1.6 Zielkonflikte bei Unternehmensgründungen beschreiben

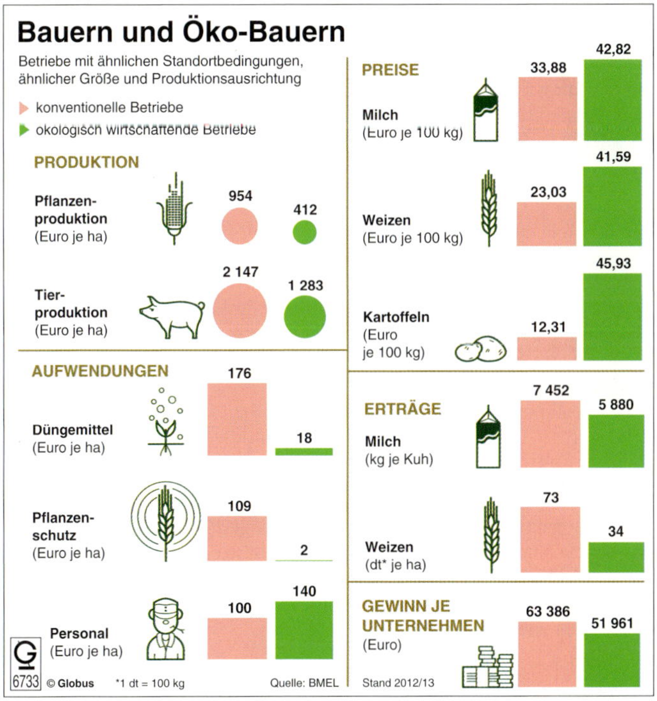

Die Gründung einer Firma ist ein entscheidender Schritt in Richtung Unabhängigkeit und Freiheit!

Wer diesen Traum von der Unabhängigkeit und Freiheit, ganz gleich in welcher Branche, verwirklichen möchte, muss vorher die entsprechenden Weichen stellen und bei auftretenden Konflikten Entscheidungen mit erheblicher Reichweite treffen.

Entscheidungen vor der Geschäftsgründung

Will man das weitere Berufsleben als Arbeitnehmer verbringen oder den Sprung in die Selbstständigkeit wagen? Hierbei müssen die **Konsequenzen für die eigene Lebensplanung** bedacht und entsprechende Fragen beantwortet werden.
- Trägt das familiäre Umfeld die Existenzgründung mit?
- Ist das Risiko eines eigenen Unternehmens überschaubar und zu bewältigen?
- Kann die starke Arbeitsbelastung auf Dauer durchgehalten werden?
- Sollen bei der Gründung noch andere Personen mitbeteiligt werden?

Nach der Entscheidung für die Selbstständigkeit erhebt sich die Frage nach der **Branche** (= Geschäftszweig), in der das Unternehmen eröffnet werden soll.
- Kann evtl. das Hobby zum Beruf/Geschäft gemacht werden?
- In welchem Geschäftsbereich/welcher Branche liegen die Stärken des Gründers?
- Wo bieten sich gute Zukunftschancen auf dem Markt?
- Wie stark ist die Konkurrenz in der ins Auge gefassten Branche?

Ein weiterer Konflikt kann sich bei der Frage nach dem **Standort** des neuen Unternehmens ergeben. Viele Neugründer bleiben zuerst mit ihrem Geschäft am Wohnort, weil sie in der Anfangszeit betriebswirtschaftliche Aspekte zu wenig berücksichtigen. Erst nach der Wachstumsphase der Firma wird ein neuer, besserer Standort gesucht. In Bezug auf die Standortentscheidung müssen verschiedene Fragen beantwortet werden.
- Passt die vorhandene Infrastruktur (= Verkehrsanbindung usw.) zur neuen Firma?
- Gibt es zum Angebot den passenden Absatzmarkt in vertretbarer Nähe?
- Ist ausreichend Kaufkraft in der Region vorhanden?
- Welche möglichen ökologischen Auswirkungen könnte die Firmengründung mit sich bringen?

Ein großes Problemfeld stellt der **soziale Bereich** dar, zu dem u. a. die Entlohnung der Mitarbeiter gehört. In einem jungen, aber auch in alteingesessenen Unternehmen müssen die folgenden Fragen prinzipiell geklärt werden:
- Hat das ökonomische Ziel der Gewinnmaximierung (= möglichst hohe Gewinne) des Unternehmers Vorrang vor einer guten Bezahlung der Arbeitnehmer?
- Sollten verdiente Mitarbeiter evtl. sogar über die gesetzlich oder tariflich vorgeschriebenen Sozialleistungen hinaus entlohnt werden?
- Kann ggf. über einen bestimmten Zeitraum auf eine höhere Rentabilität (= Verzinsung des eingesetzten Kapitals) verzichtet werden, um in dieser Zeit keine Leute entlassen zu müssen, auch wenn es dem Unternehmen in dieser Zeitspanne nicht so gut geht?

Einen großen Entscheidungskonflikt bei der Neugründung bringt die Frage nach der **Ausrichtung des neuen Unternehmens** mit sich. Soll der Betrieb auf herkömmliche Weise oder evtl. als nachhaltiges Unternehmen gegründet werden, das sich langfristig der Umwelt verpflichtet fühlt? Umweltschutz kostet nämlich Geld, auf der anderen Seite meiden die immer kritischer werdenden Verbraucher aber auch Firmen, denen Umweltsünden nachgesagt werden.

1.6.1 Herkömmliche Gründung im Vergleich zur nachhaltigen Unternehmensgründung

Bei einem nachhaltig gegründeten bzw. geführten Unternehmen gibt es gegenüber konventionellen (= herkömmlichen) Unternehmen einige Zielkonflikte, da jeweils verschiedene Ziele angestrebt werden.

Unternehmensziele

Nachhaltig geführtes Unternehmen	Herkömmlich geführtes Unternehmen
■ Verantwortlicher Umgang mit natürlichen Ressourcen (= Rohstoffen) ■ Langsames und langfristig ausgelegtes, solides Wachstum ■ Soziale Verantwortung gegenüber Mitarbeitern, Kunden und Gesellschaft ■ Perspektive auf das Unternehmen im gesamtgesellschaftlichen Zusammenhang und Reduzierung des „ökologischen Fußabdrucks“ (= Umweltbeeinträchtigungen) ■ Ausrichtung auf die Zukunft und Beachtung von Umweltbeeinträchtigungen (Klimawandel, Rohstoffknappheit usw.) usw.	■ Gewinnmaximierung (= möglichst hohe Gewinne) ■ Wachstum durch Umsatzsteigerung ■ Rationalisierung durch Kostensenkung, z. B. bei den Personalkosten ■ Vergrößerung der Marktanteile, ggf. durch Verdrängung der Konkurrenz ■ Durchsetzung von höheren Preisen am Markt, dadurch Vergrößerung der eigenen Marktmacht ■ Zufriedenstellen der Geldgeber (Aktionäre usw.)

Zielkonflikte treten immer dann auf, wenn ein ökologisch sinnvolles Verhalten mit wirtschaftlichen Nachteilen für das Unternehmen verbunden ist.

Dies ist immer dann der Fall, wenn es um die Kosten geht. So wird dann z. B. beim Kauf eines Geschäftsfahrzeugs ein benzinbetriebener Pkw angeschafft, da ein umweltfreundliches Elektroauto noch zu teuer ist.

1.6.2 Kosten unter Umweltaspekten

Interne Kosten werden von der Kostenrechnung erfasst und sollen so gering wie möglich gehalten werden. Diese Kosten werden vom verursachenden Betrieb getragen. Sie entstehen durch eigene Personalkosten, durch die Verarbeitung von Rohstoffen oder Vorprodukten, die eingekauft werden, usw. Um einen möglichst hohen Gewinn zu erzielen (= **Gewinnmaximierung**), muss bei bestehenden Kosten (Material, Löhne usw.) das Produkt möglichst teuer verkauft werden. Ist der Verkaufspreis durch den Wettbewerb vorgegeben, müssen die Kosten minimiert werden.

Externe Kosten werden vom Betrieb nicht erfasst, da es sich um sog. freie Güter (= Luft, Fließgewässer, Meer) handelt, die jedermann kostenlos nutzen kann. Die Wirtschaft nutzt diese freien (Umwelt-)Güter z. B. durch die Emission von Abgasen usw. Die externen Kosten für diese Umweltgüter müssen nicht die verursachenden Firmen, sondern die Gemeinschaft, die Steuerzahler, tragen, wobei sogar die Gesundheit der Bürger darunter leiden kann.

Unter dem herrschenden starken Konkurrenz- und Kostendruck sind herkömmliche Betriebe kaum bereit, sich an den externen Kosten zu beteiligen. Dadurch entstehen **Umweltkonflikte.** Nachhaltige Betriebe hingegen wollen diese externen Kosten so gering wie möglich halten und sind bereit, sich an diesen zu beteiligen. Aus diesem Grund entstehen dann **Zielkonflikte.**

1.7 Organisationsstrukturen verschiedener Unternehmen darlegen

Fallbeispiel:
In dem kleinen Handwerksbetrieb, in dem Marc Röder arbeitet, ist die Organisationsstruktur sehr einfach, da die Firma nur aus wenigen Beteiligten besteht. Sein Onkel Werner Groß ist sowohl Eigentümer als auch Meister, daher auch weisungsbefugt gegenüber den beiden Gesellen Marc und Robin. Diese Gesellen unterweisen den Azubi Hassan Altay (Kfz-Mechatroniker), der sich im zweiten Lehrjahr befindet. Die Reparatur der Autos wird „gemeinsam im Team abgesprochen", wie der Chef immer behauptet. In einem größeren mittelständischen Unternehmen sähen Organisation, Weisungsbefugnis und Ablauf der Arbeiten ganz anders aus.

Die Organisationsstruktur beschreibt das System der Kompetenzen und Gliederungen in einem Betrieb. Sie stellt den Handlungsrahmen dar, innerhalb dessen die permanenten Aufgaben geregelt werden.

1.7.1 Aufbau und Organisation eines Handwerksbetriebs[1]

Meist wird der Handwerksbetrieb von einer Handwerksmeisterin/einem Handwerksmeister geleitet, die/der auch die Gesamtverantwortung und das Risiko trägt. Sie/Er plant Einkauf, Verkauf und Arbeitsablauf und bildet die Auszubildenden aus. Handwerksbetriebe sind häufig Familienbetriebe, in denen der Partner oder die Partnerin der Meisterin/des Meisters einen Teil des

1 In diesem Kapitel wird wegen der besseren Lesbarkeit nicht zwischen den Begriffen Betrieb und Unternehmen unterschieden.

Arbeitsbereichs (z. B. den kaufmännischen) übernimmt. Je nach der Betriebsgröße übernehmen eine Gesellin/ein Geselle oder mehrere die handwerklich-technischen Arbeiten. Dazu kommen dann noch die Auszubildenden.

Möglicher Aufbau eines Handwerksbetriebs

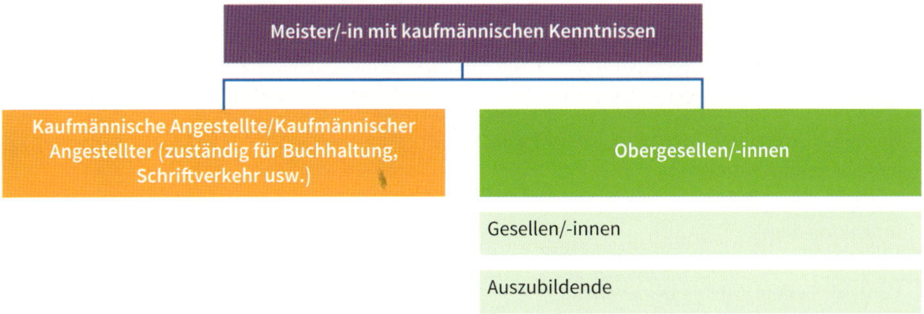

1.7.2 Möglicher Aufbau und mögliche Organisation eines Industriebetriebs

Die jeweilige Organisation eines Industriebetriebs richtet sich nach dessen Produkten, die er herstellt und vermarktet. Dabei stehen die drei Bereiche **Beschaffung → Produktion → Absatz** im Mittelpunkt.

Mögliche Organisationsstruktur

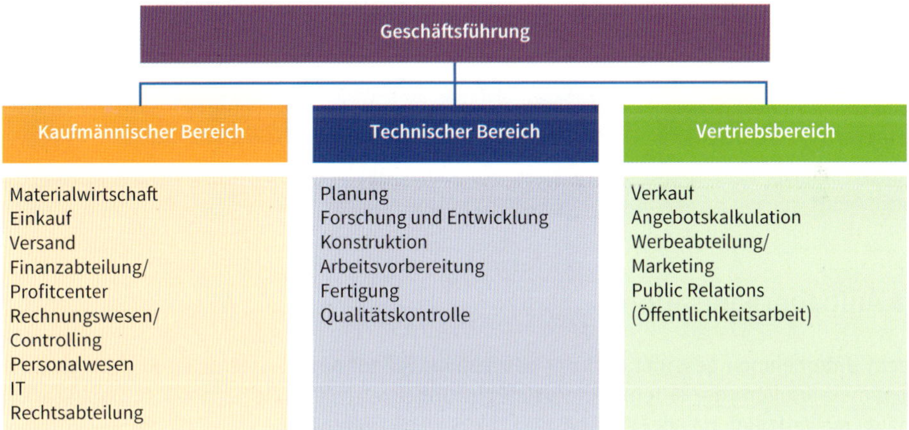

Die Organisationsform eines Industriebetriebs ist sehr stark ausgerichtet auf Marktorientierung, auf effiziente Verwendung der zu verarbeitenden Rohstoffe/Halbfabrikate, auf die fabrikmäßige Herstellung von Sachgütern sowie auf Flexibilität, Qualifikation und Motivation der Mitarbeiter usw.

Wesentliche Unterschiede zwischen einem Handwerks- und einem Industriebetrieb

Da sich im Lauf der Zeit viele Industriebetriebe aus dem Handwerk entwickelt haben, ist eine genaue Trennung zwischen diesen beiden Betriebsarten manchmal nur schwer möglich.

Die wesentlichsten Unterscheidungsmerkmale ergeben sich aus der folgenden Gegenüberstellung:

Handwerksbetrieb	Industriebetrieb
■ Vorwiegend Kleinbetrieb mit geringer Beschäftigtenzahl	■ Vorwiegend Großbetrieb mit hoher Beschäftigtenzahl
■ Überwiegend Handarbeit mit Maschinen- und Werkzeugunterstützung	■ Überwiegend Maschinen- und Automateneinsatz
■ Herstellungsverfahren meist in Einzelfertigung und auf Kundenbestellung	■ Weitgehende Serien- und Massenfertigung für den unbekannten (= anonymen) Markt
■ Geringe Arbeitsteilung und Zerlegung der Arbeitsvorgänge	■ Starke Arbeitsteilung und Arbeitszerlegung
■ Hoher Anteil an Reparaturarbeiten	■ Kaum Reparaturarbeiten
■ Kontakt mit dem Kunden beim Verkauf	■ Oftmals wenig direkter Kundenkontakt; Verkauf häufig über Absatzorganisationen
■ Meist geringe Verwaltungskosten	■ Hoch entwickeltes kaufmännisches Rechnungswesen
■ Mitglied der Handwerkskammer	■ Mitglied der Industrie- und Handelskammer

Eine Sonderstellung zwischen Handwerk und Industrie nehmen die **Handelsbetriebe** ein, sie übernehmen den Austausch von Gütern, wobei deren Beschaffenheit kaum oder gar nicht verändert wird.

Arten der Handelsbetriebe

Einzelhandel	Großhandel	Außenhandel
Verkauf von kleinen Bedarfsmengen	Verkauf an Großververbraucher, Verarbeiter und Wiederverkäufer	Im- und Export mit dem Ausland

1.7.3 Aufbauorganisation

In jedem Unternehmen gestaltet sich der betriebliche Ablauf nach festgelegten Regelungen, die eine optimale Erfüllung der Unternehmensziele gewährleisten sollen. Die betriebliche Organisation beinhaltet die Verknüpfung aller eingesetzten Faktoren im Unternehmen im Hinblick auf Ordnung, Zielgerichtetheit und Wirtschaftlichkeit. Man unterscheidet hierbei **zwei zentrale Aufgabenbereiche – die Aufbau- und die Ablauforganisation**.

> **Die Aufbauorganisation gliedert die Weisungsbefugnis und die Verantwortlichkeiten nach betrieblichen Erfordernissen. Hierbei ist ein intensiver Informationsaustausch zwischen den über- und untergeordneten Leitungsebenen erforderlich.**

Zwischen den verschiedenen Ebenen werden dann auch die jeweiligen Kompetenzen festgelegt.

Bildlich entspricht dies einer Pyramide mit verschiedenen Ebenen.

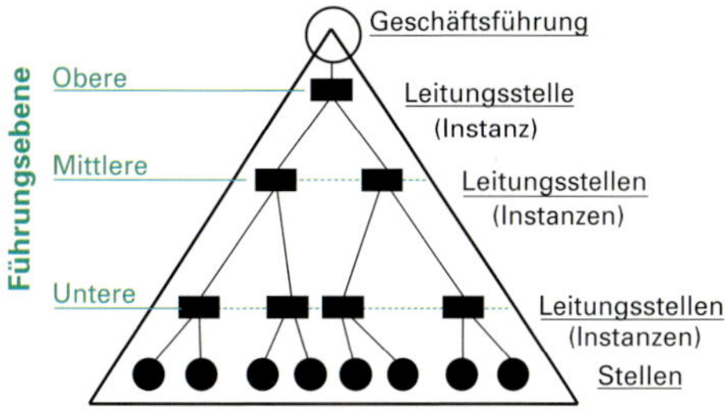

Man spricht von der oberen, mittleren und unteren Führungsebene.

Je nach Art und Größe eines Unternehmens werden verschiedene **Aufbauformen** oder Systeme unterschieden.

Das hierarchische System

Im hierarchischen System (= Reihenfolge von oben nach unten) erteilt die Firmen-/Geschäftsleitung nicht nur die Richtlinien, sondern ordnet auch Einzelmaßnahmen an und kontrolliert sie.

Das Liniensystem

Hier werden den verantwortlichen Abteilungen/Geschäftsbereichen Führungsaufgaben für die jeweiligen Arbeitsgebiete/Projekte zugewiesen.

Das funktionale System

Hier werden die Arbeits- und Verantwortungsbereiche nicht nach Abteilungen, sondern nach Teilaufgaben/Projekten gegliedert, wobei die Mitarbeiter meist mehrere Vorgesetzte haben.

Das Stab-Linien-System

Hier werden den leitenden Stellen (Vorstandsebene usw.) Stäbe (hoch qualifizierte Assistenten) zugewiesen, die die anderen Ebenen beraten und mit diesen kooperieren.

Jedes Unternehmen muss seiner individuellen Größe und Fertigungstiefe entsprechend (= verschiedene Produktionsstätten, großer Maschinenpark, verschiedene Produkte und Projekte) die geeignete Aufbauorganisation selbst finden. Dabei ist wichtig, dass die Organisation der Belegschaft verständlich gemacht und von dieser mitgetragen wird.

1.7.4 Ablauforganisation

Die Ablauforganisation sollte so aufgebaut sein, dass die betriebliche Leistungserstellung reibungslos und möglichst wirtschaftlich erreicht wird. Dazu gehört auch, Arbeitsprozesse zu analysieren und ggf. Abläufe zu optimieren.

In einem Produktionsbetrieb unterscheidet man folgende Aufgabenbereiche:

Beschaffen, Lagern, Fertigen, Verkaufen, Verwalten, Leiten.

Aufgabenbereiche eines Betriebs, dargestellt am Beispiel der Fertigung einer Stahlrolle

Ziel dieser Organisation ist das Produzieren einer Ware nach wirtschaftlichen Gesichtspunkten: Mit einem vorgegebenen Aufwand soll eine größtmögliche Menge oder ein bestimmtes Ergebnis mit kleinstmöglichem Aufwand erreicht werden.

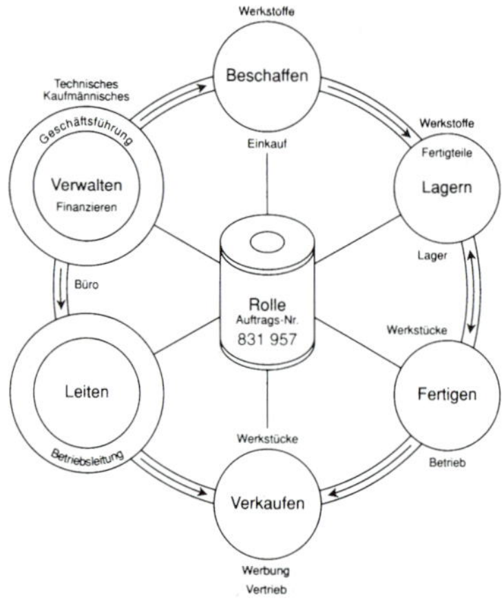

> Die **Ablauforganisation** ordnet den Arbeitsprozess in sachlicher, personeller, zeitlicher und räumlicher Reihenfolge. Sie koordiniert dabei die Reihenfolge der Bearbeitung, achtet auf kurze Durchlaufzeiten, auf die Auslastung des Maschinenparks, hält Termine ein und sichert ein sinnvolles Zusammenwirken von Mitarbeitern und Betriebsmitteln.

1.8 Umweltmanagement in Betriebe einbinden

Wo Menschen zusammenleben und in Fabriken Waren produziert werden, wird die Umwelt zwangsläufig belastet. Dies hat inzwischen ein Ausmaß erreicht, das für die Menschheit lebensbedrohlich werden könnte. Hierbei stellt das bedrohte Klima den größten Risikofaktor dar. Im Rahmen der Globalisierung reichen nationale Anstrengungen nicht mehr aus, die Weltgemeinschaft muss mitziehen, um langfristige Umweltziele, wie z. B. die Reduzierung von Kohlendioxidemissionen (= CO_2-Ausstoß) usw. umzusetzen. Dazu ist **nachhaltiges Wirtschaften** erforderlich.

1.8.1 Umweltschutz und nachhaltiges Wirtschaften

Die Ziele der Umweltpolitik, die auch der Staat anstrebt, sind in Gesetzen und Verordnungen niedergelegt, wie z. B. im Bundes-Immissionsschutzgesetz (BimSchG), Kreislaufwirtschaftsgesetz (KrWG), Wasserhaushaltsgesetz (WHG), Umwelthaftungsgesetz (UmweltHG) usw. Dazu erhalten

Unternehmen auch Subventionen (= Unterstützungen) für umweltschonende Investitionen. Energieintensive Betriebe wie beispielsweise Kraft- oder Zementwerke können sog. Umweltverschmutzungsrechte in Form von Zertifikaten kaufen. Mit Ökosteuern soll ein sparsamerer Energieverbrauch erreicht werden, für neue Produktionsstätten sind Umweltverträglichkeitsprüfungen erforderlich.

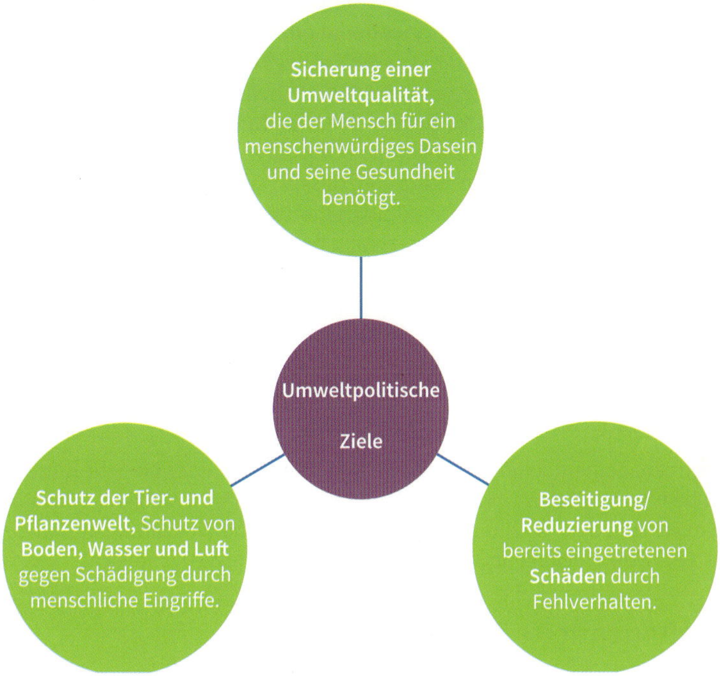

Im Rahmen des betrieblichen Umweltmanagementsystems sollten nicht nur diese Ziele angestrebt, sondern auch folgende Prinzipien eingehalten werden.

Prinzipien einer umweltorientierten Unternehmensführung

- **Verursacherprinzip:** Wer die Umwelt belastet oder schädigt, wird zur Verantwortung gezogen. Um im Unternehmen Kosten zu vermeiden, sollte man sich am Umweltschutz aktiv beteiligen.
- **Vorsorgeprinzip:** Vorausschauend müssen Gefahren erkannt und es muss Umweltschäden vorgebeugt werden, z. B. durch Umweltverträglichkeitsprüfungen, Recyceln von Kunststoffen usw.
- **Kooperationsprinzip:** Am Schutz der Umwelt sollen sich nicht nur Unternehmen (Handel, Handwerk, Landwirtschaft und Industrie), sondern alle (Bürger, Verbände, Wissenschaft, Behörden usw.) beteiligen.
- **Nachhaltigkeitsprinzip:** Darunter versteht man eine auf Dauerhaftigkeit angelegte, zukunftsfähige wirtschaftliche Entwicklung, die die Bedürfnisse der Gegenwart befriedigt, ohne zu riskieren, dass künftige Generationen ihre eigenen Bedürfnisse nicht mehr befriedigen können. Im Betrieb kann dies z. B. umgesetzt werden durch den Einsatz nachwachsender Rohstoffe. In der Fertigung können dafür Materialien verwendet werden, die durch Recycling gewonnen wurden.

Fortschrittliche Betriebe orientieren sich nach Möglichkeit am Nachhaltigkeitsprinzip. Sie betreiben eine umweltorientierte Geschäftsführung (Umweltmanagement) und machen ökologisches Handeln zum Unternehmensprinzip. Das Umweltmanagement ist Bestandteil aller Geschäftsbereiche.

1.8.2 Umweltmanagementsystem

Das Umweltmanagement kann im Unternehmen oder in einer staatlichen Behörde im Laufe der Zeit aufgebaut, schriftlich fixiert und umgesetzt werden. Es kann sich aber auch z. B. an der **Umweltnorm DIN EN ISO 14001** (= internationale Empfehlung) orientieren oder der Betrieb nimmt am „Gemeinschaftssystem für Umweltmanagement und Umweltbetriebsprüfung“ (Eco-Management and Audit Scheme, **EMAS**) der Europäischen Union – kurz **EG-Öko-Audit** – teil. Das Umweltmanagement dient der Sicherung einer nachhaltigen Umweltverträglichkeit der betrieblichen Produktion und Prozesse sowie der Verhaltensweisen der Belegschaft, damit ökologische Belange praktisch in die Tat umgesetzt werden.

EMAS
GEPRÜFTES
UMWELTMANAGEMENT

Empfehlungen für das Umweltmanagement finden sich im **Leitfaden der ISO-Norm 14004** (Umweltmanagementsysteme). Hier werden Vorgaben formuliert für das Management-Handbuch, für Betriebs- und Arbeitsanweisungen usw. Diese „Umweltnormen“ (= Orientierungspunkte) sind vergleichbar mit der Norm für Qualitätsmanagementsysteme (DIN EN ISO 9001:2015) oder auch mit den Regelungen der Arbeitssicherheit (siehe Kap. 1.9).

Aktives Umweltmanagement kann z. B. mithilfe eines engagierten Umweltbeauftragten im Unternehmen dazu beitragen, Kosten zu sparen und die Produktivität zu steigern, indem beispielsweise Abfälle und Emissionen analysiert und reduziert werden. Hohe Einsparungen sind auch durch ein durchdachtes Energiemanagement-System (gemäß DIN EN 16247-1) möglich.

1.8.3 Umweltorientierte Beschaffung

Das Umweltmanagement beginnt nicht mit der Produktion, sondern bereits mit der Beschaffung der Materialien.

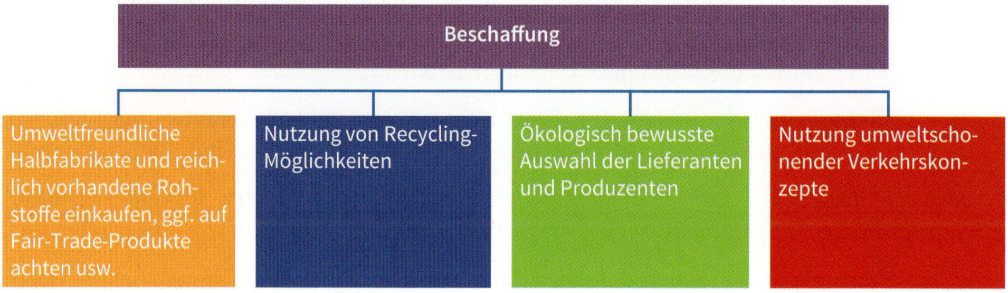

- Von Lieferanten und Herstellern ökologisch verträgliche Produkte fordern

Beispiel:
Lösungsmittelfreie Kleber und Leime, wasserlösliche Farben, blei- und chromfreie Korrosionsschutzmittel, Recyclingpapier, ohne Chrom gefärbte Textilien, umweltverträgliche Folien, einheimische Hölzer (Fichte, Tanne, Kiefer) statt Tropenhölzer (Palisander, Teak), kein Einkauf von Pelzen oder Leder artgeschützter Tiere (sofern nicht aus Tierfarmen – Tierschutz!)

DER BLAUE ENGEL
weil aus 100% Altpapier
schützt die
RESSOURCEN

- Für die Anlieferung wiederverwendbare/wiederverwertbare Verpackungen verlangen und diese auch für eigene Erzeugnisse verwenden

Der Grüne Punkt –
Duales System Deutschland GmbH

Beispiel:
Mehrweggebinde (Umkartons, Kanister, Flaschen), wenn dies nicht möglich ist, solche mit dem Grünen Punkt

- Energiesparende Maschinen, Geräte, Leuchtmittel verwenden (Vergleich des Strom-, Gas- und Wasserverbrauchs) usw.

1.8.4 Umweltverträgliche Produktion

„Unternehmen, die sich Auflagen in Sachen Umweltschutz, Arbeitsbedingungen und Unternehmensführung machen, arbeiten langfristig erfolgreicher und steigern ihren Wert – auch an der Börse. […] Sie setzten ihre Ressourcen effizienter ein und hätten motiviertere Mitarbeiter, […].[1] Sie orientieren sich an den sog. **ESG-Kriterien** (Environment = Umweltbelange, Social = Soziales, Governance = gute Unternehmensführung), die bestimmten ethischen, ökologischen und moralischen Standards entsprechen.

Wegen der Wettbewerbsfähigkeit ist jeder Hersteller daran interessiert, möglichst kostengünstig zu produzieren. Er wird deshalb versuchen, mit möglichst wenig Material auszukommen und wenig Energie aufzuwenden. In seine Überlegungen wird er bereits eine spätere Wiederverwendung oder Wiederverwertung (= Recycling) wegen der zu erwartenden „Rücknahmeverpflichtung" aufnehmen, z. B. das einfache Zerlegen und Trennen nach Werkstoffen durch Schrauben statt durch Schweißen. Die Fertigung sollte möglichst umweltschonend und für die Belegschaft ohne gesundheitliche Beeinträchtigungen durch Hitze, Lärm, Staub oder Chemikalien erfolgen. Der Produzent muss also bei seinen ökonomischen Entscheidungen im Voraus die **ökologische Verträglichkeit des Fertigungsverfahrens** oder des Endprodukts berücksichtigen.

Um die „imagefördernde" Umweltfreundlichkeit des Unternehmens nach außen zu dokumentieren, kann eine sog. **Ökobilanz** erstellt werden. Bei dieser **Ökobilanz** werden alle für die Produktion (Be- und Verarbeitung) von außen zugeführten Roh-, Hilfs- und Betriebsstoffe (Input) mit den Erzeugnissen oder Dienstleistungen (Output) verglichen und dabei die Auswirkungen auf die Umwelt von der Herstellung bis zur Entsorgung erfasst und bewertet.

1 *Oberhuber, Nadine: Die Umwelt muss warten, in: Die Zeit, Nr. 35 vom 22.08.2013, S. 24. Abgerufen unter: www.zeit.de/2013/35/gruene-aktienfonds-esg-kriterien [22.02.2016].*

1.9 Arbeits- und Gesundheitsschutz in Betriebsorganisation verankern

Durch die steigende Technisierung der Arbeitswelt nahmen in der Vergangenheit auch die Gefahren für die arbeitende Bevölkerung immer mehr zu. Auf der einen Seite erleichtern technische Errungenschaften das Alltagsleben, auf der anderen Seite steigen aber auch die Gefahren für Gesundheit und Leben der Beschäftigten. Daher hat die **Forderung** nach einer **humanen Arbeitswelt** immer mehr an Bedeutung gewonnen.

Unter Humanisierung der Arbeitswelt versteht man die bestmögliche, menschengerechte und menschenwürdige Gestaltung der Arbeitsbedingungen.

Die Anforderungen an eine humane Arbeitswelt sind aus Sicht der Beschäftigten:

- keine gesundheitsgefährdenden, sondern zumutbare Tätigkeiten
- Sicherheit des Arbeitsplatzes,
- selbstverantwortliches Arbeiten,
- gerechte Entlohnung,
- abwechslungsreiche, persönlichkeitsfördernde Aufgaben,
- soziale Kontakte zu anderen Mitarbeitern usw.

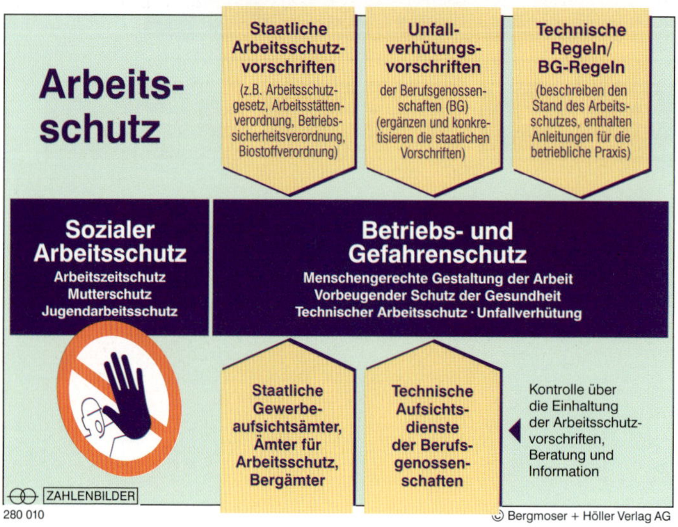

Den Anforderungen nach Sicherheit und Gesundheitsschutz der Beschäftigten will das **Arbeitsschutzgesetz (ArbSchG)** Rechnung tragen.

§ 3 Grundpflichten des Arbeitgebers

(1) Der Arbeitgeber ist verpflichtet, die erforderlichen Maßnahmen des Arbeitsschutzes [...] zu treffen, die Sicherheit und Gesundheit der Beschäftigten bei der Arbeit beeinflussen. Er hat die Maßnahmen auf ihre Wirksamkeit zu überprüfen und erforderlichenfalls [...] anzupassen. Dabei hat er eine Verbesserung von Sicherheit und Gesundheitsschutz [...] anzustreben. [...]

1.9.1 Technischer Arbeitsschutz

Wie das Schaubild belegt, wird zwischen sozialem und technischem Arbeitsschutz unterschieden. Im gewerblich-technischen Bereich entstehen zwangsläufig Gefahren für Leben und Gesundheit der Beschäftigten. Der technische Arbeitsschutz will durch verschiedene, gesetzlich vorgeschriebene Maßnahmen Arbeitsunfälle vermeiden und Berufskrankheiten vorbeugen.

Technischer Arbeitsschutz will

- die Betriebssicherheit erhöhen
- vor Gefahrstoffen schützen
- vor chemischen und biologischen Stoffen schützen
- den Vibrations- und Lärmschutz fördern
- die Produktsicherheit erhöhen

Um den Arbeitsschutz zu gewährleisten, hat der Staat neben dem ArbSchG weitere **Gesetze und Verordnungen** erlassen. Die wichtigsten sind:

Gewerbeordnung (GewO)

Hierin werden außer arbeitsrechtlichen Regelungen auch die grundlegenden Bestimmungen der Unfallverhütung beschrieben. Arbeitnehmer müssen vor Gefahren für Leib und Leben geschützt werden, daher sind Schutzvorrichtungen an Maschinen anzubringen, Umkleide- und Waschräume einzurichten usw.

Arbeitssicherheitsgesetz (ASiG)

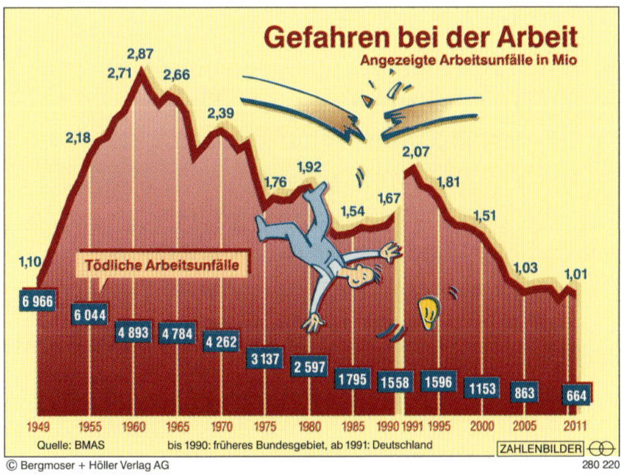

Im Gesetz über Betriebsärzte, Sicherheitsingenieure und andere Fachkräfte für Arbeitssicherheit werden die Firmen verpflichtet, Sicherheitsfachkräfte und Betriebsärzte einzustellen. Diese sollen den Arbeitgeber in puncto Arbeitsschutz und Unfallverhütung fachlich unterstützen und beraten. Dabei soll auf die **Prävention** (= vorbeugende Maßnahmen) besonderen Wert gelegt werden. Die Sicherheitsexperten überprüfen die Betriebsanlagen, Maschinen, Geräte usw. darauf, ob sie die Gesundheit der Mitarbeiter gefährden. Da das ASiG relativ allgemein gehalten ist, bietet sich dem Betriebsrat im Rahmen seiner Mitbestimmungsmöglichkeiten die Chance, mithilfe einer Betriebsvereinbarung die Angelegenheiten des Arbeitsschutzes betriebsintern zu regeln.

Arbeitsstättenverordnung (ArbStättV)

Sie schreibt die Ausstattung von Fabrikhallen, Werkräumen, Büros usw. vor, damit diese in Bezug auf Sicherheit, Lärmschutz, Beleuchtung, Belüftung, Temperaturen usw. menschenfreundlich gestaltet sind. Weiterhin werden die Mindestanforderungen an Pausen-, Bereitschafts- und Sanitärräume sowie das Kennzeichnen von Notausgängen usw. geregelt.

Baustellenverordnung (BaustellV)

Die Verordnung über Sicherheit und Gesundheitsschutz auf Baustellen enthält organisatorische Mindestanforderungen zur Verbesserung von Sicherheit und Gesundheitsschutz der Baubeschäftigten. Diese sind nämlich einem besonders hohen Unfall- und Gesundheitsrisiko ausgesetzt. Die Vorschrift fordert eine intensive Kooperation zwischen Bauherr und Unternehmer. Sind auf einer Baustelle mehrere Unternehmen beschäftigt, muss ein sog. **Sicherheits- und Gesundheitsschutzplan** (SiGePlan) erstellt werden.

Unfallverhütungsvorschriften

Die **Berufsgenossenschaftlichen Vorschriften** für Arbeitssicherheit und Gesundheitsschutz (BGV) beinhalten für jedes Unternehmen und jeden Versicherten der gesetzlichen Unfallversicherung verbindliche Pflichten bezüglich Arbeitssicherheit und Gesundheitsschutz am Arbeitsplatz. Die jeweiligen gewerblichen **Berufsgenossenschaften,** z. B. BG Holz und Metall, erlassen Vorschriften über Folgendes:

- Einrichtungen und Maßnahmen, die die Unternehmer zu treffen haben, um Arbeitsunfälle und Berufskrankheiten zu verhüten,
- das Verhalten der Beschäftigten zur Verhütung von Unfällen und arbeitsbedingten Gesundheitsgefahren,
- vom Unternehmer zu veranlassende arbeitsmedizinische Maßnahmen und Untersuchungen usw.

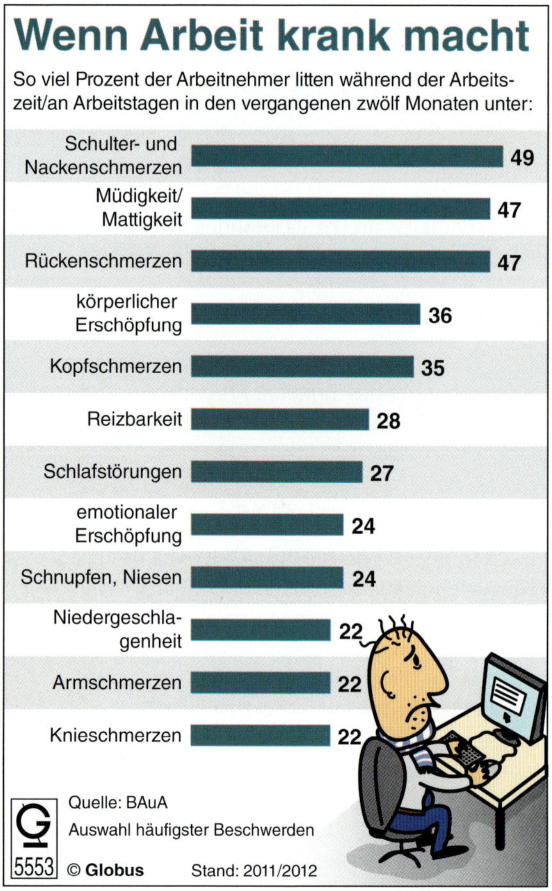

Die Einhaltung dieser Vorschrift wird in NRW von den Arbeitsschutzdezernaten der fünf Bezirksregierungen überwacht, die bei Missachtung der Schutzvorschriften Bußgelder in ihren Regierungsbezirken verhängen können.

Interessen bei arbeitsrechtlichen Schutzvorschriften

Berufe, insbesondere in gewerblich-technischen Branchen, fordern den Menschen sehr stark. Daher ist es wichtig, dass Arbeits- und Gesundheitsschutzmaßnahmen in den Betrieben, im Sinne einer humanen Arbeitswelt, konsequent eingehalten werden.

Die wichtigsten Rechte und Pflichten in Bezug auf den Arbeitsschutz sind im Arbeitsschutzgesetz festgelegt. Arbeitgeber müssen die Schutzmaßnahmen finanzieren und sind mit dem Betriebsrat verpflichtet, die Einhaltung der gesetzlichen Vorschriften zu überwachen.

Rechte und Pflichten gemäß Arbeitsschutzgesetz

Arbeitgeber

- Muss **organisatorische** Maßnahmen (= Arbeitsschutzstrukturen) treffen, um alle Anforderungen des Arbeitsschutzgesetzes zu erfüllen, z. B. auch das Handeln der Mitarbeiter beaufsichtigen.
- Persönliche **Schutzausrüstung** ist zur Verfügung zu stellen.
- Die eigenen **Arbeitsschutzstrukturen** sind zu überwachen.
- Gemäß § 16 ArbSchG darf die Unterstützung der Mitarbeiter bei Gefahren in Bezug auf Sicherheit und Gesundheit sowie bei Defekten an Schutzsystemen eingefordert werden.

Arbeitnehmer

- Muss über Arbeitsschutzvorschriften und Gefährdungen am Arbeitsplatz **aufgeklärt** werden.
- Festgestellte Mängel, die Auswirkungen auf Sicherheit und Gesundheit haben, müssen dem Ausbilder oder der Geschäftsführung **gemeldet** werden. Die Mitteilung kann **persönlich oder auch über den Betriebsrat** vorgebracht werden. Weitere **Ansprechpartner** können der Sicherheitsbeauftragte, der Betriebsarzt oder auch die Berufsgenossenschaft sein. Wird auf die Mitteilung/Beschwerde nicht reagiert, kann das **Arbeitsschutzdezern**at der Bezirksregierung eingeschaltet werden. Dem Beschwerdeführer dürfen dadurch **keine Nachteile** entstehen.

1.9.2 Sozialer Arbeitsschutz

Fallbeispiel:
Montagabends erhält der Azubi Hassan Altay eine SMS von seiner Mitschülerin Tina, die ebenfalls Kfz-Mechatronikerin lernt, mit der Info, dass am kommenden Mittwochnachmittag zwei Stunden Unterricht im Lernbereich „Entwicklungs- und Planungsprozesse" bei Herrn Wagner ausfallen. Sie fragt Hassan, ob sie nach den fünf Unterrichtsstunden dann noch in den Betrieb müssten. Er „simst" ihr gleich zurück, dass er sich auf der Website der DGB-Jugend unter www.jugend.dgb.de oder unter www.azubi-azubine.de schlaumachen und ihr dann Bescheid geben wird, ob beide dann am Mittwoch nach der Berufsschule frei hätten.

Im Laufe der Jahrzehnte wurden bei uns die sozialen Sicherungssysteme und der Arbeitsschutz immer weiter ausgebaut und befinden sich heute auf einem hohen Niveau. Ein wichtiger Teilbereich der Schutzbestimmungen ist der soziale Arbeitsschutz. Er soll die Belastung der Arbeitnehmer begrenzen und sie vor körperlicher und seelischer Überforderung schützen. Mithilfe der Gesetze zum Arbeitszeitschutz und Urlaub, zum Kündigungsschutz, zum Mutterschutz sowie zum Schwerbehinderten- und Jugendschutz legt der Staat die Rechte der Betroffenen fest. Auf diese Rechte hat jeder Arbeitnehmer einen gesetzlichen Anspruch.

Mutterschutz

Das **Mutterschutzgesetz** (MuSchG) gilt für alle Arbeitnehmerinnen, auch für Teilzeitbeschäftigte, Heimarbeiterinnen und **Auszubildende.** Es schreibt u. a. vor:

 141 213

- Werdende Mütter dürfen nicht mit schweren Arbeiten und mit Arbeiten, die mit Gefahren für sie verbunden sind, beschäftigt werden (Heben und Tragen schwerer Lasten, Akkord- und Fließbandarbeiten u. a.). Normalerweise dürfen werdende und stillende Mütter auch nicht mit Mehrarbeit, nicht mit Nachtarbeit und nicht an Sonn- und Feiertagen beschäftigt werden.
- In der Zeit von sechs Wochen vor bis acht Wochen nach der Entbindung dürfen Frauen nicht beschäftigt werden. Sie erhalten während dieser Zeit **Lohn- oder Gehaltsfortzahlung** in Höhe ihres bisherigen Nettoeinkommens (Bezahlung durch Krankenkasse in Verbindung mit dem Arbeitgeber).
- Bei der Gestaltung des Arbeitsplatzes hat der Arbeitgeber eine Sitzgelegenheit zum Ausruhen zur Verfügung zu stellen. Außerdem muss eine Liege in einem geeigneten Raum zum Ausruhen vorhanden sein.

Es ist wichtig, die Schwangerschaft und den voraussichtlichen Entbindungstermin baldmöglichst dem Arbeitgeber zu melden, damit er seinen Pflichten aus dem **Mutterschutzgesetz** nachkommen kann.

Elternförderung

Die Förderung richtet sich nach dem **Bundeselterngeld- und Elternzeitgesetz** (BEEG) und beinhaltet den Rechtsanspruch auf eine Teilzeitbeschäftigung.

 141 214

Beide Elternteile haben als Lohnersatz zusammen Anspruch auf zwölf Monate **Elterngeld** und auf zusätzliche zwei Monate, wenn sie mindestens zwei Monate ihre Erwerbsarbeit verringern oder wenn jemand alleinerziehend ist. Es werden mindestens 300,00 € und maximal 1 800,00 € ausbezahlt, die nicht auf andere Sozialleistungen angerechnet werden. Mütter und Väter, die sich für das neue „**ElterngeldPlus**“ entscheiden, können die Leistungen länger beanspruchen, wenn sie bereit sind, Teilzeit zu arbeiten. Der monatliche Zuschuss wird **einkommensabhängig** gewährt und ist steuer- und abgabenfrei. Während der Elternzeit besteht **Kündigungsschutz**, nur bei Ablauf eines befristeten Arbeitsverhältnisses, mithilfe eines Aufhebungsvertrags, bei Ende der Ausbildung oder bei Betriebsstilllegung kann gekündigt werden.

Schwerbehindertenschutz

Als behindert gilt, wenn körperliche Funktionen oder geistige Fähigkeiten bzw. die seelische Gesundheit auf Dauer eingeschränkt sind. Als schwerbehindert gilt, wenn der Grad der Behinderung 50 (= 50 %) und mehr beträgt.

In Deutschland gibt es über sieben Millionen Menschen, die als schwerbehindert anerkannt sind. Für sie ist es besonders schwierig, einen Ausbildungs- oder Arbeitsplatz zu bekommen. Um ihnen die berufliche Eingliederung zu erleichtern, wurde die „Rehabilitation und Teilhabe behinderter Menschen" ins **Sozialgesetzbuch** (SGB IX) integriert. Hierin werden für die Schwerbehinderten mit einem **Behinderungsgrad** (GdB) von mindestens 50 % u. a. geregelt:

- bevorzugte Einstellung,
- Anspruch auf einen behindertengerechten Arbeitsplatz,
- besonderer Kündigungsschutz,
- Anspruch auf Teilzeitbeschäftigung,
- besondere Berücksichtigung behinderter Frauen im Arbeitsleben,
- zusätzlicher Urlaub (5 Tage/Jahr) usw.

Jugendarbeitsschutz

Jugendliche im Berufsausbildungs- oder Arbeitsverhältnis unter 18 Jahren genießen einen besonderen Schutz. Durch das **Gesetz zum Schutze der arbeitenden Jugend** (Jugendarbeitsschutzgesetz; JArbSchG) sollen sie vor gesundheitlichen Schäden am Arbeitsplatz bewahrt und geschützt werden.

Wichtige **Bestimmungen des JArbSchG** im Überblick:

Arbeitszeit § 4, § 8 §§ 15–17

Fünftagewoche, täglich bis 8 Std., wöchentlich bis 40 Stunden (Ausnahmen möglich)

Berufsschule § 9

Freistellung für den Unterricht (Anrechnung auf Arbeitszeit)

Prüfungen § 10

Freistellung für Prüfungen (Anrechnung auf Arbeitszeit)

Arbeitsbeginn § 14

Frühestens 6 Uhr (Ausnahmen für bestimmte Berufe)

Arbeitsschluss § 14

Spätestens 20 Uhr (Ausnahmen für bestimmte Berufe)

Freizeit § 13

Mindestens zwölf Stunden

Urlaub[1] § 19

15-Jährige 30 Werktage
16-Jährige 27 Werktage
17-Jährige 25 Werktage

Akkordarbeit § 23

Tempoabhängige Arbeit (Akkordarbeit) verboten (Ausnahmen in besonderen Fällen)

Gesundheit §§ 32–46

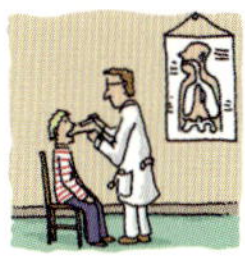

Kostenlose ärztliche Untersuchungen

---

1 Die Urlaubstage richten sich nach dem Alter des/der Jugendlichen zu Beginn eines Kalenderjahres.

Ausgewählte Beispiele für den Jugendarbeitsschutz aus dem JArbSchG (siehe auch die Erläuterung der Paragrafen zur Berufsschule, zum Urlaub usw. in AFS 5)

§ 23 Akkordarbeit, tempoabhängige Arbeiten

(1) Jugendliche dürfen nicht beschäftigt werden

1. mit Akkordarbeit und sonstigen Arbeiten, bei denen durch ein gesteigertes Arbeitstempo ein höheres Entgelt erzielt werden kann,
2. in einer Arbeitsgruppe mit erwachsenen Arbeitnehmern, die mit Arbeiten nach Nr. 1 beschäftigt werden.

[…]

(2) Absatz 1 Nr. 2 gilt nicht für die Beschäftigung Jugendlicher,

1. soweit dies zur Erreichung des Ausbildungsziels erforderlich ist […]

§ 32 Erstuntersuchung

(1) Ein Jugendlicher, der in das Berufsleben eintritt, darf nur beschäftigt werden, wenn

1. er innerhalb der letzten vierzehn Monate von einem Arzt untersucht worden ist (Erstuntersuchung) und
2. dem Arbeitgeber eine von diesem Arzt ausgestellte Bescheinigung vorliegt.

[…]

§ 37 Inhalt und Durchführung der ärztlichen Untersuchungen

(1) Die ärztlichen Untersuchungen haben sich auf den Gesundheits- und Entwicklungsstand und die körperliche Beschaffenheit, die Nachuntersuchungen außerdem auf die Auswirkungen der Beschäftigung auf Gesundheit und Entwicklung des Jugendlichen zu erstrecken.

[…]

Nach § 51 JArbSchG obliegt die Aufsicht über die Ausführung des Gesetzes den Bezirksregierungen. Allerdings obliegt auch dem Betriebsrat nach dem BetrVG eine besondere Rolle bei der Kontrolle des Arbeitsschutzes.

Bei **Verstößen des Arbeitgebers** gegen die Bestimmungen des Jugendarbeitsschutzgesetzes kann der betroffene Jugendliche Folgendes tun:

- das direkte Gespräch mit seinen betrieblichen Vorgesetzten suchen oder (in schwereren Fällen) auch die Eltern mobilisieren,
- sich an die betriebliche Jugend- und Auszubildendenvertretung (JAV), an den Betriebsrat, die Handwerkskammer oder die Industrie- und Handelskammer, die Berufsschullehrer bzw. die Bezirksregierung wenden.

Jugendliche gemäß JArbSchG sind alle Beschäftigten, die 15, aber noch nicht 18 Jahre alt sind. Für unter 15-jährige Kinder besteht bei uns **Arbeitsverbot**.

Aufgaben

1. *Wie würden Sie sich an der Stelle des Gesellen Marc Röder in puncto Geschäftsübernahme verhalten? Begründen Sie Ihre Entscheidung.*

2. *Diskutieren Sie in der Gruppe, welche Chancen und Risiken auf Marc Röder in den nächsten Jahren zukommen dürften, wenn er den Betrieb übernehmen sollte.*

3. *Entwickeln Sie im Team weitere zukunftsträchtige Geschäftsideen aus den verschiedensten Wirtschaftsbereichen wie Handel, Dienstleistungen, Handwerk, Industrie, freie Berufe usw. Begründen Sie, weshalb diese Ideen Zukunftschancen haben könnten.*

4. *Wieso ist es wichtig, sich bei der Unternehmensgründung realistische Ziele zu setzen und möglichst überschaubare Risiken einzugehen? Beachten Sie hierbei das Schaubild auf S. 11. Begründen Sie Ihre Antwort.*

5. *Weshalb ist es sinnvoll, bei einer Unternehmensgründung auch das Scheitern der Idee mit einzuplanen? Denken Sie daran, dass jedes dritte Gründungsprojekt in Deutschland innerhalb der ersten drei Jahre vorzeitig endet!*

6. *Welchem Sektor im Wirtschaftskreislauf würden Sie Wirtschaftssubjekte wie Vereine, Parteien, Kirchen, Gewerkschaften usw. (Einrichtungen ohne Erwerbscharakter) zuordnen? Begründen Sie Ihre Argumente.*

7. *Wie wirkt sich das Eingreifen der Unternehmen, die Waren produzieren, Löhne zahlen usw., auf den Wirtschaftskreislauf aus?*

8. *Innerhalb des einfachen Wirtschaftskreislaufs werden Güter im Wert von 1 000 000,00 € produziert. Die Betriebe zahlen davon 800 000,00 € als Lohn an die Arbeitnehmerhaushalte und weiterhin 60 000,00 € Pacht, sowie 15 000,00 € Miete. Der Rest ist das Einkommen der Arbeitgeber/Unternehmer.*
   a) Berechnen Sie die jeweiligen Erlöse/Einkommen, die den Arbeitnehmerhaushalten, den Unternehmerhaushalten, den Unternehmen und allen Haushalten zusammen zukommen.
   b) Zeichnen Sie die Güter- und Geldströme mit den entsprechenden Zahlen in einen einfachen Wirtschaftskreislauf ein.

9. *Erarbeiten Sie in der Gruppe, welche Auswirkungen auf die anderen Teilnehmer am erweiterten Wirtschaftskreislauf die folgenden Gegebenheiten mit sich bringen:*
   a) Der Staat erhöht die Steuern.
   b) Der Staat verringert die Zölle.
   c) Die privaten Haushalte sparen sehr viel.
   d) Die Banken erhöhen die (Kredit-)Zinsen.
   e) Viele Unternehmen verlagern ihre Produktion ins Ausland.
   f) Die Unternehmen exportieren viele Fertigprodukte nach Übersee.

10. *a) In welcher Form bezieht der Staat seine Einnahmen?*
b) Listen Sie verschiedene Beispiele auf für Sachausgaben des Bundes und der Länder.
c) In welcher Form erhalten Unternehmen und Haushalte Transferzahlungen?
d) Wer muss bei einem Exportüberschuss Konsumverzicht üben (wem stehen wegen des starken Exports weniger Güter usw. zur Verfügung)? Begründen Sie Ihre Antwort.

11. *Testen Sie sich selbst auf der Homepage des Bundeswirtschaftsministeriums unter www.existenzgruender.de (Gründungswerkstatt, PC-Lernprogramm, Existenzgründung) oder unter www.kfw.de/kfw.de.html (Existenzgründung), ob Sie ein Gründertyp sind. Legen Sie Ihrem Nachbarn dar, weshalb Sie (k)ein Gründertyp sind.*

12. *Wieso sind fundierte betriebswirtschaftliche und kaufmännische Kenntnisse Grundvoraussetzung für eine erfolgreiche Unternehmensgründung (siehe Schaubild)? Begründen Sie Ihre Argumente.*

13. *a) Aus welchen Komponenten/Bestandteilen setzt sich ein ausgereifter Businessplan zusammen?*
b) Welche wichtigen Aussagen sollte er beinhalten?

14. *a) Welche Beratungshilfen für Existenzgründer bietet das Land Nordrhein-Westfalen auf seiner Homepage www.startercenter.nrw.de an?*
b) Als wie hilfreich beurteilen Sie dieses Angebot für junge Geschäftsgründer?

15. *a) Bei welchen Institutionen könnte sich Marc Röder Informationen zur Übernahme/Weiterführung des Betriebs einholen?*
b) Stellen Sie z. B. in Partnerarbeit einen Fragenkatalog zusammen, den Marc zum Beratungsgespräch mitnehmen könnte.

16. *Führen Sie auf der Homepage des Bundeswirtschaftsministeriums unter www.existenzgruender.de (Gründungswerkstatt) ein „eTraining" zu den verschiedenen Unternehmensformen (Rechtsformen) durch und beschreiben Sie anschließend eine von Ihnen erfundene Personengesellschaft. Diese Beschreibung können Sie dann in der nächsten Stunde der Klasse präsentieren.*

17. *Worin unterscheidet sich eine Personen- von einer Kapitalgesellschaft? Beachten Sie insbesondere die jeweilige Haftung.*

18. **Fallbeispiel:**
Die beiden Brüder Winfried und Bernhard Weber betreiben eine KG für Regel- und Hochdruckventile. Beide sind Komplementäre und haben jeweils 100 000,00 € in ihre Firma eingebracht (Kapitaleinlage). Da momentan die Geschäfte nicht mehr so gut laufen, verhandeln sie mit ihrem Freund Fritz Müller, ob er nicht bereit wäre, mit 75 000,00 € als Kommanditist in die Weber KG „einzusteigen".

Ziehen Sie beim Beantworten der folg. Fragen das Handelsgesetzbuch (§§ 161–177) zurate und begründen Sie Ihre jeweiligen Antworten.

a) *Fritz Müller möchte allerdings bei der Höhe seiner Einlage ein Wort in der Geschäftsführung mitreden. Ist dies möglich?*
b) *Muss der Eintritt des Gesellschafters (Kommanditisten) ins Handelsregister eingetragen werden?*
c) *Falls die Weber KG insolvent werden würde, wer würde dann mit welchen Beträgen haften?*
d) *Wie viel Prozent Gewinnanteil erhält Fritz Müller von seinem Kapitalanteil, wenn nichts Besonderes im Gesellschaftervertrag vereinbart wird? Wie hoch ist dies in Euro?*
e) *Welchen Gewinnanteil erhält jeder der drei bei einem Jahresgewinn von 20 000,00 €?*
f) *Die Gebrüder Weber wollen am Jahresende mithilfe eines Kredits über 900 000,00 € in einen vollkommen neuen Geschäftszeig „Stromgewinnung durch Windenergie“ einsteigen. Fritz Müller widerspricht diesem Geschäft. Darf er als Kommanditist dies überhaupt?*

19. *Angenommen, Marc Röder übernimmt das Geschäft und es expandiert (= ausweiten, vergrößern) in den nächsten Jahren sehr stark, sodass er noch drei Gesellen, eine Bürokauffrau und zwei Azubis einstellen muss. Umsätze und Gewinn sind ebenfalls massiv angestiegen, da die Kundschaft seine neu eingeführte Unternehmensstrategie annimmt.*

a) *Diskutieren Sie in Gruppen, welche neuen Unternehmensformen dann für ihn in Frage kämen, wenn er sein bisheriges Einzelunternehmen umwandeln möchte.*
b) *Legen Sie dar, welche Voraussetzungen zu den jeweiligen Umwandlungen erforderlich sind. Nehmen Sie dazu das Bürgerliche Gesetzbuch, das Handelsgesetzbuch, das Aktiengesetz, das GmbH-Gesetz und das Genossenschaftsgesetz (z. B. im Internet unter www.Gesetze-im-Internet.de) zu Hilfe und präsentieren Sie Ihre Ergebnisse den anderen Gruppen.*

20. *Ergänzen Sie in Partner- oder Gruppenarbeit das Planungsschema einer Existenzgründung bis zur Gewerbeanmeldung, das Sie mithilfe der fortlaufenden Kapitel der ersten Anforderungssituation immer weiter fortschreiben und vervollständigen können. (Tragen Sie in diese und weitere Kästchen ein, was (welche Schritte) zur Umsetzung einer Geschäftsidee bis zur feierlichen Geschäftseröffnung alles dazugehört.)*

Planungsschema Unternehmensgründung

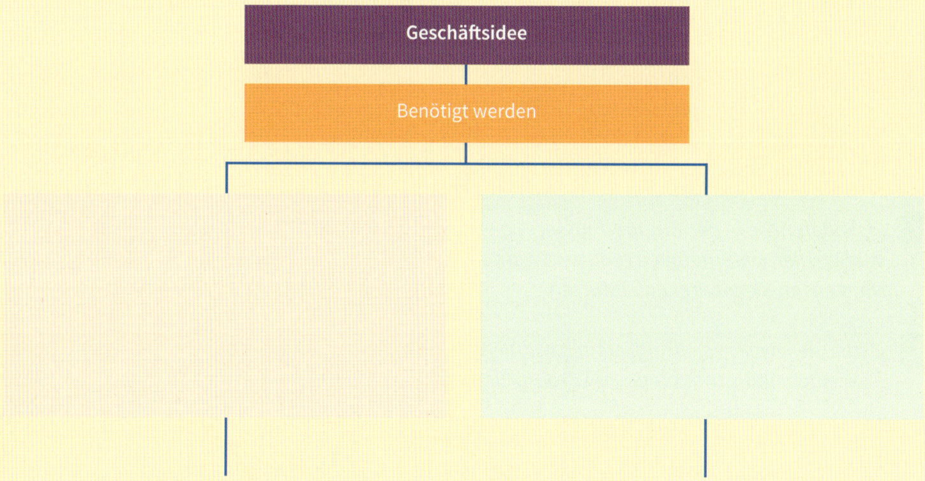

21. *Legen Sie dar, auf welche wirtschaftlichen, sozialen und auch ökologischen Ziele Sie bei einer Geschäftsgründung besonderen Wert legen würden. Begründen Sie Ihre Sichtweise.*

22. *Warum hat das Gewinnziel (= Gewinnmaximierung) für private Unternehmen eine herausragende Bedeutung? Begründen Sie Ihre Stellungnahme auch mit den Ansprüchen, die von den verschiedenen Seiten (Mitarbeiter, Kunden, Öffentlichkeit usw.) an die Unternehmen gestellt werden.*

23. *Versetzen Sie sich in die Lage von Marc Röder.*
- *a) Wie würden Sie den Kfz-Betrieb Ihres Onkels weiterführen, als Handwerksbetrieb gemäß HwO oder als Handelsbetrieb gemäß HGB? Begründen Sie Ihre Entscheidung, ggf. mit Informationen aus dem Internet. Suchmaschinen wie www.Google.de, www.Bing.com, www.Yahoo.com, www.T-Online.de, www.AOL.de usw. können Ihnen bei der Stichwortsuche helfen.*
- *b) Legen Sie dar, welche Qualifikationen, Betriebsmittel, Materialien usw. Sie wahrscheinlich benötigen und wie Sie diese finanzieren können.*

24. *Wenn Sie ein Geschäft gründen würden, welche Rolle sollten dann soziale und nachhaltige Aspekte in Ihrer Firma spielen? Begründen Sie Ihre persönliche Haltung.*

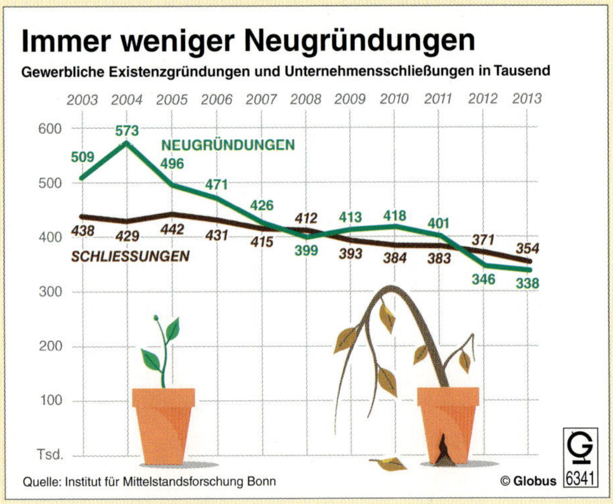

25. *Führen Sie in der Klasse eine Pro-Kontra-Diskussion zwischen einem herkömmlich und einem nachhaltig produzierendem Unternehmen durch. An der Diskussion können die jeweilige Geschäftsleitung, der Betriebsrat, der oder die Umweltbeauftragte, die Lieferanten und mögliche Kunden usw. teilnehmen.*

26.
- *a) Was möchte die Karikatur in Kap. 1.6.1, S. 29 ausdrücken (Siehe S. 307 im Anhang „Methoden und Arbeitstechniken“)?*
- b) Welche Auswirkungen dürfte das „Mehr“ für Arbeitgeber, Arbeitnehmer und Verbraucher hier bei uns, aber auch in anderen Ländern mit sich bringen?

27. *Diskutieren Sie in der Gruppe/Klasse, wie evtl. die Zielkonflikte zwischen nachhaltigen und konventionellen Unternehmen reduziert werden könnten. Die Webadresse www.nachhaltigkeitsrat.de kann Sie hierbei unterstützen.*

28. *Listen Sie jeweils vier Tätigkeiten bzw. Dienstleistungen auf, die a) in einem Handwerks- und b) in einem Industriebetrieb im Vordergrund stehen.*

29. *Wieso kann man in manchen Fällen nicht klar zwischen einem Handwerks- und einem Industriebetrieb unterscheiden? (Weshalb sind die Grenzen zwischen beiden Unternehmensarten manchmal fließend?)*

30. *Versetzen Sie sich in die Lage eines Geschäftsführers. Unter welchen Voraussetzungen würden Sie „Ihren Betrieb“ nach der Aufbauorganisation und wann nach der Ablauforganisation strukturieren? Begründen Sie Ihre Antwort.*

31. *a) Nach welcher Organisationsstruktur war Ihr Praktikumsbetrieb aufgebaut?*
b) Erstellen Sie ein Organigramm (= grafische Darstellung der Organisation) des Praktikumsbetriebs.

32. *Sie wollen sich selbstständig machen. Welches Aufbausystem kommt für Ihr Geschäft in Betracht? Begründen Sie Ihre Meinung.*

33. *Südfrüchte, die in Südeuropa oftmals im Überfluss vorhanden sind, werden erst marktreif (= verkaufbar), wenn sie mittels Lkw in ausreichender Menge, zur rechten Zeit an den richtigen Ort gebracht werden.*
a) Wieso gibt es hierbei einen Zielkonflikt zwischen Ökonomie (= Wirtschaftlichkeit) und Ökologie (= Umweltschutz)?
b) Könnte der Staat evtl. durch eine Erhöhung der Autobahnmautgebühren und der Mineralölsteuer langfristig einen Ausgleich zwischen wirtschaftlichen und ökologischen Interessen erreichen? Erklären Sie Ihren Standpunkt.

34. *a) Was beinhaltet die Norm DIN EN ISO 14001? Nutzen Sie zur Beantwortung hierzu das Internet, wobei die Webadressen des TÜV oder verschiedener Wirtschaftslexika hilfreich sind.*
b) Welche Vorteile kann es einem Betrieb bringen, am Öko-Audit der Europäischen Union teilzunehmen und sein Umweltmanagement gemäß ISO 14001 zertifizieren zu lassen?

35. *a) Interpretieren Sie das Schaubild.*
b) Wieso ist das alte Vorurteil, der Umweltschutz sei ein „Jobkiller“, unberechtigt?

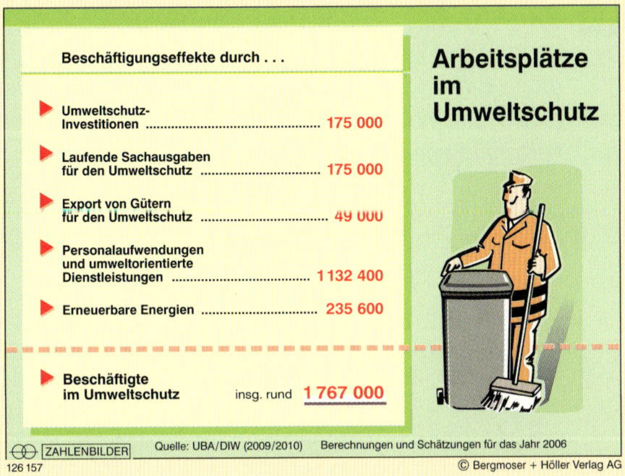

36. *Listen Sie weitere Beispiele für eine umweltorientierte Materialbeschaffung auf. Denken Sie dabei an Ihren Praktikumsbetrieb.*

37. *Erstellen Sie in Gruppenarbeit ein Plakat zum technischen Arbeitsschutz in einem gewerblich-technischen Unternehmen. Anschließend sollte jede Gruppe ihr Plakat der Klasse vorstellen. Besonders gelungene Beispiele könnten dann ggf. im Schulhaus ausgehängt werden.*

38. *Erstellen Sie eine PowerPoint-Präsentation zum technischen Arbeitsschutz in Ihrem Praktikumsbetrieb.*

39. *a) Wen können Sie einschalten, wenn in Ihrem späteren Betrieb arbeitsrechtliche Schutzvorschriften missachtet werden?*
b) Wer kann Sie bei Ihrer „Beschwerdeführung“ unterstützen?

40. *Lösen Sie mithilfe des Mutterschutzgesetzes, z. B. im Internet unter www.gesetze-im-internet.de oder www.bmfsfj.de (Bundesministerium für Familie, Senioren, Frauen und Jugend), die folgenden Fälle.*

a) Frau Seibert arbeitet immer noch, obwohl sie bereits im 9. Monat schwanger ist. Sie hat bei der derzeitigen Situation in ihrer Firma Angst, den Arbeitsplatz zu verlieren.

b) Bei den städtischen Verkehrsbetrieben arbeitet eine Schwangere (im 4. Monat) als Busfahrerin. Sie soll weiterhin als Fahrerin beschäftigt bleiben.

c) Wie sieht die rechtliche Situation aus, wenn bereits im 3. Monat von der Frauenärztin strikte Bettruhe wegen Komplikationen verordnet wurde?

d) Einer schwangeren Fleischereiverkäuferin (6. Monat) soll die tägliche Arbeitszeit von acht auf fünf Stunden reduziert werden.

41. *a) Nadja, 17 Jahre, im 2. Lehrjahr zur Zimmerin, muss im Frühjahr, da mehrere Dachstühle erstellt werden müssen, von Montag bis Donnerstag jeweils von 07:00 Uhr bis 18.30 Uhr arbeiten, wobei sie eine tägliche Pause von einer Stunde hat. Beurteilen Sie diesen Fall mithilfe des JArbSchG (www.gesetze-im-internet.de).*

b) Was würden Sie an Nadjas Stelle unternehmen?

42. *Besuchen Sie die Homepage des (Landes-)Ministeriums für Arbeit, Integration und Soziales unter www.mais.nrw oder www.Arbeitsschutz.nrw.de. Lesen Sie sich dort die unter „Jugendarbeitsschutz“ veröffentlichten Beiträge durch und bestellen Sie unter den angebotenen Publikationen (Service) die Broschüren „Konfliktlösung am Arbeitsplatz“ und den Handlungsleitfaden „Gefährdungsbeurteilung am Arbeitsplatz“. Sie können diese Publikationen auch downloaden.*

43. *Entwerfen Sie zu Kapitel 1.9.2 „Sozialer Arbeitsschutz“ eine Mindmap mit allen wichtigen gesetzlichen Vorschriften, die Sie dann der Klasse z. B. auf einer Flipchart vorstellen. Die Mindmap können Sie am PC beispielsweise mithilfe der kostenlosen Software „FreeMind“, „Freeplane“, „XMind“, „ExamTime“ usw. erstellen. Sie dient Ihnen dann als Grundlage für Ihren Vortrag (Siehe S. 303 im Anhang „Methoden und Arbeitstechniken“).*

Anforderungssituation 2

Die Beschaffung in einem Unternehmen planen und Aufträge bearbeiten

2

Kompetenzen

In dieser Anforderungssituation lernen Sie die verschiedenen Produktionsweisen (= Leistungserstellungsprozesse) in Unternehmen kennen und achten dabei auch auf das Qualitätsmanagement. Hierbei erfahren Sie, was die jeweiligen Produktionsfaktoren zur Herstellung von Sachgütern und Dienstleistungen beitragen.

Sie versuchen abzuschätzen, ob es sinnvoll ist, unter bestimmten Bedingungen, ein Produkt oder eine Dienstleistung selbst herzustellen/anzubieten oder von außen zuzukaufen (= Fremdbezug). Anschließend planen und vergleichen Sie den Beschaffungsprozess und organisieren eine sinnvolle Lagerhaltung.

Sie analysieren die Inhalte verschiedener Angebote und führen einen quantitativen Angebotsvergleich (= Preisvergleich) durch, in den dann qualitative Kriterien und auch Aspekte der Nachhaltigkeit (= Umweltgesichtspunkte usw.) einfließen.

Beim Abschluss eines rechtsgültigen Kaufvertrags beachten Sie die Rechts- und Geschäftsfähigkeit der beteiligten Käufer und Verkäufer. Bei Kaufvertragsstörungen wie Schlechtleistung oder Nichtrechtzeitig-Lieferung versuchen Sie, angemessen zu reagieren.

Einstiegssituation:

Im Elektrohandwerk läuft es zurzeit gut. „Wir haben genügend Aufträge, um unsere Leute auch im nächsten Jahr gut beschäftigen zu können", schwärmt der Chef Johannes Wingerter nach Feierabend bei einem Gespräch mit dem Geschäftsführer der Handwerkskammer. „Wenn es so weiterläuft, muss ich wahrscheinlich noch zwei Gesellen einstellen, da bei der Montage der elektrischen Energieversorgung, der Gebäudeleiteinrichtungen und der Datennetze für Neubauten sehr viele Überstunden anfallen und die Mitarbeiter deswegen und auch wegen des vorhandenen Zeitdrucks schon meckern!" Dies spürt auch die 17-jährige Auszubildende Lisa Becker, die im ersten Lehrjahr zur Elektronikerin Fachrichtung Energie- und Gebäudetechnik ausgebildet wird. Auch sie musste schon länger auf Baustellen bleiben, weil die Bauträger, mit denen die Firma Elektro-Wingerter zusammenarbeitet, auf die Einhaltung der vereinbarten Termine pochten. Nach Beendigung der Elektroinstallation warten nämlich andere Handwerker, die dann mit ihren Gewerken beginnen.

1. ***Diskutieren Sie in der Gruppe, welche Möglichkeiten es für die Firma Elektro-Wingerter gibt, trotz der zahlreichen Aufträge und des Zeitdrucks, der manchmal herrscht, qualitativ gute Ergebnisse abzuliefern? Der Chef möchte nämlich vermeiden, dass nach dem Bezug der Neubauten noch elektrotechnische Nacharbeiten anfallen, die für die Firma teuer sind und Kunden verärgern (Qualitätsmanagement in Handwerksbetrieben).***
2. ***Wieso dürfte es sich für einen relativ kleinen Elektrobetrieb mit neun Mitarbeitern kaum lohnen, ein größeres Lager vorzuhalten?***
3. ***Welche Möglichkeiten sehen Sie, die benötigten Warenmengen zu beziehen?***
4. ***Zwei Monate nach Ablauf der Gewährleistungspflicht fällt die, von der Firma Elektro-Wingerter eingebaute Steuerung der Klimaanlage in einem Mehrfamilienhaus aus. Wie würden Sie als Unternehmer hierauf reagieren?***

2.1 Leistungserstellungsprozesse kennenlernen

Bei der betrieblichen **Leistungserstellung** (= Produktion) werden unterschiedliche Produktionsverfahren miteinander kombiniert, um neue Produkte/Dienstleistungen für den Markt bereitzustellen. Hierbei werden Roh- und Hilfsstoffe eingesetzt, um neue Werte zu schaffen (= **Wertschöpfung**). Die Leistungserstellung wird durch Marktstrukturen, Verhalten der Marktteilnehmer (= insbesondere Kunden), Lieferanten, eigene Möglichkeiten der Produzenten und durch den Staat als Ordnungsfaktor beeinflusst.

2.1.1 Qualitätsmanagement bei der Leistungserstellung

Die Herstellung der Sachgüter (= materielle Güter) ist erforderlich, da sie in der Natur nicht immer so vorkommen, wie sie sich der Kunde/Verbraucher wünscht. Betriebe produzieren Waren oder bieten Dienste an, um sie auf dem Markt zur Verfügung zu stellen, dies wird auch als „Leistungserstellung" bezeichnet. Bei der Produktion werden gleichzeitig auch einige Dienstleistungen (= immaterielle Güter) benötigt wie beispielsweise Beratung, Werbung, Vertrieb usw.

Die Leistungserstellung kann als **„das Herzstück eines Betriebs"** bezeichnet werden, weil alle anderen Unternehmensbereiche vorbereitend, unterstützend oder nachbereitend auf den Leistungsprozess einwirken.

Um bestimmte Güter herstellen zu können, müssen die erforderlichen **Rohstoffe** gewonnen und zu sog. **Zwischenprodukten** verarbeitet werden. Erst dann werden sie in den verschiedenen Branchen (= Wirtschaftszweige) im Handwerk oder der Industrie zu **Produktions- oder Konsumgütern** „veredelt".

Leistungserstellungsprozesse beginnen beim Einkauf auf den jeweiligen Beschaffungsmärkten, durchlaufen die Produktion und enden mit dem Verkauf des Erzeugnisses/der Leistung auf den Absatzmärkten.

Schritte der Leistungserstellung (Wertschöpfungskette)

Beschaffung der Betriebsmittel (= Maschinen, Werkzeuge usw.) der Roh-, Hilfs- und Betriebsstoffe oder auch der Halbfabrikate auf den Beschaffungsmärkten mithilfe des Einkaufs.

(Vor)**Kalkulation** (siehe Kap. 3.4, S. 143 ff. zur Ermittlung der Stückkosten, der möglichen Produktionskosten und des Verkaufspreises (in Verbindung mit der Nachkalkulation).

Produktionsplanung und -steuerung, mittel- und langfristiges Programm zur Abwicklung der termingebundenen Aufträge bei vorhandenen Kapazitäten (Personal, Maschinen, Gebäuden, Transportsystemen usw.). Die **Primärbedarfsplanung** legt hierbei fest, welche (End-)Produkte in welcher Menge im Planungszeitraum herzustellen sind. Die **Sekundärbedarfsplanung** legt fest, welche Mengen an Vor- und Zwischenprodukten dafür wann benötigt werden (Terminabwicklung).

Die **Auftragsabwicklung** organisiert die Abfolge der verschiedenen Aufträge. Legt ggf. erforderliche Qualitätskriterien fest.

Die **Fertigungsplanung und- steuerung** legt fest, wie häufig gleiche Güter in gleicher Menge gefertigt werden (= Einzel- oder Mehrfachfertigung) und sie ermittelt den Arbeitsablauf, kalkuliert die Durchlauf- und Transportzeiten. **Programmierung der NC-Maschinen** (= Numerical Control) für eine flexible Automation bzw. der CNC-Maschinen (= Computerized Numerical Control), deren Rechner eine Optimierung direkt an der Maschine erlaubt. DNC-Systeme (Direct Numerical Control) stimmen mithilfe eines Zentralrechners mehrere Maschinen aufeinander ab. NC-Maschinen führen automatisch einen Werkzeugwechsel durch, ohne den Produktionsablauf zu behindern, dadurch wird eine hohe und gleichmäßige Kapazitätsauslastung gewährleistet.

Materialmanagement, Einkauf und Lagerhaltung sind für eine bedarfs- und termingerechte Verfügbarkeit von Roh- und Hilfsstoffen, Komponenten, Baugruppen usw. verantwortlich (Arbeitsvorbereitung und Materialdisposition). Die Lagerbestandsführung (= Materialüberwachung) sorgt für die optimale Bestellmenge. Die elektronische Lieferantendatei beinhaltet Materialarten, Adressen, Angebotspreise, Qualitätsreklamationen usw.

Fertigung und Montage bauen die verschiedenen Komponenten usw. termingerecht zum Endprodukt zusammen, vermeiden Ausschuss und überprüfen die Qualität des Erzeugnisses.

Controlling ist das unternehmerische Führungssystem zur Steuerung der Wirtschaftlichkeit (= Verhältnis Ertrag zu Aufwand oder auch Leistungen zu Kosten), Rentabilität (= Kennziffer zur Erfassung des finanziellen Erfolgs) und Liquidität (= Zahlungsfähigkeit). Daten hierzu liefert das **Rechnungswesen**. In der Nachkalkulation werden die Annahmen der Vorkalkulation überprüft. Die Lohnabrechnung erfolgt über das Personalwesen.

Auslieferung/Versand überprüfen abschließend den Auftrag, überstellen dem Kunden die bestellte Ware, den Lieferschein und die Rechnung.

Güter und Dienstleistungen werden in Deutschland auf die mannigfaltigste Weise produziert bzw. angeboten. Von den ca. 3,7 Mio. Unternehmen mit ungefähr 43 Mio. Erwerbstätigen (Stand: 2014) arbeiten mehr als 60 % in kleinen und mittleren Unternehmen (KMU = **Mittelstand**), dies sind Firmen mit weniger als 250 Mitarbeitern und weniger als 50 Mio. € Jahresumsatz. Zum Mittelstand zählen auch die 580 000 Handwerksbetriebe, die 16 000 Großunternehmen in Deutschland gegenüberstehen.

Betrieb und Unternehmen

Sowohl im juristischen als auch im betriebswirtschaftlichen Sinn lässt sich zwischen den Begriffen Betrieb und Unternehmen unterscheiden.

In einem Betrieb werden Güter her- oder Dienstleistungen bereitgestellt. Hier wird die Produktion „**betrieben**". Ein Betrieb ist also eine rein technische Einheit, in der Güter produziert (z. B. Automobil- oder Kühlschrankproduktion) oder Dienstleistungen erbracht werden (z. B. Hotel, Friseursalon usw.).

Die **Unternehmung** dagegen stellt die Rechtsform (z. B. RWE AG) und das finanzielle Fundament eines Betriebs dar. Sie besitzt eigenes Vermögen, das sie einsetzt, eigene Haftung und ein eigenes Entscheidungsrecht. Die Unternehmung kann vor Gericht klagen oder verklagt werden. Sie ist eine selbstständige Einheit im Wirtschaftsleben und kann aus **einem** Betrieb oder aus **mehreren** Betrieben bestehen.

Kennzeichen des Betriebs	Kennzeichen des Unternehmens
■ Nur Produktionsstätte ■ Unselbstständige Einheit ■ Keine eigene Rechtspersönlichkeit ■ Kann nicht vor Gericht klagen und verklagt werden	■ Wirtschaftlich selbstständige Organisationseinheit zur Verfolgung bestimmter Unternehmensziele ■ Rechtsform mit eigenem finanziellen Gefüge ■ Besitzt eigene Rechtspersönlichkeit ■ Kann vor Gericht klagen und verklagt werden

Im Mittelpunkt der Leistungserstellung steht die **Produktion/Fertigung**, bei der die Qualität eine besondere Rolle spielen muss, um sich auf dem Markt behaupten zu können.

Folgende Aufgabenbereiche sind **Bestandteile der Produktion:**

- Forschung und Entwicklung – finden sich nur in Großbetrieben,
- Produktionsplanung und -steuerung (PPS) – dazu gehören die Arbeitsvorbereitung, die Bestellrechnung, die Durchlaufterminierung, die Reihenfolgeplanung, der Druck der Fertigungspapiere usw.,
- Fertigungsdurchführung und -überwachung – hier werden die Soll- mit den Istwerten verglichen, Abweichungen untersucht, Kosten, Materialverbrauch und insbesondere die Qualität kontrolliert, um **Qualitätsstandards** zu gewährleisten usw.

Fertigungsverfahren (gemäß DIN-Norm 8580 – siehe auch Kap. 3.3, S. 134 ff.)

Je nach Branche, Art und Menge der zu erstellenden Leistung können verschiedene Fertigungsverfahren angewandt werden. Sie unterscheiden sich nach Folgendem:

- den **Fertigungstypen** gemäß der erstellten Menge (= Wiederholung des Fertigungsvorgangs). Hier wird unterschieden in **Einzelfertigung**, insbesondere im Handwerk, und in **Serien Serienfertigung fertigung**, wo verschiedene, aber ähnliche Produkte wie beispielsweise Laptops hergestellt werden. Bei der **Sortenfertigung** werden Varianten des gleichen Produkts angeboten, z. B. Schrauben, und bei der **Massenfertigung** wird nur ein vollkommen gleichartiges Endprodukt, wie z. B. Leuchtdioden hergestellt.

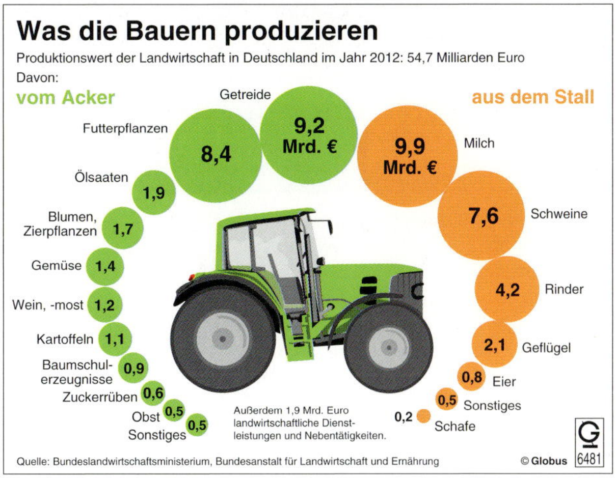

- dem Anteil der **menschlichen Arbeitskraft**, ob manuell, maschinell oder automatisiert (computerintegriert) gefertigt wird.
- der **Organisation** des Arbeitsablaufs. Bei der **Werkstattfertigung,** z. B. im Handwerk, erfolgt nur Einzel- oder Kleinserienfertigung (Autoreparatur). Bei der **Reihen- oder Fließfertigung** sind die Arbeitsplätze durch Fördermittel miteinander verbunden, die Arbeitszeit ist „getaktet" und der gesamte Fertigungsprozess wurde in kleine Teileinheiten zerlegt, wie z. B. bei der Fließbandarbeit, die manchmal auch von Arbeitsgruppen mithilfe sog. flexibler Fertigungsinseln erledigt wird. Bei der **Baustellenfertigung** wird das Produkt auf der Baustelle montiert, z. B. bei der Montage einer Fotovoltaikanlage im Elektrohandwerk.

Qualitätssicherung bei der Leistungserstellung

In den meisten Branchen herrscht ein starker Konkurrenzdruck. Daher steigen auch die Anforderungen an Produkte und Dienstleistungen, die stetig verbessert und modernisiert werden müssen, um sie auf dem Markt absetzen zu können. Aus diesem Grund ist die Qualitätssicherung ein durchgehendes Merkmal, das mit der Beschaffung beginnt, eine entscheidende Rolle bei der Produktion spielt und sich bis zum Absatz fortsetzt.

Qualität umfasst alle Eigenschaften eines Produkts/einer Dienstleistung, die seinen Nutzen beeinflussen, und erfüllt gleichzeitig die mannigfaltigen Erwartungen der Kunden. Qualität entsteht, indem alle Beteiligten mögliche Störgrößen (= Fehlerquellen) vermeiden.

Um die Qualität langfristig zu sichern, muss sie geplant, kontrolliert, gelenkt und gefördert werden (siehe auch Kap. 2.6, S. 80 ff.).

Qualitätssicherung (gemäß DIN EN ISO 9000 ff.) **umfasst**

Qualitätsförderung	Qualitätslenkung	Qualitätskontrolle zur Erfüllung der Qualitätsanforderungen	Qualitätsplanung vor Produktionsbeginn
- Mitarbeiter in Bezug auf die Einhaltung der Qualitätsstandards schulen - Ziel: stetige Verbesserung der Produkte und Tätigkeiten (Qualitätsmanagement)	- Permanent den Arbeitsprozess zur Fehlerverhütung überwachen - Störgrößen (= Fehlerquellen) erfassen und beseitigen usw.	- Prüfmerkmale (Tauglichkeit, Einhaltung von Standards, Normen und Vorschriften usw.) festlegen - Prüfer und Häufigkeit der Kontrollen im Prüfplan festlegen usw.	- Qualitätsanforderungen festlegen - Möglichkeiten zur Fehlervermeidung festlegen - Verantwortungsbereiche für Qualitätssicherung festlegen usw.

Die gestiegenen Anforderungen der Kunden in puncto Qualität beziehen sich nicht nur auf die Endprodukte, sondern auch auf die Bereiche Service, Zuverlässigkeit, Termintreue, Kompetenz usw. Daher legen sehr viele Betriebe Wert auf ein funktionierendes Qualitätsmanagement.

Qualitätsmanagement und Zertifizierung

Fallbeispiel:

„Qualität fällt nicht vom Himmel", so beginnt der Firmeninhaber Johannes Wingerter eine Besprechung mit seinen Mitarbeitern, die er auf mehr Qualität in seinem Elektrofachbetrieb „einschwören" möchte. „Wir müssen unsere Fehlerquote reduzieren, unseren Kunden noch mehr Qualität bieten usw. Deswegen schwebt mir vor, dass einige von euch dazu Fortbildungsveranstaltungen bei der Handwerkskammer besuchen und wir ein Qualitätshandbuch bei uns einführen, wozu auch eine Art Beschwerdemanagement gehört. Ich würde mich freuen, wenn ihr mir in den nächsten Tagen weitere Vorschläge unterbreiten würdet, wie wir in unserem Betrieb mehr Qualität und damit mehr Kundenzufriedenheit umsetzen könnten."

Herr Wingerter hat damit schon die wichtigsten Schritte zu einem funktionierenden Qualitätsmanagement (QM) in seinem Betrieb gemacht. Die Qualität eines Produkts ergibt sich nämlich aus den verschiedenen Einzelschritten aller am Produkt Beteiligten. Dies beginnt mit den Lieferanten und geht weiter über alle, die am Produktionsprozess beteiligt sind. Qualität muss erzeugt, d. h. gemanagt werden mit dem Ziel, **Leistungen und Ansprüche** in Übereinklang zu bringen.

Bei meinem **Qualitätsmanagement** möchte ich

- meine Mitarbeiter, Lieferanten und Kunden mit einbeziehen
- die Qualitätsziele gemeinsam erarbeiten und verbindlich festschreiben (Qualitäts- bzw. Managementhandbuch)
- Verantwortlichkeiten festlegen und dabei Geld und Arbeitsmittel zur Qualitätssicherung bereitstellen

Um das Qualitätsmanagement auch nach außen zu verdeutlichen, ist es sinnvoll, sich als Unternehmen zertifizieren zu lassen, d. h. sich einem sog. **Qualitätsaudit** (= spezielle Betriebsprüfung)

zu unterwerfen, um damit ein **Qualitätszertifikat** zu erwerben. Damit die Qualitätssicherung auch vergleichbar ist, wurden Qualitätssicherungsnormen geschaffen und in der Reihe DIN EN ISO 9000 ff. erfasst (DIN = Deutsches Institut für Normung, in der die europäische Norm [EN] und die Vorschriften der „International Organization for Standardization" [ISO] eingeflossen sind). Diese Normen sind produkt- und branchenübergreifend weltweit anerkannt.

Beim Qualitätsaudit prüfen akkreditierte Stellen (= Zertifizierer, wie z. B. der TÜV) das Qualitätsmanagement in einem Soll-Istvergleich auf seine Wirksamkeit und Wirtschaftlichkeit. Bei entsprechenden Voraussetzungen wird dann ein **Qualitätszertifikat/Qualitätslogo** verliehen, das immer wieder neu erworben werden muss. Dieses Zertifikat kann

- eine wirkungsvolle Werbemaßnahme mit Wettbewerbsvorteilen sein,
- eine Absicherung gegen Haftungsrisiken darstellen,
- die eigene Produktivität verbessern usw.

2.1.2 Produktionsfaktoren zur Leistungserstellung (siehe Kap. 3.1, S. 116 ff.)

Die Erstellung von betrieblichen Leistungen wie Konsumgütern für die privaten Haushalte, Investitionsgütern für weiterverarbeitende Betriebe oder auch Dienstleistungen wie Transporte, Informationen usw. wird von den unterschiedlichsten Faktoren beeinflusst. Dazu zählen die Umwelt, gesetzliche Bestimmungen, neueste technologische Errungenschaften, die vorhandenen Mitarbeiter, eigene finanzielle Möglichkeiten, im Besonderen die Kundenwünsche, das soziale Umfeld und sowohl die **volkswirtschaftlichen** als auch die **betrieblichen Produktionsfaktoren.**

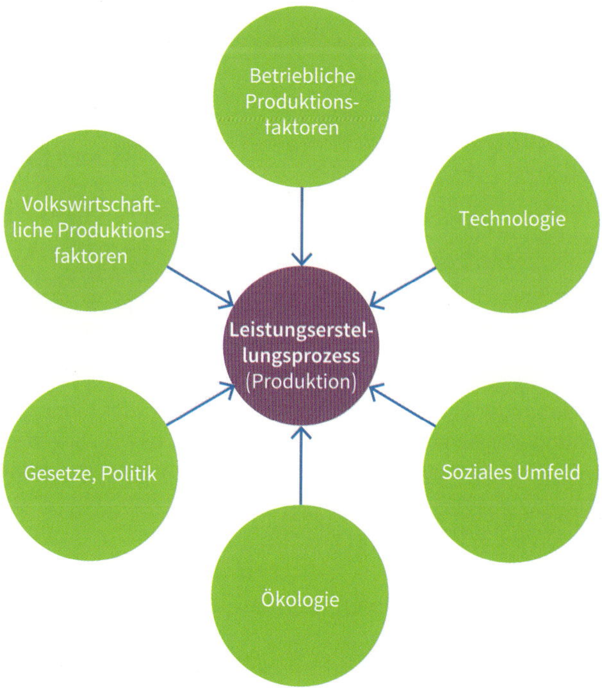

Volkswirtschaftliche Produktionsfaktoren

Die Produktion von Gütern oder die Bereitstellung von Dienstleistungen, die man auch als **Wertschöpfung** bezeichnet (= vorhandene Güter in höherwertige Güter „umwandeln"), benötigt folgende volkswirtschaftlichen Produktionsfaktoren:

- **Arbeitskraft** (geistige und körperliche Arbeit),
- **Boden/Natur** (Umwelt),
- **Kapital** (in Form von Rohstoffen, Maschinen, Werkzeugen, Betriebs- und Geschäftsausstattung usw.).

Betriebliche Produktionsfaktoren (= Elementarfaktoren)

Heute rechnet man auch das vorhandene technische Wissen, die Leitung, die Organisation (= Humankapital), die Kontrolle und die Information/Kommunikation – den sog. **dispositiven Faktor** – zu den betrieblichen oder auch betriebswirtschaftlichen Produktionsfaktoren. Diese werden von den volkswirtschaftlichen Faktoren abgeleitet:
- **Arbeit** (überwiegend ausführende Arbeit),
- **Betriebsmittel** (Werkzeuge, Geschäftsausstattung, Montagehallen usw.),
- **Werkstoffe** (Roh-, Hilfs- und Betriebsstoffe sowie bezogene Fertigteile),
- **dispositiver Faktor.**

Besondere Bedeutung besitzt gegenwärtig der Faktor **Arbeit**, da in unserer hochindustrialisierten Arbeitswelt spezialisierte Fachkräfte unerlässlich sind, weil einfache Tätigkeiten oftmals von Maschinen, Automaten bzw. Robotern übernommen werden können.

2.2 Verschiedene Verfahren der Beschaffung vergleichen

Fallbeispiel:

Bei der Firma Elektro-Wingerter haben in den letzten Monaten einige Kunden und andere Interessierte nachgefragt, ob die Firma auch die Montage von Fotovoltaikanlagen anbietet und durchführt. Da dies bisher nicht der Fall war, nimmt der Chef mit dem Elektrobetrieb Sonnenfang (Inhaber Herr Keller) aus der Nachbarstadt Kontakt auf, um zu besprechen, ob dieser bereit wäre, auch für seine Kunden Fotovoltaikmodule zu liefern und zu montieren. Damit wäre beiden Unternehmen gedient. Die Firma Elektro-Wingerter würde ihr Angebotssortiment erweitern und künftig Fotovoltaikanlagen anbieten. Diese würden von der Firma Sonnenfang im Auftrag bzw. als Subunternehmer montiert. Herr Keller von der Firma Sonnenfang bekäme durch diese Kooperation wahrscheinlich mehr Aufträge und Elektro-Wingerter müsste nicht den teuren Geschäftszweig Fotovoltaikanlagen aufbauen, Personal deswegen zusätzlich und aufwendig schulen, Lagerkapazitäten für Fotovoltaikmodule erweitern usw. Daher entscheidet sich Johannes Wingerter für den Fremdbezug der Fotovoltaikmontage.

2.2.1 Materialwirtschaft und Beschaffung

Die Waren oder Dienstleistungen, die von Firmen eingekauft (= beschafft) und weiterverarbeitet werden, sind Teil der betrieblichen Materialwirtschaft.

Ziele der Materialwirtschaft

Sachziele (technische Ziele)	Formalziele (betriebswirtschaftliche Ziele)
Bereitstellung der benötigten Güter, Dienstleistungen, Informationen, Rechte usw. - in der erforderlichen Art, Menge und Qualität (Seriosität des Lieferanten), - zur rechten Zeit (Termintreue, kurze Lieferzeit), - am rechten Ort.	**Minimierung** der - Bezugskosten (Einkaufspreis, Bestellkosten), - Lagerkosten (Lagerhaltung, -organisation, -risiko, Kapitalbindung), - Fehlmengenkosten (falsche Beschaffung usw.), - Entsorgungskosten.

Bevor allerdings Sachgüter (Produkt- oder Betriebsmaterialien) beschafft werden, muss sich der Betrieb die **prinzipielle Frage** stellen, ob es sinnvoll ist, die erforderlichen Güter selbst zu fertigen oder von außerhalb zu beziehen.

Eigenfertigung oder Fremdbezug

In Deutschland herrscht nicht nur in Klein- und Mittelbetrieben ein starker Konkurrenzkampf, in der Großindustrie ist die Konkurrenz durch multinationale Unternehmen noch ausgeprägter. Der **Preis** ist bei den meisten Endverbrauchern neben Qualitätsmerkmalen das entscheidende Kaufargument, daher gibt es oftmals einen regelrechten Preiswettkampf. Hierbei kann dann nur derjenige mithalten, der seine Kosten senkt. Dazu gehören die eigenen Produktionskosten und insbesondere auch die Materialbeschaffungskosten. Die **Materialbeschaffung** ist daher für jedes Unternehmen von größter Wichtigkeit.

Auswirkungen der Materialbeschaffung

Preisgefüge	Qualität der Produkte/Dienstleistungen
Die Kosten für bezogene Teile, Halbfabrikate usw. wirken sich stark auf den Verkaufspreis aus.	Qualitativ hochwertige Vorprodukte bestimmen auch die Qualität des Endprodukts. Hierbei spielt auch die Zuverlässigkeit der Lieferanten eine wichtige Rolle.

Wenn ein Betrieb vor der Entscheidung steht, ein neues Produkt selbst zu erstellen oder zuzukaufen (= **Make-or-buy-Entscheidung**), sollte er sich von folgendem Grundsatz leiten lassen:

> **Tue nichts selbst, was andere professioneller machen können!**

Wer sich nämlich gegenüber der Konkurrenz nicht behaupten kann, wird langfristig gesehen vom Markt verschwinden. Gleichzeitig ist wichtig, im Rahmen der **Kosten- und Leistungsrechnung** (= Teil des Controllings) immer wieder zu hinterfragen, ob sich die derzeitige Herstellung eines bestimmten Produkts noch lohnt oder ob eine Fremdvergabe (= **Outsourcing**) nicht sinnvoller wäre.

Bevor die endgültige Entscheidung über die Eigenfertigung oder den Fremdbezug einer Ware/Dienstleistung im Unternehmen gefällt wird, muss geklärt werden, welche **Prioritäten** (Kosten, Qualität usw.) von der Geschäftsleitung gesetzt werden.

Make or buy

Qualitätsorientierte Entscheidung	Fertigungsorientierte Entscheidung	Kostenorientierte oder rechnerische Entscheidung
- Kann das qualitativ hochwertige Produkt im Bedarfszeitraum am Markt beschafft werden? - Wenn das gleiche Produkt mit einem Wissenszuwachs für die Firma selbst hergestellt werden kann, dann sollten die Kosten entscheidend sein.	- Reichen die eigene Kapazität, die personellen, technischen und logistischen Möglichkeiten im Bedarfszeitraum nicht aus, ist Fremdbezug erforderlich.	- Bei der Kostenberechnung müssen ggf. auch erforderliche Investitionskosten mit einfließen.

Außer dem Hauptaspekt der Kosten gibt es bei der Entscheidung zwischen Eigen- oder Fremdfertigung weitere Kriterien (Fragen), die beachtet werden sollten:

- Wie ist die Situation am Markt (Konkurrenz, Nachfrage, Preise usw.)?
- Gibt es evtl. ein Investitionsrisiko (=Risiko für das eingesetzte Kapital) aufgrund des neuen Auftrags?
- Sind die eigenen Mitarbeiter qualifiziert genug, um den Auftrag auch fristgemäß bewältigen zu können?
- Kann es beim Fremdbezug evtl. langfristig zu einer Abhängigkeit vom Lieferanten kommen?
- Leidet ggf. die eigene betriebliche Flexibilität, wenn das Produkt selbst gefertigt wird?

Die Beantwortung der Fragen erleichtert die spätere Entscheidung.

Entscheidungsfindung durch Gesamtkostenvergleich

Um eine fundierte Entscheidung zu treffen, müssen die Kosten der **Eigenfertigung** kalkuliert und mit den **Fremdbezugskosten** verglichen werden. Die Kosten werden unterteilt in **fixe Kosten**, die unabhängig von der Produktion immer gleich bleiben, z. B. die Leasinggebühr für einen Lkw, und in **variable** (= **veränderliche**) **Kosten**, die sich mit der Produktionsmenge ändern, wie z. B. die Energiekosten.

Fallbeispiel:
Der Werkzeughersteller Gebert KG kann ein Spezialwerkzeug, das er 500-fach im Jahr verkaufen könnte, für 300,00 €/Stück von einer tschechischen Firma beziehen. Bei einer Eigenproduktion muss eine neue Maschine für 400 000,00 € angeschafft werden, deren Einrichtung nochmals 100 000,00 € kostet. Diese neue Maschine kann er zehn Jahre lang nutzen und sie dann noch für 50 000,00 € weiterverkaufen. An langfristigen (Kredit-)Zinsen hat die Firma Gebert KG dafür einen Zinssatz von 4 % zu bezahlen. Für das Maschinenbedienpersonal fallen jährlich 15 000,00 € Lohnkosten an. Die Material- und Fertigungskosten betragen 200,00 € pro Stück.

Ist hier Eigenfertigung oder Fremdbezug sinnvoller?

Dazu müssen die Eigenfertigungs- den Fremdbezugskosten gegenübergestellt werden. Bei der Eigenproduktion sind zuerst die **Anschaffungskosten** zu berechnen, d. h. dem (Anschaffungs-)Preis von 400 000,00 € sind noch 100 000,00 € hinzuzurechnen. Der Restwert nach zehn Jahren Nutzungsdauer beträgt noch 50 000,00 €.

Abschreibungen (= Wertminderung von Maschinen, Anlagegütern usw.):
500 000,00 € (Anschaffung) – 50 000,00 € (Restwert) = 450 000,00 € : 10 (Jahre) = 45 000,00 €.

Zinsen: (Formel nach der Restwertmethode: (Anschaffung + Restwert) : 2 · Zinssatz)

500 000,00 € (Anschaffung) + 50 000,00 € (Restwert) = 550 000,00 € : 2 = 275 000,00 € · 0,04 (Zins) = 11 000,00 €.

Die fixen (Lohn-) Kosten von 15 000,00 € kommen hinzu, sodass sich folgende Gesamtkostenrechnung ergibt:

Kostenarten	Kosten in €
Fixe (Lohn-)Kosten	15 000,00
Variable Kosten (500 Stck. × 200,00 €)	100 000,00
Abschreibungen	45 000,00
Zinsen	11 000,00
Gesamtkosten:	171 000,00

Die **Stückkosten** (= Gesamtkosten pro Stück) betragen hier bei der Eigenproduktion (171 000,00 : 500 =) 342,00 €. Die Stückkosten beim Fremdbezug betragen nur 300,00 €.

Die gesamte Eigenfertigung summiert sich auf 171 000,00 €. Der Fremdbezug ist hier bedeutend billiger, da dieser nur (500 Stck. · 300,00 € =) 150 000,00 € kostet. Bei dieser Entscheidung für den Fremdbezug (= Teilauslagerung) sind allerdings der Qualitätsaspekt und andere mögliche Einflussgrößen wie längere Nutzbarkeit der angeschafften Maschine, einzuhaltende Termine usw. nicht ins Kalkül eingeflossen. Wenn weitere Einflussfaktoren in die Überlegung Eigenfertigung oder Fremdbezug mit einbezogen werden sollen, wird die Entscheidung hierüber sehr komplex.

Hat sich nach einem Kostenvergleich die Geschäftsführung für die Beschaffung eines Gutes/Halbfabrikats entschlossen, müssen bei der **Bestellmenge** die jeweiligen **Vor- und Nachteile** abgewogen werden.

Vor- und Nachteile:

- Eine große Bestellmenge verursacht geringe Bezugs-, aber hohe Lagerkosten.
- Ein hoher Sicherheitsbestand im Lager bringt eine hohe Lieferbereitschaft, aber auch höhere Lagerkosten mit sich.
- Kleine Bestellmengen verursachen niedrige Lagerkosten, können aber zu höheren Fehlmengenkosten führen.

Um ein Unternehmen optimal zu versorgen, gibt es verschiedene Arten (= Strategien) der Beschaffung.

2.2.2 Beschaffungsstrategien

Unter Beschaffung versteht man die Zusammenfassung aller Handlungen in einem Betrieb, die der Versorgung mit Material, Personal, Kapital, Dienstleistungen, Betriebs- und Arbeitsmitteln sowie Informationen und Rechten von außerhalb (Güter- und Dienstleistungsmärkte) dienen. Die anforderungsgerechte Versorgung sollte langfristig sichergestellt und zu geringstmöglichen Kosten angestrebt werden.

Bei den verschiedenen Beschaffungsverfahren spielt die **Art und Größe des jeweiligen Unternehmens** (Produzent, Dienstleister, Händler) eine entscheidende Rolle.

Einzelquellenbeschaffung

Bei der Einzelquellenbeschaffung („Single Sourcing") werden die Waren/Dienstleistungen von einem einzigen Anbieter gekauft. **Voraussetzungen** beim Lieferanten sind hierbei eine hohe Lieferzuverlässigkeit, Qualität und Flexibilität.

Vorteile

- Günstiger Einkaufspreis durch höheres Bestellvolumen (Rabatt)
- Gewachsenes Vertrauen dank enger und langfristiger Zusammenarbeit; Sicherungsgeschäfte sind dann überflüssig
- Geringe Bestell-, Logistik- und Transaktionskosten (= Geldüberweisung usw.)
- Bevorzugte Behandlung durch den Anbieter bei Schwierigkeiten (Mängel, Sonderwünsche, Lieferengpässe usw.)

Nachteile

- Engpässe bei Lieferantenausfall (= Produktionsstillstand)
- Starke Abhängigkeit vom Lieferanten (Preis, Qualität)
- Geringe Flexibilität bei Bedarfsschwankungen
- Kurzfristiger Lieferantenwechsel schwierig und u. U. teuer
- Wegen Lieferantentreue wird evtl. nicht das günstigste Produkt auf dem Markt gekauft

Einzelquellenbeschaffung findet beispielsweise in der Autoindustrie statt, wo Sitze und Cockpit nur von einem Zulieferer erworben werden.

Doppelquellenbeschaffung

Bei der Doppelquellenbeschaffung („Dual Sourcing") wird das Beschaffungsobjekt von zwei Lieferanten bezogen, die zueinander im Wettbewerb stehen. Wer die günstigeren Konditionen (= Verkaufsbedingungen) bietet, von dem wird dann meistens mehr eingekauft als vom Mitbewerber.

Vorteile

- Verbesserte Versorgungssicherheit bei Ausfall eines Lieferanten
- Kaum Gefahr, die Kapazität der Anbieter zu überfordern
- Enge Kooperation
- Geringe Bestell-, Logistik- und Transaktionskosten
- Niedrige Preise wegen des hohen Bestellvolumens

Nachteile

- Gewisse Abhängigkeit von der wirtschaftlichen Leistungsfähigkeit der Lieferanten
- Unter Umständen geringere Beachtung der Marktsituation und sich ergebender günstiger Angebote
- Nicht so große Flexibilität (= Reaktionsmöglichkeit) wie bei mehreren Anbietern

Für diese Beschaffungsart eignen sich hauptsächlich Rohstoffe und wichtige Teile mit langen Lieferzeiten, bei deren Ausfall der Produzent mit schwerwiegenden Verlusten rechnen müsste.

Mehrquellenbeschaffung
Bei der Mehrquellenbeschaffung („Multiple Sourcing") wird das Produkt, die Dienstleistung von mehreren Anbietern bezogen, wobei die Bezugsmengen von den jeweiligen Lieferanten über längere Zeit konstant gehalten werden (= Quotenbezug) oder bei Bedarf auch wechseln.

Vorteile

- Erhöhung der Konkurrenz unter den Lieferanten durch Ausnutzung des jeweils günstigsten Marktpreises
- Vermeidung von Abhängigkeiten
- Große Flexibilität bei Bedarfsschwankungen
- Sicherheit beim Ausfall einzelner Lieferanten

Nachteile

- Hohe Bestell-, Logistik- und Transaktionskosten
- Nur für austauschbare Güter sinnvoll, da ansonsten der Fertigungsprozess oder das zu liefernde Produkt angepasst werden müssen
- Geringe Rabatte wegen geringer Abnahmemengen bzw. wechselnder Auftragsvergaben
- Hoher Informationsbedarf

Bei Preisverhandlungen kann mit einem sofortigen Lieferantenwechsel „gedroht" werden, wenn genügend alternative Bezugsquellen zur Verfügung stehen. Der Mehrquellenbezug bietet sich für Waren mit hoher Standardisierung, wie z. B. Schrauben, Büroartikel usw., an.

Globalbeschaffung
Bei der Globalbeschaffung („Global Sourcing") werden die Produkte auf dem Weltmarkt beschafft und damit weltweit Ressourcen (= Rohstoffe usw.) und internationale Bezugsquellen effizient genutzt.

Vorteile

- Vermeidung von Abhängigkeiten und Minimierung von Risiken
- Globale Auswahl der günstigsten und leistungsstärksten Lieferanten
- Ausnutzung von Konjunktur-, Wechselkurs- und Wachstumsunterschieden
- Bezug von Waren, die im Inland nicht verfügbar oder sehr teuer sind
- Kosten- und Leistungsdruck auf einheimische Lieferanten

Nachteile

- Hohe Bestell-, Logistik- und Transaktionskosten
- Oftmals lange Lieferzeiten
- Qualitätsrisiken, mangelnde Zuverlässigkeit auch durch politische Instabilität
- Wechselkursschwankungen und Währungsrisiken
- Hohe Bürokratie, mögliche Korruption, Zollkosten
- Möglicherweise unklare Rechtslagen, mögliche Marken- und Patentrechtsverletzungen

Die günstigen Einkaufspreise können u. U. durch verschiedene andere Nachteile wie Zölle, Handelshemmnisse, Qualitätsmängel usw. zunichte gemacht werden.

Günstig dürften wahrscheinlich Massenprodukte aus Billiglohnländern sein.

Lokalbeschaffung

Bei der Lokalbeschaffung („Local Sourcing“) werden bewusst Waren oder Dienste aus der geografischen Nähe des Unternehmens eingekauft, um beispielsweise die Kaufkraft der Region zu stärken, Transportprobleme zu minimieren usw.

Vorteile

- Niedrige Transport- und Umweltkosten
- Flexibles Handeln und hohe Qualität dank enger Kooperation möglich
- Leichte Anwendung von Logistikarten wie „just in time“ (= Materiallieferung bei tatsächlichem Bedarf direkt in die Fertigung) oder auch „just in sequence“ (= Direktlieferung in die Endmontage)
- Imageverbesserung durch Schaffung von Arbeitsplätzen in der Region

Nachteile

- Oft höhere Preise als auf globalen Märkten
- Keine internationalen Kontakte und Know-how (= Fähigkeiten, Lösungswege)
- Oftmals begrenzte Ressourcen und beschränkte Kapazitäten
- Manchmal Eingriff der Interessen der Lokal- oder Regionalpolitik in unternehmerische Entscheidungen und Versuch, diese zu beeinflussen

Diese Beschaffungsart ist besonders für hochwertige Waren geeignet, die für die Produktion unbedingt erforderlich sind. Hier können auch mehrere Lieferanten eingebunden werden. Die Zuverlässigkeit spielt hierbei eine besondere Rolle, weil es kaum Lieferverzögerungen usw. gibt.

Modulbeschaffung

Die Modulbeschaffung („Modular Sourcing“) beinhaltet den Einkauf von fertigen Modulen (= Baugruppen). Dabei werden nicht verschiedene Einzelteile von vielen Lieferanten bezogen, sondern komplexe Systeme von einigen wenigen (Direkt-)Lieferanten.

Vorteile

- Vereinfachung des Fertigungsprozesses und Beschränkung der Fertigungstiefe (weniger Schnittstellen)
- Konzentration auf eigene Kernkompetenzen
- Nutzung des Know-hows des Lieferanten, der sich u. U. auf dieses Komplettsystem spezialisiert hat
- Qualitätssicherung wird auf Zulieferer verlagert

Nachteile

- Gegenseitige Abhängigkeit, da eine enge Bindung eingegangen werden muss
- Lieferantenwechsel sehr schwierig
- Hoher Abstimmungsaufwand durch Bildung von unternehmensübergreifenden Entwicklungs- und Qualitätsteams
- Abgabe von Firmenwissen, da Innovationen (= Neuerungen) künftig vom Lieferanten ausgehen müssen

Um z. B. Lager-, Forschungs- und Entwicklungskosten zu sparen, wird oft in der Automobil- und Bauindustrie, aber auch in der IT-Branche auf Modulbeschaffung gesetzt. Dabei wird gleichzeitig das Spezialwissen der Lieferanten genutzt, wobei sich diese wegen der Just-in-time-Lieferung dann oft in Lieferantenparks in unmittelbarer Nähe des Produzenten ansiedeln.

ABC-Analyse

Um nach der Einholung von Angeboten der Zulieferer die sinnvollsten Beschaffungsverfahren auswählen zu können, sollte die sog. ABC-Analyse durchgeführt werden. Hierbei teilt man die Beschaffungsgüter nach ihrem **Wertbeitrag zum Gesamtprodukt** ein. A-Güter werden nur in geringer Menge ins Endprodukt eingebaut, besitzen aber einen hohen Wert.

C-Güter hingegen haben einen großen Mengenanteil am fertigen Produkt, machen aber letztlich nur einen geringen Wert aus. Auf den Ergebnissen dieser ABC-Analyse kann dann die Beschaffungsart gewählt werden. So bietet sich für wertvolle A-Güter z. B. die Einzelquellen-, für C-Güter die Mehrquellenbeschaffung an.

2.3 Beschaffungsprozess für bestimmte Materialien erarbeiten

Materialbeschaffung

Hat sich ein Betrieb nach der Diskussion um Reparatur oder Neukauf für die Anschaffung entschieden, ist in größeren Betrieben die **Einkaufsabteilung** gefordert, um die benötigten Güter und ggf. auch Dienstleistungen bereitzustellen.

Die **Beschaffung** sollte dann sinnvoll **geplant** werden, um die benötigten Sachgüter kostengünstig, bedarfsgerecht und rechtzeitig zu erhalten.

2.3.1 Beschaffungsplanung

Die **Beschaffungsplanung** muss folgende Grundsatzfragen beantworten:

Frage	Zweck	Inhalt
Was wird benötigt?	Bedarfsermittlung	Ermittlung der benötigten Materialien (Art, **Qualität**, Größe, Beschaffenheit usw.)
Wie viel soll eingekauft werden?	Mengenplanung	Festlegung der benötigten Menge
Wann soll beschafft werden?	Einkaufszeitpunkt	Festlegung des erforderlichen Beschaffungszeitpunkts
Wo soll eingekauft werden?	Bezugsquellenermittlung	Ermittlung der potenziellen Lieferanten
Welches Angebot soll genommen werden?	Preisplanung	Ermittlung günstiger Einkaufspreise und Angebotsvergleiche.

Außer der „Beschaffung" von Arbeitskräften und Betriebsmitteln sind die unterschiedlichsten **Materialien** (= **Werkstoffe**) in entsprechender Qualität, Art, Form usw. für das Produktionsprogramm erforderlich.

Schritte des Beschaffungsprozesses

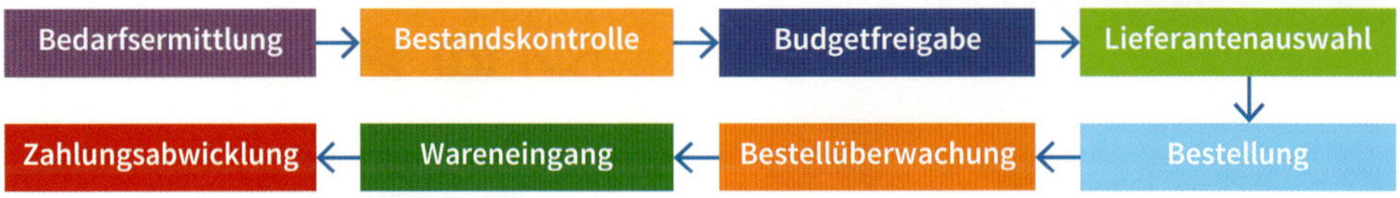

In einem Produktionsbetrieb richtet sich der Materialbedarf nach dem Fertigungsprogramm, das sich an den Absatzmöglichkeiten des Unternehmens orientiert, dies wird als „prognostizierter (= voraussichtlicher) Absatz" bezeichnet. Daraus ergibt sich die konkrete **Bedarfsermittlung**.

Hierbei wird unterschieden zwischen dem Bedarf an weiterzuverkaufenden Handelswaren und den anderen **Materialien**, also Gegenständen, die bearbeitet, verarbeitet oder eingebaut werden oder die für das Funktionieren der Betriebsmittel (Sachen, die zur Produktion benötigt werden = Maschinen, technische Anlagen, Werkzeuge) eingesetzt werden.

Materialien

Produktmaterialien (Werkstoffe)			Betriebsmaterialien	
Rohstoffe (Grundmaterial)	Hilfsstoffe (Ergänzungsmaterial)	fertige Einbauteile	Betriebsstoffe	Reparaturmaterial
werden Hauptbestandteil des Produkts	werden Nebenbestandteil des Produkts mit geringem Kostenanteil	sind fremdbezogene Teile, weil eigene Produktion unvorteilhaft	gehen nicht in das Produkt ein, sind aber für den Betriebsprozess notwendig	dient der Instandhaltung der Anlagen
z. B. – Holz für Möbel – Stahl für Autos	z. B. – Leim für Möbel – Schrauben für Autos	z. B. – Beschläge für Möbel – Tachos für Autos	z. B. – Schmieröl – Treibstoffe u. Energie	z. B. – Ketten – Putzmittel

Die Bedarfsermittlung kann **plangesteuert** durchgeführt werden, d. h., der Bedarf wird anhand von Rezepturen, Stücklisten[1], Konstruktionszeichnungen usw. errechnet oder auch **verbrauchsgesteuert** durchgeführt, indem bekannte Verbrauchswerte aus der Vergangenheit mithilfe von Statistiken in die Zukunft übertragen werden.

Bei der **Bestandskontrolle** (= Lagerbestandsprüfung) werden bei den Lagerbeständen die Soll- mit den Istwerten verglichen. Dies geschieht mithilfe von Seriennummern, Artikelstammdaten, Preislisten usw. Damit kann die Bestellung sinnvoller vorbereitet werden.

Nachdem Bedarf und Bestand geklärt wurden, erfolgt die **Budgetfreigabe** durch das Controlling/die Buchhaltung. Normalerweise werden vor der Budgetfreigabe die geplanten Bestellungen auf die Einhaltung des gesamten betrieblichen Finanzierungsrahmens überprüft, damit die Finanzierung gesichert ist.

Materialbeschaffungsplanung

Fallbeispiel:

Herr Huber bestellt bei der Maschinenfabrik Roth fünf Stahlrollen. Er benötigt sie für seine „Multimat XRS“. Die genaue Ersatzteilnummer ist ihm nicht bekannt, deshalb fügt er seiner Bestellung per E-Mail ein eingescanntes Foto bei. Die Rollen sollen möglichst schnell geliefert werden. Die Kundendienstabteilung der Maschinenfabrik Roth hat ermittelt, dass die von Herrn Huber bestellten Rollen unter der Sachnummer 1034.7491.02 geführt werden. Eine genaue Zeichnung, Stückliste und Zeitvorgabe sind vorhanden. Als Werkstoff ist Stahl (St 60) zu verwenden. Der Kundendienst veranlasst die Fertigung.

1 *Stücklisten = Aufstellung sämtlicher für die Erzeugung eines Produkts erforderlichen Einzelteile und Baugruppen.*

Für die Produktion der Rollen 1034.7491.02 ist lediglich Stahl zu beschaffen, wie die Rückmeldung vom Lager ergibt. Betriebsstoff (Kühlschmiermittel zum Drehen, Bohren und Reiben) ist vorhanden. Da es sich bei St 60 um einen häufig verwendeten Werkstoff handelt, soll eine größere Menge bestellt werden (Vorratsbeschaffung innerhalb der Materialwirtschaft). Hierfür ist der Einkauf zuständig.

Die zuständige Sachbearbeiterin sieht in der Bezugsquellendatei (Lieferantendatei) nach. Drei Firmen kommen für die Lieferung in Betracht. Ihre **Anfrage** richtet sie per E-Mail an: Stahl Schütz, Montanhandel, Union Stahlwerke. Von allen drei Firmen wünscht sie ein Angebot zur kurzfristigen Lieferung von 400 kg Rundstahl St 60, Durchmesser 42 Millimeter, Qualität: S235JRC, Werkstoffnummer 1.0060, DIN EN 10277, in Längen von drei Metern, Angaben zur Lieferzeit, Liefer- und Zahlungsbedingungen. Wie gewünscht gehen die **Angebote** umgehend ein.

Angebotsvergleich (siehe auch Kap. 2.4.2 bis 2.6, S. 78 ff.)

Firma - Bedingungen	Stahl Schütz	Montanhandel	Union Stahlwerke
Stahl S235JRC Zahlung - Skonto **Einkaufspreis**	400 kg **EUR 580,00** 1 kg zu EUR 1,45 netto **EUR 580,00**	400 kg **EUR 560,00** 1 kg zu EUR 1,40 3 %/8 Tage 16,80 oder 30 Tage **EUR 543,20**	400 kg **EUR 620,00** 1 kg zu EUR 1,55 2 %/10 Tage 12,40 oder 30 Tage **EUR 607,60**
Lieferung Rollgeld Fracht **Bezugspreis**	Frei Haus – – **EUR 580,00**	Ab Werk 11,50 40,00 **EUR 594,70**	Unfrei 23,00 20,50 **EUR 651,10**
Lieferzeit	Ab Lager	Innerhalb 8 Tagen	Ca. 2 Wochen
Bemerkungen	Bekannter Lieferant, zuverlässig	Bekannter Lieferant	Bekannt, hohe Transportkosten, günstig bei NE-Met.

Das Angebot von Stahl Schütz ist am günstigsten. Es enthält den niedrigsten Bezugspreis, plus Lieferung ab Lager. Es wurde von einem bekannten, zuverlässigen Lieferanten abgegeben, mit dessen Qualität man bisher immer zufrieden war.

2.3.2 Beschaffungsgrundsätze

Welche Materialmengen zu welchem Zeitpunkt eingekauft werden (= Akquisition), richtet sich nach den **Beschaffungsgrundsätzen.**

Beschaffungsgrundsätze

Einzelbeschaffung	Vorratsbeschaffung	Just-in-time-Beschaffung
Beschaffung erfolgt erst dann, **wenn der Auftrag eingegangen ist,** z. B. im Handwerk, wenn für den Kunden ein bestimmtes Produkt angefertigt wird. Dadurch ergeben sich sowohl eine kurze Lagerbindung als auch eine geringe Kapitalbindung und nur ein minimaler Werteverfall. Da in geringen Mengen eingekauft wird, gibt es allerdings auch nur geringe Rabatte.	Größere Mengen werden mit einem Mengenrabatt für einen Bedarf eingekauft und **stehen im Lager abrufbreit zur Verfügung.** Der Vorrat sichert die kontinuierliche Produktion, kann als Puffer dienen und erhöht den Handlungsspielraum auf den Beschaffungsmärkten. Es kann beispielsweise eingekauft werden, wenn die Waren günstig sind. Allerdings bedeutet der Vorrat eine hohe Kapitalbindung und es entstehen hohe Lagerkosten.	Die benötigten Waren werden möglichst **kurz vor dem Verkauf oder der Produktion** angeliefert (= genau zur rechten Zeit, siehe auch Kap. 2.2.2, S. 58 ff.). Die Lagerung wird auf geringe Sicherheitsbestände reduziert. Voraussetzung: Massen- oder Serienfertigung wie z. B. in der Autoproduktion. Hierzu ist ein EDV-gesteuerter Datenaustausch zwischen Unternehmen, Lieferant und Logistikdienstleister (= Spediteur) erforderlich, weil alles „Hand in Hand" gehen muss.

Zeitplanung bei der Materialbeschaffung

Die Einkaufsabteilung des Unternehmens muss zeitlich so bestellen, dass die Waren zu Produktionsbeginn rechtzeitig und in ausreichendem Maße vorhanden sind. Um einen Produktionsausfall und damit mögliche **Konventionalstrafen** (= Strafe wegen Nichteinhaltung von Verträgen) wegen einer Lieferverzögerung zu vermeiden, wird für jeden Artikel ein ausreichender **Mindestlagerbestand** (= eiserner Bestand) festgelegt, der unter normalen Umständen nicht unterschritten werden sollte.

Daher ist der sog. **Meldebestand** so hoch anzusetzen, dass bei normalem Verbrauch und normalen Lieferfristen der eiserne Bestand nicht angegriffen wird.

Meldebestand = Mindestlagerbestand + (durchschnittlicher Tagesbedarf · Lieferzeit)

Bei der Bestellung unterscheidet man zwischen dem Bestellpunkt- und dem Bestellrhythmusverfahren. Beim **Bestellpunktverfahren** wird vom Einkauf jeweils bestellt, wenn ein bestimmter Lagerbestand (= Melde- oder Bestellpunkt) erreicht wird. Beim **Bestellrhythmusverfahren** wird der Bestand immer nach Ablauf einer festgelegten Zeitspanne, z. B. monatlich, überprüft und bestellt.

Mengenplanung bei der Vorratsbeschaffung

Sowohl die Beschaffung als auch die Lagerung verursachen Kosten, die es zu minimieren gilt. Dabei ist zu beachten, dass große **Bestellmengen** niedrige Beschaffungs-, aber erhöhte Lagerkosten bedingen und kleine Mengen höhere Beschaffungs-, aber geringere Lagerkosten mit sich bringen.

Aufgabe der Mengenplanung ist es nun, die Summe aus Beschaffungs- und Lagerkosten so niedrig wie möglich zu halten. Hierfür bedient sich die Einkaufsabteilung des Unternehmens des Verfahrens zur Bestimmung der **optimalen Bestellmenge**.

Fallbeispiel:
Es werden arbeitstäglich zehn Sechskantschrauben DIN 931-M3x15-4.8 benötigt. Das sind bei jährlich 300 Arbeitstagen 3 000 Stück im Jahr. Die kleinste Packungseinheit ist 50 Stück und kostet 1,25 € (1 Stück = 0,025 €). Für jeden Auftrag fallen 2,50 € Bestellkosten an. Der Mindestbestand soll die Fertigung an 20 Tagen gewährleisten (= 200 Stück). Die **optimale Bestellmenge** soll ermittelt werden.

Bestellungen	Bestell-menge	Gesamte Bestellkosten	Durchschn. Langerbestand[1]	Lagerkosten[2]	Gesamtkosten
Anzahl	Stück	€	Stück	€	€
1	3000	2,50	1700	42,50	45,00
2	1 500	5,00	950	23,75	28,75
3	1 000	7,50	700	17,50	25,00
4	750	10,00	575	14,38	**24,38**
5	600	12,50	500	12,50	25,00
6	500	15,00	450	11,25	26,25
10	300	25,00	350	8,75	33,75

Berechnungsbeispiele
Durchschnittl. Lagerbestand: (3 000 : 2) + 200 = 1 700; (600 : 2) + 200 = 500
Durchschnittl. Lagerkosten: 1 700 · 0,025 = 42,50; 500 · 0,025 = 12,50.
Wie die Tabelle zeigt, liegt die optimale Bestellmenge bei 750 Stück, weil hierbei die geringsten Gesamtkosten von 24,38 € entstehen.

Lieferantenauswahl/Bezugsquellenermittlung

Fallbeispiel:
Für den Elektrofachbetrieb Elektro-Wingerter stellt die Lieferantenauswahl kein Problem dar, weil er seine Materialien aus dem umfangreichen Sortiment des Fachgroßhändlers bezieht, der sogar über Nacht anliefert.

Großbetriebe ermitteln ihre Einkaufsmaterialien aus internen und externen Informationsquellen.

In der **internen Lieferantendatei** sind alle bekannten Lieferer mit ihren angebotenen Artikeln, deren technischen Eigenschaften, den eingeräumten Konditionen, der Materialqualität, den Serviceleistungen, der Lieferzuverlässigkeit usw. gespeichert.

Externe Informationsquellen bieten die sog. Gelben Seiten (Branchenbücher), Fachzeitschriften, Messebesuche und die Datenbanken der Kammern (IHK und HwK). Umfangreiche Lieferantensuchmaschinen findet man im Internet, z. B. „ABC der deutschen Wirtschaft“ (www.abconline.de), die „Einkaufsplattform Beschaffung.de“ (www.beschaffung.de), „Wer liefert was?“ (www.wlw.de), „Sachon-BDI-Einkaufsführer“ (www.sachon-diedeutscheindustrie.de) usw.

1 Durchschnittlicher Lagerbestand = halbe Bestellmenge + eiserner Bestand
2 Lagerkosten = Lagerbestand · Stückpreis

2.3.3 Bestellung

Nachdem einige Lieferanten ihre **Angebote** abgegeben haben, werden deren Offerten verglichen (= **Nutzwertanalyse**). Hierbei sollte auf den Bezugspreis, die Qualität der Ware, die Liefer- und Zahlungsbedingungen, die Garantie, die Seriosität des Lieferers, die Umweltfreundlichkeit, Warenrücknahmen usw. geachtet werden.

Ist der Lieferant ausgewählt, erfolgt die Bestellung, die bei bekannten und vernetzten Lieferern mithilfe der Einkaufssoftware automatisch ausgelöst, durchgeführt, überwacht und bezahlt wird (= **E-Commerce**).

Bestellüberwachung

In der betriebseigenen IT (= EDV) werden die ausstehenden Bestellungen erfasst und in der Terminüberwachung auf dem Bildschirm des Einkäufers angezeigt. Normalerweise wird die Lieferung durch eine Versandanzeige angekündigt, damit man weiß, wann die bestellten Materialien eintreffen. Geht eine bestellte Ware nicht rechtzeitig ein, kann umgehend eine Mahnung verschickt werden, um Nachteile für die eigene Produktion abzuwenden.

Wareneingang

Bei der Warenannahme wird der Empfang anhand des **Lieferscheins** und eventuell einer vorgedruckten **Checkliste** überprüft und festgestellte Mängel werden beim Lieferanten reklamiert. Weiterhin sollte anhand des Materialeingangsscheins eine Qualitätskontrolle ggf. mit Materialprüfgeräten durchgeführt werden (= Wareneingangskontrolle). Großunternehmen verpflichten meistens ihre Zulieferer, nur geprüfte Qualität (= zertifizierte Ware) abzuliefern, sodass sie selbst nur noch Qualitätsstichproben durchführen müssen.

Zahlungsabwicklung

Die Buchhaltung überprüft die Lieferantenrechnung auf ihre sachliche und rechnerische Richtigkeit und verbucht sie als **Verbindlichkeit** (= Geldschulden an den Lieferanten), um sie am Fälligkeitstermin zu begleichen.

Bei Onlineeinkäufen (= **E-Business**) richtet der Verkäufer einen Onlineshop ein, in dem über einen virtuellen Warenkorb die verschiedenen Artikel gekauft werden. Die Bezahlung kann dann auf verschiedenen Zahlungswegen erfolgen, wie z. B. Zahlung auf Rechnung, per Lastschrift, per Nachnahme, über Kreditkarte oder auch über ein Onlinebezahlsystem (= E-Payment) usw.

2.4 Inhalte eines Angebots kennen

Fallbeispiel:

Elektromeister Wingerter erfährt aus der Lokalzeitung, dass in der Nachbarstadt Bochum der Stadtrat beschlossen hat, eine Kindertagesstätte zu erweitern. Er ruft bei der dortigen Verwaltung an und bittet, ihm die Ausschreibungsunterlagen (Elektroinstallation) zukommen zu lassen, da er Interesse an der Ausführung hat und gerne ein Angebot zu den ausgeschriebenen Arbeiten abgeben möchte. Aus den dann zugesandten Unterlagen kann er entnehmen, welche elektrotechnischen Arbeiten und Materialien erwartet werden. Zum Beispiel 20 LED-Wandleuchten, davon vier dimmbare Leuchten, 300 m Installationskabel (Aderleitungen mit 1,5 mm^2 Querschnitt), Verteiler-Sicherungskasten mit Unterverteilung (Aufputz), Telefonanlage mit vier weiteren Telefonen (schnurlos), vier Anschlüsse für Radio, TV und Internet, vier Rollladenantriebe mit Fernbedienung, Türöffner mit Gegensprechanlage, 32 Steckdosen usw. Nachdem er sich mit zwei Gesellen besprochen hat, faxt Johannes Wingerter seinem Großhändler die Ausschreibungsliste zu, damit ihm dieser ein Angebot für die ausgeschriebenen Materialien unterbreitet. Später kommt zu diesen Großhandelspreisen noch ein Aufschlag hinzu, dann werden die erforderlichen Gesellen- und Meisterstunden berechnet, anschließend ein 15-prozentiger Gewinnzuschlag ermittelt, die 19-prozentige Mehrwertsteuer ausgerechnet und ebenfalls hinzuaddiert. Dann kann das fertige Angebot der Stadtverwaltung (Bauabteilung) übergeben werden.

2.4.1 Anfrage

Bevor es zu einem Angebot kommt, nimmt normalerweise der Kunde mit dem Lieferanten in Form einer Anfrage Kontakt auf. Der potenzielle Käufer/Kunde erbittet ein Angebot (siehe auch Kap. 2.7, S. 85 ff. – „Kaufvertrag"), damit er genauere Kenntnis über das gewünschte Produkt/die Dienstleistung erhält.

Kaufgesuche
Liebhaber sucht alte Vesparoller. Nur mit Gangschaltung! Von 1960 bis 2004, z. B. P200E, PX80-200, 50N ... Tel. 0176-46155828

Eine Anfrage ist rechtlich **unverbindlich**; der Käufer geht keine rechtlichen Verpflichtungen ein. Die Anfrage kann mündlich und schriftlich, d. h. auch per E-Mail erfolgen. Sie ist meist nur eine Aufforderung, ein Angebot abzugeben.

Beispiele:
- Kunde fragt in einem Discountgeschäft nach einem T-Shirt oder nach Schuhen (= mündliche Anfrage).
- Ein Chemieunternehmen fragt bei mehreren Rohstofflieferanten an, ob und zu welchen Preisen bestimmte Rohstoffe geliefert werden können (= schriftliche Anfrage, die auch elektronisch, z. B. auf einer Internetplattform, erfolgen kann).

Bei einem größeren Bestellwert werden die Anfragen/Angebote bei mehreren potenziellen Lieferern eingeholt, um eine bessere Vergleichbarkeit der eingegangenen Angebote zu haben.

Inhalte einer gezielten Anfrage sind:
- genaue Warenbezeichnung, ggf. Foto usw. beifügen,
- Preis-, Liefer- und Zahlungsbedingungen (Staffelpreise, Rabatte usw.) inkl. Lieferzeit,
- Bezugsmenge wegen Transport- und Verpackungskosten.

Bei Großprojekten, z. B. der Errichtung einer Montagehalle, spricht man nicht von einer Anfrage, sondern von einer Ausschreibung. Hier macht der Kunde die Leistungen, die er erwartet, zu seinen gewünschten Bedingungen öffentlich bekannt. Die Details werden beispielsweise in Zeitungen, Fachzeitschriften, dem Deutschen Ausschreibungsblatt (staatliche Institutionen) oder auch im Internet veröffentlicht. Lieferanten werden zur Abgabe von Angeboten aufgefordert.

2.4.2 Angebot

Im Gegensatz zur unverbindlichen Anfrage ist ein Angebot dann **verbindlich**, wenn es einer bestimmten Person gegenüber abgegeben wird. Es verpflichtet den Anbieter, die betreffende Ware/Dienstleistung zu dem angebotenen Preis und in der angegebenen Qualität zu liefern. Vergleichbar ist dies mit einem **Kostenvoranschlag** (= **Kostenanschlag**), wenn nämlich der Anbieter gemäß §§ 632 bzw. 650 BGB die Richtigkeit der Summe bestätigt.
Das abgegebene Angebot ist normalerweise die Reaktion eines Anbieters auf die Anfrage eines Kunden und legt die Bedingungen fest, unter denen der Anbieter bereit ist, bestimmte Waren zu liefern oder angefragte Dienstleistungen zu erbringen. Die Abgabe eines Angebots kann formlos, d. h. mündlich oder telefonisch erfolgen, allerdings ist es sinnvoll, aufgrund der Wichtigkeit ein Angebot schriftlich (per E-Mail usw.) abzugeben.
Der Einkäufer sammelt die eingegangenen Angebote und führt dann einen **Angebotsvergleich** durch (siehe Kap. 2.3.1, S. 66 ff.). Dem für ihn günstigsten Angebot wird er dann aller Voraussicht nach den Zuschlag geben und eine Bestellung abgeben. Wenn diese mit dem Angebot übereinstimmt, wurden zwei gleichlautende Willenserklärungen abgegeben, womit dann ein rechtsgültiger **Kaufvertrag** geschlossen wurde (siehe Kap. 2.7, S. 85 ff.).

Ein Angebot, rechtlich **Antrag** bzw. Offerte, wird auf der Grundlage der Vorkalkulation vom Unternehmen/Anbieter erstellt und ist für den Lieferanten verbindlich.

Das Angebot gemäß §§ 145–150 BGB ist eine Willenserklärung an eine bestimmte Person, unter den jeweiligen Bedingungen eine Leistung zu erbringen (Werkvertrag z. B. im Handwerk) oder Waren zu liefern bzw. Dienstleistungen zu erbringen (Kaufvertrag). Es bindet die Firma (Händler, Dienstleistungsunternehmer), wenn es ohne Einschränkungen abgegeben wird.

§ 145 BGB

Wer einem anderen die Schließung eines Vertrags anträgt, ist an den Antrag gebunden, es sei denn, dass er die Gebundenheit ausgeschlossen hat.

Die Bindung erlischt nur bei rechtzeitigem Widerspruch oder bei abgeänderter oder zu später Bestellung. Der Verkäufer/Lieferant kann allerdings unter bestimmten Umständen die rechtliche Bindung an das Angebot durch sog. **Freizeichnungsklauseln** (z. B. „solange der Vorrat reicht“, „Preis freibleibend“, „unverbindlich“, „ohne Obligo“ [= Verpflichtung], „Lieferung vorbehalten“ usw.) einschränken oder ganz aufheben. Das führt dann zum **freibleibenden Angebot**. Bei den Freizeichnungsklauseln ist nur der ausdrücklich benannte Teil des Angebots unverbindlich, der Restteil des Angebots bleibt verbindlich, wie die Übersicht zeigt.

Freizeichnungsklausel	Unverbindlich	Verbindlich
Solange der Vorrat reicht	Menge	Preis, Lieferzeit
Preis freibleibend	Preis	Menge, Lieferzeit
Lieferzeit freibleibend	Lieferzeit	Preis, Menge
Freibleibend	Alles	Nichts
Unverbindlich, ohne Gewähr, ohne Obligo	Alles	Nichts

Daneben ist ein Verkäufer bei einem **befristeten Angebot,** z. B. „gültig nur bis zum 31. August dieses Jahres“, auch nur bis zum 31.08. an sein Angebot gebunden.

Erstellung eines Angebots

Insbesondere bei größeren Angeboten/Projekten können die folgenden **Schritte** erforderlich sein:

Prinzipielle Entscheidung der Geschäftsleitung, ob überhaupt ein Angebot abgegeben werden soll

Konzept, wie, wann und mit welchen Produkten der Kundenwunsch erfüllt werden kann

Untersuchung der entstehenden **Kosten für die Erstellung des Angebots,** für ggf. geforderte Angebotsmuster, für Beschaffungskosten zugekaufter Waren, für mögliche Zusatzkosten wie Transport, Genehmigungen usw., da diese Kosten vom Kunden nicht vergütet werden

Ermittlung der erforderlichen **Rahmenbedingungen** (technische, personelle, kaufmännische und rechtliche Voraussetzungen zur Abwicklung des späteren Auftrags)

Vorkalkulation, d. h. Ermittlung aller Kosten des Auftrags unter Beachtung der möglichen Angebote von Mitbewerbern, des gewünschten Gewinns usw.

Bei umfangreichen Angeboten zu Großprojekten oder Ausschreibungen können auch spezialisierte (Ingenieur-) Büros herangezogen werden, die die entsprechenden Erfahrungen mitbringen, um bei der Angebotsabgabe, insbesondere in Richtung der Behörden keine Fehler zu machen. Derartige Fehler könnten sonst zum Angebotsausschluss führen.

Inhalte eines Angebots

Ähnlich wie bei der späteren Bestellung von hohen Warenwerten werden in einem Angebot zahlreiche Details (= Einzelheiten) aufgelistet. Normalerweise sind die folgenden Punkte obligatorische

Bestandteile eines Angebots, falls sie nicht aus den **allgemeinen Geschäftsbedingungen (AGB)** hervorgehen:

Bestandteile eines Angebots

Regelungen für Lieferzeit, Liefer-, Annahme- und Zahlungsstörungen sowie mangelhafte Lieferung.

Beim Abschluss eines anschließenden Kaufvertrags kann der Käufer gemäß § 271 BGB, falls nichts anderes vereinbart war, sofortige Lieferung verlangen.

Erfüllungsort und Gerichtsstand.

Am Erfüllungsort, der vertraglich vereinbart werden kann, muss der Lieferant (= Warenschuldner gemäß Kaufvertrag) auf seine Kosten und Gefahr die Ware vertragsgemäß bereitstellen. Gerichtsstand ist der Ort des für mögliche Rechtsstreitigkeiten zuständigen Gerichts (siehe Kap. 2.7 „Kaufvertrag“, S. 85 ff.).

Genaue Bezeichnung, Beschaffenheit und Qualität der Ware.

Das heißt, durch gezielte Beschreibung, Muster, Marken, Abbildungen, Modelle, Güteklassen usw. können Beschaffen-heit und Qualität erläutert werden.

Zahlungsbedingungen und Eigentumsvorbehalt

Der Lieferant kann gemäß BGB bei der Warenübergabe die sofortige Zahlung verlangen, z. B. beim Vermerk „netto Kasse“. Bei einem höheren Warenwert wird manchmal Vorauszahlung, Abschlagszahlung, Anzahlung, Zahlung aufgrund einer bestimmten Frist, Ratenzahlung usw. vereinbart. Beim Eigentumsvorbehalt lautet die Vereinbarung: „Die Ware bleibt bis zur vollständigen Bezahlung unser Eigentum.“

Kosten der Fracht und Verpackung.

Gemäß dem Bürgerlichen Gesetzbuch (BGB) muss der Lieferant die Ware, falls nichts anderes vereinbart wurde, auf seine Kosten am Übergabeort bereitstellen. Dies gilt nicht für die Verpackungskosten (§ 448 BGB). Falls „Preis einschließlich Verpackung“ vereinbart wurde, übernimmt der Lieferer diese Kosten.

Menge und Preis der Ware.

Die Menge sollte in gebräuchlichen Maßeinheiten (m, m^2, Stück, l, kg usw.) angegeben werden, wobei zwischen Bruttogewicht – Verpackungsgewicht (= Tara) = Nettogewicht unterschieden werden muss. Der Preis kann als Preis pro Einheit (pro m^3, Liter, Stück, kg, Paar usw.), aber auch als Gesamtpreis dargestellt werden. Ein Rabatt (= Preisnachlass) wird bei Abnahme großer Mengen, für Wiederverkäufer bzw. Weiterverarbeiter, langjährige Kunden oder bei Barzahlung (= Skonto), gewährt.

2.4.3 Angebot und Kostenvoranschlag

Beim Angebot verpflichtet sich der Anbieter gegenüber seinem Kunden, die im Angebot aufgeführten Leistungen zu den genannten Preisen und Konditionen zu erbringen.

Bei **Werkverträgen**, die oft im Handwerksbereich, z. B. bei einer Heizungs- oder Unfallreparatur am Pkw, vorkommen, verlangen viele Kunden vor der Auftragsvergabe einen Kostenvoranschlag. Dieser ist eine überschlägige fachmännische Berechnung der wahrscheinlich anfallenden Kosten. Daher ist der **Kostenvoranschlag aufwendig**, weil er die benötigten Materialien und die erforderliche Arbeitszeit detailliert auflistet.

> **Der Kostenvoranschlag gemäß §§ 632 und 650 BGB ist eine fachmännische Schätzung/ Berechnung der entstehenden Kosten mit einer detaillierten Auflistung aller Posten inklusive Endbetrag.**

Eine unwesentliche Überschreitung des Kostenvoranschlags bis höchstens 20 % muss der Kunde akzeptieren. Die Firma darf für die Erstellung eines Kostenvoranschlags eine Gebühr berechnen, wenn dies dem Kunden vorher mitgeteilt wurde.

Vergleich zwischen Kostenvoranschlag (KV) und Angebot

Kostenvoranschlag (§§ 632 und 650 BGB)	Angebot (§ 145–150 BGB)
Verbindlichkeit: Ein einfacher KV ist unverbindlich, das Garantierte ist allerdings verbindlich (Unterschiede sollten auf dem KV ausgewiesen sein).	**Verbindlichkeit:** Angebot ist verbindlich (Dauer bestimmt der Unternehmer). Bindung kann mit der Freizeichnungsklausel aufgehoben werden.
Kosten nur nach Vereinbarung	**Kostenlos**
Inhalt: Alle Materialien und Arbeitsschritte werden detailliert mit Preis- und Mengenangaben aufgeführt und in einem Gesamtbetrag zusammengefasst, vergleichbar mit einer Rechnung.	**Inhalt:** Das Produkt oder Werk wird in seinem Gesamtbetrag aufgeführt, Details sind nicht ersichtlich oder die Materialien und Arbeitsschritte werden ohne Preisangaben nur mit dem Endbetrag aufgelistet.
Abweichungen bis zu 20 % sind legitim, müssen allerdings mit dem Kunden abgesprochen werden. Kunde kann dann annehmen oder ablehnen.	**Abweichungen** sind erst nach Ablauf der Bindungsfrist erlaubt.

2.5 Einen quantitativen Angebotsvergleich durchführen

Die Auswahl der Lieferanten ist eine wichtige Aufgabe der Einkaufsabteilung jedes größeren Unternehmens. Letztlich hängt sogar die Wettbewerbsfähigkeit von der Optimierung der Einkaufsentscheidungen ab. Wer als Firma überteuerte bzw. qualitativ schlechte Ware einkauft oder sich an unzuverlässige Lieferanten bindet, wird langfristig betriebswirtschaftliche Probleme bekommen. Daher sollten die eingehenden Angebote der Zulieferer nach bestimmten **Kriterien** genau analysiert (= untersucht) und verglichen werden.

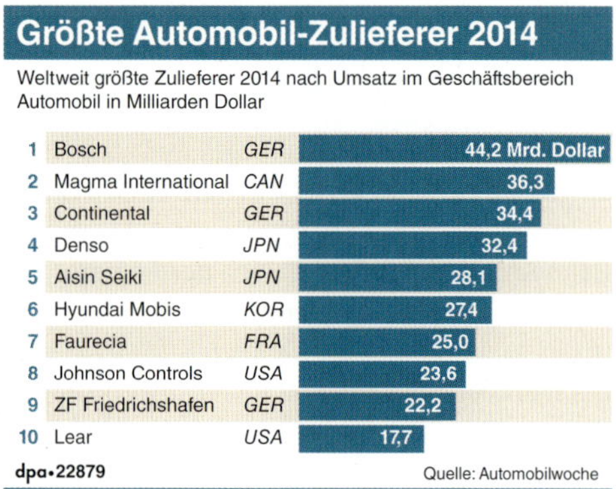

2.5.1 Quantitative Vergleichskriterien

Quantitative Vergleichskriterien (= quantitative Faktoren) sind solche, die sich direkt in Geldeinheiten bewerten lassen.

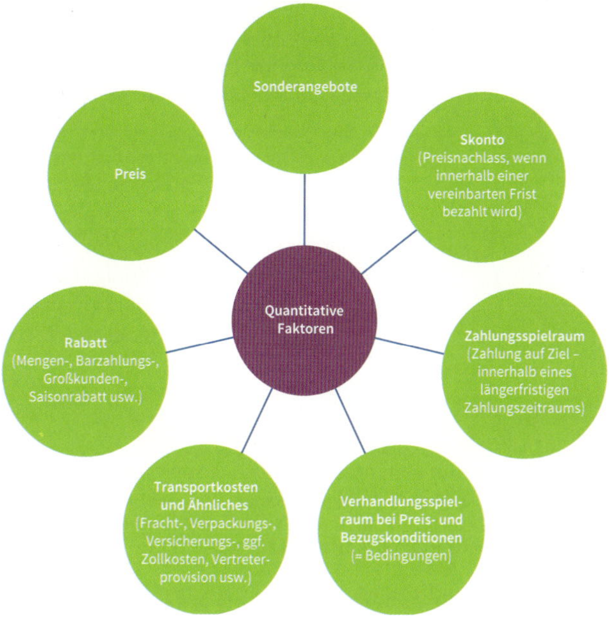

In der Finanzbuchhaltung oder auch Einkaufsabteilung werden mithilfe der **Bezugskalkulation** für verschiedene zugesandte Angebote die **Bezugspreise** oder auch Einstands- bzw. Beschaffungspreise und **Bezugskosten** (= Transportkosten usw.) für eine bestimmte Einheit (kg, Stück usw.) ermittelt. Damit hat man dann eine einheitliche Beurteilungsgrundlage, um die Angebote miteinander vergleichen zu können. Derjenige, der unter Berücksichtigung der Liefer- und Zahlungsbedingungen am günstigsten liefert, bekommt dann den Zuschlag, da der Preis entscheidend ist (= quantitativer Angebotsvergleich). Dieser reine Preisvergleich ist auch heute noch aufgrund seiner Einfachheit, insbesondere für Kleinbetriebe eine verbreitete Methode.
Den Ausgangspunkt der Bezugskalkulation (= **Berechnung des Bezugspreises**) bildet der Rechnungs- bzw. Listeneinkaufspreis des zu liefernden Produkts.

Die Verkäufer gewähren ihren angestammten Kunden meist einen Rabatt auf den Rechnungspreis (Mengen-, Treue- oder auch Neukundenrabatt usw.). Der im Angebot gewährte Rabatt wird vom Rechnungspreis abgezogen, sodass sich der **Zieleinkaufspreis** ergibt. Meist bieten die Lieferanten auch noch **Skonto** an, diese Preisvergünstigung darf der Käufer dann vom Zieleinkaufspreis abziehen, wenn er innerhalb der vereinbarten Frist die Rechnung begleicht. Daraus ergibt sich der **Bareinkaufspreis.** Oftmals fallen bei der Bestellung eines Produkts noch zusätzlich **Bezugskosten** für Verpackung, Transport usw. an. Diese erhöhen den Bezugspreis, da sie dem Bareinkaufspreis hinzugerechnet werden müssen. Der Endbetrag, der sich dann aus dieser Kalkulationsrechnung ergibt, wird als **Bezugs- oder Einstandspreis** bezeichnet.

Das Kalkulationsschema zur Ermittlung des Bezugspreises sieht folgendermaßen aus:

Kalkulation beim Angebotsvergleich (siehe Kap 3.4.2, S. 144 ff.)
Rechnungs- bzw. Listeneinkaufspreis netto (z. B. pro Stück) – Rabatt
= Zieleinkaufspreis – (Lieferanten-)Skonto
= Bareinkaufspreis + Bezugskosten
= **Bezugspreis** (Einstandspreis z. B. pro Stück)

Fallbeispiel:
Die Firma Stahlbau KG hat sich ein Angebot über fünf neue Laptops eingeholt, da die Betriebssysteme der bisherigen Notebooks veraltet waren. Manche Mitarbeiter klagten auch über die relativ kurze Laufzeit ihrer Akkus, was insbesondere bei Außenterminen lästig war. Die Auszubildende Nina König wurde daraufhin beauftragt, mindestens drei Angebote hierzu einzuholen. Dabei hat sie auf die Bildschirmgröße (15,6 Zoll), eine große Festplatte (500 Gigabyte Speicher), vier GB Arbeitsspeicher und insbesondere günstige Bezugskonditionen Wert gelegt. Am Folgetag geht bereits per E-Mail das erste Angebot von Compu-Shop ein. Später folgen zwei weitere Angebote, die Nina König dann an ihrem PC in ein Tabellenkalkulationsprogramm eingibt, um das günstigste Angebot schnellstmöglich errechnen zu können.

2.5.2 Angebotsvergleich

Die Angebote sollten, ähnlich wie im genannten Beispiel, die geforderten Aussagen/Detailbeschreibungen beinhalten, um sie mit konkurrierenden Offerten vergleichen zu können. Dazu gehören:

- genaue Artikelbezeichnung mit Preis und Rabattangabe,
- Bezugskosten (= Verpackung und Transport),
- Zahlungsziele (= Termin und Skonto),
- Hinweis auf die **allgemeinen Geschäftsbedingungen**, in denen beispielsweise die Regelungen des Eigentumsübergangs, das Verfahren bei mangelhafter Lieferung, der Erfüllungsort, der Gerichtsstand usw. beschrieben sind.

Allgemeine Geschäftsbedingungen (AGB)

Wenn es nach dem Angebotsvergleich zu einer Bestellung mit anschließendem Kaufvertrag kommt, sind die allgemeinen Geschäftsbedingungen zu beachten. Sie sind nämlich Bestandteil des Kaufvertrags. Aus diesem Grund wird in den Angeboten meist schon auf die jeweiligen Geschäftsbedingungen hingewiesen. Diese **Vertragsklauseln** gelten dann für alle Verträge, die von Verkäufern/Firmen abgeschlossen werden. Die AGB sind vorformulierte Bedingungen, die der Verwender in seinem Sinne den Geschäften/Verträgen zugrunde legt. Um die Rechte des Käufers/Kunden hierbei nicht allzu sehr einzuschränken, hat der Gesetzgeber im Bürgerlichen Gesetzbuch (§ 305 ff. BGB) Bestimmungen aufgenommen, die den schwächeren Geschäftspartner schützen sollen.

Allgemeine Geschäftsbedingungen
1. **Vertragsabschluss**: Der Käufer ist an die Bestellung (Vertragsangebot) drei Wochen gebunden. Mit Ablauf der Frist kommt der Vertrag zustande, wenn der Verkäufer das Vertragsangebot nicht vorher schriftlich abgelehnt hat.
2. **Preise**: Die Preise sind Festpreise inkl. MwSt.
3. **Lieferung**: Bei Freihauslieferung erfolgt der Transport bis zum 3. Stockwerk.
4. **Eigentumsvorbehalt**: Die Ware bleibt bis zur vollständigen Erfüllung aller Verbindlichkeiten …

Die wichtigsten **Bestimmungen** sind:

- Die AGB können nur **Vertragsbestandteil** werden, wenn ihr Verwender ausdrücklich auf sie **hinweist.**
- Der Käufer/Vertragspartner muss von den AGB **Kenntnis nehmen** können (z. B. durch Aushang in den Geschäftsräumen, durch Abdruck im Angebot, nicht als „Kleingedrucktes“, sondern deutlich lesbar usw.).
- Der Kunde muss mit den Geschäftsbedingungen **einverstanden sein.** Ansonsten kann er vom Vertrag zurücktreten und auf andere Geschäftspartner ausweichen. Allerdings sind die (Muster-)AGB in manchen Branchen fast identisch, weil sie von Juristen, Handwerks- oder Handelskammern usw. vorformuliert wurden. Daher sollten nach Möglichkeit die jeweiligen AGB genau gelesen werden.

Im Fallbeispiel der Firma Stahlbau KG sind außer dem Angebot des Compu-Shops zwei weitere Angebote von IT-Fuchs und IT4You zu den angefragten fünf Laptops eingegangen.

Die Auszubildende Nina König könnte die drei Angebote zum Abgleich wie folgt in ihren PC eingeben:

	Compu-Shop	IT-Fuchs	IT4You
Listeneinkaufspreis netto (5 Stück)	1 750,00 €	1 910,00 €	1 850,00 €
– Rabatt	15 %	10 %	15 %
Zieleinkaufspreis			
Skonto	2 %	3 %	3 %
Bareinkaufspreis			
+ Verpackungskosten	–	20,00 €	–
+ Transportkosten	15,00 €	–	7,90 €
Einstandspreis (gesamt)			
Einstandspreis (pro Stück)			

Der Einzelpreis eines Laptops errechnet sich dann aus dem gesamten **Einstands- bzw. Bezugspreis,** der durch fünf geteilt wird.

Der Bezugspreis (pro Stück, pro kg, Liter usw.) dient als Entscheidungsgrundlage für die Auswahl des Angebots und die anschließende Bestellung. Die Ermittlung des günstigsten Bezugspreises ist allerdings nur ein Kriterium (= Entscheidungsmerkmal) zur Auswahl des „optimalen Lieferanten“. Diese rein preisorientierte Auswahl ist nur dann sinnvoll, wenn die qualitativen Kriterien, wie beispielsweise Garantie, Warenqualität, Lieferzeit, Zuverlässigkeit, Verhalten bei Warenrücknahme usw., keine oder nur geringe Unterschiede aufweisen.

2.6 Den Qualitativen Angebotsvergleich berücksichtigen

Bessere Entscheidungsgrundlage beim Versicherungskauf […]

Frankfurt am Main (ots) – Bei der Entscheidung über wichtige Geschäftsprozesse greifen Unternehmen heute zunehmend auf kennzahlengestützte Bewertungen zurück. Beim Einkauf von Versicherungsschutz orientieren sich die Entscheider hingegen häufig am Preis oder an der subjektiven Empfehlung eines Experten, da qualitative Merkmale von Versicherern bislang meist nicht objektiv messbar waren. Diese Lücke schließt die neue „Qualitätsprämie“ des Industrieversicherungsmaklers und Risikoberaters Marsh. Die Qualitätsprämie bringt Transparenz in die Performance der Versicherer und schafft damit eine bessere Entscheidungsgrundlage beim Versicherungseinkauf.

„Für die Qualitätsprämie haben wir eine Methode entwickelt, mit der wir die Erfahrungen, die wir aufgrund unserer großen Kundenbasis mit den Versicherern sammeln, für Unternehmen systematisch aufbereiten.

Quelle: Hahn, Miriam: Bessere Entscheidungsgrundlage beim Versicherungskauf, 22.09.2014, abgerufen unter: www.presseportal.de/pm/16703/2836264 [22.01.2016].

Der Presseartikel verdeutlicht, dass bei sehr vielen Dienstleistungen, aber insbesondere auch bei Produkten der Preis allein keine ausreichende Grundlage für die Kaufentscheidung bieten sollte. Es kann nämlich vorkommen, dass der günstigste Anbieter keine gleichbleibende Qualität liefert oder bei der Rücknahme von beschädigter Ware Schwierigkeiten bereitet usw. Deshalb müssen weitere Kriterien/Faktoren wie Termintreue, Zuverlässigkeit usw. bei der Auswahl herangezogen werden. Diese Faktoren sollten zu den betriebswirtschaftlichen Zielen und zum Unternehmensleitbild des einkaufenden Betriebs passen.

2.6.1 Qualitative Vergleichskriterien

Qualitative Vergleichskriterien (= qualitative Faktoren) lassen sich nicht einfach in Geldeinheiten berechnen. Sie werden später in einem Mehrfaktorenvergleich mit den quantitativen Faktoren verrechnet.

Ein entscheidender Faktor beim Beschaffen der Waren/Halbfabrikate usw. ist deren Qualität. Auch bei einem guten **Kunden-Lieferanten-Verhältnis** eines Betriebs steht nicht das kurzfristige Gewinnstreben, sondern das langfristige Denken im Vordergrund, dabei spielt die **gelieferte Qualität** die Hauptrolle.

2.6.2 Qualitätskriterien bei der Beschaffung

Qualität

- beinhaltet **Kundenorientierung,** d. h., die Leistungen müssen den Ansprüchen und Bedürfnissen der Kunden gerecht werden und in ihrem Sinne gebrauchstauglich sein.
- wird umfassend verstanden, zur selbstverständlichen Produktqualität zählen auch Beratungs-, Service- und **Unternehmensqualität** wie Seriosität, Kompetenz, Fairness usw.
- ist ein immerwährender Prozess, der Fehler korrigiert und **ständig Verbesserungen und** Weiterentwicklung anstrebt.

Die Qualität eines Endprodukts wird im Wesentlichen von der Qualität der beschafften Waren und Dienstleistungen bestimmt. Vor dem Hintergrund sinkender Fertigungs- oder auch Wertschöpfungstiefen (= Anteil der Eigenanfertigung bei der Leistungserstellung/Produktion) in Deutschland wird deutlich, dass die Beschaffung von Gütern und Diensten einen entscheidenden Einfluss auf die Qualität der Endprodukte hat. Bei einer durchschnittlichen eigenen Fertigungstiefe von weniger als 50 % ist also die Produktqualität in hohem Maße von den Vorprodukten/Lieferanten bestimmt. Im Rahmen des **Qualitätsmanagements** wurden **Normen** wie DIN EN ISO 9000 und 9001 festgelegt, mit denen Lieferanten beurteilt und deren (Vor-)Produkte bewertet werden können. Vor Aufnahme der Geschäftsbeziehung müssen die Leistungsfähigkeit, das Qualitätsbewusstsein (Zertifizierung, Lieferantenaudit usw.) und die Zuverlässigkeit der Lieferanten überprüft werden. Im Laufe der Jahre können dann die Lieferleistungen mithilfe von **Qualitätssicherungsvereinbarungen** permanent überwacht und bewertet werden, um kontinuierlich Qualitätsleistungen zu erhalten.

Gute Zulieferer/Anbieter

- sind zertifiziert nach ISO 9000 ff.,
- führen selbst **Qualitätssicherungsmaßnahmen** durch, um langfristig Qualität zu bieten,
- kooperieren intensiv mit ihren Abnehmern und auch deren Kunden,
- haben eine minimale Reklamationsrate,
- sind innovativ, insbesondere auch im Sinne ihrer Geschäftspartner, die die Waren abnehmen,
- bieten einen **ausgezeichneten Service**, um die Beschaffungsanforderungen termingerecht, kostengünstig usw. zu erfüllen,
- legen ein transparentes Geschäftsgebaren an den Tag usw.

Bei den Qualitätssicherungsmaßnahmen werden die Vormaterialien/Halbfabrikate usw. bereits beim Lieferanten, ggf. auch von externen Institutionen geprüft, um Nachbesserungsarbeiten, unnötige Rücklieferungen usw. zu vermeiden.

Ein umweltfreundliches Unternehmen achtet auch bei den angebotenen Waren auf deren nachhaltige Entstehung. Das heißt, Erzeugnisse sollten unter Berücksichtigung von bestimmten Umwelt- und Sozialstandards produziert worden sein. Bei der **nachhaltigen Produktion** (siehe auch Kap. 1.8, S. 34 ff.) werden möglichst nachwachsende Rohstoffe verwendet, möglichst wenige Schadstoffe ausgestoßen und es wird im Sinne nachfolgender Generationen möglichst wenig in die Natur eingegriffen.

2.6.3 Nutzwertanalyse

Die Nutzwertanalyse, auch „Scoring-Modell" genannt, ist ein Bewertungsverfahren aus dem Bereich der Kostenrechnung. Hierbei werden nicht monetäre Faktoren (= Kriterien, die nichts mit dem Preis zu tun haben) verglichen, um eine Entscheidung zwischen verschiedenen Alternativen treffen zu können.

Diese Analyse dient als Hilfestellung für alle sog. Mehrzielentscheidungen, um beispielsweise das optimale Angebot der verschiedenen Zulieferer „herauszufiltern". Dazu kann nach folgendem **Schema** vorgegangen werden:

Hierarchische Ordnung der **Ziele,** d. h. unerlässliche Kriterien ganz oben, weniger wichtige dann weiter unten.

Festlegung der sog. K.-o.-**Kriterien, die** der Anbieter unbedingt erfüllen muss, ansonsten scheidet er von vornherein aus.

Festlegung der **Sollkriterien.**

Gewichtung der Sollkriterien. Wie wichtig ist der (Gewichtungs-)Faktor zur Erreichung des Ziels bzw. für das eigene Unternehmen? Zum Beispiel bei der Gewichtung der Qualität oder der Seriosität des Lieferanten von 1 (= unwichtig) bis 10 (= äußerst wichtig).

Punktebewertung der Varianten für die jeweiligen Kriterien. Dies entspricht einer Art Benotung, z. B. von 1 (= uninteressant) bis 5 (= hervorragend erfüllt).

Multiplikation der Gewichtung des Kriteriums mit der Note, dies führt zum **Endergebnis.**

Das Angebot/der Lieferant mit der höchsten Punktzahl sollte nach diesem Bewertungsschema dann den **Zuschlag** bekommen.

Informationen zu den verschiedenen **Lieferanten/Lieferern** können im Internet recherchiert werden, z. B. in sog. Blogs bei größeren Unternehmen oder auch über Selbstauskünfte der Zulieferfirmen. Ebenso wichtig sind eigene Erfahrungen mit den Lieferanten. Diese Informationen werden in einer innerbetrieblichen Datenbank gespeichert und immer auf dem neuesten Stand gehalten, um langfristig auf sie zurückgreifen zu können.

Beispiele: (für eine Lieferantendatei der möglichen Laptoplieferanten der Firma Stahlbau KG):

Adresse:	**Compu-Shop – der Computerladen, Werderallee 34, 58636 Iserlohn, Tel.: 02371 456789 oder 456788, Fax: 02371 456780**
Webauftritt:	www.compu-iserlohn.de E-Mail: Info@compu@iserlohn.de
Ansprechpartner:	Frau Saskia Wagner
Informationen:	
	Liefertermine werden immer eingehalten, Zahlungsbedingungen sind verhandelbar, Produktqualität sehr hoch, Kundenhotline nicht immer besetzt und nach 18:00 Uhr nicht mehr erreichbar.
Bisherige Erfahrungen:	
	Der Service ist gut, allerdings werden keine Produktschulungen angeboten, manchmal gibt es eine kostenlose Zugabe bei größeren Bestellungen.
Geschäftsbeziehungen:	Ja ☐ Nein ☐

Adresse:	**IT-Fuchs – PCs, Laptops, Tablets supergünstig Johannes-Rau-Straße 48, 42275 Wuppertal, Tel.: 0202 5638004, Fax: 0202 5638000**
Webauftritt:	www.IT-fuchs-wuppertal.net, E-Mail: Info@it-fuchs-wuppertal.net
Ansprechpartner:	Frau Ellen Weber
Informationen:	
	Die Qualität der Produkte schwankt manchmal, Lieferant bietet bei Bedarf Produktschulungen an, Liefer- und Zahlungsbedingungen sind nicht verhandelbar, die Service-Hotline ist gut erreichbar.
Bisherige Erfahrungen:	
	Nach Reklamationen wurden neue PCs schnell und unkompliziert geliefert, Liefertermine wurden fast immer eingehalten.
Geschäftsbeziehungen:	Ja ☐ Nein ☐

Wie bei der Firma Stahlbau KG reicht den meisten Unternehmen der quantitative Angebotsvergleich nicht aus, weil sie nicht nur Wert auf den Preis legen, sondern Qualität, Liefertreue usw. gleichermaßen wichtig sind.

Fallbeispiel:

Nina Königs Chef, Herr Keller, ist mit dem Angebotsvergleich nicht zufrieden. Er möchte insbesondere **qualitativ hochwertige**, möglichst stromsparende Laptops mit einer Akkulaufzeit von mindestens sechs Stunden. Weiteren Wert legt er darauf, dass der Service stimmt und der Lieferant eine Art Notrufsystem hat, an das man sich tagsüber wenden kann. Gleichzeitig wünscht er, dass der Anbieter auch sog. Ferndiagnosen inkl. Fernwartung an den Laptops durchführt und diese dann sofort mithilfe einer speziellen Software repariert, damit der kontinuierliche Arbeitsablauf nicht allzu sehr gestört wird. Der Chef legt Wert darauf, dass vom Lieferanten zugesagte Termine eingehalten und die alten Notebooks aus der Firma, evtl. sogar gegen eine gewisse Erstattung des Restwerts, vom Anbieter mitgenommen werden. Diese zusätzlichen Kriterien werden dann bei den drei Anbietern telefonisch erfragt. Anschließend erstellt Nina König einen neuen Angebotsvergleich, in dem die geforderten Kriterien aufgelistet und gewichtet sind.

Die **Gewichtungsfaktoren** für jedes einzelne Kriterium reichen bei der Stahlbau KG von 1 (= unwichtig) bis 10 (= äußerst wichtig). Die **Punktwerte** oder Noten reichen von 1 (= überhaupt nicht erfüllt) bis 3 (= sehr gut erfüllt). Damit erhält man dann einen qualitativen, individuellen Angebotsvergleich.

Qualitativer Angebotsvergleich

Die Tabelle mit den beiden günstigsten Notebook-Anbietern aus unserem Beispiel könnte dann folgendermaßen aussehen:

	Compu-Shop		IT4You	
Kriterien mit Gewichtungsfaktor (Gf = 1–10)	**Punktwert (P = 1–3)**	**Gewichteter Punktwert (Gf x P)**	**Punktwert (P = 1–3)**	**Gewichteter Punktwert (Gf x P)**
Bezugspreis 10	3	30	2	20
Termintreue 8	2	16	2	16
Service 9	2	18	1	9
Rücknahme 8	1	8	2	16
Erfahrungen mit Lieferanten 5	2	10	3	15
Weitere Qualitätskriterien 3	–	–	–	–
Summe		**82**		76

Die Entscheidung bei diesem qualitativen Angebotsvergleich fällt leicht, da sowohl der Einstandspreis als auch der gewichtete Punktwert für die Bestellung bei Compu-Shop sprechen. Aus dieser Nutzwertanalyse kann entnommen werden, dass das Angebot von Compu-Shop für die Firma Stahlbau KG den größten Gesamtnutzen bringt, nicht nur wegen des günstigen Bezugspreises, sondern auch wegen der Termintreue und des guten Services.

2. 7 Rechtsgültige Verträge abschließen

Wie die Karikatur verdeutlicht, muss man beim Unterschreiben eines Vertrags sehr vorsichtig sein, um nicht übervorteilt zu werden. Daher ist es sinnvoll, die **Grundlagen unseres (Vertrags-)Rechts** zu kennen.

Vorsicht bei Kaufverträgen

Wir leben in einer staatlichen Rechtsordnung. Unser Zusammenleben wird mithilfe von Gesetzen, Erlassen und Verordnungen verbindlich und auf Dauer geregelt, um soziale Konflikte möglichst zu vermeiden. Diese Rechtsnormen (= Gesetze usw.) verleihen Rechte, erlegen uns allerdings auch Pflichten auf. In Deutschland unterscheidet man zwischen **Privatrecht und öffentlichem Recht.**

Privatrecht	Öffentliches Recht
Hier werden die (Rechts-)Beziehungen zwischen den Bürgern geregelt. Die Vorschriften befinden sich schwerpunktmäßig im Bürgerlichen Gesetzbuch (BGB).	Hier werden die (Rechts-)Beziehungen zwischen dem Staat und den Bürgern sowie zwischen staatlichen Behörden untereinander geregelt.
Zum Privatrecht, das auch als „bürgerliches oder Zivilrecht" bezeichnet wird, gehören: ■ bürgerliches Recht – Familienrecht – Schuldrecht – Sachenrecht ■ Arbeitsrecht ■ Mietrecht ■ Handelsrecht	Zum öffentlichen Recht gehören: ■ Strafrecht ■ Völkerrecht ■ Europarecht ■ Staats- und Verfassungsrecht ■ Steuerrecht ■ Sozialrecht

2.7.1 Grundlagen des Vertragsrechts

Rechtsgeschäfte

Im Alltag gibt es zahlreiche Rechtsgeschäfte wie Kauf, Kreditaufnahme, Steuerbescheid, Miete, Arbeitsvertrag usw. Diese „Geschäfte" kommen durch sog. Willenserklärungen zustande, was gewollte Rechtswirkungen (= Konsequenzen) nach sich zieht. Für manche Rechtsgeschäfte reicht es aus, wenn nur eine Seite eine Willenserklärung abgibt, für andere Rechtsgeschäfte sind die Willenserklärungen beider Geschäftspartner erforderlich. Daher unterscheidet man zwischen einseitigen und zweiseitigen Rechtsgeschäften.

128 035

Beispiel für ein zweiseitiges Rechtsgeschäft mit Rechtswirkung:
Ein Vater verspricht, seiner Tochter einen Motorroller zu schenken, wenn sie ihre Ausbildung, die in zwei Wochen endet, mit einer sehr guten Note abschließt. Er kauft den Roller beim Zweiradhaus Wolf, muss allerdings mit einer Lieferzeit von vier Wochen rechnen. Kurz vor der Prüfung geraten Vater und Tochter massiv in Streit, wobei die Tochter von zuhause auszieht. Daraufhin geht der Vater zum Zweiradhändler und will den Rollerkauf rückgängig machen, was dieser ablehnt.
Der Vater erkundigt sich dann bei einem Rechtsanwalt über die Folgen des Kaufvertrags. Dieser erklärt ihm, dass beim Eingehen eines Rechtsgeschäfts beide verbindlich ihren Willen erklärt haben, den Roller zu liefern und den Kaufpreis zu zahlen. Dies beinhaltet eine verbindliche Rechtsbeziehung zueinander. Der Vater kann daher nicht die Annahme des Rollers ablehnen, weil er mit seiner Tochter in Streit geriet. Gleichzeitig ist die Firma Zweirad Wolf verpflichtet, ihm vertragsgemäß das Eigentum am Roller zu verschaffen.

Form der Rechtsgeschäfte

Von einigen Ausnahmen abgesehen sind bei uns weder der Inhalt noch die Form eines Rechtsgeschäfts vorgeschrieben (Vertrags- und Formfreiheit).

Mögliche **Formen der Willenserklärung** sind:

- **mündlich** oder auch fernmündlich, z. B. beim Einkauf im Supermarkt,
- **schriftlich** oder fernschriftlich, d. h. mit Unterschrift, im E-Mail-Verkehr mithilfe einer qualifizierten elektronischen Signatur (gemäß Signaturgesetz), z. B. beim Kauf eines Motorrollers,
- **stillschweigend**, d. h. durch schlüssiges Handeln z. B. beim Kauf am Automaten.

Voraussetzungen für die Gültigkeit von Rechtsgeschäften

Damit ein **rechtsgültiger Vertrag** (= **Willenseinigung der Vertragspartner**) zustande kommt, müssen folgende **Bedingungen** erfüllt sein:

- Die Partner müssen geschäftsfähig sein.
- Der Vertragsinhalt muss ernstlich gewollt werden.
- Der Wille zum Vertragsabschluss muss freiwillig, ohne Irrtum, Zwang oder Täuschung abgegeben worden sein.
- Der Vertragsinhalt muss möglich und erlaubt sein (darf nicht gegen Gesetze verstoßen), ggf. müssen Formvorschriften gewahrt werden.

Das Rechtsgeschäft ist normalerweise nichtig, falls eine der vier Voraussetzungen nicht erfüllt ist.

Die wichtigsten Rechtsvorschriften für Verträge/Rechtsgeschäfte sind im Bürgerlichen Gesetzbuch (BGB) und im Handelsgesetzbuch (HGB) niedergeschrieben.

Rechtsgeschäfte

Geschäfte zwischen **Nichtkaufleuten**	Geschäfte zwischen **Kaufleuten**	Geschäfte zwischen **Kaufleuten und Nichtkaufleuten**
Werden als **bürgerliche Rechtsgeschäfte** bezeichnet	Werden als **zweiseitige Handelsgeschäfte** bezeichnet	Werden als **einseitige Handelsgeschäfte** bezeichnet
Anzuwenden ist das BGB	Anzuwenden ist zuerst das HGB, dann das BGB	Anzuwenden ist zuerst das HGB, dann das BGB

Ein Vertrag/Rechtsgeschäft ist **unwirksam**, d. h. von vornherein nichtig, bei Geschäftsunfähigkeit (siehe Kap. 2.7.3, S. 90 ff.), Geistesstörung, Bewusstlosigkeit, Formmangel, Gesetzesverstoß, Verstoß gegen die guten Sitten oder auch bei sog. Scherz- bzw. Scheingeschäften.

Anfechtbarkeit von Willenserklärungen/Rechtsgeschäften

Wer feststellt, dass die abgegebene Willenserklärung nicht seinem ausdrücklichen Willen entspricht, kann sie anfechten (§ 142 BGB). Hierbei wird unterschieden zwischen einer Anfechtung wegen

- einer **arglistigen Täuschung,** z. B. wenn der Autoverkäufer einen Unfallwagen als unfallfrei bezeichnet,
- eines **Irrtums,** z. B. wenn im Angebot eines Baustoffhändlers 198,50 € statt 819,50 € steht,
- einer **Drohung,** z. B. wenn eine Jugendliche ihren CD-Player für 20,00 € verkauft, weil sie von Mitschülerinnen erpresst wird usw.

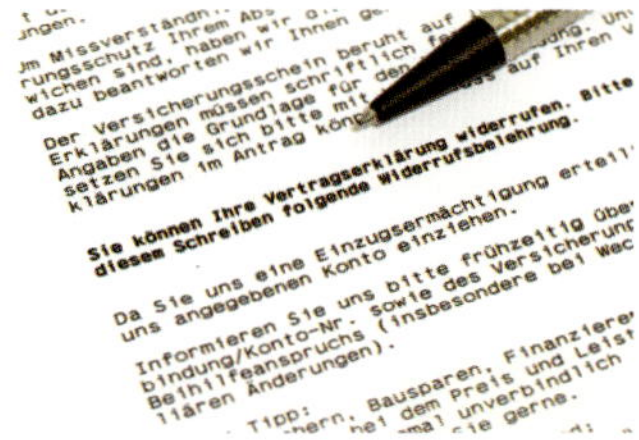

Allerdings können Nachlässigkeit, Unachtsamkeit und Irrtum im Beweggrund keine Anfechtbarkeit bewirken, z. B. wenn die allgemeinen Geschäftsbedingungen (= das „Kleingedruckte") auf der Rückseite des Vertrags nicht genau durchgelesen werden, obwohl im Vertrag darauf hingewiesen wurde.

2.7.2 Rechtsgültigkeit von Kaufverträgen

Bei der häufigsten Vertragsart, dem Kauf (Kaufvertrag), werden gegen Entgelt Sachen oder Rechte vom Verkäufer auf den Käufer übertragen. Hierbei spricht man von einem zweiseitigen Rechtsgeschäft, d. h., der Vertrag kommt durch die übereinstimmende Willenserklärung zweier oder mehrerer Personen zustande. Er wird gültig durch Antrag und Annahme.

Ein einseitiges Rechtsgeschäft kommt durch die Willenserklärung einer Person zustande, z. B. in einer Kündigung, Mahnung usw.

In Deutschland gilt, von einigen Ausnahmen abgesehen, der **Rechtsgrundsatz der Vertragsfreiheit**, d. h., Abfassung und Ausgestaltung eines Kaufvertrags stehen in freiem Belieben der Vertragspartner, sind z. B. mündlich, schriftlich, per E-Mail, Telefon, Fax, SMS oder im Internet möglich.

Zu jedem Kauf gehören zwei Stufen: **Abschluss** und **Erfüllung** des Kaufvertrags. Die Einigung zwischen Käufer und Verkäufer stellt den Abschluss dar. Danach muss der abgeschlossene Vertrag von beiden erfüllt werden. Diese beiden Teile werden als **„Verpflichtungsgeschäft"** und als „Erfüllungsgeschäft" bezeichnet.

Abschluss eines Kaufvertrags

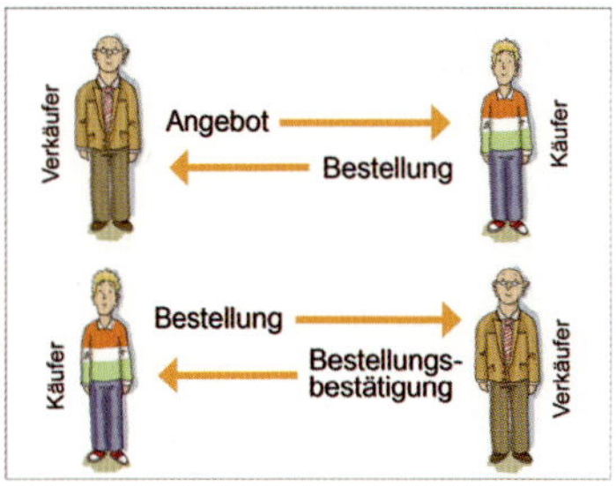

Ein Kaufvertrag kommt rechtsgültig zustande, wenn dem **Antrag** der einen Seite die **Annahme** durch die die andere Seite folgt.

Der Verkäufer macht ein **Angebot** (= Kaufantrag), der Käufer bestellt daraufhin (= Kaufannahme). Damit ist der Kaufvertrag rechtlich zustande gekommen.

Oder der Käufer **bestellt** (= Kaufantrag) und der Verkäufer **bestätigt** diese Bestellung (= Annahme). Durch diese beiden übereinstimmenden **Willenserklärungen** ist der Kaufvertrag zustande gekommen. Der Abschluss ist gemäß § 433 BGB vollzogen.

Aus dem Abschluss eines Kaufvertrags erwächst den beiden Vertragspartnern jetzt die Verpflichtung (das sog. **Verpflichtungsgeschäft**), diesen Vertrag anschließend auch zu **erfüllen** (das sog. **Erfüllungsgeschäft**).

Willenserklärungen beim Kaufvertrag

Unverbindlich	Bindend (wenn nicht rechtzeitig widerrufen)
- Anfrage, z. B. ein Angebot zu machen (siehe Kap. 2.4, S. 71 ff.) - Erkundigung, z. B. nach Preisvorstellungen usw.	- Angebot gemäß § 145 ff. BGB verpflichtet den Anbieter, die betreffende Ware zu liefern - Bestellung und Bestellungsannahme verpflichten zum Kauf gemäß § 130 BGB

Erfüllung eines Kaufvertrags

Wie jeder Vertrag muss auch der Kaufvertrag von beiden Seiten erfüllt werden.

Pflichten des Verkäufers

- **Lieferung der Ware:** Die Ware muss einwandfrei, d. h. **ohne Mängel** sein, die Lieferung muss zur rechten Zeit am rechten Ort (= **vertraglicher Erfüllungsort**) erfolgen (§ 271 BGB).
- **Eigentumsübertragung:** Der Verkäufer muss gemäß den vereinbarten Lieferbedingungen (z. B. Übernahme der Verpackungs- und Transportkosten usw.) dem Käufer das Eigentum an der verkauften Ware verschaffen.

Bei der Lieferung unter **Eigentumsvorbehalt** (§ 449 BGB), z. B. beim Ratenkauf, kann der Käufer über die Ware bis zur Bezahlung der letzten Rate nicht frei verfügen. Er wird dann nur Besitzer (= tatsächliche Gewalt über eine Sache gemäß § 854 BGB), aber noch nicht Eigentümer (= rechtliche Gewalt gemäß § 903 BGB) des Kaufgegenstands.

- **Annahme des Kaufpreises:** Bezahlung gemäß den vereinbarten Zahlungsbedingungen.

Pflichten des Käufers

- **Zahlung des vereinbarten Kaufpreises:** Hierbei ist gleichgültig, ob bar, halbbar (Zahlschein) oder bargeldlos (Überweisung, Lastschrifteinzug, EC-Karte, Kreditkarte, Online-Bezahlsystem) bezahlt wird.
- **Annahme der Ware:** Bestellte Waren müssen vom Käufer auch angenommen werden. Er hat die eingetroffene Ware unverzüglich auf einwandfreie Beschaffenheit zu prüfen.

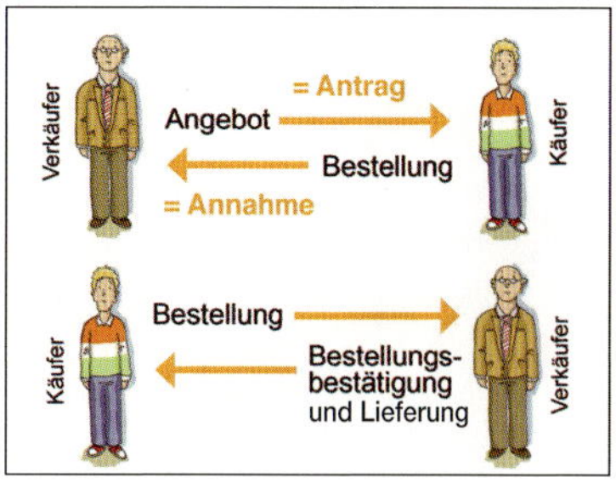

Die Rechte des Käufers sind gleichzeitig die Pflichten des Verkäufers und umgekehrt.

Vereinfacht stellen sich Abschluss und Erfüllung eines Kaufvertrags wie folgt dar.

> **Abschluss des Kaufvertrags: Das Verpflichtungsgeschäft ist zustande gekommen.**
> **Erfüllung des Kaufvertrags: Das Erfüllungsgeschäft ist abgewickelt und das entstandene Schuldverhältnis erloschen.**

Neben dem Kaufvertrag gibt es **weitere wichtige Vertragsarten**, deren Verpflichtung und Erfüllung ebenfalls im BGB geregelt sind. Hierzu gehören:

- **Kreditvertrag** gem. § 488 ff. BGB, Vertragspartner sind Kreditgeber und -nehmer, Vertragsinhalt ist die Überlassung von Geld gegen Zinszahlung und Rückerstattung bei Fälligkeit (= Vertragsende).
- **Werkvertrag** gem. § 631 ff. BGB, Vertragspartner sind Besteller und Unternehmer, Vertragsinhalt ist die Herstellung oder Reparatur einer Sache, wobei der Besteller das Material liefert.
- **Werklieferungsvertrag** gem. § 651 BGB, Vertragspartner wie beim Werkvertrag, allerdings liefert hier der Unternehmer das Material.
- **Dienstvertrag** gem. § 611 BGB, Vertragspartner sind Dienstherr und Dienstverpflichteter, Vertragsinhalt ist die Leistung von Diensten gegen Entgelt, z. B. die Beratung durch Rechtsanwalt.
- **Mietvertrag** gem. § 535 ff. BGB, Vertragspartner sind Vermieter und Mieter, Vertragsinhalt ist die entgeltliche und zeitliche Überlassung von Sachen zum Gebrauch und zur späteren Rückgabe.
- **Pachtvertrag** gem. § 581 ff. BGB, Vertragspartner sind Verpächter und Pächter, Vertragsinhalt wie beim Mietvertrag, allerdings steht dem Pächter, z. B. einem Landwirt, während der Vertragslaufzeit der „Genuss der Früchte“ zu.
- **Leihvertrag** gem. § 598 ff. BGB, Vertragspartner sind Ver- und Entleiher, Vertragsinhalt ist die unentgeltliche und zeitliche Überlassung von Sachen zum Gebrauch und zur späteren Rückgabe.

2.7.3 Rechts- und Geschäftsfähigkeit

Jetzt mit 18 kaufe ich mir das Motorrad für 7 000,00 €, auch wenn ich dazu 3 000,00 € von der Bank aufnehmen muss.

Wenn ich nächsten Monat 14 werde, kaufe ich mir das Modellkleid aus der Boutique „Top4You“.

Sind diese Kauf- oder Kreditverträge gültig?

Rechtsfähigkeit

§ 1 BGB besagt, dass „die **Rechtsfähigkeit** des Menschen [...] mit der Vollendung der Geburt“ beginnt und mit seinem Tod endet.

> **Rechtsfähigkeit bedeutet die Fähigkeit, Träger von Rechten und Pflichten zu sein.**

Das heißt, dass jede Person, unabhängig vom Alter, Geistes- oder Gesundheitszustand, von der ethnischen Zugehörigkeit oder sonstigen Merkmalen Rechte und Pflichten hat.

Im juristischen Sinne werden lebende Menschen als **natürliche Personen** bezeichnet. Deren wichtigsten **Rechte** sind:
- Eigentum (Schenkung, Erbschaft usw.)
- Schulbildung
- Klagerecht
- Schließen von Verträgen usw.

Die wichtigsten **Pflichten** sind:
- Schulpflicht
- Steuerpflicht
- Wehrpflicht (nur noch im Spannungs- oder Verteidigungsfall) usw.

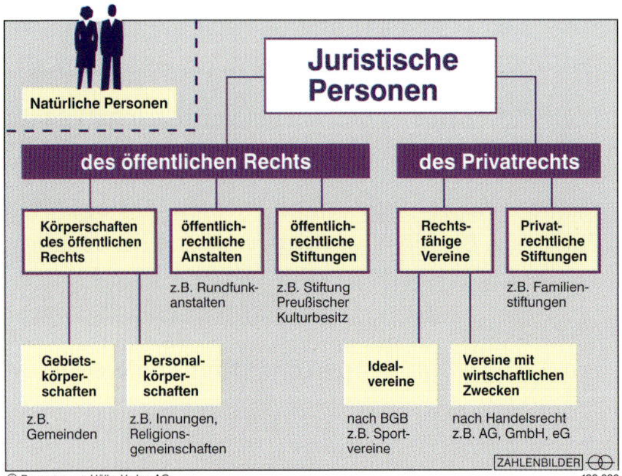

128 030

Außer den natürlichen Personen können auch sog. **juristische Personen** rechtsfähig sein. Dies sind selbstständige Organisationen (Vermögensmassen, Stiftungen usw.) oder Personenvereinigungen (Vereine, Handwerkskammer usw.), denen eine eigene Rechtsfähigkeit zuerkannt wird. Sie haben ebenfalls Rechte und Pflichten, können Vermögen besitzen, als Erbe eingesetzt werden und als Institution auch klagen und verklagt werden.

Geschäftsfähigkeit

Rechtsfähigkeit bedeutet nicht, dass jede Person auch rechtswirksam handeln und ohne Weiteres Geschäfte abschließen kann. Hierzu gehört nämlich die Geschäftsfähigkeit.

> **Geschäftsfähigkeit ist die Fähigkeit, selbstständig Rechtsgeschäfte abzuschließen und Verbindlichkeiten einzugehen.**

Um Geschäfte abwickeln zu können, setzt unsere Rechtsordnung ein gewisses Maß an Urteilsvermögen/Reife voraus. „Rechtssubjekte" müssen nämlich für ihre Handlungen haften und aus abgeschlossenen Verträgen erwachsen nicht nur Rechte, sondern auch Pflichten. Daher wurde vom Gesetzgeber zum Schutze der (jüngeren) Betroffenen die Geschäftsfähigkeit eingeschränkt. Sie ist altersgemäß gestaffelt und nimmt zusätzlich auf die geistigen Fähigkeiten Rücksicht.

Das Bürgerliche Gesetzbuch unterscheidet drei Stufen der Geschäftsfähigkeit:

Geschäftsfähigkeit

Geschäftsunfähigkeit (§ 104 BGB)	Beschränkte Geschäftsfähigkeit (§ 106 ff. BGB)	Volle Geschäftsfähigkeit
- Alle Kinder unter sieben Jahren - Personen, die dauerhaft geistesgestört sind	- Minderjährige ab dem 7. bis zum 18. Lebensjahr - Per Gerichtsbeschluss bei: Trunksucht, Drogenmissbrauch, Verschwendungssucht usw	- Alle Personen ab dem vollendeten 18. Lebensjahr, die keiner Beschränkung durch das Betreuungsgericht unterliegen - Alle juristischen Personen
Willenserklärungen sind nichtig. Der gesetzliche Vertreter handelt.	Rechtsgeschäfte sind nur mit Zustimmung des gesetzlichen Vertreters gültig.	Rechtsgeschäfte können selbstständig und rechtswirksam abgeschlossen werden.

Rechtsgeschäfte zwischen sieben und 18 Jahren sind nur rechtswirksam, wenn der gesetzliche Vertreter zustimmt. Die vorherige **Zustimmung** heißt **Einwilligung,** die nachträgliche heißt **Genehmigung**. Bis zur Genehmigung ist das Rechtsgeschäft „schwebend unwirksam".

Bei folgenden Ausnahmen benötigen Minderjährige **keine Zustimmung der gesetzlichen Vertreter:**

- Geschäfte, die mit dem eigenen **Taschengeld** beglichen werden, das vom gesetzlichen Vertreter oder mit dessen Zustimmung von einem Dritten zur Verfügung oder für einen bestimmten Zweck überlassen wurde („Taschengeldparagraf" § 110 BGB),
- Geschäfte, die nur **rechtliche Vorteile** bringen, z. B. Geschenke ohne Gegenleistung (§ 107 BGB),
- Geschäfte, die ein von den Eltern **erlaubtes Dienst- oder Arbeitsverhältnis** betreffen, z. B. Einrichtung eines Gehaltskontos, Kündigung des Arbeitsverhältnisses usw. (§ 113 BGB). Dies gilt ebenfalls für Tätigkeiten (= Rechtsgeschäfte) aus dem selbstständigen Betrieb eines **Erwerbsgeschäfts.** Mit Zustimmung des gesetzlichen Vertreters und des Vormundschaftsgerichts könnte beispielsweise ein Minderjähriger das Geschäft seiner Mutter weiterführen, nachdem sie es ihm krankheitshalber übertragen hat (§ 112 BGB).

Begriffe des bürgerlichen Rechts
Rechts- und Geschäftsfähigkeit

Handlungsfähigkeit ◀▶ Rechtsfähigkeit

Geschäftsfähigkeit	geschäftsunfähig	Kinder unter 7 Jahren; geistig behinderte Menschen	Rechtsgeschäfte sind nichtig; kleinere Alltagsgeschäfte geistig behinderter Erwachsener gelten aber als wirksam
	beschränkt geschäftsfähig	Kinder und Jugendliche von 7 bis 17 Jahren	Taschengeld-Geschäfte sind wirksam; andere Rechtsgeschäfte nur mit Genehmigung der Eltern
	voll geschäftsfähig	Volljährige (ab 18 Jahren)	Rechtsgeschäfte sind wirksam
Deliktsfähigkeit	deliktsunfähig	Kinder unter 7, im Bahn- und Kfz-Verkehr: unter 10 Jahren; geistig behinderte Menschen	Für Schäden durch unerlaubte Handlungen nicht verantwortlich
	beschränkt deliktsfähig	Kinder und Jugendliche von 7 bis 17 Jahren	bedingt verantwortlich
	voll deliktsfähig	Volljährige (ab 18 Jahren)	voll verantwortlich

ZAHLENBILDER

© Bergmoser + Höller Verlag AG 128 031

2.8 (Kauf-)Vertragsstörungen erkennen

In den verschiedensten alltäglichen Lebenssituationen werden Verträge abgeschlossen, z. B. in der Arbeitswelt (Arbeitsvertrag), beim Mieten von Wohnungen (Mietvertrag), bei der Kreditaufnahme (Kreditvertrag), bei der Autoreparatur (Werkvertrag) usw. Die meisten Verträge werden beim Kaufen geschlossen, daher gibt es in diesem Bereich auch zahlreiche Vertragsstörungen.

Von einer Vertragsstörung spricht man, wenn bei der Vertragsanbahnung, -durchführung oder -beendigung Störungen auftreten, sodass die Vertragsziele nicht oder nur teilweise erreicht werden.

Fallbeispiel:

Johannes Wingerter ist erbost. Gerade ist er mit seinem Kastenwagen aus der Werkstatt nach Hause gekommen und schildert seinem Gesellen den Grund seiner Verärgerung. „Unseren Kastenwagen habe ich vor einem halben Jahr im Internet gebraucht und unfallfrei gekauft für sage und schreibe 9 000,00 € mit einem Kilometerstand von 70 000! Anschließend haben wir ihn selbst noch umgebaut und Regale eingebaut. Jetzt komme ich gerade aus der ersten Inspektion und erfahre vom dortigen Werkstattmeister, dass der Kleintransporter bereits einen größeren Unfall hatte. Weiterhin sagte mir der Meister dort, dass die 9 000,00 € für dieses Auto mit dem Unfall viel zu teuer waren. Ich fühle mich total übervorteilt von diesem betrügerischen Vorbesitzer. Ich werde mich jetzt schlau machen, was ich alles gegen den Verkäufer unternehmen muss, um den erlittenen Wertverlust von ihm zurückzubekommen!"

Was kann Herr Wingerter nach sechs Monaten noch unternehmen, nachdem er in seinem damaligen Kaufvertrag einen unfallfreien Wagen zugesichert bekam? Kann er einen Teil seines Kaufpreises überhaupt noch zurückerstattet bekommen?

2.8.1 Schlechtleistung (mangelhafte Lieferung)

Wer einen Kaufvertrag (siehe Kap. 2.7, S. 85 ff.) abschließt, übernimmt gemäß § 433 BGB bestimmte Pflichten (= **Verpflichtungsgeschäft**), z. B. die Ware zu liefern. Die im Vertrag eingegangenen Verpflichtungen sind zu erfüllen (= **Erfüllungsgeschäft**), z. B. die Ware zu bezahlen. Sind die Verpflichtungen erfüllt, erlischt das entstandene Schuldverhältnis (siehe Kap. 2.7.2, S. 87 ff.).

§ 433 BGB

1. Durch den Kaufvertrag wird der Verkäufer einer Sache verpflichtet, dem Käufer die Sache zu übergeben und das Eigentum an der Sache zu verschaffen. Der Verkäufer hat dem Käufer die Sache frei von Sach- und Rechtsmängeln zu verschaffen.
2. Der Käufer ist verpflichtet, dem Verkäufer den vereinbarten Kaufpreis zu zahlen und die gekaufte Sache abzunehmen.

Sowohl im privaten als auch im geschäftlichen Leben halten sich die beteiligten Parteien nicht immer an vereinbarte Verträge. Es kommt zu Vertragsstörungen.

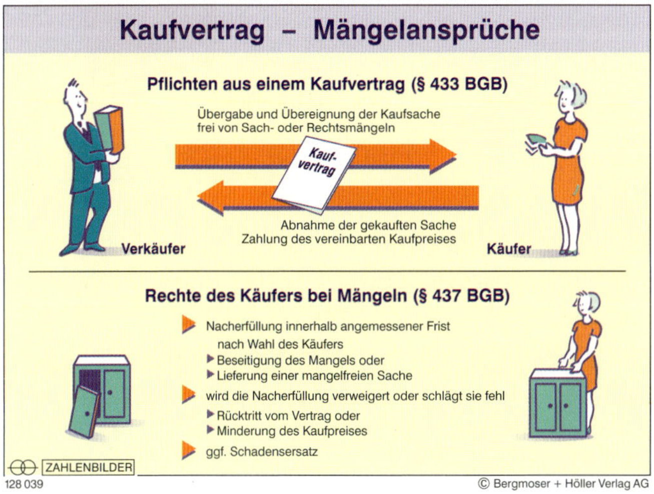

Kaufvertragsstörungen liegen vor, wenn eine oder mehrere Vertragsparteien ihren Verpflichtungen nicht nachkommen.

Kaufvertragsstörungen

Arten

Annahmeverzug	**Schlechtleistung**	**Nicht-rechtzeitig-Lieferung**	**Nicht-rechtzeitig-Zahlung**
Käufer verweigert Annahme.	Verkäufer liefert nicht frei von Sach- oder Rechtsmängeln, Beschaffenheit/falsche Menge, Montagemängel usw.	Verkäufer liefert nicht oder nicht rechtzeitig.	Käufer zahlt nicht.

Rechte

Schlechtleistung	**Annahmeverzug**	**Nicht-rechtzeitig-Zahlung**	**Nicht-rechtzeitig-Lieferung**
Nacherfüllung (Nachbesserung, Ersatzlieferung), Rücktritt, Schadenersatz, Minderung	(Lager-)Kostenerstattung, Notverkauf (z. B. bei Lebensmitteln) Klage auf Annahme	Zahlung (ggf. Mahnbescheid/Klage), Schadenersatz, Rücktritt	Lieferung, Schadenersatz, Rücktritt

Bei der Schlechtleistung muss zwischen **Rechts- und Sachmängeln** unterschieden werden:

- **Rechtsmängel** (§ 435 BGB): Der Verkäufer ist nicht Eigentümer der Sache, die Ware ist mit einem Pfandrecht belastet oder es handelt sich um Raubkopien usw.
- **Sachmängel** (§ 434 BGB): Falschlieferung, Minderlieferung, fehlerhafte Ware usw.

Mängelarten bei Sachmängeln	Erklärung/Beispiel
Falschlieferung	Es wurde eine andere Ware als bestellt geliefert (weiße statt graue Farbe).
Fehlerhafte/Beschädigte Ware	Die Ware entspricht nicht der vereinbarten Beschaffenheit, eignet sich nicht für die im Vertrag vorgesehene Verwendung.
Zu-wenig-Lieferung (Quantitätsmangel)	Ein Teil der Ware fehlt (100 statt 1 000 Stück).
Ware entspricht nicht der Werbeaussage	Der Ware fehlen Eigenschaften, die in der Werbung/im Katalog usw. versprochen wurden.
Montagemangel	Fehlerhafte Montage durch den Lieferer.
Unverständliche Montageanleitung	Aufbaufehler des Kunden wegen mangelhafter Montageanleitung (= sog. IKEA-Klausel).

Bezüglich der **Erkennbarkeit** von Warenmängeln unterscheidet man zwischen:

- **offenen Mängeln**, die beim Auspacken und Überprüfen der gelieferten Ware sofort und leicht festzustellen sind. **Beispiele:** Bruch, verdorbene Ware
- **versteckten Mängeln**, die nicht sofort zu erkennen sind. **Beispiel:** Bei einem Schlafzimmerschrank klemmen nach einigen Wochen die Türen. An den Seitenwänden löst sich das Furnierholz.
- vom Verkäufer **arglistig verschwiegenen Mängeln**. Dabei handelt es sich um versteckte Mängel, die der Verkäufer kennt, die er jedoch dem Käufer absichtlich verschweigt. **Beispiel:** Lieferung eines Mountainbikes mit angebrochener Gabel; die Bruchstelle wurde geschweißt und anschließend sorgfältig lackiert.

Verbrauchsgüterkauf und Handelskauf

Kauft eine Privatperson **von einem Unternehmen** eine bewegliche Sache, spricht man von einem **Verbrauchsgüter- oder einseitigen Handelskauf** (§ 474 BGB) mit besonderen Rechten.

Beweislastumkehr	**Rückgriffsrecht**
Dies bedeutet, dass bei einem Sachmangel innerhalb der ersten sechs Monate nach dem Kauf nicht der Käufer, sondern der Unternehmer (= Verkäufer) bei einem Streitfall beweisen muss, dass seine Ware einwandfrei war. Erst danach muss der Käufer (= Verbraucher) den Beweis eines Fehlers erbringen.	Hier kann der Endverbraucher gegenüber seinem Verkäufer seine Rechte geltend machen, d. h., er muss nicht den Hersteller der Ware, sondern den Verkäufer, z. B. einen Handwerks- oder Handelsbetrieb, ansprechen, um seine Rechte geltend zu machen. Der Handelsbetrieb reicht dann die Forderung an seinen Lieferanten weiter.

Beim Verbrauchsgüterkauf, den manche auch als bürgerlichen Kauf bezeichnen, muss der Verkäufer bei **neuen Produkten** mindestens **zwei Jahre** haften (Gewährleistung gemäß § 365 BGB), bei **gebrauchten Produkten** kann der Unternehmer die Frist auf **ein Jahr** reduzieren. Eine Verkürzung dieser Verjährungsfristen ist nicht möglich (§ 475 BGB).
Bei jedem Kauf sollte der Erwerber sich beim Eintreffen der Ware von deren einwandfreier Beschaffenheit überzeugen.

Beim **zweiseitigen Handelskauf** zwischen (im Handelsregister) eingetragenen Kaufleuten gibt es gemäß § 438 HGB oder § 377 BGB andere Verjährungsfristen bei Mängelansprüchen. Der Verkäufer hat das „Recht der Einrede der **Verjährung**“, d. h., er kann die Ansprüche des Käufers wegen einer mangelhaften Lieferung zurückweisen, wenn diese verjährt sind.

Verjährung im bürgerlichen Recht

Wenn ein Käufer einen Mangel an einer erworbenen Ware entdeckt hat, kann er reklamieren. Allerdings gibt es hierbei Fristen, die gemäß § 194 ff. BGB nicht überschritten werden dürfen. Innerhalb dieser Verjährungsfrist wird dem Käufer/Gläubiger ein zeitlicher Rahmen gesetzt, innerhalb dessen er seinen Anspruch geltend machen kann. Danach ist sein Anspruch verjährt. Bei Kauf von **Gebrauchtgütern** beginnt die Verjährung bereits nach **einem Jahr** ab der Übergabe der Ware bzw. Abnahme der Leistung.

© Bergmoser + Höller Verlag AG 128 045

§ 195 BGB besagt, dass die **regelmäßige Verjährung drei Jahre** beträgt. Sie beginnt erst am Schluss des Jahres, in dem der Anspruch des Käufers entstanden ist bzw. er Kenntnis von dem Mangel erlangt hat. Wusste der Gläubiger/Käufer nichts von seinem Anspruch, so verjährt dieser erst nach zehn Jahren.

Rechte des Käufers bei Schlechtleistung

Vorrangige Rechte des Käufers

Nach dem Schuldrecht hat der Käufer im Fall einer Schlechtleistung durch den Verkäufer vorrangig das Recht auf **Nacherfüllung** gemäß § 439 BGB.

> **§ 439 BGB**
>
> (1) Der Käufer kann als Nacherfüllung nach seiner Wahl die Beseitigung des Mangels oder die Lieferung einer mangelfreien Sache verlangen.
> (2) Der Verkäufer hat die zum Zwecke der Nacherfüllung erforderlichen Aufwendungen, insbesondere Transport-, Wege-, Arbeits- und Materialkosten zu tragen.

Nacherfüllung als Recht des Käufers bzw. bei Werkverträgen als Recht des Bestellers bei Schlechtleistung durch den Verkäufer bedeutet:

Der Käufer hat das Wahlrecht, ob er auf **Nachbesserung** (= **Reparatur**) oder auf **Neulieferung** (= **Ersatzlieferung**) besteht.

Allerdings kann der Verkäufer sowohl die Nachbesserung als auch die Neulieferung verweigern, wenn dadurch **unverhältnismäßig hohe Kosten** für ihn anfallen würden (§ 439 (3) BGB).

Die Nacherfüllung ist **verschuldensunabhängig**, d. h., es spielt keine Rolle, ob der Verkäufer den Mangel an der Sache zu vertreten hat oder nicht. Sollte ein Verschulden des Verkäufers vorliegen, besteht für den Käufer neben dem Recht auf Leistung auch noch das Recht auf **Schadenersatz.**

Nachrangige Rechte des Käufers

Die nachfolgend genannten Rechte stehen dem Käufer **nachrangig** zu, d. h. erst nach erfolglosem Ablauf einer dem Verkäufer gesetzten Frist oder wenn die Nachbesserung/Reparatur zweimal fehlgeschlagen ist:

- **Rücktritt vom Vertrag**, jedoch nicht bei nur geringfügigen Mängeln (§§ 323, 326 und 440 BGB),
- **Minderung**, d. h. Kaufpreisherabsetzung (§ 441 BGB),
- **Schadenersatz statt Leistung**, jedoch nicht bei nur geringfügigen Mängeln (§§ 280, 281 und 440 BGB); das Recht auf Schadenersatz statt Leistung steht dem Käufer auch neben dem Rücktritt vom Vertrag noch offen,
- **Ersatz vergeblicher Aufwendungen**, jedoch nicht bei nur geringfügigen Mängeln (§ 284 BGB).

2.8.2 Nicht-rechtzeitig-Lieferung (Lieferungsverzug)

Beispiel:
Alex möchte seiner Freundin zu Weihnachten eine im Elektro-Fachmarkt gerade nicht vorrätige DVD schenken. Er vereinbart Lieferung am 23. Dezember (= **Fälligkeitstag**). Als die DVD am 29. Dezember kommt, will Alex aus verständlichen Gründen weder die DVD haben noch dafür den Kaufpreis entrichten.

Fälligkeit der Lieferung

Ohne Mahnung	Mit Mahnung (= Aufforderung zur Lieferung)
- Wenn der **Liefertermin kalendermäßig bestimmt** war oder sich berechnen lässt (= Fixkauf), z. B. Lieferung in 14 Tagen ab Bestellung. - **Zweckkauf,** z. B. Lieferung zum festgelegten Geburtstagstermin. - **Selbstinverzugsetzung,** d. h., der Lieferer kann oder will die Ware nicht rechtzeitig liefern.	Wenn der **Liefertermin kalendermäßig nicht bestimmt** ist oder sich nicht berechnen lässt, z. B. Lieferung sofort oder Lieferung nach Zahlungseingang usw.

In unserem Beispiel hat der Verkäufer (der Fachmarkt) durch **eigenes Verschulden** (z. B. die vergessene Weiterleitung eines Auftrags) **nicht rechtzeitig geliefert** (§ 286 BGB).

Nach den Bestimmungen des BGB ist ein **Verschulden** immer dann gegeben, wenn fahrlässig oder vorsätzlich gehandelt wurde. **Fahrlässig** handelt z. B., wer die im Verkehr erforderliche Sorgfalt außer Acht lässt (§ 276 BGB), **vorsätzlich** handelt, wer die Rechtsverletzung will. Kein Verschulden liegt vor bei „höherer Gewalt" wie Brand, Streik, Überschwemmung usw. oder wenn der Käufer eine vereinbarte Vorauszahlung verweigert.

Eine Mahnung setzt den Verkäufer in Lieferungsverzug. Der Verzug beginnt mit der Zustellung der Mahnung. Wer in Verzug gerät, hat eine Reihe von Nachteilen zu tragen.

Verfasst der Käufer eine **Mahnung**, so muss er dem Lieferanten eine **angemessene Nachfrist** setzen.

Rechte des Käufers bei Nicht-rechtzeitig-Lieferung

Für den Verkäufer kann der durch ihn verschuldete Lieferverzug schwerwiegende Folgen haben. Der **Käufer** hat in diesem Fall folgende Rechte:

- **auf der Lieferung bestehen**, d. h. die Erfüllung des Kaufvertrags plus eventuellem Schadenersatz (= Verzögerungsschaden) verlangen, z. B. wegen eigenem Produktionsausfall gegenüber Kunden (§ 280 BGB).

  Die **Voraussetzungen** hierzu sind nach § 286 BGB: a) Fälligkeit der Lieferung, b) Verschulden des Verkäufers und c) eine vorangegangene Mahnung des Käufers.

- **Schadenersatz verlangen statt der Leistung des Schuldners** (sog. Nicht-Erfüllungsschaden) nach § 281 BGB, z. B. kann ein Deckungskauf bei einem anderen Lieferer erforderlich sein, weil dieser schneller, aber nur teurer liefern kann.

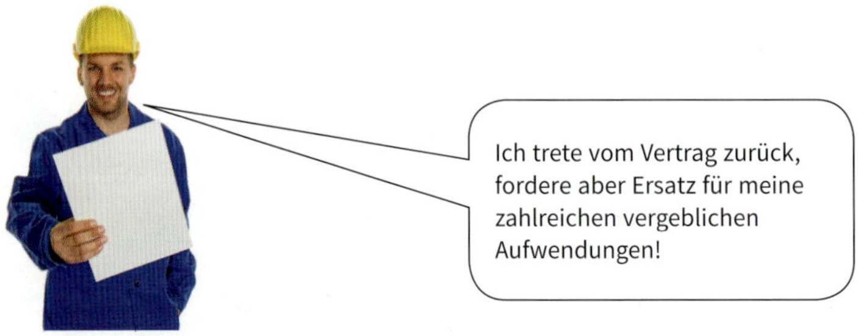

  Die **Voraussetzungen** hierzu sind a) Fälligkeit der Lieferung, b) Verschulden des Verkäufers und c) eine vorangegangene angemessene Nachfristsetzung des Käufers.

  Anstelle von Schadenersatz statt Leistung (= Lieferung) des Schuldners ist es auch möglich, dass der Käufer den **Ersatz vergeblicher Aufwendungen** nach § 284 BGB fordert.

- **Rücktritt vom Vertrag** nach § 323 BGB, z. B. weil ein günstigeres Angebot eines anderen Lieferanten vorliegt.

Die **Voraussetzungen** hierzu sind a) Fälligkeit der Lieferung und b) eine vorangegangene angemessene Nachfristsetzung des Käufers.

Schadenersatzforderungen führen oft zu Streitigkeiten, daher werden des Öfteren im Kaufvertrag Vertragsstrafen (= Konventionalstrafen) vereinbart, die der Verkäufer bei Lieferungsverzug zu zahlen hat, auch wenn dadurch kein Schaden eingetreten ist.

2.8.3 Annahmeverzug

§ 293 BGB Der Gläubiger kommt in Verzug, wenn er die ihm angebotene Leistung nicht annimmt.

§ 294 BGB Die Leistung muss dem Gläubiger so, wie sie zu bewirken ist, tatsächlich angeboten werden.

Annahmeverzug liegt dann vor, wenn der Käufer die ihm **ordnungsgemäß**[1] angebotene und auch **gelieferte Ware nicht oder nicht rechtzeitig annimmt.**

Rechte des Lieferers bei Nichtannahme und Nichtbezahlung durch den Käufer		
Entweder	**oder**	**oder**
Rücktritt vom Vertrag und Verkauf der Ware	**Klage auf Vertragserfüllung** plus Kostenersatz, z. B. für das Einlagern der Ware	**Selbsthilfeverkauf** plus Kostenersatz in Form einer öffentlichen Versteigerung, eines freihändigen Verkaufs oder eines Notverkaufs

Beim **Selbsthilfeverkauf** vgl. §§ 383 und 384 BGB ist die **öffentliche Versteigerung** erst zulässig, nachdem sie dem Gläubiger angedroht worden ist. Auch der **freihändige Verkauf** durch einen Handelsmakler muss vorher angedroht werden. Androhung und Benachrichtigung dürfen bei leicht verderblichen Waren unterbleiben. Hier handelt es sich um den sog. **Notverkauf** (vgl. § 384 BGB).

2.8.4 Nicht-rechtzeitig-Zahlung (Zahlungsverzug)

Eine gestörte Erfüllung des Kaufvertrags kann auch vom Käufer ausgehen. Er kann die Annahme der Ware verweigern (= **Annahmeverzug**) oder er kann (bzw. will) trotz Fälligkeit den Kaufpreis der gekauften Ware nicht bezahlen. Es kommt zur **Nicht-rechtzeitig-Zahlung** (= Zahlungsverzug).

Beispiel:
Eine Baustoffhandlung gerät ihren Lieferanten gegenüber in die Situation der **Nicht-rechtzeitig-Zahlung**. Alleiniger Grund hierfür: Die Firma hat nicht genügend Geld in der Kasse, sie ist zahlungsunfähig. Die Lieferanten der Baustoffhandlung mahnen mehrmals und drohen schließlich mit rechtlichen Schritten.

1 *„Ordnungsgemäß" heißt juristisch gesehen: mängelfreie, rechtzeitige Lieferung an den vereinbarten Ort.*

Sowohl bei Verträgen zwischen Privatpersonen als auch bei Verträgen zwischen Geschäftsleuten kommt es vor, dass ein Käufer/Vertragspartner seine Schulden nicht fristgerecht bezahlt und so in Verzug gerät.

Gründe für eine Nicht-rechtzeitig-Zahlung:

- **Vergesslichkeit des Schuldners**
  Dieser Fall tritt häufig bei Verträgen zwischen Privatleuten auf. Der Vertragspartner übersieht den Fälligkeitstermin aus Nachlässigkeit oder Vergesslichkeit.
- **Zahlungsunfähigkeit des Schuldners**
  Ein solcher Fall muss nicht selbst verschuldet sein. So kann ein Betrieb z. B. wegen lang anhaltender Streiks, wegen eines schlechten Zahlungseingangs eigener Forderungen oder wegen des Ausfalls von eigenen Forderungen (z. B. durch Insolvenz des eigenen Schuldners) in Verzug geraten.
- **Bewusste Zahlungsverweigerung**
  Ein solches Verhalten widerspricht nicht nur einem ehrlichen Geschäftsgebaren, sondern kann darüber hinaus durch die zwangsläufig entstehenden Eintreibungskosten, Verzugszinsen und vielleicht sogar Gerichtskosten für den zahlungsunwilligen Schuldner sehr teuer werden.

2.9 Rechtliche Konsequenzen aus Vertragsstörungen abschätzen

Fallbeispiel:
Mahnschreiben der Firma Elektro-Wingerter wegen Nicht-rechtzeitig-Zahlung:

ELEKTRO-WINGERTER

Fa. Werner Kleck
Hochstr. 133
42103 Wuppertal

Wuppertal, 10.08.20..

Rechnungsnummer: 4567-9977
Rechnungsdatum: 26.05.20..
Lieferdatum: 14.05.20..

Mahnung mit Fristsetzung

Sehr geehrter Herr Kleck,

wir lieferten Ihnen am 14.05.20.. zwei „Siremus-Schaltschränke“ (BUS-System-Gehäuse) und bauten diese in Ihre Werkhalle in der Fresenius-Straße ein.
Trotz unserer schriftlichen Zahlungserinnerungen vom 28.06.20.. und vom 30.07.20.. haben Sie den Rechnungsbetrag von 1 246,00 € immer noch nicht beglichen.
Zur Zahlung sind bei 33 Verzugstagen folgende Beträge offen:

Rechnungsbetrag:	1 246,00 €	
+ Verzugszinsen:	9,20 €	(= 8,17 %, = 9 Prozentpunkte über EZB-Basiszinssatz)
+ Mahngebühr:	5,00 €	
+ Porto:	1,40 €	(= 2x 70 Cent)
Überweisungsbetrag:	1 261,60 €	

Wir bitten Sie eindringlich den fälligen Betrag von 1 261,60 € sofort auf unser unten angegebenes Konto zu überweisen. Sollte dieser Betrag nicht innerhalb der nächsten zehn Tage bei uns eingegangen sein, sehen wir uns gezwungen, ohne erneute Aufforderung gerichtliche Schritte gegen Sie einzuleiten. Beachten Sie bitte, dass hierdurch für Sie erhöhte Kosten entstehen würden.

Dieses Mahnschreiben verdeutlicht, dass Zahlungsverzug Konsequenzen nach sich zieht. Seit 2014 ist der Gläubiger bei einem zweiseitigen Handelskauf berechtigt, zusätzlich noch 40,00 € Verzugspauschale in Rechnung zu stellen. Allerdings könnte vor den rechtlichen Schritten bei Vertragsstreitigkeiten zwischen Verbrauchern und Unternehmern die **Verbraucherschlichtungsstelle** angerufen werden. Dieses freiwillige Verfahren mit dem Ziel der Konfliktlösung ist für Verbraucher gemäß § 23 **Verbraucherstreitbeilegungsgesetz** kostengünstig bzw. sogar kostenlos. Unternehmen gibt es die Möglichkeit, die Kundenzufriedenheit durch ein erweitertes Beschwerdemanagement zu erhöhen. Für Beschwerden zu Onlinegeschäften ist das Zentrum für Europäischen Verbraucherschutz e. V. in Kehl u. a. unter www.online-Schlichter.de zuständig.

2.9.1 Konsequenzen bei Nichteinhaltung des Zahlungstermins

Die **Nicht-rechtzeitig-Zahlung** (= **Zahlungsverzug**) tritt dann ein, wenn ein Schuldner (Käufer/Vertragspartner) seiner eingegangenen Verpflichtung zur Zahlung des vereinbarten Preises nicht oder nicht rechtzeitig nachkommt, und berechtigt den Verkäufer zu rechtlichen Schritten, um zu seinem Geld zu kommen.

So wie man im privaten Bereich Meinungsverschiedenheiten und Streitigkeiten zuerst gütlich zu regeln versucht, schaltet man auch bei eingetretener Nicht-rechtzeitig-Zahlung nicht sofort das Gericht ein. Man versucht vielmehr zuerst im Guten, den säumigen Schuldner zur Zahlung zu bewegen. Dies geschieht durch eine **Mahnung** (= Aufforderung zur Zahlung). Erst wenn dieses **außergerichtliche Mahnverfahren** erfolglos bleibt, kann der Verkäufer das zuständige Gericht einschalten.

Im Einzelnen kann der Verkäufer/Geschädigte dabei:

- **Zahlung verlangen**, verbunden mit eventuellem **Schadenersatz** (sog. Verzögerungsschaden). Voraussetzungen hierfür sind:
  - **Fälligkeit** der Forderung,
  - **Verschulden** (des Käufers).

  Eine **Mahnung** ist dabei entbehrlich (vgl. § 286 BGB), wenn
  - 30 Tage nach Rechnungszugang vergangen sind[1] oder der Schuldner (Käufer) die Zahlung verweigert,
  - der Zahlungstermin kalendermäßig als sog. Fixgeschäft bestimmt war,

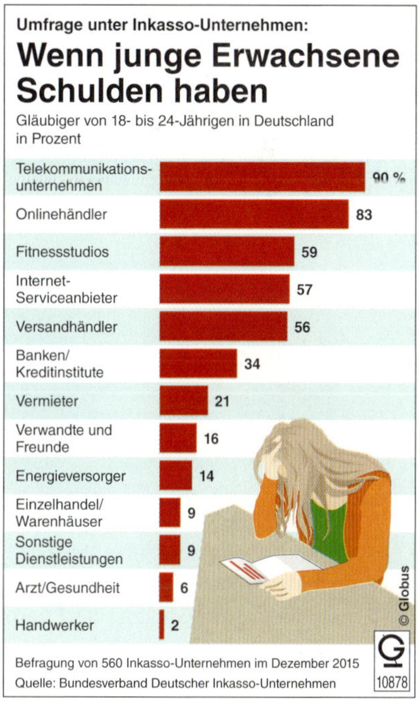

- **Schadenersatz statt Leistung** verlangen (z. B. entgangener Gewinn).
  Voraussetzungen hierfür sind: die Fälligkeit der Forderung und das Verschulden des Käufers.

  Das Setzen einer angemessenen **Nachfrist** ist entbehrlich (vgl. § 281 BGB), wenn der Schuldner die Zahlung verweigert oder besondere Umstände vorliegen.

- **Vom Vertrag zurücktreten.**
Voraussetzung hierzu ist: Fälligkeit der Forderung.

1 *Ist der Schuldner ein Verbraucher, so muss auf diesen „30-Tage-Termin" hingewiesen worden sein.*

Auch bei der Nicht-rechtzeitig-Zahlung gilt innerhalb der Rechte des Gläubigers eine wichtige Besonderheit:

Das Recht auf Schadenersatz statt Leistung ist auch zusätzlich zum Recht auf Rücktritt vom Vertrag möglich. Beide Rechte können also auch gleichzeitig geltend gemacht werden.

Verzugszinsenregelung (gemäß § 288 BGB)

Eine Geldschuld ist während des Verzugs zu verzinsen. Bei einem einseitigen Handelskauf/Verbrauchsgüterkauf, bei dem ein Endverbraucher beteiligt ist (was grundsätzlich der Fall sein dürfte), beträgt der Verzugszinssatz für das Jahr fünf Prozentpunkte über dem **Basiszinssatz** (vgl. § 247 BGB) von derzeit −0,83 %, d. h. also 4,17 % (Stand: 2015).

Beim zweiseitigen Handelskauf wie im Fallbeispiel der Firma Elektro-Wingerter mit der Firma Kleck beträgt der Verzugszinssatz für das Jahr neun Prozentpunkte über dem Basiszinssatz von derzeit −0,83 %, d. h. also 8,17 %. Der Basiszinssatz wird jährlich von der Bundesbank/EZB festgelegt. Für Geldforderungen gelten das **außergerichtliche Mahnverfahren** sowie das sich evtl. anschließende **gerichtliche Mahn- und Klageverfahren**.

2.9.2 Außergerichtliches Mahnverfahren

Um Streitigkeiten bei Dienst-, Kauf-, Kredit- und anderen Verträgen vorzubeugen, sollten bereits Rechte, Pflichten und insbesondere auch Konsequenzen vereinbart werden, falls später Rechte verletzt bzw. Pflichten nicht eingehalten werden.

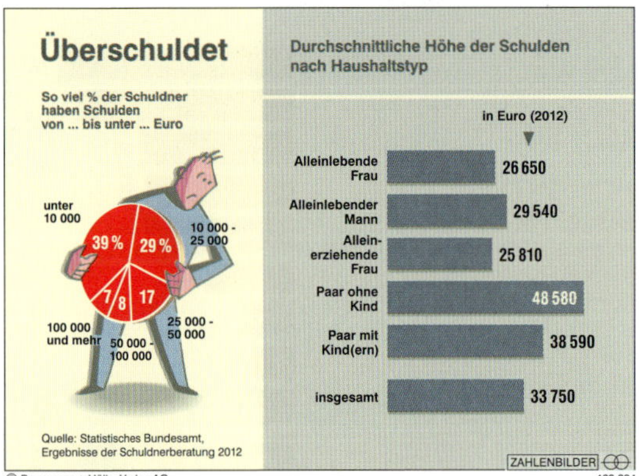

© Bergmoser+ Höller Verlag AG

Der erste und höflichste Schritt im Ablauf des außergerichtlichen Mahnverfahrens ist die freundliche **Erinnerung**. Sie kann auch durch die Übersendung einer **Zweitrechnung** ersetzt werden. Durch sie wird der Schuldner in höflicher Form schriftlich an seine Schuld erinnert. Sollte diese Erinnerung erfolglos bleiben, folgt die **erste**, höfliche **Mahnung**. Der erfolglosen ersten Mahnung folgt nach einer bestimmten Frist (in der Regel nach 14 Tagen) die bereits eindringlicher gehaltene **zweite Mahnung**. Eine eventuell notwendig werdende **dritte Mahnung** nach nochmals rund 14 Tagen ist bereits in schärferer Form gehalten und droht als Nächstes dann die Einschaltung des Gerichts und damit den Erlass eines **gerichtlichen Mahnbescheids** an. Das außergerichtliche Mahnverfahren wird sich jedoch immer nach den besonderen Beziehungen zwischen den jeweiligen Vertragspartnern richten.

Inkassounternehmen (Inkasso = Einziehung von Geldforderungen) sind besonders vertraut mit den Bestimmungen der Zivilprozessordnung (ZPO) und dem Ablauf gerichtlicher Mahn- und Klageverfahren.

2.9.3 Gerichtliches Mahn- und Klageverfahren

Ist ein Schuldner trotz des beschriebenen außergerichtlichen Mahnverfahrens nicht zur Zahlung zu bewegen, setzt mit dem Erlass eines **Mahnbescheids** das gerichtliche Mahnverfahren ein. Der Mahnbescheid wird bei der für das betreffende Bundesland zuständigen Zentralstelle (zentrale Mahngerichte in Nordrhein-Westfalen: Amtsgericht Euskirchen und Amtsgericht Hagen) beantragt. Er wird dem Schuldner zugestellt, wobei der Sachverhalt vom Gericht nicht geprüft wird.

Der in Zahlungsverzug geratene Schuldner hat nun drei Möglichkeiten:

- Er kann **bezahlen**.
- Er kann gegen den Mahnbescheid innerhalb von zwei Wochen **Widerspruch erheben** (falls er glaubt, zu Unrecht zur Zahlung aufgefordert zu sein).
- Er kann weiterhin **nicht bezahlen**.

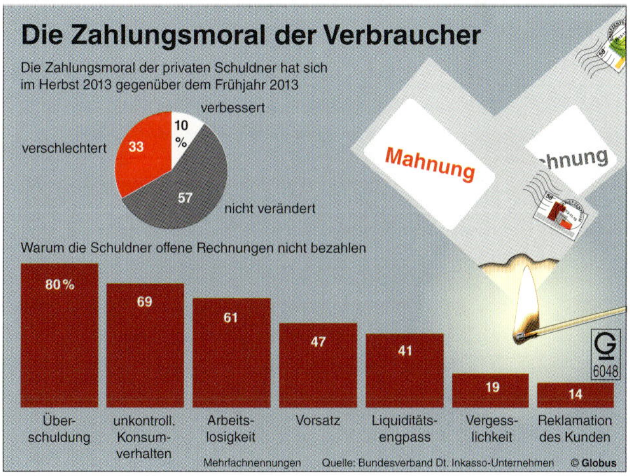

Ein Widerspruch des Schuldners führt zwangsläufig zu einer Gerichtsverhandlung mit abschließendem Urteil. Lässt der Schuldner den Mahnbescheid unbeachtet, d. h. zahlt er immer noch nicht, erklärt das Gericht auf Antrag des Gläubigers den **Mahnbescheid für vollstreckbar**. Gegen diesen **Vollstreckungsbescheid** (§ 699 ZPO) kann der Schuldner innerhalb von zwei Wochen nach Zustellung Einspruch erheben, was zu einer Gerichtsverhandlung führt. Die Verwirklichung (= Beitreibung) der in einem vollstreckbaren Titel (§ 704 ZPO) zugesprochenen Forderung erfolgt nun im Wege der **Zwangsvollstreckung**. Diese kann jedoch erst durchgeführt werden, wenn eine sog. **Vollstreckungsklausel** (§ 725 ZPO) erteilt und das Urteil zugestellt ist (§ 750 ZPO).

Das **Gesetz zur Beschleunigung fälliger Zahlungen** in Verbindung mit § 284 BGB und § 288 BGB bestimmt Folgendes:

> **Wer 30 Tage lang eine Rechnung nicht bezahlt, gerät automatisch in Verzug.** Ab diesem Zeitpunkt kann der Gläubiger **Verzugszinsen** verlangen und die **Vollstreckung beantragen.** Das langwierige Mahnverfahren entfällt dann.

Gerichtliches Mahn- und Klageverfahren[1]

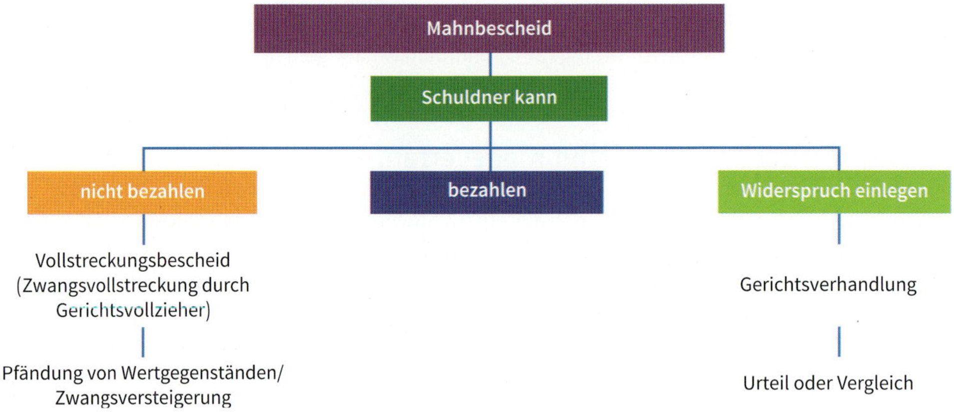

Außer dem gerichtlichen Mahnbescheid, kann ein Gläubiger einen Schuldner auch im Rahmen eines **Zivilprozesses** (gemäß ZPO) auf Zahlung verklagen. Vor dem Prozess versucht das Gericht in einer sog. **Güteverhandlung** die Parteien zu einer gütlichen Einigung zu bewegen. Ist diese erfolglos, kommt es zum Prozess (= Hauptverhandlung), in dem die jeweiligen Standpunkte vorgetragen und Beweismittel erbracht werden. Am Schluss können die beiden Parteien einen **Vergleich** schließen oder es erfolgt ein **Urteil**. Der Unterlegene hat alle Kosten (Prozess-, Sachverständigen-, Anwalts-, Urteilskosten usw.) zu tragen.

 129 616

Bei der **Zwangsvollstreckung** können nicht nur Wertsachen, sondern ggf. auch Löhne und Gehälter gepfändet werden. Allerdings sind bestimmte Dinge/Gelder aus sozialen Gründen **unpfändbar**:

- Kindergeld gemäß Kindergeldgesetz,
- Gegenstände, die dem persönlichen Gebrauch oder dem Haushalt dienen,
- Nahrungsmittel, die für die nächsten vier Wochen benötigt werden,
- Sachen, die zur Berufsausbildung und Erwerbstätigkeit erforderlich sind.

1 *Bis zu einem Streitwert von 5 000,00 € ist das Amtsgericht zuständig, darüber hinaus das Landgericht.*

Aufgaben

1. *a) Welche Produktionsstufen (Schritte) der Leistungserstellung (= Wertschöpfung) gibt es in Ihrem Praktikumsbetrieb?*
b) Welche davon erscheinen Ihnen besonders wichtig für die Endprodukte, welche Produktionsstufen haben eine weniger wichtige Funktion? Begründen Sie Ihre Einschätzung.

2. *Stellen Sie den Leistungserstellungsprozess Ihres Praktikumsbetriebs am PC z. B. mithilfe eines Präsentationsprogramms dar und vergleichen Sie Ihre Leistungserstellung mit den verschiedenen anderen Prozessen Ihrer Mitschüler/-innen. Worauf sind die jeweiligen Gemeinsamkeiten und die Unterschiede, sogar in der gleichen Branche, zurückzuführen?*

3. *Beschreiben Sie z. B. mithilfe eines (Online-)Wirtschaftslexikons, z. B. www.wirtschaftslexikon.gabler.de, www.wirtschaftslexikon24.net, www.wirtschaftslexikon24.com, oder einer Suchmaschine im Internet, z. B. Google, Bing, Yahoo, T-Online, AOL, Ask.com usw., die sechs Fertigungsverfahren (Fertigungstechniken) gemäß DIN 8580 und führen Sie für jede Technik ein Beispiel an.*

4. *a) Stellen Sie der Klasse mithilfe einer Präsentationssoftware die Qualitätskriterien in Ihrem Praktikumsbetrieb von der Planung über die Produktion bis zur Datenerfassung dar.*
b) Welche Gründe führte „Ihr Chef" für die Qualitätskontrolle in seinem Betrieb an?
c) Hat das Qualitätsmanagement die Kosten für das Endprodukt/Dienstleistung verbilligt oder verteuert?

5. *a) Tragen Sie in Gruppenarbeit Argumente pro und kontra Qualitätszertifizierung zusammen und diskutieren Sie anschließend die Ergebnisse in der Klasse.*
b) Führen Sie später die gleiche Diskussion nochmals durch, allerdings unter der Voraussetzung, dass das Qualitätsaudit anfangs ca. 10 000,00 € kostet und zweijährig wiederholt werden muss, was ebenfalls wieder Kosten verursacht. Die Zertifizierungskosten erhöhen daher auch auf Dauer die Endverkaufspreise. Wägen Sie Folgen, Vor- und Nachteile der Zertifizierung ab und begründen Sie Ihre letztendliche Entscheidung.

6. *Recherchieren Sie im Internet die Begriffe „elementare Produktionsfaktoren" und „dispositive Produktionsfaktoren" und belegen Sie Ihre Definition mit je einem Beispiel.*

7. *a) Stellen Sie in Gruppenarbeit eine Prioritätenliste der volkswirtschaftlichen und der betrieblichen Produktionsfaktoren auf. Welche Elemente erscheinen Ihnen besonders wichtig, welche weniger? Begründen Sie Ihre Sichtweise.*
b) Legen Sie dar, wie die Aspekte der Politik (Gesetze), des sozialen Umfelds und der Ökologie die Produktionsfaktoren beeinflussen können.

8. *Stellen Sie die Voraussetzungen zusammen, die für eine rentable Eigenfertigung erforderlich sind.*

9. *Berechnen Sie in der Gruppe im folgenden Fallbeispiel die Kosten für Eigenfertigung und Fremdbezug (die Branche ist die Auto- und Motorradfelgenproduktion). Stellen Sie anschließend die Ergebnisse tabellarisch und grafisch (Tabellenkalkulationsprogramm) dar und begründen Sie Ihre Sichtweise, bei welchen Stückzahlen Sie sich für Eigen- oder Fremdfertigung entscheiden.*

Für **fremdbezogene** Aluminiumfelgen liegt Ihnen ein Angebot über 61,00 €/St. von einem zuverlässigen Lieferanten vor.
Bei der **Eigenproduktion** müssen jährlich 125 000,00 € für eingesetzte Maschinen, Werkzeuge, Wartung, Abschreibung usw. anteilig investiert werden (Fixkosten). Pro hergestellter Felge entstehen 32,00 € Lohn- und Materialkosten.

	Eigenfertigung			Fremdbezug
Anzahl der Felgen	Von der Produktionsmenge abhängige Kosten (€) (= variable Kosten)	Von der Produktionsmenge unabhängige Kosten (€) (= fixe Kosten)	Gesamtkosten bei Eigenfertigung (€)	Kosten bei Fremdfertigung (€)
1 000				
2 000				
3 000				
4 000				
5 000				
6 000				
7 000				
8 000				

10. *In einer Möbelfabrik werden wöchentlich 100 Stühle angefertigt, wobei Fixkosten (Miete für Werkhalle, Energie usw.) in Höhe von 2 000,00 € anfallen. An Personal- und Materialkosten entstehen 20,00 €/Stuhl. Die Geschäftsleitung erfährt, dass ein ihr bekannter Lieferant ebenfalls diese Stühle zum Stückpreis von 25,00 € anbietet und daher die Frage nach einem möglichen Fremdbezug auftaucht.*

a) Berechnen Sie, was bei einer Menge von 50, 100, 300 und 500 Stühlen günstiger ist, Eigen- oder Fremdfertigung?

b) Ab welcher genauen Stückzahl ist die Eigenproduktion günstiger als der Fremdbezug?

11. *Bei unserem Beispielunternehmen Firma Elektro-Wingerter bezieht der Handwerksbetrieb seine benötigten Materialien (Schalter, Leuchten, Satellitenanlagen usw.) von einem Großhändler, der sogar über Nacht liefert, sodass am nächsten Morgen die Teile verbaut werden können.*

a) Stellen Sie Vor- und Nachteile dieser Beschaffungsart dar.

b) Welche Beschaffungsstrategie würden Sie als Handwerksmeister in diesem alteingesessenen Betrieb wählen? Begründen Sie Ihre Entscheidung.

12. *Vergleichen Sie die verschiedenen Verfahren der Beschaffung. Welche Strategie passt zu*

a) einem Handwerksbetrieb,

b) einem Handelsunternehmen, z. B. einem Baumarkt,

c) einer staatlichen Behörde, z. B. der Stadtverwaltung,

d) einem Automobilhersteller? Begründen Sie Ihre jeweilige Sichtweise.

13. Welche Gefahren entstehen, wenn sich ein Großunternehmen beim Einkauf auf einige wenige Zulieferer konzentriert und sich auf diese verlässt?

Schienen-Kartell kostete Millionen
Stahlmanager gesteht unter Tränen

Jahrelang sprachen Manager sich ab, wer zu welchen Bedingungen Schienen an die Bahn verkaufte. Dann flog das System auf, die Manager verloren ihre Jobs. Um nicht auch ihre Freiheit zu verlieren, sagen sie nun vor Gericht aus.

Auf einmal kamen dem einstigen Stahlmanager die Tränen: Im ersten Strafprozess um das sogenannte „Schienenkartell" wurde einer der Angeklagten von seinen Emotionen übermannt. Der 57-Jährige – einst einflussreiches Vorstandsmitglied des österreichischen Stahlkonzerns Voestalpine – musste sein Geständnis vor dem Bochumer Landgericht mehrfach unterbrechen. Dann stellte sich der Manager vor seine mitangeklagten früheren Mitarbeiter: „Ohne meine Duldung der Kartellstrukturen stünden sie jetzt nicht vor Gericht."

Quelle: Hartwich, Jörn: Schienen-Kartell kostete Millionen, abgerufen unter: www.n-tv.de/wirtschaft/stahlmanager-gesteht-unter-traenen-article15034786.html [22.02.2016].

14. *Unterscheiden Sie zwischen a) Anfrage, b) Angebot und c) Bestellung.*

15. *Der Einkaufsprozess erfordert normalerweise das Einholen von verschiedenen Angeboten. Listen Sie dazu die verschiedenen Schritte auf, von der Anfrage bis zur Bestellung.*

16. *Was soll durch einen Angebotsvergleich erreicht werden?*

17. *Wie hoch ist der jeweilige Bezugspreis, wenn der Rundstahl des Beispiels auf S. 68 (Angebotsvergleich) in Längen von sechs Metern bezogen wird?*
Die Kilopreise sind dann: Stahl Schütz 1,40 €, Montanhandel 1,35 €, Union Stahlwerke 1,51 €. Die übrigen Konditionen bleiben gleich.

18. *Diskutieren Sie die Vor- und Nachteile (Chancen und Risiken) der Just-in-time-Belieferung in verschiedenen Gruppen: a) aus Sicht des (Groß-)Unternehmens, b) aus Sicht des Lieferanten, c) aus Sicht eines Spediteurs und d) aus der Sicht eines Umweltschützers.*
Anschließend soll jede Gruppe ihre Arbeitsergebnisse mithilfe eines Bildschirmpräsentationsprogramms und eines Beamers der Klasse vorstellen (Siehe S. 305 im Anhang „Methoden und Arbeitstechniken").

19. *Erstellen Sie als Kauffrau für Büromanagement der Firma Elektro-Wingerter eine* ***schriftliche Anfrage*** *zur Angebotsabgabe (gemäß der Einstiegssituation zu Kap. 2.3, S. 65) über eine Bohrmaschine Bezeichnung „Terem LS 458", Akkuspannung 18,0 V, Akkukapazität 2,0 Ah, 2-Gang-Getriebe, Leerlaufdrehzahl 1 200 U/min, max. Bohrdurchmesser in Beton 24 mm, in Stahl 14 mm, Lieferung inkl. Kunststoffkoffer. Entwerfen sie hierbei einen eigenen Briefkopf der Firma Elektro-Wingerter.*

20. *Schreiben Sie eine Rechnung über den Kauf einer Bohrmaschine (gemäß der Einstiegssituation zu Kap. 2.3, S. 65) mit der Bezeichnung „Terem LS 458". Die Bohrmaschine kostet 190,00 €, der Lieferant gewährt einen Rabatt von 5 %, hinzukommen noch die Mehrwertsteuer (19 %) und 7,00 € Versandkosten. Entwerfen Sie dazu einen eigenen Geschäftsbriefkopf.*

21. *Führen Sie in Ihrer Klasse in Einzel- oder Gruppenarbeit einen Wettbewerb durch, bei dem innerhalb einer Woche das günstigste Angebot beispielsweise in einer Datenbank im Internet oder auch bei anderen möglichen Lieferanten recherchiert werden muss. Legen Sie die Details der zu beschaffenden Ware genau fest, z. B. 12 m lange Sicherheits-Schleifleitung mit bestimmten Anforderungen aus dem Bereich Elektrotechnik o. Ä. Vergleichen Sie anschließend Ihre Ergebnisse in der Klasse.*

22. *Erstellen Sie ein Angebot der Firma Elektro-Wingerter gemäß dem Fallbeispiel in Kap. 2.4, S. 71 f.. Den Briefkopf mit Adresse, Bankverbindung usw. dürfen Sie selbst kreieren. Bieten Sie der Stadt Bochum (Bauverwaltung) die ausgeschriebenen Arbeiten für den Neubau der Kindertagesstätte an (20 Wandleuchten, davon vier dimmbar, 300 m Installationskabel usw.). An Arbeitszeit fallen 15 Meisterstunden zu je 70,00 € und 40 Gesellenstunden zu je 50,00 € an. Die ungefähren Preise für die Materialien sollten Sie dem Internet entnehmen und in Ihr Angebot einsetzen. Weisen Sie den Netto- und den Gesamtbetrag aus. Zahlung: 30 Tage netto Kasse oder zehn Tage mit 3 % Skonto. Vergessen Sie den Eigentumsvorbehalt nicht.*
Über die Websites www.Lexoffice.de, www.zervant.com, www.rechnungen-muster.de usw. können Sie sich z. B. Angebotsvorlagen aus dem Internet herunterladen und ausfüllen.

23. *Welche Freizeichnungsklausel würden Sie in den folgenden Fällen in das Angebot aufnehmen? Begründen Sie Ihre Entscheidung.*

a) Ein Lebensmitteldiscounter wirbt wöchentlich mit Prospekten für Sonderangebote.
b) Da der Zulieferer demnächst wahrscheinlich seine Preise erhöht, möchte der Lieferant keine Angaben zu den möglichen Preisen machen.
c) Ein Handyshop bietet Mobiltelefone im besonderen Paket (mit Tablet-PC, MP3-Player usw.), Handyverträge usw. im Auftrag der verschiedensten Mobilfunkanbieter an. Allerdings sind die Preise für Handys, die Verträge und die Zusammensetzung der Pakete starken Preisschwankungen unterworfen, daher überlegt er sich eine passende Freizeichnungsklausel.
d) Beim Verkauf von hochwertigen Desktop-Festplatten kommt es beim Lieferanten manchmal zu Lieferschwierigkeiten. Welche Klausel dürfte der Elektronikfachhändler in diesem Fall wählen?

24. *Wer bezahlt einen Transportschaden, wenn ein Sachgut kurz vor der Auslieferung an den Kunden beschädigt wird? Lesen Sie dazu die Bestimmungen im BGB.*

25. *Stellen Sie in einer Tabelle Angebot und Kostenvoranschlag gegenüber. Beschreiben Sie jeweils Inhalt, Verbindlichkeit und Kosten. Das BGB (§§ 145–150, 632 und 650), z. B. im Internet unter www.gesetze-im-internet.de, kann hierbei hilfreich sein.*

26. *Welche quantitativen Faktoren/Vergleichskriterien werden herangezogen, um Angebote der potenziellen Lieferanten zu vergleichen?*

27. *Bei der Kalkulation des Angebotspreises erhöht der Anbieter den Selbstkostenpreis noch um a) einen Gewinnzuschlag (evtl. 15 %), b) einen Kundenrabatt (evtl. 5 %), c) einen Kundenskonto (evtl. 2 %) und d) die Umsatzsteuer (= 19 %). Definieren Sie die vier Begriffe ggf. mit einem (Online-)Wirtschaftslexikon, z. B. www.wirtschaftslexikon.gabler.de, www.wirtschaftslexikon24.net, www.wirtschaftslexikon24.com, oder mithilfe einer Suchmaschine im Internet, z. B. Google, Bing, Yahoo, T-Online, AOL, Ask.com usw.*

28. *Entwerfen Sie zu dem quantitativen Angebotsvergleich auf S. 78 ff. sowohl die Anfrage von Frau König an verschiedene Lieferanten (Compu-Shop usw.) als auch die Antworten (= Bestellung bzw. Absage), die sie nach der Entscheidung verschickt haben dürfte. Als Formulierungshilfe können Sie auch sog. Textbausteine aus dem Internet, z. B. unter www.wirtschaftsdeutsch.de, Wikipedia.org, www.texmanager.de usw., nutzen.*

29. *Berechnen Sie alle Preise (= Zieleinkaufs-, Bareinkaufs- und Einstandspreise) in der Tabelle mit dem Angebotsvergleich auf S. 79 und errechnen Sie abschließend den Einstands- bzw. Bezugspreis jedes einzelnen Laptops.*

30. *Entwerfen Sie in Partner- oder Gruppenarbeit mögliche „allgemeine Geschäftsbedingungen" für den „Compu-Shop" aus Iserlohn mit mindestens fünf Paragrafen, z. B. zu Geltungsbereich, Vertragsgegenstand, Liefertermin, Vertragsstrafen, Gewährleistung, Zahlungsbedingungen, Lieferbedingungen, Gerichtsstand, Erfüllungsort usw.*
Nutzen Sie hierzu (Muster-)Vorlagen aus dem Internet, z. B. unter www.agb.de, www.deutsche-handwerkszeitung.de, www.frankfurt-main.ihk.de usw. Stellen Sie anschließend Ihren AGB-Entwurf der Klasse vor.

31. *Erstellen Sie zum gesamten Kapitel 2.5 „Einen quantitativen Angebotsvergleich durchführen" einen Lückentext, den Ihr Nachbar/Ihre Nachbarin später ausfüllen muss.*

32. *Listen Sie in einer Übersicht Vor- und Nachteile sowohl des quantitativen als auch des qualitativen Angebotsvergleichs auf.*

33. *a) Übernehmen Sie den qualitativen Angebotsvergleich von S. 84 in ein Tabellenkalkulationsprogramm mit folgenden Gewichtungsfaktoren: Bezugspreis 9, Termintreue 7, Service 8, Rücknahme 6, Erfahrungen mit Lieferanten 6, weitere Qualitätskriterien 5. Rechnen Sie dann die gewichteten Punktwerte inkl. Summe aus.*
b) Übernehmen Sie den Angebotsvergleich mit selbst gewählten Bewertungspunkten und rechnen Sie dann ebenfalls die jeweilige Summe der Gesamtpunkte aus.

34. *Meldung aus dem Wirtschaftsteil einer Tageszeitung:*

Firmen- und Industriespionage weitet sich aus. Ein mittelständisches Unternehmen in Bielefeld wunderte sich, dass es mit seinen zahlreichen Angeboten bei öffentlichen Ausschreibungen nie zum Zuge kam. Es wurde von einem Konkurrenten immer unterboten, sodass der Mitbewerber zum Zuge kam. Bei intensiven Recherchen in der Finanzbuchhaltung wurde dann bemerkt, dass die EDV durch den Konkurrenten „angezapft" wurde, da die eigenen Sicherheitsvorkehrungen („Firewall", „Antivirenscanner" usw.) vernachlässigt wurden. Die Konkurrenzfirma spionierte mit sog. Hackersoftware die Kalkulation der Bielefelder Angebote aus und unterbot dann diese Offerten, sodass sie an zahlreiche Aufträge bei staatlichen Ausschreibungen kam.

Welche Konsequenzen würden Sie als Geschäftsführer eines kleinen oder mittleren Unternehmens aus dieser Zeitungsmeldung für Ihren Betrieb ziehen? Begründen Sie Ihre Entscheidungen.

35. *a) Entwerfen Sie in verschiedenen Gruppen Qualitätskriterien, die Ihnen als Einkäufer eines mittelständischen Unternehmens beim Kauf von zehn (Multifunktions-)Druckern (inkl. Scanner, Kopierer usw.) für ihre IT-Abteilung wichtig erscheinen (inkl. der Voraussetzungen, die die Drucker Ihrer Anbieter erfüllen sollten).*

b) Stellen Sie dazu auch eine Prioritätenliste mit dem auf, worauf Sie besonderen Wert legen und was Ihnen weniger wichtig erscheint.

c) Geben Sie abschließend mindestens drei Adressen an (ggf. auch im Internet), wo Sie diese zehn Drucker bestellen könnten.

36. *Ein Fahrradhersteller holt sich Angebote über 200 Fahrraddynamos ein. Der Einkaufssachbearbeiter stellt die drei Angebote in der folgenden Übersicht zusammen:*

	Firma Walther und Maier	Firma Karl Knauf OHG	Firma Keller GmbH
Preis je Stück	18,00 €	19,00 €	21,50 €
Rabatt	Ab 100 St. 15 %	Ab 200 St.10 %	Ab 100 St. 10 %
Zahlungsbedingungen	60 Tg. netto, 10 Tg. 2 %	30 Tg. netto, 8 Tg. 1 %	30 Tg. netto, 10 Tg. 2 %
Verpackung	Einschl.	Ausschl. (30,00 €)	Einschl.
Frachtkosten	Unfrei (80,00 €)	Frei Haus	Unfrei (60,00 €)
Lieferzeit	Bei 200 St. 14 Tg.	Sofort	Bei 200 St. 10 Tg.
Garantie	3 Jahre	2 Jahre	3 Jahre

*Führen Sie in einer Übersicht einen **qualitativen Angebotsvergleich** (= Nutzwertanalyse) der drei Lieferanten durch. Gewichtungsfaktoren: Bezugspreis 10, Lieferzeit 6, Garantiedauer 4, Zahlungsziel 2. Verteilen Sie die Punktwerte nach eigenem Ermessen, z. B. von 1 (= sehr schlecht) bis 5 (= sehr gut).*

37. *Erstellen Sie zum gesamten Kapitel 2.6, „Den qualitativen Angebotsvergleich berücksichtigen", eine Mindmap. Tragen Sie dazu Ihre Gedanken, Ideen, Erinnerungen usw. in Stichwörtern, kurzen Sätzen oder auch kleinen Grafiken auf den Verästelungen ein. Im Internet finden Sie (kostenlose) Mindmapsoftware, z. B. unter www.chip.de, www.computerbild.de, freemind.de.softonic.com/, zur Unterstützung. Mithilfe dieser Mindmap (= Gedächtnislandkarte) können Sie dann den Inhalt des gesamten Kapitels „Den qualitativen Angebotsvergleich berücksichtigen" der Klasse vorstellen (Siehe S. 303 im Anhang „Methoden und Arbeitstechniken").*

38. *Normalerweise können Verträge/Rechtsgeschäfte formlos abgeschlossen werden.*

a) Allerdings gibt es Ausnahmen von diesem Grundsatz. Welchen Zweck haben diese Ausnahmen?

b) Führen Sie für jede Ausnahme zwei Beispiele an.

39. *Welche Bedingungen sind an das Zustandekommen von rechtsgültigen Verträgen geknüpft?*

40. *Barkauf oder Ratenkauf? Ein Mountainbike kostet 950,00 €. Bei Barzahlung gewährt der Fahrradhändler 3 % Skonto. Bei Teilzahlung müssen 20 % des Kaufpreises angezahlt werden. Die Restkaufsumme wird in zwölf Monatsraten bezahlt. Der Teilzahlungsaufschlag beträgt 1 % pro Monat von der Restkaufsumme (= 950,00 € abzüglich Anzahlung). Die Abschlussgebühr für den Teilzahlungsvertrag beträgt 7,50 €.*

a) Was kostet das Fahrrad bei Barzahlung mit Skonto?
b) Was kostet das Fahrrad bei Teilzahlung?
c) Welchen Betrag spart der Käufer bei Barzahlung?

41. *Erläutern Sie das Zustandekommen und die Erfüllung eines Kaufvertrags (Verpflichtungs-, Verfügungs- und Erfüllungsgeschäft) anhand eines Kaufs bei einer Auktion im Internet. Nehmen Sie dabei die §§ 145, 147, 433 und 929 BGB unter www.Gesetze-im-Internet.de zu Hilfe.*

42. *a) Was spricht dafür, bei wichtigen Kaufverträgen alle Bedingungen genau auszuhandeln und dann schriftlich im Vertrag aufzuführen?*
b) Welche wichtigen Inhalte sollten in einem Kaufvertrag unbedingt aufgelistet sein?

43. *Legen Sie dar, ob es sich bei den aufgeführten Personen, Firmen, Institutionen um natürliche oder juristische Personen handelt und wann jeweils deren Rechtsfähigkeit beginnt und endet. Nehmen Sie ggf. das Vereins- oder Handelsrecht (z. B. im Internet unter www.vereinsrecht.de oder das HGB) zu Hilfe.*

a) Lehrerin Frau Schumacher,
b) Metzgermeister Kurt Mai,
c) Metzgerei Kurt Mai GmbH und Co. KG,
d) Auszubildende Kathrin Weber,
e) Bundesland Nordrhein-Westfalen,
f) „Cheerleaders“ Hameln e. V.
g) AOK Nordwest.

44. *Lösen Sie folgenden Fall: Die elfjährige Meike erbt von ihrer alleinstehenden Tante 20 000,00 € in bar, Goldbarren im Wert von 15 000,00 € und ein Haus, dessen Wert ein Gutachter auf 170 000,00 € schätzt. Allerdings wurde das Haus durch ein Bausparkassendarlehen finanziert und es sind noch 25 000,00 € zu tilgen.*

a) Darf Meike das Erbe überhaupt annehmen?
b) Meike möchte die Erbschaft annehmen, wie muss dies rechtswirksam geschehen?
c) Meikes Eltern verkaufen als ihre gesetzlichen Vertreter das Gold und legen den Erlös und das vorhandene Bargeld auf einem Tagesgeldkonto an, woraus sie die monatlichen Zinsen und die Tilgung bei der Bausparkasse bezahlen. Vier Jahre später erklärt die 15-jährige Meike, dass sie die momentane Restschuld von 11 000,00 € auf einmal tilgen möchte, um die Kreditzinsen zu sparen und um schuldenfrei zu sein. Ist dies gegen den Willen ihrer Eltern möglich? Begründen Sie Ihre Sichtweise.

45. *Erstellen Sie nach folgendem Muster eine Übersicht, in der Sie die richtige Art der Geschäftsfähigkeit ankreuzen und anschließend Ihre jeweilige Entscheidung kurz begründen. Benutzen Sie dazu ggf. eine Suchmaschine im Internet, z. B. Google, Bing, Yahoo, AOL, T-Online, und dort die Stichwörter „Geschäftsfähigkeit, Gerichtsurteile zum BGB“ usw. In welchen Fällen liegt jeweils Geschäftsunfähigkeit, beschränkte oder volle Geschäftsfähigkeit vor?*

	Geschäftsunfähig	Beschränkt geschäftsfähig	Voll geschäftsfähig
a) Miriam (17 Jahre) kauft von ihrem Taschengeld ein Smartphone für 190,00 €.			
b) Ein stadtbekannter Drogenabhängiger will sich einen Motorroller kaufen.			
c) Ein 6-Jähriger kauft von seinem Taschengeld ein Spielzeugauto.			
d) Anna (6 Jahre) kommt regelmäßig ins Lebensmittelgeschäft, übergibt einen Geldbeutel und eine Einkaufsliste von ihrer Mutter und erhält die Waren aus der Liste.			
e) Die 16-jährige Laura erhält gegen den Willen ihrer Eltern von Nachbarn eine Katze geschenkt und will diese behalten.			
f) Der Vorstand eines Angelsportvereins (e. V.) kauft eine kleine Halle als Gerätelager.			

46. *Unter welchen Voraussetzungen wird ein Kaufvertrag eines beschränkt geschäftsfähigen Jugendlichen rechtsgültig?*

47. *Um welche Mängel handelt es sich in den folgenden Fällen:*

a) Herr Weber verkauft seinen Fernseher, der das Pfandsiegel des Gerichtsvollziehers trägt, bei einer Internetauktion.

b) Bei einem gelieferten Schlafzimmerschrank klemmen nach einigen Wochen die Türen. An den Seitenwänden löst sich das Furnierholz.

c) Eine Armbanduhr wird als „wasserdicht bis zehn Meter" beworben. Beim ersten Schwimmen im Hallenbad dringt Wasser in das Gehäuse.

d) Beim Zusammenbau eines Schranks wurden in der Montageanleitung die Winkel und die zugehörigen Holzschrauben nicht eindeutig erklärt. Daher hat Herr Müller zu große Löcher für die Schrauben vorgebohrt, sodass der Schrank jetzt instabil ist.

e) Nach dem Kauf eines PC stellt Frau Groß fest, dass der eingebaute Prozessor nur 1,8 GHz statt der angegebenen 3,2 GHz leistet.

f) Ein Versandhaus liefert statt des blaukarierten Hemdes ein grüngestreiftes.

48. *Wann wird ein Konsument (Verbraucher), dem vom Unternehmer mangelhafte Ware geliefert wurde, Rücktritt vom Vertrag, Minderung oder Schadenersatz statt Leistung verlangen? Begründen Sie Ihre Stellungnahme.*

49. *Beurteilen Sie folgenden Fall: Jens Schubert hat sich eine CD seiner Lieblingsband gekauft. Beim dritten und siebten Musikstück gibt es Störgeräusche.*

a) Was sollte er machen?

b) Wie ist die Rechtslage?

50. *Entwerfen Sie eine schriftliche Mängelrüge an den Unternehmer. Ausgangspunkt ist die Lieferung einer Waschmaschine mit einem nicht funktionsfähigen Programmschalter. Gehen Sie dabei so vor: Mitteilung über den Erhalt (= Lieferung) der bestellten Waschmaschine; genaue, sachliche Mängelangabe (Steuerelektronik arbeitet nicht); fordern Sie Minderung, d. h. Kaufpreisherabsetzung.*

51. *Entwerfen Sie mithilfe eines Textverarbeitungsprogramms ein kurzes Mahnschreiben wegen Nicht-rechtzeitig-Lieferung. Ihr Mahnschreiben soll als Hauptpunkte enthalten:*

a) Bezugnahme auf den abgeschlossenen Kaufvertrag (Aufgabe der Bestellung) am ...,

b) Hinweis auf den bereits um ... Tage ***überschrittenen*** *Lieferungstermin,*

c) Festsetzen einer angemessenen Nachfrist, z. B. acht Tage,

d) Hinweis auf Rücktritt vom Vertrag, falls auch innerhalb der gesetzten Nachfrist nicht geliefert werden sollte.

52. *Was unternehmen Sie als Konsument gegen den Unternehmer (d. h., von welchem der Ihnen zustehenden Rechte machen Sie Gebrauch?), wenn eine dringend benötigte Ware nicht rechtzeitig bei Ihnen eintrifft? Geben Sie eine kurze Begründung für Ihr Verhalten.*

53. *Lösen Sie folgenden Rechtsfall und begründen Sie Ihren jeweiligen Vorschlag: Ein Hoteleigentümer will am 1. Juni ein neues Hotel eröffnen (Beginn der Urlaubszeit). Zu diesem Zweck hat er bei einem Möbelfabrikanten 20 Birkenholz-Schlafzimmer, Lieferung zum 20. Mai, vertraglich bestellt. Dieser feste Lieferungstermin wurde ihm zudem noch schriftlich bestätigt. Am 5. Juni sind die Schlafzimmereinrichtungen immer noch nicht da.*

Muss der Hotelier mahnen und dabei eine Nachfrist setzen?

b) Auf welchem der dem Käufer zustehenden Rechte würden Sie als Hotelier bestehen?
Was würden Sie dem Hotelier raten, wenn inzwischen die Möbelpreise um 8 % gestiegen (oder um 6 % gefallen) sind?

d) Was versteht man bei Vertragsstreitigkeiten unter einem Vergleich? § 779 BGB, z. B. unter www.dejure.org, kann Ihnen bei der Suche nach der Definition helfen.

54. *Welche Konsequenzen hätte es wahrscheinlich, wenn die Firma Werner Kleck aus unserem Beispiel auf S. 100) die Mahnungen der Firma Elektro-Wingerter ignorieren und einfach nichts unternehmen würde? Begründen Sie Ihre Sichtweise.*

55. *Prüfen Sie, ob die Firma Kleck (von S. 100) bei diesem zweiseitigen Handelskauf in Zahlungsverzug ist. (Mit Begründung.)*

56. *Legen Sie die Rechte dar, die die Gläubiger-Firma Elektro-Wingerter (von S. 100) gegenüber Herrn Kleck geltend machen kann.*

57. *a) Wie hoch ist der aktuelle (Verzugs-)Zinssatz, den die Firma Kleck (von S. 10 ff.) gemäß § 247 BGB höchstens an die Firma Elektro-Wingerter zu zahlen hat? Benutzen Sie dazu die Webseite der EZB oder der Bundesbank in Frankfurt.*

b) Weshalb gibt es unterschiedliche Verzugszinssätze für den Privat- oder Handelskauf?

58. *Schauen Sie sich im Web unter www.mahngerichte.de einen Onlinemahnantrag an und füllen Sie ihn weitestgehend im Sinne der Firma Elektro-Wingerter (S. 103) unter www.online-mahnantrag.de aus. Die Webadresse des Justizministeriums unter www.justiz.nrw.de (automatisiertes gerichtliches Mahnverfahren – AGM) hilft Ihnen dabei mit dem Formularmuster im automatischen Mahnverfahren.*

59. *Warum gerät der Käufer/Vertragspartner bei einem fest vereinbarten Zahlungstermin ohne schriftliche Mahnung des Verkäufers/Gläubigers in Verzug?*

60. *Bearbeiten Sie folgenden Rechtsfall: Brennstoffhändler Schön lieferte als Unternehmer Anfang Februar der Familie Maier (Konsument) für 1 600,00 € Heizöl, zahlbar innerhalb von 14 Tagen. Ende Februar war der Betrag noch nicht überwiesen, deshalb schickte die Firma Schön schriftlich eine freundliche Zahlungserinnerung. Nach Ablauf von einem Monat war immer noch nichts geschehen. Daraufhin erging die erste Mahnung mit der Aufforderung, innerhalb von zehn Tagen zu zahlen. Bis zum Verstreichen der Frist ging keine Zahlung ein.*

a) Welches weitere Vorgehen durch den Brennstoffhändler sieht das Gesetz vor?
b) Beschreiben Sie den Verfahrensweg bis zum gerichtlichen Klageverfahren.
c) Verfassen Sie ein Mahnschreiben (Zahlungserinnerung) an die Familie Maier.

61. *Erarbeiten Sie aus der Sicht eines großen Automobilherstellers in vier verschiedenen Gruppen den folgenden Arbeitsauftrag von der Beschaffung über die Angebotsabgabe und den qualitativen Angebotsvergleich bis hin zur Vertragsabwicklung. Nach der Gruppenarbeitsphase stellt jede Gruppe ihr Ergebnis der Klasse vor. Es sollen Leichtmetallfelgen der Größe 6,5 x 15 (Zoll) und Ganzjahresreifen der Größe 195/65 R15 beschafft werden.*

***Gruppe A:** Sie bilden die Einkaufsabteilung des Großunternehmens und legen die Kriterien zur Beschaffung von 2 400 Reifen und Felgen für eine Serie von Mittelklassewagen fest. Planen Sie die Beschaffung nach Ihren selbst entwickelten Grundsätzen.*

***Gruppe B:** Erarbeiten Sie aus der Sicht des Autoherstellers Anfragen an verschiedene zertifizierte Felgenhersteller und Reifenproduzenten. Anschließend geben Sie aus der Sicht der Produzenten jeweils einen Kostenvoranschlag zur Lieferung der Leichtmetallräder und der Ganzjahresreifen ab.*

***Gruppe C:** Entwerfen Sie einen qualitativen Angebotsvergleich über die Lieferung der Reifen, bei dem insbesondere Wert auf die Qualität, den Preis und die Zulieferung „just in time" gelegt wird. „Konstruieren Sie" acht Angebote aus ganz Europa, die miteinander verglichen werden.*

***Gruppe D:** Nachdem bereits 800 Reifen geliefert und montiert wurden, stellen Sie Qualitätsmängel an einigen Reifen fest, die mit Ihrem firmeneigenen Qualitätsbewusstsein unvereinbar sind. Wie gehen sie als Verantwortliche im Management des Unternehmens vor?*

Anforderungssituation 3

Produktionsfaktoren wirtschaftlich einsetzen und alternative Fertigungsverfahren kennen

3

Kompetenzen

In dieser Anforderungssituation setzen Sie sich mit der Produktion von Gütern auseinander. Hierbei erfahren Sie, was sowohl die volkswirtschaftlichen als auch die betrieblichen Produktionsfaktoren zur Herstellung von Sachgütern und Dienstleistungen beitragen und wie diese Faktoren möglichst wirtschaftlich verknüpft und eingesetzt werden können. Dabei lernen Sie das ökonomische Prinzip (= Minimal- und Maximalprinzip) kennen.

Sie beschäftigen sich mit den Produktionsbedingungen und Herstellungskosten in unterschiedlichen Firmen. Sie werden dann in der Lage sein, mithilfe Ihrer Praktikumserfahrungen verschiedene Fertigungsverfahren und -abläufe zu beschreiben.

Abschließend ermitteln Sie auf der Grundlage einer Kalkulation die Selbstkosten eines herzustellenden Produkts. Hierbei lernen Sie verschiedene Kalkulationsarten kennen, die im Handwerk, im Handel und in der Industrie angewandt werden, um letztlich die Endverkaufspreise festlegen zu können.

Einstiegssituation:

Die 19-jährige Selina Schwartz befindet sich im dritten Lehrjahr zur Ausbildung als Tischlerin. Sie ist in der Firma Kugelmann GmbH, einem mittelgroßen Betrieb im Ruhrgebiet, beschäftigt. „Ihr Betrieb" stellt Fenster, Türen, Treppen usw. her und repariert auch Möbel, was Selina besonders gefällt. Zurzeit bereitet sie sich auf die Gesellenprüfung vor, die sie vor der Handwerkskammer ablegen muss. Bei dieser Prüfung wird sie u. a. auch mit betriebswirtschaftlichen Zusammenhängen und Grundproblemen konfrontiert, die sie lösen muss. Dazu gehören Kenntnisse in Bezug auf die volkswirtschaftlichen und insbesondere betrieblichen Produktionsfaktoren und deren Kombination. Sie fragt sich, wer und was alles die Produktion in anderen Branchen, außer der Holzbranche beeinflusst, welche Fertigungsverfahren beispielsweise in der Industrie angewandt werden, um ein Auto herzustellen. Sie kann sich nämlich kaum vorstellen, wie es funktioniert, dass Pkws ohne größere Schwierigkeiten am Fließband hergestellt werden. Sie weiß, wie in ihrem Betrieb die Preise für die Kundschaft zustande kommen, da sie und ihre Kollegen nach der Montage bei Kunden ihre geleisteten Arbeitsstunden auf einem Rapportzettel auflisten und im Büro abzugeben haben. Dort werden dann in Verbindung mit den Vorleistungen, dem Gewinnaufschlag usw. die Rechnungen erstellt.

Aufgaben:

1. ***Diskutieren Sie in Gruppen, was alles dazugehört, um in „Selinas Bau- und Möbeltischlerei" Fenster und Treppen herzustellen? (Wer wirkt alles mit, bis das Glas und das Holz im Betrieb angeliefert werden und dann dort bearbeitet werden können?)***

2. ***Unter welchen (Produktions-)Bedingungen wird ein Auto gebaut? Versuchen Sie die wichtigsten Arbeitsschritte/Tätigkeiten von der Beschaffung der Teile bis zur Auslieferung an den Kunden zu beschreiben.***

3. ***Erläutern Sie die Fertigungsverfahren, die Sie in Ihrem Praktikumsbetrieb kennengelernt haben.***

4. ***Kalkulieren Sie im Rahmen der sog. Stufenrechnung (siehe Kap. 3.4) den Verkaufspreis netto (= ohne MwSt.) einer Haustür, die von Selinas Betrieb, der Firma Kugelmann GmbH, verkauft wird. Der Einstandspreis des industriell vorgefertigten Bauteils beträgt 550,00 €. Hinzu kommen ein Gemeinkostenzuschlag von 25 % und ein Gewinnzuschlag von 8 % der Selbstkosten. Wie hoch ist der Verkaufspreis der Haustür?***

3.1 Eingesetzte Produktionsfaktoren unterscheiden

„Ein Möbeltischler versucht, eine einbruchsichere Haustür mit relativ wenig Material- und Zeitaufwand herzustellen."
„Die Trockenlegung eines Kellers innerhalb von nur drei Tagen wurde einem Hausbesitzer für 800,00 € angeboten."
„In Russland wird Öl produziert."

In allen Fällen muss planvoll, vernünftig und sparsam, aber mit einem möglichst großen Nutzen sowohl für Produzenten als auch für Konsumenten vorgegangen werden.

Häufig wird Produktion in enger Auslegung mit Erzeugung gleichgesetzt. Volkswirtschaftlich gesehen ist der Produktionsvorgang jedoch viel extensiver (= umfassender, erweiterter) auszulegen. Ein z. B. in Brasilien „produzierter" Kaffee nutzt dem Endverbraucher in Köln noch nichts. Solange dieser Kaffee nicht sortiert, geröstet und verpackt in einem Kölner Einzelhandelsgeschäft oder im Supermarkt vorrätig ist, so lange ist er für den Verbraucher nicht **produziert**.

Produktion ist die Bereitstellung von wirtschaftlichen Gütern und Dienstleistungen für den Endverbrauch.

Im weitesten Sinne gehören zur Produktion auch der Transport, die Versicherung, die Lagerung, die Sortimentsgestaltung usw.

3.1.1 Volkswirtschaftliche Produktionsfaktoren

In der Natur sind die Güter, die der Mensch zum Leben benötigt, meist nicht in einem konsumreifen Zustand vorhanden. Daher müssen Nahrung, Kleidung, Wohnungen, Einrichtungsgegenstände usw. erst hergestellt werden. Außer der Produktion dieser materiellen Güter (= Sachgüter) sind auch noch die Dienstleistungen des Handels, der Verwaltung, der Krankenpflege usw. (= immaterielle Güter) für unser Alltagsleben vonnöten. Hinzu kommen noch die Zukunftstechnologien wie Biotechnik, Mikro- und Nanotechnik (= Nutzung von Kleinstmaterialien), Multimediasysteme usw.

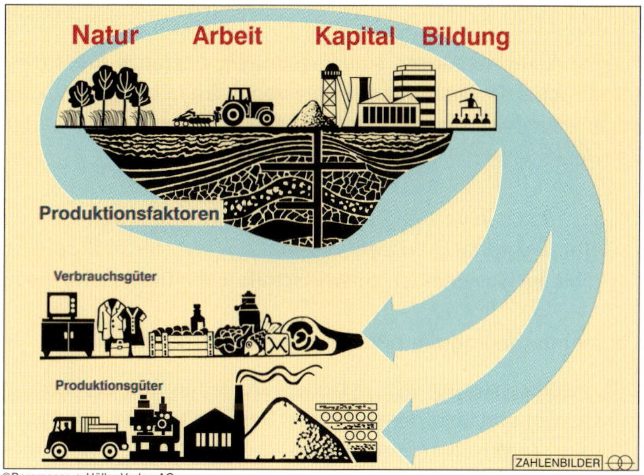

©Bergmoser + Höller Verlag AG

Um bestimmte Güter produzieren zu können, müssen vorher Güter (= unentbehrliche Produktionsfaktoren) eingesetzt werden, die im Herstellungsprozess sinnvoll zusammenwirken. Diesen Prozess der Umwandlung von Produktionsfaktoren bezeichnet man als „Produktion". Da hierdurch höherwertige Güter/Dienstleistungen entstehen, spricht man von Wertschöpfung.

Fallbeispiel:

Bei der Firma Kugelmann müssen zur Herstellung von Treppen in der Werkhalle Holz, Schrauben, Leim, Maschinen, Werkzeuge, Arbeitskräfte und das bebaute Grundstück eingesetzt werden (= Input), um die Treppen vorzufertigen (= Output). Die (volkswirtschaftlichen) Faktoren Arbeitskraft, Boden und Kapital müssen für die Produktion sinnvoll kombiniert und auch verändert werden.

Volkswirtschaftliche Produktionsfaktoren

Arbeit	Boden	Kapital
- Tätigkeit des Menschen zur **Erzielung von Einkommen** - Quantitative Betrachtung: Anzahl der Arbeitskräfte - Qualitative Betrachtung: Ausbildungsstand der Arbeitskräfte (ungelernt, angelernt, gelernt) - **Tätigkeiten:** schöpferische, leitende und ausführende Arbeiten	- Hierzu zählt auch die **Natur** mit ihren Rohstoffen und die **Umwelt.** - **Eigenschaften:** Bodenfläche ist nicht mehr erweiterbar und lagegebunden, aber mobilisierbar, d. h., das Eigentum kann übertragen werden. - **Nutzung:** als Anbauboden (Holzwirtschaft), Abbauboden (Rohstoffe) und Standortboden (Infrastruktur)	- **Geldkapital:** Geldmittel zur Investition in Sachkapital oder auch zur Verwendung für Konsumzwecke - **Sach- oder auch Realkapital:** hergestellte Produktionsmittel wie Maschinen, Werkzeuge, Gebäude, Geschäftsausstattung usw. - Kapital entsteht durch die Kombination der Produktionsfaktoren Boden und Arbeit.

Die Produktionsfaktoren sind regelmäßig begrenzt **substituierbar** (= ersetzbar). Durch erhöhte Investitionen (= verstärkter Einsatz von Geld) in Maschinen kann der Faktor Arbeit gemindert, ggf. sogar ersetzt werden, wenn z. B. ein teurer Schweißroboter angeschafft und dadurch die Arbeit der Schweißer ersetzt wird.

Da das Wissen in unserer hochtechnisierten Arbeitswelt immer mehr an Bedeutung gewinnt, kann das **Humankapital** (= Wissen/Information) als „vierter Produktionsfaktor" bezeichnet werden. Dieser zählt auch zu den betriebswirtschaftlichen Produktionsfaktoren (siehe Kap. 2.1.2).

Ökonomische Rahmenbedingungen der Produktion

Die Güterherstellung umfasst alle Tätigkeiten von der **Rohstoffgewinnung** über deren **Be- und Verarbeitung** bis zur **Distribution** (= Verteilung) der knappen Güter. Danach werden die Waren von den Nutzern/Konsumenten ge- oder verbraucht. Die Produktion wird von verschiedenen Gegebenheiten beeinflusst, die gleichermaßen von außen sowohl auf die Märkte und die Unternehmen als auch auf die Kunden/Nutzer einwirken. Diese äußeren Faktoren können vom Einzelnen kaum beeinflusst werden. Sie betreffen sowohl die Angebotsseite (= Hersteller) als auch die Nachfrageseite (= Konsumenten). Diese **wirtschaftlichen Rahmenbedingungen** bzw. Einflussfaktoren können sein:

- **gesamtwirtschaftliche Faktoren** wie Konjunktur (siehe Kap. 7, S. 258 ff.) und Wachstum, internationale Einflüsse usw.,
- **politische und rechtliche Faktoren** wie neue Gesetze, steuerliche Bestimmungen usw.,
- **demografische und soziokulturelle Faktoren** wie eine gewisse Überalterung der Gesellschaft oder eine Änderung der Familienstrukturen (z. B. Singlehaushalte) usw.,
- **technologische Faktoren** wie der Einsatz und die Vernetzung modernster Informations- und Kommunikationstechniken („Internet der Dinge") usw.,
- **ökologische Faktoren** wie z. B. das wachsende Umweltbewusstsein der Konsumenten, der steigende Kauf von nachhaltig produzierten Waren, der weltweit starke Ressourcenverbrauch und der damit verbundene Rohstoffmangel.

Der Produktionsfaktor Arbeit

Jede Art von geistiger oder körperlicher Tätigkeit, die dazu dient, Einkommen für die eigene Bedarfsdeckung zu erzielen, wird als „Arbeit" bezeichnet. Mit dieser Arbeit werden gleichzeitig die Bedürfnisse anderer Menschen befriedigt.

Fallbeispiel:

Wenn die Tischlerin Selina Schwartz in der Firma einen Schrank für einen Kunden zusammenbaut, ist dies Arbeit. Repariert sie zu Hause für ihre Eltern einen Schrank, so zählt dies, statistisch gesehen, nicht als Arbeit.

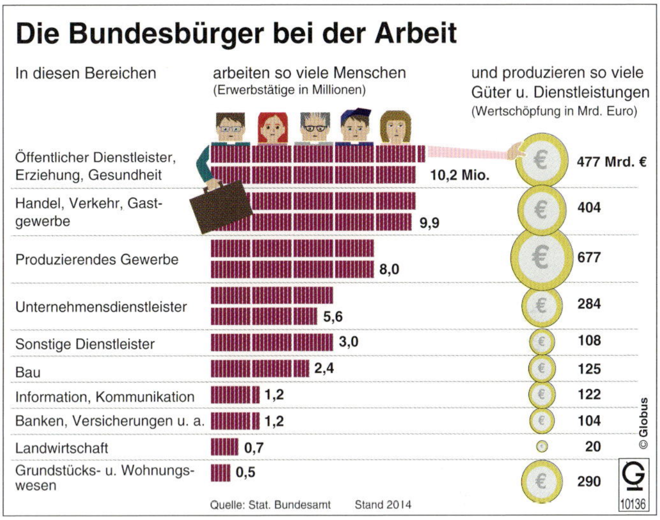

Die Arbeit wird bei der Entlohnung normalerweise in Arbeitsstunden bemessen. Sie kann nach der Art der Tätigkeit **gegliedert** werden in: unselbstständige und selbstständige, körperliche und geistige, ungelernte, angelernte und gelernte bzw. ausführende, leitende und schöpferische Arbeit.

Arbeit

Vorwiegend körperliche Tätigkeit

- **Ausführende oder auch projektbezogene Arbeit** als Facharbeiter, z. B. Drucker
- **Leitende Arbeit** als Handwerksmeister, z. B. Tischlermeister
- **Schöpferische Arbeit** als Steinmetz, z. B. als Denkmalpfleger.

Vorwiegend geistige Tätigkeit

- **Ausführende Arbeit** als Sachbearbeiter, z. B. als Verwaltungsangestellter
- **Leitende oder auch dispositive, planende Arbeit** als Unternehmer, z. B. als Finanzvorstand
- **Schöpferische Arbeit** als Autor, z. B. als Schulbuchautor.

Wenn die Arbeit nach der Ausbildung gegliedert wird, spielt die **Dauer der Ausbildung** eine entscheidende Rolle. Hat jemand eine Berufsausbildung absolviert, spricht man von gelernter Arbeit. Benötigt man für eine Tätigkeit nur eine relativ kurze Anlernzeit, z. B. eine Woche, so wird dies als „angelernte Arbeit" bezeichnet. Wer sofort an einem Arbeitsplatz eingesetzt werden kann, verrichtet ungelernte Arbeit.

Der Produktionsfaktor Boden

Dieser Produktionsfaktor beinhaltet die Natur mit ihren abbaubaren Bodenschätzen, die Bodenkräfte (z. B. Meeresgezeiten), das Klima, die Sonnenenergie und sogar den Weltraum. Die Bodenfruchtbarkeit ist der Gebrauchswert des Bodens für die Pflanzenproduktion in der Land- und Forstwirtschaft.

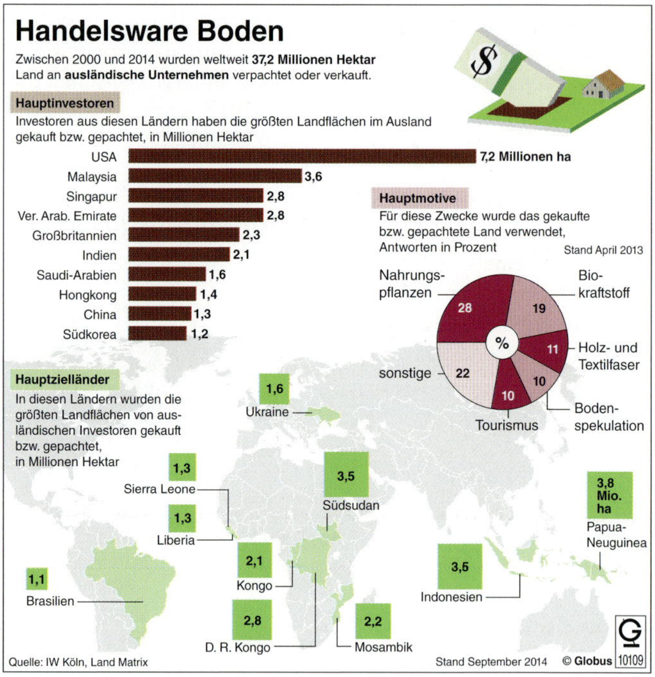

Die meisten Böden haben einen Produktionsprozess durchlaufen, z. B. durch Rodung, Bewässerung, daher werden sie oftmals zum Faktor Kapital gezählt.

Das Schaubild belegt, dass aufgrund der Knappheit des Bodens reichere Länder Böden in ärmeren Regionen aufkaufen, um sie für ihre Zwecke zu nutzen.

Der Produktionsfaktor Boden kann gemäß seinen verschiedenen Nutzungsmöglichkeiten in verschiedene Unterarten eingeteilt werden.

Wirtschaftliche Nutzungsmöglichkeiten

Anbauboden
- **Land- und Forstwirtschaft,** Grundlage für die Nahrungsmittelproduktion
- Bodenfläche nicht mehr erweiterbar, Wachstum nur noch durch intensivere Nutzung, Düngung usw

Abbauboden
- Basis für den **Abbau von Rohstoffen** wie Erdöl, Erdgas, Erzen usw.
- Begrenztheit der Bodenschätze (= Ressourcen) erfordert nachwachsende Rohstoffe usw.

Standortboden
- Dient allen Wirtschaftssubjekten als **Standort für ihre Tätigkeiten**
- Standortwahl von Unternehmen wegen Nähe zu Rohstoffen, Absatzgebieten, Verkehrsinfrastruktur
- Standort für Wohnbebauung, für Erholungsflächen usw.

Da der Boden nicht mehr vermehrt werden kann, die Weltbevölkerung allerdings stetig zunimmt, wird der Lebensraum für jeden Einzelnen immer kleiner.

Auch die **Ökologie** setzt der Bodennutzung Grenzen. Der Boden, als immer knapper werdendes Gut, ist Lebensgrundlage für Mensch, Tier und Pflanze. Aufgrund des sehr starken menschlichen Eingriffs in die Natur kann sich das ökologische System oftmals nicht mehr regenerieren.

Die **intensive Bodennutzung** hat zu verstärkter **Erosion** geführt, d. h., durch die mechanische Bearbeitung der Böden, durch Wind, Wasser und Eis werden die Selbstregelungsfunktion und der Wasserumsatz der Bodenoberfläche nachhaltig beeinträchtigt.

Der Produktionsfaktor Kapital

Der Begriff „Kapital" wird unterschiedlich verwendet:

- **Geldkapital** sind finanzielle Mittel, die jederzeit in Sach- oder Realkapital umgewandelt werden können. Wird Geldkapital für den Kauf von Produktionsmitteln bereitgestellt, nennt man dies **Finanzierung**. Die Umwandlung von Geldkapital in Realkapital stellt die wichtige **Investierung** dar. Sie sichert dann normalerweise den Fortbestand der Unternehmen.
- Als **Real- oder Sachkapital** werden Produktionsmittel verstanden (Rohstoffe, Maschinen, Fahrzeuge, Anlagen usw.), die der weiteren Güterherstellung dienen. Diese Produktionsmittel, die nicht dem Konsum dienen, werden auch als „Kapitalgüter" bezeichnet.
- **Sozialkapital** stellt die Infrastruktur einer Volkswirtschaft dar, z. B. die Energieversorgung, das Straßennetz, das Bildungswesen. Dieses Sozialkapital sagt einiges über den Entwicklungsstand des Landes aus.

Im volkswirtschaftlichen Sinne ist Kapital im Gegensatz zu den ursprünglichen Faktoren Arbeit und Boden ein abgeleiteter Produktionsfaktor, da er erst durch die Kombination der beiden anderen Faktoren entstanden ist.

Außer den Investitionen in Unternehmen sind die Investitionen in sog. **Humankapital** (= Wissen, Bildung) für eine Volkswirtschaft von besonderer Bedeutung. Aus diesem Grund wird heute auch vom Humankapital als dem vierten Produktionsfaktor gesprochen. Wissen treibt den technischen Fortschritt voran und ist durch die Computertechnologie weltweit verfüg- und abrufbar.

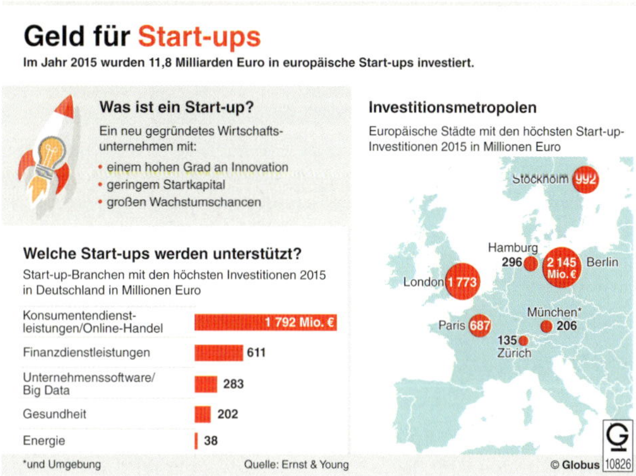

Deutschland muss als rohstoffarmes Land besonderen Wert auf Bildung legen, da Know-how die Innovationsfähigkeit von Unternehmen und Volkswirtschaften steigert. Allerdings verfällt aufgrund der Schnelllebigkeit im 21. Jahrhundert das Wissen sehr schnell wieder, sodass lebenslanges Lernen äußerst wichtig ist.

3.1.2 Betriebswirtschaftliche Produktionsfaktoren

Diese (Input-)Faktoren, die ebenfalls der Produktion dienen, werden manchmal auch als „betriebliche Produktionsfaktoren" bezeichnet.

Sie lassen sich in zwei Stränge unterscheiden, die **Elementar-** und die **dispositiven Faktoren.**

Elementarfaktoren

Ausführende Arbeit	Betriebsmittel	Werkstoffe
Menschliche Arbeit am Objekt, z. B. am Fließband oder zur Erstellung einer Dienstleistung	Dienen dem Gebrauch, z. B. als materielle Betriebsmittel, wie Grundstücke, Gebäude, Geldmittel usw., oder als immaterielle Betriebsmittel, wie Lizenzen, Patente, Informationen usw.	Rohstoffe, z. B. Walzstahl, als wesentlicher Bestandteil des endgültigen Produkts oder Hilfsstoffe wie Schrauben, usw., die kein wesentlicher Bestandteil des Produkts sind, ebenso Betriebsstoffe wie Kraftstoff u. Ä.

Die Geschäftsführung hat die Aufgabe, diese Elementarfaktoren bereitzustellen, um für einen reibungslosen Ablauf der Produktion zu sorgen.

Die Elementarfaktoren lassen sich zusätzlich noch nach ihrer Verwendung unterscheiden. Wird der Faktor bei der Produktion unmittelbar verbraucht oder umgewandelt, spricht man von **Verbrauchsfaktoren** oder auch Repetierfaktoren. Faktoren, die bei der Produktion lediglich gebraucht werden, bezeichnet man als **Bestandsfaktoren** oder Potenzialfaktoren bzw. auch als Gebrauchsfaktoren.

Dispositive Faktoren

Leitung	Planung	Organisation	Überwachung
Kombiniert den Einsatz der Elementarfaktoren, legt Unternehmensziele fest und wird durch Planung, Organisation usw. unterstützt.	Dient der Leitung, legt z. B. die Sollwerte der einzelnen Bereiche fest usw.	Koordiniert und steuert den Leistungsprozess (Arbeitsabläufe usw.).	Kontrolliert und reagiert bei Zielabweichungen usw.

3.1.3 Faktoreinsatz – Faktorertrag

Um produzieren zu können, muss ein Standort gewählt, müssen Arbeitskräfte eingestellt, Löhne und Gehälter gezahlt, Rohstoffe beschafft, gelagert und der Produktion zugeführt werden. Die dann produzierten Güter oder bereitgestellten Dienstleistungen müssen an die Kunden verkauft werden.

Was dabei in den Produktionsprozess an Werkstoffen, Betriebsmitteln und menschlichen Arbeitsleistungen „hineingesteckt" wird, bezeichnet die Betriebswirtschaftslehre als **Faktoreinsatz** oder **Input.**[1]

---

1 Input = das Zugeführte; engl. to put in = hineinstecken

Was als im Betrieb erstellte Leistung auf dem Absatzmarkt abgesetzt, d. h. verkauft werden konnte, definiert die Betriebswirtschaftslehre als **Faktorertrag** oder **Output**[1].

Entscheidende Grundlage für den Faktorertrag ist das Rationalprinzip oder auch **ökonomische** (= wirtschaftliche) **Prinzip**, das in **Maximalprinzip** (= Ergiebigkeitsprinzip) und **Minimalprinzip** (= Sparprinzip) unterteilt wird:

Ein bestimmter Faktorertrag soll mit möglichst geringem Faktoreinsatz erzielt werden (= Minimalprinzip). Oder: Mit einem vorgegebenen Faktoreinsatz soll ein möglichst großer Faktorertrag erzielt bzw. erwirtschaftet werden (= Maximalprinzip).

Die Produktionsfaktoren werden im Betrieb nach dem ökonomischen Prinzip eingesetzt, d. h. so effizient (= wirkungsvoll) wie möglich. Der Betrieb strebt also immer nach **Wirtschaftlichkeit** oder **Produktivität**.

Das Streben nach einem möglichst günstigen Verhältnis von Input zu Output wird betriebswirtschaftlich als Streben nach Produktivität bezeichnet (= mengenmäßige Sichtweise). Es soll also ein möglichst günstiges Verhältnis von Faktoreinsatz (= Input) und Faktorertrag (= Output) erreicht werden.

Der in Geld bewertete **Faktorertrag** wird als **Leistung** (= Erlös), der in Geld ausgedrückte **Faktoreinsatz** als **Kosten** bezeichnet. In diesem Zusammenhang spricht die Betriebswirtschaftslehre von **Wirtschaftlichkeit** (= **wertmäßige Sichtweise**).

Wirtschaftlichkeit bezeichnet das Verhältnis von Leistung zu den entstandenen Kosten. Das Wirtschaftlichkeitsstreben eines Betriebs ist auf ein möglichst günstiges Verhältnis von Faktoreinsatz zu Faktorertrag gerichtet (= Effizienzverhältnis).

Beispiel:
In einem größeren Unternehmen betrug der Nettoerlös im 1. Quartal 1 000 000,00 € und die Lagerleistung (fertige bzw. unfertige Produkte) 50 000,00 €. Kosten entstanden für Löhne in Höhe von 500 000,00 €, für Abschreibungen, Roh-, Hilfs- und Betriebsstoffe, Kreditzinsen usw. in Höhe von 300 000,00 €.

Die Wirtschaftlichkeit beträgt 1 050 000/800 000 = **1,31** im 1. Quartal. Im 2. Quartal wurden 950 000,00 € bei einer Lagerleistung von 40 000,00 € erzielt. Kosten entstanden für insgesamt nur 700 000,00 €. Die Wirtschaftlichkeit beträgt 990 000/700 000 = **1,41** im 2. Quartal. Da das Verhältnis von Leistung und Kosten im 2. Quartal günstiger gestaltet werden konnte, erhöhte sich die Kennziffer, d. h., die Wirtschaftlichkeit wurde erhöht und damit verbessert.

Die **Wirtschaftlichkeitskennziffern** können dazu dienen, die Betriebe branchenintern untereinander zu vergleichen. Mithilfe der Produktion entstehen Werte bzw. betriebliche Leistungen, hierbei werden bestimmte Inputs in Outputs **transformiert**.

---

1 Output = Ausstoß; engl. to put out = ausstoßen

In Bezug auf den betriebswirtschaftlichen Bereich **„Faktoreinsatz – Faktorertrag"** kommen bestimmte **Kennziffern** zur Anwendung. Einige der wichtigsten lauten:

$$\textbf{Wirtschaftlichkeit} = \frac{\text{Leistung (= Ertrag)}}{\text{Kosten (= Aufwand)}}$$

$$\textbf{Produktivität} = \frac{\text{Produktionsergebnis}}{\text{Faktoreinsatz (= eingesetzte Produktionsfaktoren)}} \text{ oder } \frac{\text{Output}}{\text{Input}}$$

$$\textbf{Arbeitsproduktivität} = \frac{\text{Produktionsergebnis}}{\text{Faktoreinsatz (z. B. eingesetzte Arbeitsstunden)}} \text{ oder } \frac{\text{Output}}{\text{Input}}$$

$$\textbf{Umsatzrentabilität} \text{ (in \%)} = \frac{\text{Gewinn} \cdot 100}{\text{Umsatz}}$$

$$\textbf{Kapitalrentabilität} \text{ (in \%)} = \frac{\text{Gewinn} \cdot 100}{\text{Kapital}}$$

3.2 Produktionsbedingungen und Produktionskosten untersuchen

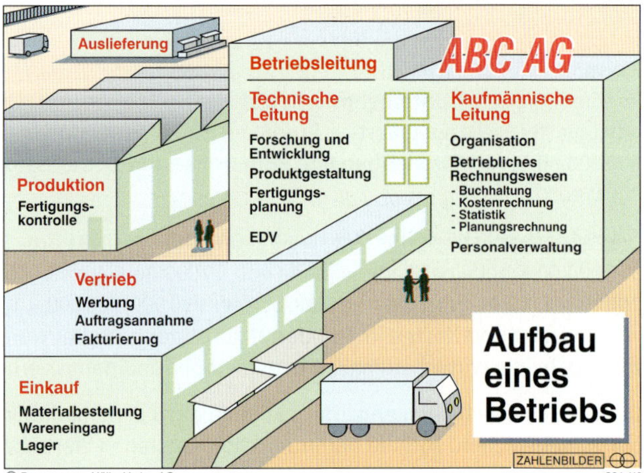

 201 110

Das gesamte Wirtschaftsleben lässt sich auf zwei entscheidende Bereiche reduzieren, in denen **wirtschaftliche Tätigkeit** stattfindet:

- Jeder von uns verbraucht täglich Güter. Dieser Verbrauch findet überwiegend im **Haushalt** statt. Somit ist der Haushalt der eine entscheidende Bereich unseres Wirtschaftslebens.
- Jeder arbeitende Mensch ist auch an der Herstellung von Gütern oder der Bereitstellung von Dienstleistungen beteiligt. Etwa 40 Stunden pro Woche bringt er an dem Ort zu, an dem diese Güterherstellung „betrieben" wird, d. h. in **Betrieben**. Dabei ist es gleichgültig, ob ein solcher Betrieb im Einzelnen Fabrikhalle, Werkstatt oder Büro genannt wird.

Der Betrieb ist also der zweite entscheidende Bereich einer Volkswirtschaft, denn er versorgt den Haushalt mit den benötigten Gütern.

3.2.1 Der Betrieb als Teil der Wirtschaft

Jeder Betrieb ist zunächst eine Stätte der Herstellung (= Produktion) von Gütern und/oder der Bereitstellung von Dienstleistungen. Ein Automobilwerk ist ein reiner **Herstellungsbetrieb**, eine Bank oder eine Versicherung sind reine **Dienstleistungsbetriebe**. Jeder Betrieb hat aber eine Doppelfunktion (= Doppelaufgabe) in der Wirtschaft. Seine Hauptaufgabe als Stätte der **Herstellung** schließt gleichzeitig auch die Aufgabe des **Verbrauchs** (= Konsumtion) ein.

Beispiel:
Ein Automobilwerk stellt nicht nur Pkws und Lkws der verschiedensten Typen und Klassen her (= Produktion), sondern verbraucht dabei auch Rohstoffe, Hilfsmaterialien und Halbfertigprodukte (= Konsumtion). Sie müssen von anderen Betrieben (z. B. Kunststoffherstellern, Walzblechwerken) zugeliefert werden.

Jeder Betrieb, gleichgültig ob in der Konsumgüter- oder Investitionsgüterindustrie, steht also in einer engen und vielseitigen **Verflechtung** mit einer Reihe von Zulieferindustrien und Dienstleistungsbetrieben. Verkehrsbetriebe wie die Deutsche Bahn AG, die Deutsche Post AG und Speditionen befördern die benötigten Güter. Versicherungen übernehmen den Schutz der Produkte vor Diebstahl usw. Banken wickeln den gesamten Geldverkehr ab und sorgen ggf. für Kredite.

Die besondere Stellung eines Betriebs bzw. Unternehmens als Teil der Wirtschaft wird auch deutlich in seiner **Abhängigkeit von verschiedenen Faktoren der gesamten Volks- und Weltwirtschaft**.

Eine wichtige **Aufgabe des Betriebs** als Teil der Wirtschaft besteht darin, **Arbeitsplätze** bereitzustellen. Dadurch beziehen die Arbeitnehmer Löhne und Gehälter, die in Form von Verbrauchsausgaben, z. B. für Lebensmittel, Kleidung, Möbel usw. wieder an die Betriebe zurückfließen. Gleichzeitig ist jeder Betrieb **Steuerzahler** und trägt zum Steueraufkommen sowohl der Gemeinde als auch des jeweiligen Bundeslandes und des Bundes bei.

Eine andere wichtige Aufgabe ist die **Bedarfsdeckung der Verbraucher** durch Herstellung von Gütern oder Bereitstellung von Dienstleistungen.

Allein mit diesen genannten Hauptaufgaben erfüllen die Betriebe wichtige **wirtschaftliche und gesellschaftliche Funktionen** (= Aufgaben).

Um ihre wirtschaftlichen Aufgaben erfüllen zu können und den Anforderungen der Zukunft gerecht zu werden, müssen Betriebe flexibel sein und auf die Ansprüche bzw. Schwankungen der Märkte reagieren. Da die Wirtschaft an der Schwelle zur **vierten industriellen Revolution** steht, bei der die reale und die virtuelle Welt zu einem **Internet der Dinge** zusammenwachsen, muss jedes Unternehmen nach Neuerungen streben, um nicht von der Konkurrenz abgehängt zu werden.

Die Produktion der Zukunft

Die Zukunft der Produktion im Rahmen von **Industrie 4.0** ist gekennzeichnet durch eine starke Individualisierung der Produkte unter den Bedingungen einer hoch flexibilisierten (Großserien-)Produktion. Kunden und Geschäftspartner sind dabei mithilfe der EDV und des Internets direkt in Geschäfts- und Wertschöpfungsprozesse eingebunden (= vernetzt). Die Leistungserstellung wird mit hochwertigen Dienstleistungen verknüpft. Bei dieser vierten industriellen Revolution lassen sich neuartige Geschäftsmodelle und erhebliche Optimierungspotenziale (= Fähigkeiten, möglichst effizient vorzugehen) in Produktion und Logistik erschließen. Die **Digitalisierung der Industrie** stellt für jedes Unternehmen eine wichtige Herausforderung dar, die gemeistert werden sollte.

3.2.2 Produktionsbedingungen

Textilhersteller
Produktionsbedingungen auf dem Prüfstand

Deutsche Textilhersteller lassen jetzt ihre Produzenten in Asien überprüfen – durch unabhängige Organisationen oder ein eigenes Engagement vor Ort. Hintergrund sind die Katastrophen in asiatischen Textilfabriken.

Düsseldorf. Nach Katastrophen in asiatischen Textilfabriken lassen mehrere deutsche Hersteller die Produktionsbedingungen ihrer Zulieferer überprüfen. Etwa ein Drittel der 360 deutschen Bekleidungshersteller hätten die Überprüfung ihrer Produzenten durch unabhängige Organisationen veranlasst, berichtete der Industrieverband German Fashion am Montag in Düsseldorf.

Auch eigenes direktes Engagement in den Produktionsbetrieben sei sehr verbreitet, sagte German Fashion-Geschäftsführer Thomas Rasch. Der Verband vertritt vor allem mittelständische Betriebe, die zwar im Ausland, jedoch nicht im Billigsektor, fertigen lassen.

Die deutsche Bekleidungsindustrie erwirtschaftete 2013 einen Umsatz von rund zwölf Milliarden Euro – 2,4 Prozent mehr als 2012. Die Nähtische standen vor allem in China, Bangladesch und der Türkei.

Quelle: Handelsblatt, 27.01.2014, abgerufen unter: http://www.handelsblatt.com/unternehmen/handel-konsumgueter/textilhersteller-produktionsbedingungen-auf-dem-pruefstand/9389982.html [22.02.2016].

Nachdem ich das gelesen hatte, wurde mir erst richtig bewusst, welche Produktions- und Arbeitsbedingungen wir hier in unserem Tischlereibetrieb haben. Wahrscheinlich werde ich nach meiner Ausbildung übernommen und kann evtl. einen festen Job bekommen. Wenn ich an die Ausbeutung, die Arbeitszeiten und die Jugendarbeitslosigkeit in anderen Ländern denke, bin ich echt froh über meine finanzielle Situation hier und die arbeitsrechtlichen Bestimmungen bei uns.

Selina Schwartz hat bei ihrer Aussage gegenüber anderen Kolleginnen in der Mittagspause einige weitere wichtige Faktoren, die unsere Arbeitswelt kennzeichnen, unerwähnt gelassen. Die Leistungserstellung (= Produktion) in einem Betrieb wird nämlich von zahlreichen **äußeren und inneren Faktoren** beeinflusst. Die Herstellung von Sachgütern umfasst alle Tätigkeiten von der Rohstoffgewinnung über die Be- und Verarbeitung bis hin zur Verteilung (= Distribution) durch die Unternehmen.

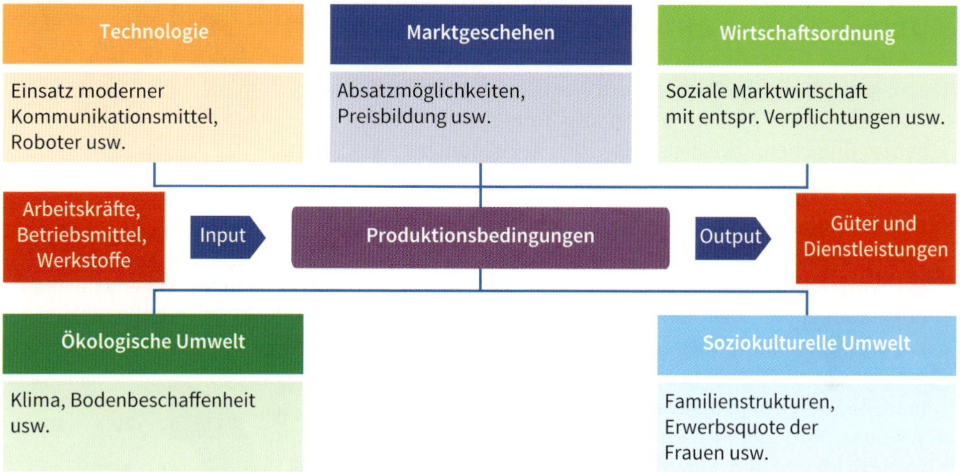

Zahlreiche äußere **Produktionsbedingungen** wirken auf die Unternehmen ein und stellen den Rahmen dar, innerhalb dessen die Waren hergestellt und Dienstleistungen angeboten werden können. Gleichzeitig beeinflussen sie auch die Produktionskosten:

- **Technologische Errungenschaften** wie der Einsatz modernster Informationstechnik, die Vernetzung des Betriebsablaufs (Industrie 4.0) können zu günstigeren Produktionskosten, höheren Gewinnen usw. und dann auch zu weiteren Investitionen führen.
- Das **Marktgeschehen** hat entscheidenden Einfluss auf Beschaffung, Verarbeitung, Marketing und Verkauf der hergestellten Güter, da sich jeder Betrieb und jedes Geschäft an den Gegebenheiten des Markts orientieren muss. Der Preis bildet sich normalerweise am Markt und hat damit wesentlichen Einfluss auf Absatz und Gewinn. Hergestellte Güter müssen auf die Nachfrage am Markt „zugeschnitten" sein, um sie gewinnbringend verkaufen zu können.
- Die **Wirtschaftsordnung,** z. B. eine ökologisch verpflichtete, soziale Marktwirtschaft, verlangt von den Unternehmen eine andere Handlungs-, und Produktionsweise als eine freie Marktwirtschaft, in der ökologische und soziale Belange eine untergeordnete Rolle spielen. In eine soziale Marktwirtschaft greift der Staat mit seinen Gesetzen bedeutend intensiver ein als in eine freie Marktwirtschaft.
- Die **Ökologie** mit bestimmten Klimabedingungen, mit den vorhandenen, begrenzten Rohstoffen, den unterschiedlich fruchtbaren Böden, usw. wirkt nicht nur auf die Landwirtschaft, sondern auf alle Industriebereiche ein, da beispielsweise die Gasgewinnung im Nahen Osten bedeutend weniger Aufwand mit sich bringt als in Nordamerika beim umstrittenen „Fracking".
- Das **soziokulturelle Umfeld** (= gesellschaftliches Wertesystem) beeinflusst die Unternehmen, da sie auf die Einstellungen und Bedürfnisse ihrer Kunden/Konsumenten achten müssen, um ihre Waren verkaufen zu können. In einem Land mit sehr vielen Singlehaushalten dürfte z. B. die

Nachfrage nach Wohnraum größer sein als in Regionen, wo evtl. noch zwei oder drei Generationen zusammen in einem Haus wohnen. Dies hat dann Auswirkungen auf den Immobilienmarkt, die Bauindustrie usw.

- Nicht nur die regionale und nationale, sondern auch die **Weltwirtschaft** hat heute Auswirkungen auf die Produktion. Durch die Globalisierung in Verbindung mit modernster Kommunikationstechnik ist „die Welt zu einem Dorf geworden". Der starke wirtschaftliche Aufstieg Asiens hat z. B. Auswirkungen auf das exportorientierte Deutschland, weil dort viele Produkte billiger produziert werden und ganze Branchen, beispielsweise die Textilindustrie, in diese „Billiglohnländer" abwanderten.
- **Gesetze und staatliche Verordnungen** können massiv ins Wirtschaftsgeschehen eingreifen. Wenn sich der Staat aus der Wirtschaft heraushält, kommt es oft zur Ausbeutung der Arbeitnehmer, weil Menschen- und Arbeitsrechte dann kaum eingehalten werden, um mithilfe von Niedriglöhnen möglichst hohe Gewinne zu machen. Weiterhin wandern manche Firmen in andere Länder ab, um in sog. Steueroasen Steuern zu sparen, da sie zu Hause höhere Steuersätze zu entrichten hätten. Ein Unternehmen kann sich langfristig besser entwickeln und entsprechend zukunftsträchtig investieren, wenn an seinem Produktionsstandort Rechtssicherheit (keine Korruption usw.) herrscht und auf die staatlichen Institutionen Verlass ist.
- Die **Qualifikation der Arbeitnehmer** kann bei den Produktionsmöglichkeiten ebenfalls eine wichtige Rolle spielen. So benötigt z. B. ein EDV-Anbieter, der sich auf Datenrettung spezialisiert hat, Computerspezialisten oder qualifizierte Ingenieure, die ihr Metier verstehen. Einfache Tätigkeiten sind hierbei nicht gefragt.
- Die **Kaufkraft der Verbraucher** kann ein wichtiges Argument bei der Standortentscheidung eines Betriebs sein. Wer beispielsweise Luxusware produziert, benötigt bestimmte Käuferschichten, die in der Lage sind, diese Produkte zu erwerben.
- Die eigene **Finanzkraft** bzw. eine großzügige Kreditgewährung oder auch die Subventionierung durch den Staat kann die Produktionsbedingungen beeinflussen. Wenn z. B. Modernisierungsinvestitionen erforderlich sind, um mit der Konkurrenz mithalten zu können, ist Kapital erforderlich. Wenn die entsprechenden Finanzierungsmöglichkeiten nicht vorhanden sind, kann dies zum Niedergang des Unternehmens führen.

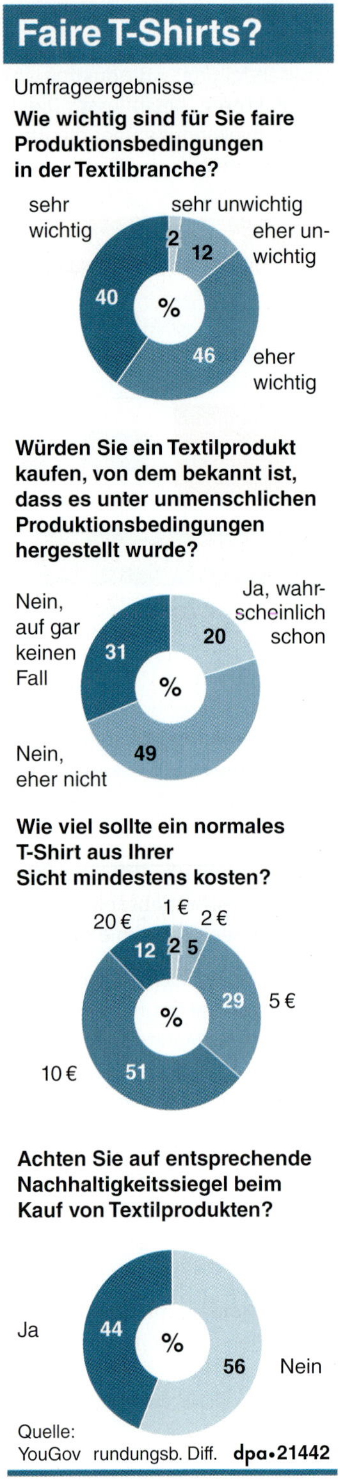

- Die **Konkurrenz der Mitbewerber** bedingt, dass sich ein Unternehmen am Markt orientiert, um im Wettbewerb mithalten zu können. In unserer schnelllebigen Zeit erfordern die sich ändernden Ansprüche des Markts/der Verbraucher große Flexibilität von den Produzenten, um nicht „den Anschluss zu verlieren“. Daher benötigen die Betriebe Innovationskraft (= Neuerungen im technischen, sozialen und ökonomischen Bereich), um gegenüber den Konkurrenten bestehen zu können.

All diese aufgezeigten Faktoren (= Produktionsbedingungen) haben Auswirkungen auf die **Produktionskosten**. Wenn beispielsweise den Kohlekraftwerken staatlicherseits aus ökologischen Gründen neue Filteranlagen vorgeschrieben werden, kann sich aufgrund dieser Investitionen das Endprodukt Strom verteuern. Investitionen/Kosten der Unternehmen werden meist auch auf deren Verkaufspreise umgelegt und können die Ware bzw. Dienstleistung daher teurer machen.

3.2.3 Produktionskosten

Fallbeispiel:
Heute unterstützt Selina Schwartz ihren Meister Olaf Dausch beim Bau von Fensterrahmen. Dazu wurden Holz, Glas, Fenstergriffe und einbruchhemmende Fensterbeschläge eingekauft. Für diese sog. Leistungserstellung muss der Betrieb Löhne, bezogenes Material und Betriebsmittel (Maschinen, Werkzeuge) bezahlen. Zudem fallen weitere Gelder wie Transport- und Energiekosten sowie Miete für die Werkshalle, Versicherungsgebühren usw. an.

Durch diesen Zusammenbau der Materialien (= Produktion) entstehen **Werte**. Diese Werte, die in einem bestimmten Zeitraum entstehen, werden als **Leistungen** bezeichnet. Die Leistungen entstehen durch den Einsatz der betrieblichen Produktionsfaktoren (Arbeit, Boden und Kapital), siehe Kap. 3.1.2, S. 121 f.

Die Werte (in Euro), die für die Leistungserstellung eingesetzt und verbraucht werden, bezeichnet man als „Kosten“.

> **Produktionskosten sind die Summe der Kosten, die bei der betrieblichen Leistungserstellung durch den Einsatz der Produktionsfaktoren entstehen.**

Der Kostenbegriff

Kosten entstehen, wenn etwas zum Zweck der Leistungserstellung verbraucht wird. Ein Hauptmerkmal des Kostenbegriffs ist der **direkte Bezug** zur erstellten **Leistung**. Zu den Kosten zählen deshalb nur diejenigen Mengen und Werte an verbrauchten Gütern, die direkt der betrieblichen Leistungserstellung dienen. Daher zählen die **Vertriebskosten** nicht zu den Herstellungskosten.

> **Kosten sind der mengen- und wertmäßige Güter- und Dienstleistungsverzehr innerhalb einer Produktionsperiode zum Zweck der Leistungserstellung.**
>
> **Kosten = leistungsbezogener, bewerteter Güterverzehr (Werteverzehr).**
> **Betriebsgewinn = Leistungen – Kosten.**

Die **Herstellkosten** bilden die zentrale Kostenart im Handwerk und der Industrie, sie bestehen aus den Einzel- und Gemeinkosten.

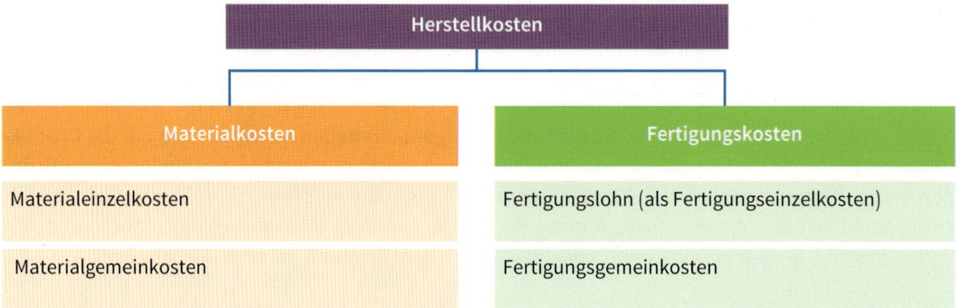

In § 255 HGB ist definiert, was an Anschaffungskosten aufgewendet werden muss, um als Herstellungskosten bezeichnet zu werden.

§ 255 HGB

[…]

(2) Herstellungskosten sind die Aufwendungen, die durch den Verbrauch von Gütern und die Inanspruchnahme von Diensten für die Herstellung eines Vermögensgegenstands, seine Erweiterung […] entstehen. Dazu gehören die Materialkosten, die Fertigungskosten […] sowie angemessene Teile der Materialgemeinkosten, der Fertigungsgemeinkosten und des Werteverzehrs des Anlagevermögens […].

Um die vielfältigen Kosten in einem Unternehmen zu berechnen und daraus Schlüsse zu ziehen, wird die sog. **Kostenrechnung** erstellt.

Aufgaben der Kostenrechnung

Die **Kosten- und Leistungsrechnung** soll im Bereich des Rechnungswesens:

- **Planungsaufgaben** erfüllen, d. h. Zahlenangaben für die **unternehmerische Planung** bereitstellen,
- **Kontrollaufgaben** wahrnehmen, d. h. die Wirtschaftlichkeit der Fertigung überprüfen, z. B. durch den Vergleich von Istwerten mit vorgegebenen Plan- oder Sollwerten,
- **Dokumentationsaufgaben** übernehmen, d. h. Preise und den späteren Gewinn (Erfolg) ermitteln, z. B. die Erfassung und Bewertung von Lagerbeständen usw,
- **Vergleichsaufgaben** erfüllen, d. h. Kostenvergleiche vornehmen, um betriebliche Verbesserungen durchzuführen.

Ziel der Kostenrechnung ist es, die Kosten auf die erstellten Leistungen, den Einzelauftrag oder das Einzelstück umzulegen. Diese **Stückrechnung** heißt auch **Kalkulation** (lat. calculus = Berechnung, siehe Kap. 3.4, S. 143 ff.).

Grundsätze und Aufbau der Kostenrechnung

Grundsätze der Kostenrechnung (auch Kosten- und Leistungsrechnung genannt)
Um die im vorangegangenen Unterkapitel genannten Aufgaben erfüllen zu können, müssen die folgenden **Grundsätze der Kostenrechnung** beachtet werden:

- Verursachungsprinzip
- Durchschnittsprinzip
- Kostentragfähigkeitsprinzip

Verursachungsprinzip: Jedem Endprodukt (= Leistungseinheit) sollen **im Idealfall** diejenigen Kosten zugerechnet werden, die es **verursacht** hat.

Beispiel:
Der Verbrauch von Leder in einer Schuhfabrik (= direkter Materialverbrauch) in der Zurechnung auf ein Paar Schuhe.

Auch Mitarbeiter sind ein Kostenfaktor für den Betrieb

Durchschnittsprinzip: Nicht alle Kosten lassen sich einwandfrei und verursachungsgerecht dem jeweiligen Endprodukt zurechnen. In diesen Fällen verwendet man errechnete **Durchschnittswerte**.

Beispiel:
Das Gehalt des Pförtners/Werksschutzes oder des Managers lässt sich nicht exakt zuordnen. Ebenso wenig der Einsatz einer Maschine, die über Jahre hinaus in der Produktion genutzt wird.

Kostentragfähigkeitsprinzip: Kosten, die sich gar nicht verursachungsgerecht den Endprodukten zurechnen lassen, werden diesen nach dem Gesichtspunkt der Tragfähigkeit zugerechnet.

Beispiel:
Das Endprodukt mit dem höchsten Verkaufserlös hat den höchsten Kostenanteil zu übernehmen.

Aufbau (Gliederung) der Kostenrechnung, auch Betriebsergebnisrechnung genannt (siehe auch **Kap. 3.4, S. 143 ff.**)

Die betriebliche Kostenrechnung lässt sich in drei Stufen gliedern, die auf drei entscheidende Kernfragen Antwort geben:

1. **Welche** Kosten sind angefallen?	⟶	Kosten**arten**rechnung
2. **Wo** sind die Kosten angefallen?	⟶	Kosten**stellen**rechnung
3. ***Wie viele*** Kosten sind bei der Herstellung einer Leistungseinheit entstanden?	⟶	Kosten**träger**rechnung (auch Kostenträgerstückrechnung oder **Kalkulation** genannt).

Einteilung der Kostenarten
Eine Gliederung der Kosten nach den **Aufgabenbereichen** führt zu der Einteilung in:

- Verwaltungskosten
- Beschaffungskosten
- Lagerkosten
- Vertriebskosten
- Kosten der Betriebsleitung
- Dienstleistungskosten
- Fertigungskosten
- Kapitalkosten usw.

Nach ihrer **Zuordnungsmöglichkeit zum Endprodukt** ergibt sich die Einteilung der Kostenarten in:
- Einzelkosten
- Gemeinkosten

Einzelkosten lassen sich für jede **einzelne** Leistungseinheit exakt erfassen und ihr unmittelbar zurechnen. Sie werden auch als **direkte Kosten** bezeichnet und können daher unmittelbar in die Kalkulation miteinfließen.

Beispiele:
- Fertigungsmaterial nach Materialschein
- Fertigungslohn nach Bruttolohnkarte
- Sondereinzelkosten der Fertigung oder des Vertriebs

Gemeinkosten oder **indirekte Kosten** können für das einzelne Stück nur schwer oder gar nicht erfasst werden. Gemeinkosten sind daher alle Kosten, die für eine Vielzahl von Erzeugnissen **gemeinsam anfallen** und den einzelnen Leistungseinheiten nur **indirekt** zurechenbar sind. Sie werden nach einem **Verteilungsschlüssel** umgelegt, hierbei kann ein Betriebsabrechnungsbogen (BAB) hilfreich sein, mit dem man die Entstehung der einzelnen Kosten ggf. verfolgen kann.

Beispiele:
- Energieverbrauch (Gas, Strom, Wasser)
- Gehalt des Pförtners oder des Werksschutzes
- Versicherungsprämien, Lagerkosten, Mieten

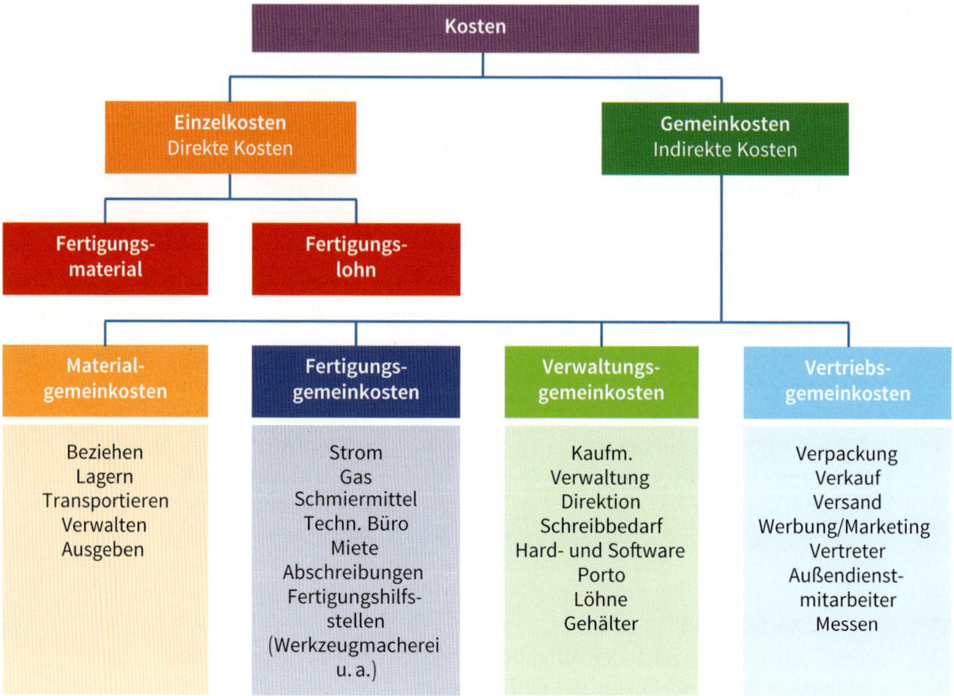

Eine weitere Kosteneinteilung erfolgt nach ihrer **Beziehung zur Produktionsmenge**, d. h. in:

- **fixe[1] Kosten**
- **variable[2] Kosten.**

Es gibt Kosten, die sich mit der Produktionsmenge ändern, und Kosten, die unabhängig von der Produktionsmenge immer anfallen, unabhängig davon, ob produziert wird oder nicht.

Fixe (feste) Kosten sind Kosten, die von der Produktionsmenge unabhängig sind. Sie fallen auch an, wenn nicht produziert wird.

Beispiele:
- Zinskosten für Kredite
- Versicherungskosten
- Raummieten
- Verwaltungskosten

Variable (veränderliche) Kosten sind Kosten, die sich mit der Produktionsmenge ändern.

Beispiele:
- Kosten der Verpackung
- Materialkosten
- Überstundenentgelte
- Energiekosten
- Fertigungslöhne im Akkord

Darstellung der Kostenverläufe

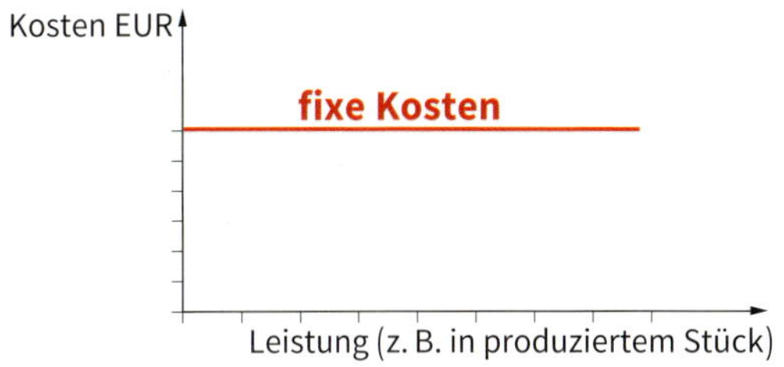

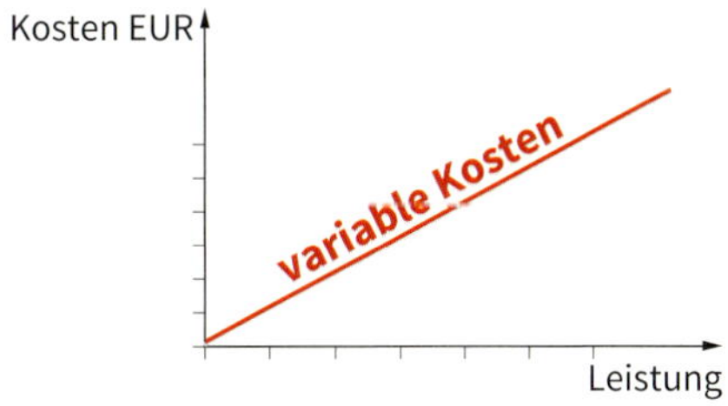

Ausgaben – Aufwand – Kosten

Ein Unternehmen kauft eine Maschine für 75 000,00 €, die in drei gleichen Jahresraten abgeschrieben werden soll. Der Kauf löst im ersten Jahr eine Ausgabe von 75 000,00 € aus. Die drei gleichen Abschreibungsraten von je 25 000,00 € im ersten, zweiten und dritten Jahr der Nutzung stellen dagegen Kosten dar.

Ausgaben und **Kosten** sind demnach nicht immer identisch (= gleich). Noch komplizierter wird es, wenn ein dritter Begriff hinzukommt, nämlich der des **Aufwands**.

---

1 lat. fixus = fest
2 lat. variare = sich verändern

- **Kosten** = bewerteter Güterverzehr zum Zweck der betrieblichen Leistungserstellung innerhalb einer Produktionsperiode (vgl. S. 129 ff.).
- **Aufwand/Aufwendungen** = bewerteter Verzehr bzw. Verbrauch **aller** Werte im Betrieb, unabhängig davon, ob sie zur Erstellung der Betriebsleistung (= Kosten) oder „neutral" verbraucht werden. Aufwendungen sind Wertabflüsse, die das Eigenkapital mindern.
- **Ausgaben** = Verringerung des Geldvermögens. Ausgaben werden erst dann zu Kosten, wenn sie zum Zweck der Erstellung der Betriebsleistung innerhalb einer bestimmten Produktionsperiode anfallen (= Auszahlungen oder „Schuldenzugänge").

3.3 Verschiedene Fertigungsverfahren und -abläufe beschreiben

Fallbeispiel:
Über diesen individuellen Auftrag „ihrer Tischlerei Kugelmann GmbH" freut sich die Auszubildende Selina Schwartz besonders. Sie soll nämlich mit zwei Gesellen im Nachbarort eine Kellerbar mit Tresen aus massiver Kiefer einbauen. Vorher müssen allerdings noch die Wände und Decken, ebenfalls mit Kieferholz verkleidet werden. „Unsere Arbeit mit dem Werkstoff Holz macht mir bedeutend mehr Spaß als irgendeine Tätigkeit am Fließband, bei der man x-mal in der Stunde die gleichen Handgriffe erledigen muss", sagt Selina zu ihrem Kollegen Kai, der ihr zustimmt.

3.3.1 Fertigungsverfahren

Alle technischen Vorgänge, mit denen ein Werkstück vom Rohzustand bis zum geplanten Endzustand bearbeitet wird, nennt man Fertigung.

Fertigung ist die Summe aller Bearbeitungsgänge vom Rohteil bis zum Fertigerzeugnis.

Um Rohteile (= Werkstoffe) in Halbfertig- oder Fertigteile umzuwandeln oder Fertigteile zu Baugruppen und Fertigerzeugnissen zu fügen, bedarf es meist mehrerer **Fertigungsverfahren**. Die hierbei benötigten Maschinen, Geräte und Werkzeuge sind die **Fertigungsmittel** (= Betriebsmittel). Das jeweils herzustellende Produkt bestimmt den Arbeitsablauf. Er wird durch die **Arbeitsvorbereitung** festgelegt.

Je nach Art und Menge der zu erstellenden Leistung (= Güterproduktion) können verschiedene Fertigungsverfahren angewandt werden.

Fertigungsverfahren

Ablaufbezogene Fertigung	Mengenbezogene Fertigung
- Werkstattfertigung	- Einzelfertigung
- Fließfertigung	- Serienfertigung
- Gruppenfertigung	- Sortenfertigung
- Baustellenfertigung	- Massenfertigung

Es gibt weitere Kriterien, nach denen die Produktions- bzw. Fertigungsverfahren unterschieden werden können.

Unterteilung der verschiedenen Fertigungsverfahren

Nach der Beteiligung der menschlichen Arbeitskraft	Nach der Häufigkeit des Fertigungsvorgangs	Nach der Anordnung von Werkzeug und Maschinen
Manuelle Fertigung, maschinelle Fertigung, computerintegrierte Fertigung, automatische Fertigung	Fertigungsarten (Einzel- oder Mehrfachfertigung)	Fertigungsorganisation/ Ablaufarten (Werkstatt-, Reihen- bzw. Fließfertigung sowie Gruppen- und Baustellenfertigung)

Manuelle Fertigung

In der Bau- und Möbeltischlerei Kugelmann steht, wie bei vielen anderen Handwerksbetrieben auch, bei den meisten Aufträgen die Handarbeit im Vordergrund, z. B. beim Ausbau und bei der Gestaltung des Partyraums im Fallbeispiel. Der Tresen und die Wandverkleidung aus Kiefernholz werden weitgehend per Hand gefertigt, wobei Hilfsmittel wie Bohrmaschine, Kappsäge, Schwingschleifer, Druckluftnagler usw. eingesetzt werden. Typisch für die Handarbeit ist, dass der Fachmann das Werkstück führt, daher ist manuelle Tätigkeit normalerweise kaum rationalisierbar und lohnintensiv.

Maschinelle Fertigung

Die maschinelle Fertigung ist zwar nicht so anpassungsfähig wie die Handarbeit, aber bedeutend produktiver. Die Mitarbeiter können in der gleichen Zeit bedeutend mehr Aufträge erledigen. Maschinelle Fertigung findet man meist in der Serien- und Sortenfertigung.

Computerintegrierte Fertigung (CIM)

Die heutige Produktion ist ohne Computereinsatz nicht mehr vorstellbar. In Großbetrieben sind die Computersysteme mit einem Zentralrechner vernetzt, sodass im Rahmen von **CIM** (= **Computer Integrated Manufactoring**) alle Daten jedem Anwender zur Produktionsplanung und -steuerung zur Verfügung stehen. Dies gilt sowohl für den technischen als auch für den kaufmännischen Bereich eines Unternehmens. Um die Flexibilität und insbesondere die Produktivität im Betrieb zu erhöhen, müssen alle betrieblichen Prozesse miteinander vernetzt (= digitalisiert) sein. Dies beginnt mit dem Kundenauftrag und der Lieferung, geht weiter über die Arbeitsvorbereitung und Konstruktion bis zur Produktionsplanung und -steuerung inkl. Qualitätssicherung und endet bei der Auslieferung der Waren.

Computer-aided Design (CAD)
Rechnergestützte Konstruktion, Zeichnung bzw. Entwicklung von Werkzeugen, Produkten in anschaulicher, dreidimensionaler Darstellung.

Computer-aided Planning (CAP)
Computergestützte Arbeitsplanung, um die verschiedenen Arbeitsschritte mit dem Einsatz der Maschinen und Arbeitssysteme zu koordinieren und optimieren.

Computer-aided Engineering (CAE)
Rechnergestützte Entwicklung, um Arbeitsprozesse zu simulieren und Produktionsfehler zu entdecken, z. B. durch Ein- und Ausbauuntersuchungen, Wärme- oder Strömungsuntersuchungen.

CIM

Computer-aided Manufactoring (CAM)
Computergestützte Produktion, die sowohl Transport-, Lager- als auch Fertigungsvorgänge steuert. Durch die Verknüpfung mit CNC-Maschinen (= digital gesteuerte Werkzeugmaschinen) kann der Fertigungsprozess kontinuierlich überwacht werden, um dann auch auf Besonderheiten wie Kapazitätsausfall usw. flexibel reagieren zu können.

Computer-aided Quality Assurance (CAQ)
Rechnergestützte Qualitätssicherung und -kontrolle. Mithilfe von Sensoren, die sich in den Maschinen befinden, werden Mengen-, Termin- und Qualitätsprüfungen durchgeführt. Dieses Betriebsdatenerfassungssystem dient dazu, Fehler frühzeitig zu entdecken und zu korrigieren.

Betriebsdatenerfassung (BDE)
Hier werden Informationen erfasst, z. B. Produktionsmengen, Zeitwerte der Aufträge, Mitarbeiter, Stillstandszeiten und an die Produktionsplanung und -steuerung gemeldet.

Produktionsplanung und -steuerung (PPS)
Dieses umfangreiche Softwaresystem umfasst alle Aspekte der Produktionsprogrammplanung. Dazu gehören die Mengenplanung, die Grob- und Feinterminierung usw. Die zuständigen Mitarbeiter tragen ihre Daten über die jeweiligen Aufträge und Produkte ein und das PPS wertet die Daten aus, um die gesamte Produktion planen und überwachen zu können. Mithilfe von PPS sollen in Großbetrieben eine hohe Termintreue, eine hohe Kapazitätsauslastung, niedrige Warenbestände, eine große Planungssicherheit und eine kurze Durchlaufzeit erreicht werden.

Automatische Fertigung
Bei der automatischen Fertigung steuern und regeln sich die Maschinen selbsttätig, wobei im höchsten Grad der Automatisierung die Maschinen (= Roboter) die Arbeit allein leisten, d. h., sie überwachen sich selbst und korrigieren Fehler.

Eingesetzte Maschinen bei der automatischen Fertigung sind:

- **CNC-Maschinen** (CNC = Computerized Numerical Control). Hier werden Werkstücke von einer EDV-gesteuerten Werkzeugmaschine mit hoher Präzision auch für komplexe Formen automatisch hergestellt. Die Maschinen können sowohl am Arbeitsplatz als auch von außen programmiert werden.
- **flexible Fertigungssysteme** (FFS). Durch ein flexibles Montage- und Transportsystem werden verschiedene CNC-Maschinen miteinander verbunden. Die EDV steuert die einzelnen Maschinen und den Materialfluss, sodass unterschiedliche Werkstücke in der gewünschten Reihenfolge bearbeitet werden können.

- **Industrieroboter**. Dies sind universelle, frei programmierbare Automaten zur Handhabung, Montage oder Bearbeitung von Werkstücken. Mithilfe der Programmierung ist ein Roboter in der Lage, einen Arbeitsablauf selbstständig durchzuführen oder auch mithilfe von Sensoren zu variieren.

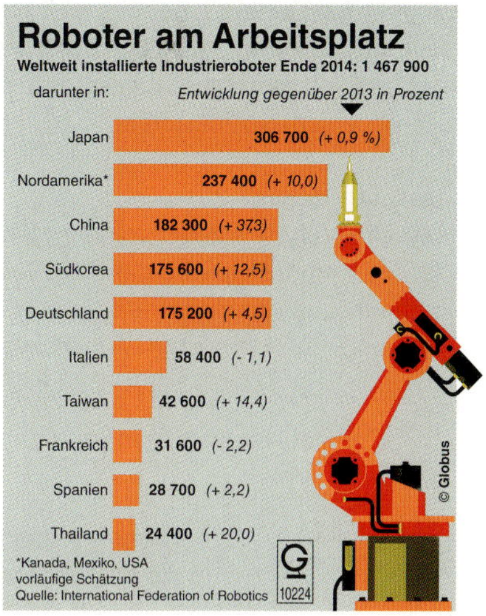

Fertigungsarten – Fertigungstypen

Einzelfertigung

Es werden einzelne, jeweils verschiedene und nur wenige Produkte hergestellt, z. B. Schiff, Einbauküche, Einfamilienhaus. Es wird stets nach Kundenbestellung, also nicht auf „Vorrat" gefertigt. Bei umfangreichen Arbeiten ergibt sich eine aufwendige Planung. Betriebsmittel und Arbeitskräfte müssen vielseitig verwendbar sein (hohe Qualifikation, Flexibilität, Verantwortung).

> Bei der **Einzelfertigung** wird von einem Produkt nur eine Einheit hergestellt.

Mehrfachfertigung

Von einem Produkt werden mehrere oder viele Einheiten hergestellt. Dabei unterscheidet man die **Serien-**, **Sorten-** und **Massenfertigung**.

Werden verschiedene Erzeugnisse nebeneinander nach einem Programm in begrenzt hoher Stückzahl gefertigt, liegt **Serienfertigung** vor. Die Produkte unterscheiden sich meist in Farbe, Form, Ausstattung usw., z. B. Laptops, Pkws mit unterschiedlichen Farben, Ausstattungsvarianten, verschiedenen Leistungsstufen.

Je nach Menge der Erzeugnisse handelt es sich um:

- **Kleinserien** (Werkzeugmaschinen, modische und der Jahreszeit angepasste Kleidung), die manchmal auch in Handwerksbetrieben hergestellt werden,
- **Großserien** (Automobile, Haushaltsgeräte), die fast nur in der Industrie produziert werden. Durch den Einsatz modernster Produktionsanlagen sind die Fertigungszeiten relativ kurz und wegen der hohen Stückzahlen die Stückkosten gering.

Sortenfertigung

Sortenfertigung liegt vor, wenn sich gleichartige Artikel nur nach Typen – also nur in Form, Farbe, Qualität, Maßen oder Gewichten – voneinander unterscheiden, z. B. Anzüge, Fruchtjoghurte, Stahlblech in verschiedenen Dicken, Limonade. Zur Fertigung werden stets die gleichen Betriebsmittel und die gleichen oder verschiedene Rohstoffe verwendet, daher sind bei der Maschinenumrüstung von einer Sorte auf die andere meist nur geringe Rüstzeiten erforderlich.

Chargenfertigung
Die **Chargenfertigung** ist eine Sonderform der Sortenfertigung, wenn bei der Produktion aufgrund des Fassungsvermögens eines Betriebsmittels nur eine begrenzte Anzahl hergestellt werden kann, z. B. bei einem Schmelzofen.

Massenfertigung
Massenfertigung erzeugt vollkommen gleichartige Güter in sehr großen Mengen über eine längere Zeit. In der Industrie wird dann auf Vorrat, meist kostengünstig mit Automaten produziert, z. B. CD-Rohlinge, LED-Lampen. Die Stückkosten sind relativ gering, weil sich die betrieblichen Fixkosten (= gleichbleibende Kosten wie Zinskosten für Kredite) auf die große Produktionsmenge verteilen.

Zur **Mehrfachfertigung** zählen Serien-, Sorten- und Massenproduktion.

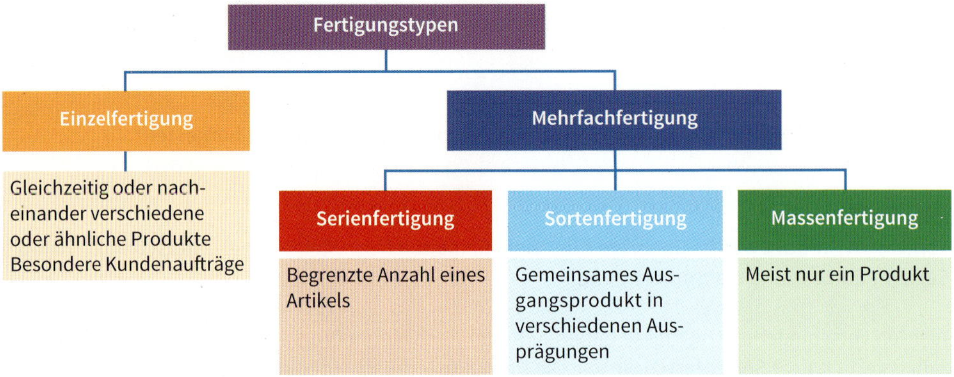

Fertigungsorganisation
Ist gut ausgebildetes Personal vorhanden, soll möglichst flexibel und auch logisch aufeinander abgestimmt gearbeitet werden. Sind die zu fertigenden Mengen nicht zu groß, dann ist **Werkstattfertigung,** manchmal auch „Werkstättenfertigung“ genannt, vorteilhaft.

Wird ein klarer, straffer Produktionsfluss mit niedrigen Stückkosten angestrebt, wählt man bei ausreichender Menge die **Fließ- oder auch Reihenfertigung** (z. B. Automatenstraße, Fließband).

Lässt sich das zu erzeugende Produkt nur schwer oder gar nicht transportieren, so wird es an Ort und Stelle gefertigt, z. B. Wohnhaus, ortsgebundene Reparatur. Es liegt **Baustellenfertigung** vor.

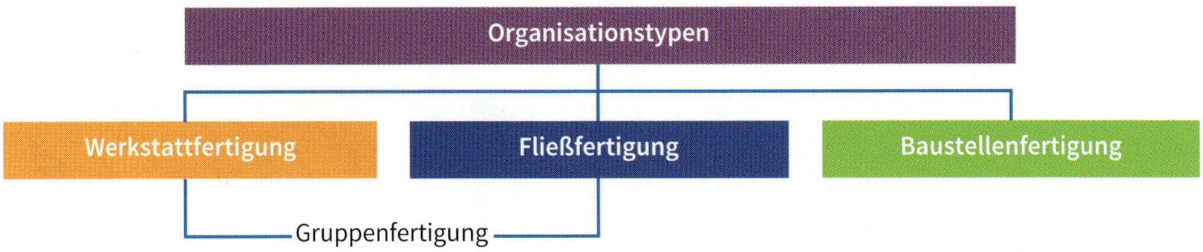

Werkstattfertigung
Im Handwerk spricht man von einer Werkstatt, wenn ein Raum mit Maschinen, Arbeitsvorrichtungen und Werkzeugen zur Verfügung steht, z. B. eine Tischlerwerkstatt. In der Industrie durchlaufen

alle Werkstücke, die eine gleiche Herstellung oder Bearbeitung erfordern, die gleichen Werkstätten (Werkhallen), daher spricht man dort auch oft von Werkstättenfertigung.

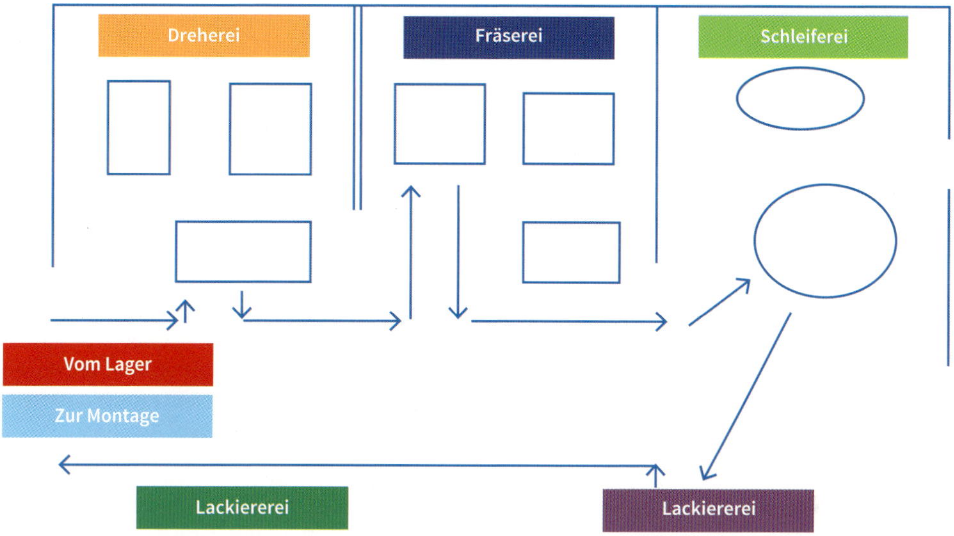

Geeignet ist dieser Fertigungstyp bei **Einzelfertigung und Kleinserien** mit veränderlichen Bearbeitungen. Die Arbeitsvorbereitung und die Kalkulation sind oftmals aufwendig. Die eingesetzten (Universal-)Maschinen eignen sich hierbei für verschiedenartige Bearbeitungen.

Bei der Werkstattfertigung werden Maschinen und Arbeitsplätze mit gleichen oder ähnlichen Anforderungen in einer Werkstatt zusammengefasst.

Fließ- oder Reihenfertigung
Bei der Fließfertigung sind die verschiedenen Bearbeitungsstationen den erforderlichen Arbeitsgängen entsprechend nacheinander angeordnet. Dadurch entfallen die Nachteile der Werkstättenfertigung.

Beispiel:
Fertigung nach dem Flussprinzip

Die Fertigung wird in kleine Teileinheiten zerlegt, an die auch die Betriebsmittel angepasst sind. Die einzelnen Arbeitsplätze sind durch mechanische Fördermittel (z. B. Rollenbahnen, Förderbänder, Hängeanlagen) miteinander verbunden. Die Arbeitsvorbereitung legt im **Arbeitsplan** nicht nur die Bearbeitungsfolge (= Schritte) fest, sie gibt auch meist die Arbeitszeit, den **Takt** vor, in dem das Band weiterläuft.

Taktzeit ist die Zeit, in der jeweils eine Mengeneinheit fertiggestellt wird.

Jeder Arbeitnehmer verrichtet nur wenige „Handgriffe". Er übersieht nicht die ganze Fertigung. Er kann an seinem Arbeitsplatz angelernt werden (Training on the Job[1]). Die erforderlichen Kenntnisse und Fertigkeiten werden beim praktischen Arbeiten erworben (Learning by Doing[2]).

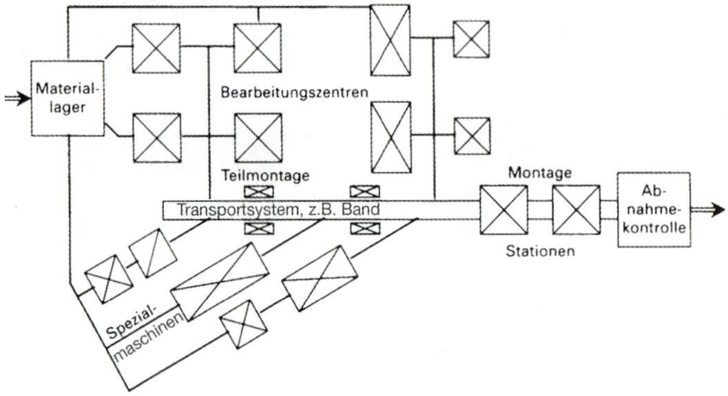

Zwischenlager (= Puffer) sind nur bei der **Reihenfertigung** vorgesehen, weil dort die Arbeitsverrichtungen zeitlich nicht aufeinander abgestimmt sind. Bei der **Fließfertigung** mit ihrer Großserien- oder Massenproduktion sind in der Regel keine Puffer vorhanden. Fließbandarbeit wird oft wegen ihrer manchmal einseitigen körperlichen Belastung als inhuman kritisiert. Heutzutage übernehmen allerdings immer mehr Roboter die monotonen (= eintönigen, langweiligen) Arbeiten.

Bei der Fließfertigung (Reihenfertigung) werden verschiedenartige Maschinen und Arbeitsplätze so angeordnet, dass die zur Fertigung eines Produkts notwendigen Arbeitsgänge unmittelbar – meist im Takt – aufeinanderfolgen.

Gruppenfertigung

Vielfach werden Mischformen von Werkstatt- und Fließfertigung gebildet, z. B. werden Teilprodukte (Wellen, Zahnräder, Kupplungen, Getriebekästen) in Werkstattfertigung, das Endprodukt (Getriebe) dann in Fließfertigung erzeugt.

Die Anordnung der Betriebsmittel und der Arbeitsplätze erfolgt nach dem Arbeitsfluss für einen Arbeitsabschnitt (Drehen der Welle, Fräsen der Nut für Passfeder, Einbau der Passfeder, Aufziehen der Kugellager usw.). Bei dieser Gruppenarbeit sind mehrere Arbeitnehmer gemeinsam verantwortlich für den Zusammenbau des Endprodukts oder bestimmter Module. Die Gruppe teilt sich die Arbeitsplätze selbst zu, bestimmt eigenverantwortlich das Arbeitstempo und damit auch ihren Lohn.

Baustellenfertigung

Hier wird das Produkt an einer ortsgebundenen Baustelle hergestellt. Sowohl Mitarbeiter als auch Betriebsmittel und Werkstoffe müssen zur Baustelle gebracht werden, z. B. beim Bau einer Brücke oder auch im Handwerk beim Einbau eines Tresens in den Partyraum eines Einfamilienhauses.

3.3.2 Fertigungsablauf

Die Waren- und Güterproduktion als „Herzstück" eines Unternehmens muss intensiv geplant werden. Das jeweils herzustellende Produkt bestimmt dabei den Arbeitsablauf. Dieser wird durch die **Arbeitsvorbereitung** festgelegt.

1 Training on the Job = Anlernen bei der Arbeit, Ausbildung am Arbeitsplatz.
2 Learning by Doing = Lernen durch Tun (Selbstständigkeit)

Der Fertigungsablauf bestimmt die Produktionsplanung und -steuerung (PPS), die für einen reibungslosen und wirtschaftlichen Produktionsprozess zu sorgen hat. Die PPS beinhaltet die operative (= strategische, zielgerichtete), zeitliche, mengenmäßige und ggf. auch räumliche Planung, Steuerung und Kontrolle sowie auch die Verwaltung aller Vorgänge, die bei der Herstellung von Gütern notwendig sind. Dazu gehört auch die Bedarfsplanung in Bezug auf Maschinen, Personal und Material.

Zur PPS gehören die Materialwirtschaft, die wichtige **Zeit- und Kapazitätsplanung** (= Zeitwirtschaft), die Auftragsfreigabe und die Auftragsüberwachung. Das PPS-System basiert normalerweise auf einem sukzessiven (= allmählich voranschreitenden) Planungskonzept, wobei die Aufgaben in Teilprobleme zerlegt und dann nacheinander gelöst werden. Dies bezeichnet man als **funktionsorientierte Ablauforganisation** oder -**planung.** Die Fertigung muss möglichst reibungslos und schnell bei guter Qualität „über die Bühne gehen", um Kosten zu sparen und eine hohe Arbeitsproduktivität zu erreichen.

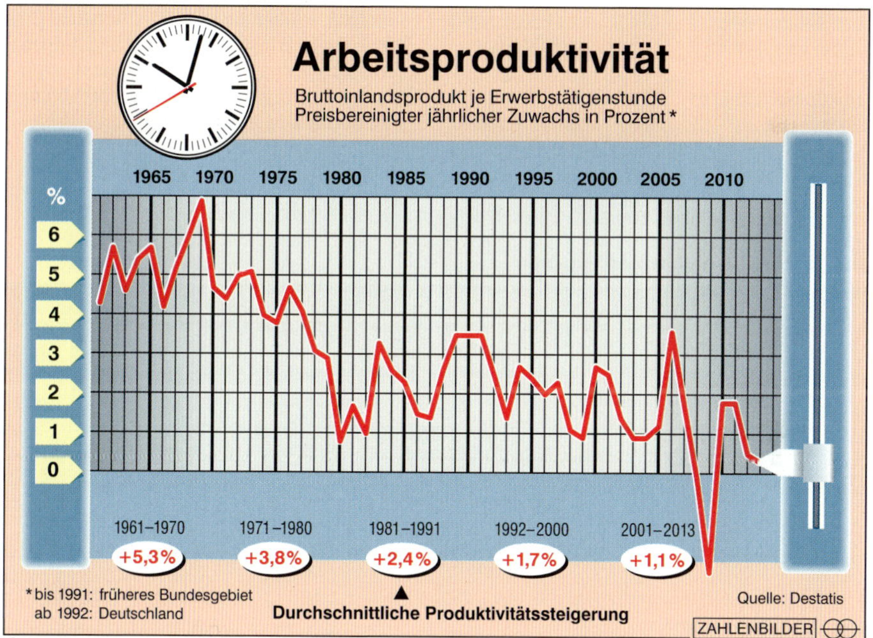

349 100

- In der **Primärbedarfsplanung**, auch Arbeitsvorbereitung genannt, werden Art, Menge und Fertigungstermine der Enderzeugnisse festgelegt sowie der Zeitraum, in dem bestimmte Produkte in bestimmter Menge hergestellt werden sollen.
- Die **Sekundärbedarfsplanung** (= **Materialbedarfsplanung**) legt fest, welche Mengen an Einsatzgütern (= Rohstoffe, Vor- und Zwischenprodukte) für den Zeitraum der Produktion benötigt werden.
- Die **Ablaufplanung** basiert auf den vorhandenen **Konstruktionszeichnungen und Stücklisten.** Sie umfasst die Fertigungs-, Arbeits- Termin- und Kapazitätsplanung sowie die Losgrößenplanung. Hier wird festgelegt, wie viele Aufträge eines Produkts zu einem Los (= Bestellmenge) zusammengelegt werden können.

Konstruktionszeichnung

Ein **Dokument** in schriftlicher und grafischer Form, meist mithilfe eines CAD-Programms (= Computer-aided Design) dreidimensional erstellt. Es enthält alle erforderlichen Informationen, die für die Herstellung und Beschreibung eines Einzelteils, einer Baugruppe oder des gesamten Produkts erforderlich sind.

Stückliste

Eine mengenmäßige Z**usammenstellung aller benötigten Teile** eines Produkts. Die Liste wird auf der Grundlage der Konstruktionszeichnung erstellt und beinhaltet alle erforderlichen Baugruppen, Einzelteile und Werkstoffe eines Produkts.

Ablaufplanung

Fertigungsplan

Legt die Reihenfolge und Zuordnung der Einzelteile und Baugruppen eines Erzeugnisses fest. Grundlage sind die Konstruktionszeichnung und die Stückliste.

Arbeitsplan

- Beschreibt detailliert den Durchlauf jedes Teils, jeder Baugruppe und des kompletten Produkts.
- Enthält alle Informationen über Rohmaterialien, Betriebsmittel, Werkzeuge, Maschinen, usw.

Terminplan

- Beinhaltet die gesamte Zeitspanne von der Beschaffung über die Fertigung bis zum Verkauf/Versand.
- Aus den Zeitvorgaben wird die Durchlaufzeit jedes Teils/jeder Baugruppe/jedes Produkts ermittelt.

Bedarfsplan

Enthält den Bedarf an Arbeitskräften, Materialien (Roh- und Hilfsstoffe) und Betriebsmitteln (Maschinen, Werkzeuge, Vorrichtungen usw.)

Beispiel für einen einfachen Arbeitsplan

Arbeitsplan					
Werkstück: Lf-Nr.	Distanzhülse (groß) Arbeitsgang	Werkstoff: Werkzeug	Messing Sollmaß	Stückzahl: Kostenstelle	1 bis 20
1	Werkstück einspannen			300	
2	Werkstück abstechen	Abstechmeißel	15,3 mm	340	
3	umspannen			360	
4	Plandrehen	Plandrehmeißel	14,5 mm	350	
5	Zentrieren	NC-Bohrer		400	
6	Bohren	Bohrer	5,1 mm	510	

Beispiel für einen Zeitplan

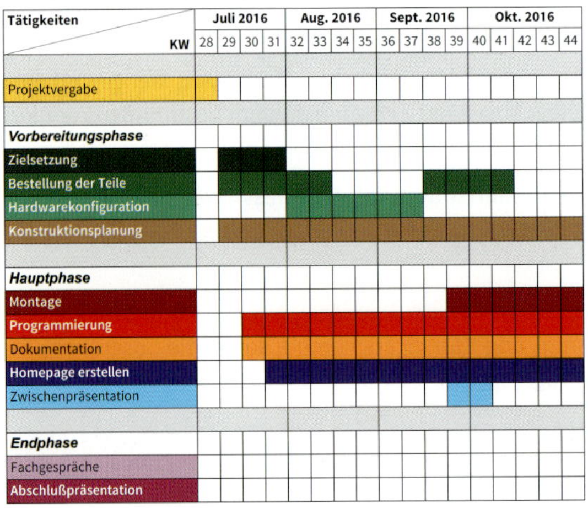

3.4 Selbstkosten für ein Produkt kalkulieren

Fallbeispiel:

Bei unserer Fensterproduktion fallen sowohl eigene als auch fremde Kosten für Glas usw. an. Da würde mich schon einmal interessieren, wie unser Chef in Verbindung mit dem Rechnungswesen die Kosten berechnet und dann die Verkaufspreise festlegt.

Bei den Selbstkosten geht es um die Summe aller durch die Produktion entstandenen Kosten für einen sog. Kostenträger (= Produkt, Ware). Sie beinhalten sowohl die Material- und Fertigungskosten als auch die Verwaltungs- und Vertriebskosten.

Um die Preise für ein Endprodukt berechnen und festlegen zu können, ist die **Kalkulation** (= Berechnung) der eigenen Kosten (Produktions- und Stückkosten) erforderlich.

Kalkulation

- Dient der Ermittlung der Stückkosten einer Ware/Dienstleistung (= **Kostenträgerstückrechnung**, siehe Kap. 3.4.2, S. 148).
- Dient der Ermittlung der Produktionskosten einer Ware innerhalb einer Periode (= **Kostenträgerzeitrechnung**, siehe Kap. 3.4.2, S. 148).
- Dient der Ermittlung des Brutto- und Nettoverkaufspreises.

3.4.1 Kostenträgerrechnung

Bei der **Preisbildung** eines Produkts sind vor allem betriebsindividuelle Kosten, die Nachfrage- und die Konkurrenzsituation zu beachten. Beim Kalkulieren hilft die Kostenträgerrechnung (siehe Kap. 3.2.3, S. 129 ff.). Vor der Angebotspreisberechnung erfolgt allerdings die **Selbstkostenkalkulation**. Das heißt, die Selbstkosten einer Leistungseinheit (= Produkt usw.) werden mithilfe einer bestimmten Art von Kalkulation (= Kostenträgerrechnung) ermittelt.

Aufgaben der Kostenträgerrechnung

Hauptaufgabe der Kostenträgerrechnung ist es, die durch die Leistungserstellung verursachten Kosten auf die erzeugten Endprodukte zu verteilen.

Die Endprodukte haben die entstandenen Kosten zu „tragen“. Deshalb die Bezeichnung Kostenträgerrechnung.

Damit erfüllt die Kostenträgerrechnung folgende Aufgaben:

- **Sie stellt die Informationen für die Preispolitik zur Verfügung.**
- **Sie liefert die Grundlage für die Bestandsbewertung.**

In der Kostenträgerrechnung (= Kostenträgerstückrechnung oder Kalkulation) werden also die Kosten je Produkteinheit, d. h. pro Stück, pro Serie, pro Auftrag usw., ermittelt.

Überblick über die Kalkulationsverfahren in Industrie und Handel

Das nachfolgende Schema gibt einen Überblick über die gebräuchlichsten Kalkulationsverfahren in Industrie- und Handelsbetrieben.

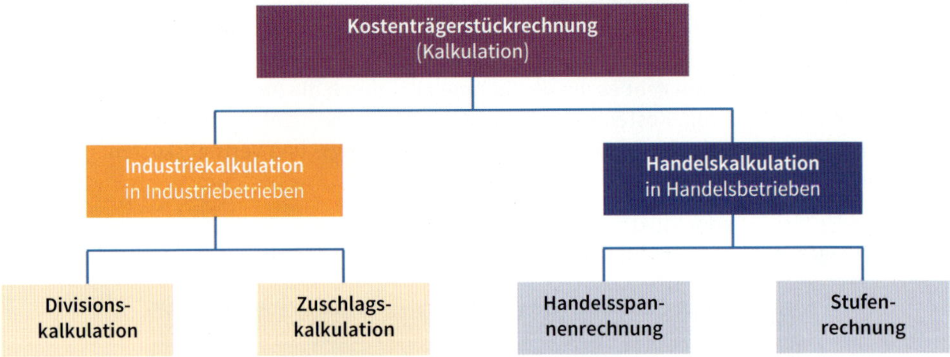

3.4.2 Verschiedene Kalkulationsverfahren

Die einfache Divisionskalkulation

Sie kommt vorwiegend in Betrieben zum Einsatz, in denen ein einheitliches Produkt in Massenfertigung produziert wird.

Dabei wird die Gesamtsumme der entstandenen Kosten durch die hergestellte Gesamtmenge **dividiert** (daher auch der Name „Divisionskalkulation“). Auf diese Weise kommt man zu den **Selbstkosten**.

Rechenbeispiel einer Divisionskalkulation

In einer Brauerei werden monatlich 15 000 Hektoliter (hl) Bier gebraut. Dabei entstehen Gesamtkosten in Höhe von 3 000 000,00 €.

$$\text{Selbstkosten je hl} = \frac{\text{Gesamtkosten}}{\text{erzeugte Menge}} = \frac{3\,000\,000{,}00\ €}{15\,000\ \text{hl}} = \frac{200{,}00\ €}{\text{hl}} = \frac{2{,}00\ €}{\text{Liter}}$$

$$\textbf{Stückkosten} = \frac{\textbf{Gesamtkosten}}{\textbf{Produktionsmenge}}$$

Die Zuschlagskalkulation oder auch Selbstkostenkalkulation

In Industriebetrieben, die mehrere verschiedenartige Erzeugnisse herstellen, kommt die **Zuschlagskalkulation** in Betracht. Sie beruht auf der Unterscheidung der Kosten in **Einzel- und Gemeinkosten.** Die Einzelkosten lassen sich den Endprodukten (= Kostenträgern) direkt zurechnen. Die Gemeinkosten werden bei der Zuschlagskalkulation mithilfe ermittelter Gemeinkosten-Zuschlagssätze in Prozent auf die Einzelkosten aufgeschlagen bzw. den Einzelkosten **zugeschlagen** (daher auch der Name „Zuschlagskalkulation“). Der **Gemeinkostenzuschlag,** der zuvor in der Kostenstellenrechnung ermittelt wurde, kann dieser entnommen werden.

Da die Zuschläge oftmals über einen längeren Zeitraum unverändert bleiben, lassen sie sich im Rahmen der sog. Vorwärtskalkulation vereinfachend zu einem einzigen **Kalkulationszuschlag** zusammenfassen:

$$\textbf{Kalkulationszuschlag in Prozent} = \frac{\textbf{Verkaufspreis - Einstandspreis}}{\textbf{Einstandspreis}} \cdot 100$$

Aus den Einzel- und anteiligen Gemeinkosten ergeben sich die Selbstkosten (vgl. hierzu das nachfolgende Rechenbeispiel). Über einen zusätzlichen Gewinnzuschlag kommt man dann zum Angebotspreis.

Rechenbeispiel einer Selbstkostenkalkulation

In einer Maschinenfabrik ist der Angebotspreis (Verkaufspreis) einer hergestellten Maschine zu ermitteln.

An Einzelkosten sind angefallen:
Materialeinzelkosten = 35 500,00 €
Fertigungseinzelkosten = 57 085,00 €
Die Gemeinkosten-Zuschlagssätze lauten gemäß BAB (Betriebsabrechnungsbogen):
Materialgemeinkosten-Zuschlagssatz = 14,5 %
Fertigungsgemeinkosten-Zuschlagssatz = 74,0 %
Verwaltungsgemeinkosten-Zuschlagssatz = 7,5 %
Vertriebsgemeinkosten-Zuschlagssatz = 6,0 %
Es soll mit einem Gewinn von 8,0 % kalkuliert werden.

Kalkulationsschema der Zuschlags- oder Selbstkostenkalkulation:

Materialeinzelkosten	**= 35 500,00 €**
+ Materialgemeinkosten (= 14,5 % von 35 500,00 €)	**= 5 147,50 €**
+ Fertigungseinzelkosten (= Fertigungslohn)	**= 57 085,00 €**
+ Fertigungsgemeinkosten (= 74,0 % von 57 085,00 €)	**= 42 242,90 €**
= Herstellkosten	**= 139 975,40 €**
+ Verwaltungsgemeinkosten (= 7,5 % von 139 975,40 €)	**= 10 498,16 €**
+ Vertriebsgemeinkosten (= 6,0 % von 139 975,40 €)	**= 8 398,52 €**
= Selbstkosten	**= 158 872,08 €**
+ Gewinn (= 8,0 % von 158 872,08 €)	**= 12 709,77 €**
Angebotspreis (Barverkaufspreis - netto)	**= 171 581,85 €**

Gegebenenfalls werden dem Barverkaufspreis noch Kundenrabatt und Kundenskonto aufgeschlagen, falls diese gewährt werden. Beim Verkauf an Endverbraucher muss noch die Umsatzsteuer (= Mehrwertsteuer, 19 %) hinzugefügt werden.

Die Handelskalkulation

Ausgangspunkt jeder Handelskalkulation ist der **Einstandspreis**. Er setzt sich zusammen aus dem Beschaffungspreis **abzüglich** erhaltener Rabatte (z. B. bei einer größeren Mengenabnahme) und Skonti (z. B. kann bei sofortiger Bezahlung des Rechnungsbetrags 2 % Skonto gewährt werden) und **zuzüglich** angefallener Verpackungs- und Transportkosten. Im Handel haben sich zwei Kalkulationsverfahren herausgebildet:

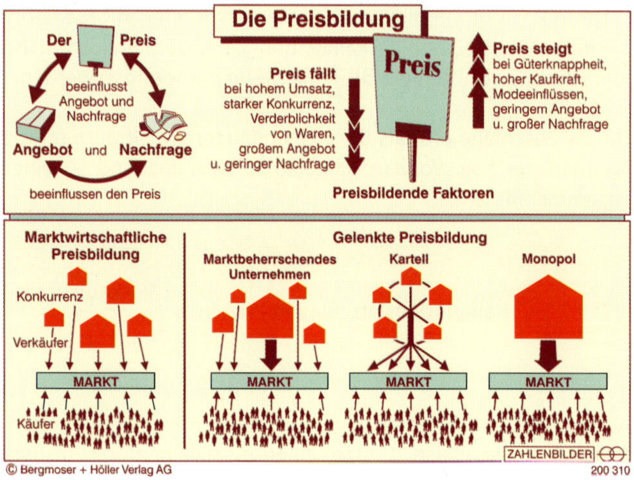

© Bergmoser + Höller Verlag AG

- die Handelsspannenrechnung,
- die Stufenrechnung.

Die Handelsspannenrechnung

Um Schwierigkeiten in der Differenzierung (= Aufspaltung) der Kosten zu umgehen, hat sich im Warenhandel die **Pauschalkalkulation** (Pauschale = geschätzte, gerundete Summe) eingebürgert. Sie wird als **Handelsspannenrechnung** bezeichnet.

Die Handelsspanne ist die Differenz (= Unterschied) zwischen dem Einstandspreis einer Ware und deren Verkaufspreis. In der Handelsspanne sind sowohl die Gemeinkosten des Handelsbetriebs als auch sein Gewinn enthalten.

(Netto-)Verkaufspreis – Bezugspreis = Handelsspanne

Die Stufenrechnung

Die Stufenrechnung ist aussagekräftiger als die Handelsspannenrechnung. Sie arbeitet mit getrennten Zuschlagssätzen für die Gemeinkosten und den Gewinn. Dabei werden der Gemeinkostenzuschlag in Prozent des Einstandspreises und der Gewinnzuschlag in Prozent der Selbstkosten gerechnet.

Kalkulationsschema der Stufenrechnung:

Einstandspreis der Ware
+ Gemeinkostenzuschlag (in Prozent des Einstandspreises)
= Selbstkosten
+ Gewinn (in Prozent der Selbstkosten)
= Verkaufspreis der Ware

Rechenbeispiel der Stufenrechnung

Ein Einzelhandelsfachgeschäft bezieht LED-Fernseher zu einem Einstandspreis von 1 200,00 €. Der Geschäftsinhaber kalkuliert in Stufenrechnung mit folgenden Zuschlagssätzen:

- für interne Kosten 20 % des Einstandspreises,
- für Absatzkosten 10 % des Einstandspreises,
- Gewinnzuschlag 10 % der Selbstkosten

a) Wie hoch ist die Handelsspanne in Euro?
b) Wie hoch ist die Handelsspanne in Prozent des Verkaufspreises?

Einstandspreis	= 1 200,00 €
interne Kosten (20 %)	= 240,00 €
Absatzkosten (10 %)	= 120,00 €
Selbstkosten	= 1 560,00 €
Gewinn (10 % der Selbstkosten)	= 156,00 €
Verkaufspreis	**= 1 716,00 €**

Lösung:
a) Handelsspanne in Euro = **516,00 €**
b) Handelsspanne in Prozent des Verkaufspreises = **30,1 %**

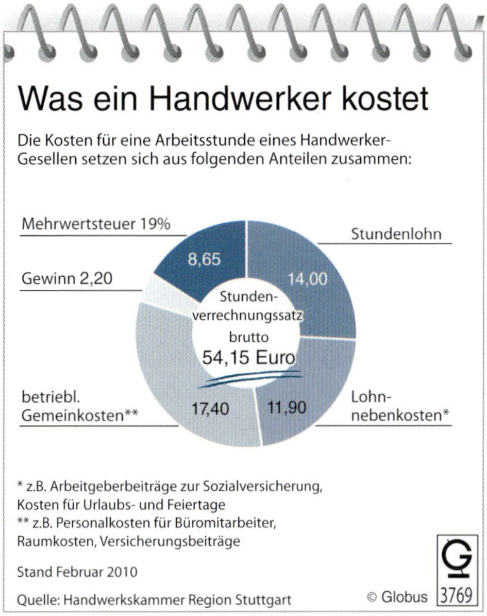

Kalkulation im Handwerksbetrieb

Im Handwerk ist die Stundensatzkalkulation dominierend, da hier die Einzelfertigung, Reparaturen oder Dienstleistungen im Vordergrund stehen. Hierbei können Handwerker und andere Dienstleister ihre **Stundenverrechnungssätze** kalkulieren. Mithilfe der Kostenbestandteile des Stundenverrechnungssatzes kann rentabel geplant, Angebote können abgegeben werden usw.

Beispiel:

Schneidermeisterin Fuchs errechnet den Stundenverrechnungssatz beim Ansatz von 24,00 € Fertigungslohnkosten pro Stunde.

Fertigungslohn je Stunde (= 100 %)	24,00 €
+ Gemeinkostenzuschlag (= 130 %)	31,20 €
= Selbstkosten (SK = 230 %)	55,20 €
+ Gewinnzuschlag (= 10 % der SK)	5,52 €
= Stundenverrechnungssatz (= netto)	60,72 €

Wird Skonto (= vereinbarter Preisnachlass auf den Rechnungsbetrag bei Zahlung innerhalb einer bestimmten Frist) von einer Firma gewährt, so darf der Kunde z. B. beim Bezahlen innerhalb von acht Tagen 2 % bis 3 % der Rechnungssumme einbehalten.

Nach der Produktion bzw. dem Auftrag sollte unbedingt eine **Nachkalkulation** durchgeführt werden, um entfallende bzw. tatsächliche Kosten (= Istkosten) bestimmen zu können. Es soll damit ermittelt werden, ob die Zahlen der Vor- oder auch Zwischenkalkulation eingehalten oder überstiegen wurden und welche Beiträge einzelner Produkte/Aufträge zum Gewinn beigesteuert haben.

Kostenträgerstückrechnung und Kostenträgerzeitrechnung

In der **Kostenträgerstückrechnung** werden die Kosten der hergestellten und abgesetzten Einheiten (= Produkte, Kostenträger) ermittelt. Sie wird üblicherweise als **Kalkulation** bezeichnet. Es handelt sich normalerweise um eine **stückbezogene Rechnung,** diese kann sich allerdings auch auf eine Charge, Partie oder einen Auftrag beziehen.

In der **Kostenträgerzeitrechnung,** auch kurzfristige Erfolgsrechnung (KER) oder Betriebsergebnisrechnung genannt, werden die Gesamtkosten einer Abrechnungsperiode den Kostenträgern **summarisch** (= zusammengefasst) zugeordnet. Sie bezieht sich auf einen bestimmten Zeitraum, ist also eine **zeitbezogene Rechnung** (Monat, Jahr). Mithilfe der Kostenträgerzeitrechnung werden sowohl die Einzel- als auch die Gemeinkosten einer Abrechnungsperiode ermittelt und den Leistungen dieser Periode gegenübergestellt.

Führt man die Kostenträgerzeitrechnung bzw. Analyse für die unterschiedlichen Kostenträger (= Produkte) durch, wird erkennbar, welche Produkte zum Betriebserfolg beitragen bzw. welche Erzeugnisse/Dienstleistungen Verluste erwirtschaften.

Aufgaben

1. *Welche Faktoren wirken bei der Gütererzeugung bzw. Bereitstellung von Dienstleistungen zusammen? Unterscheiden Sie jeweils betriebswirtschaftliche und volkswirtschaftliche Produktionsfaktoren.*

2. *Wieso müssen bei der Wertschöpfung die verschiedenen Produktionsfaktoren sinnvoll zusammenwirken? Begründen Sie Ihre Sichtweise.*

3. *Beschreiben Sie sowohl die ökonomischen als auch die ökologischen Rahmenbedingungen, die die Produktion von Gütern und Dienstleistungen beeinflussen.*

4. *Die Vereinten Nationen gestehen nach Art. 23 der Allgemeinen Erklärung der Menschenrechte jedem das Recht auf Arbeit, auf freie Berufswahl, auf gerechte und befriedigende Arbeitsbedingungen und auf Schutz vor Arbeitslosigkeit zu.*

a) Wieso kann man das Recht auf Arbeit zu den sozialen Grundrechten der Menschen zählen?

b) Welche Probleme können sich in einem Land bei der freien Arbeitsplatzwahl ergeben?

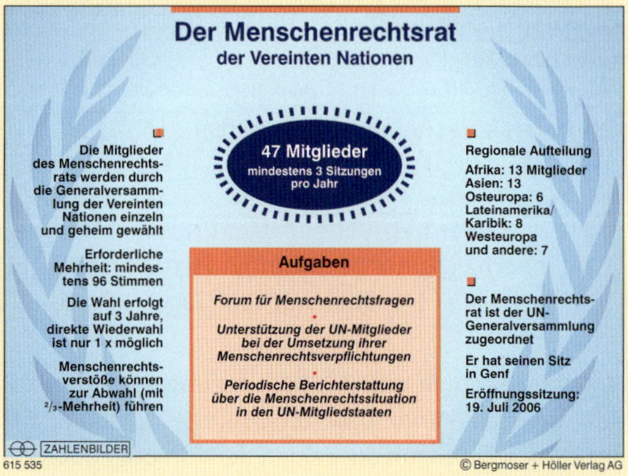

5. *In Europa befinden wir uns in einem Übergang von der Industriegesellschaft zur sog. Wissensgesellschaft mit einem hohen Konkurrenzdruck unter den Unternehmen. Hierbei macht das Internet den Zugang zum globalen Wissen immer leichter, schneller und preiswerter.*
- *a) Was ist unter „globalem Wissen“ zu verstehen?*
- *b) Wieso muss der exportorientierte Industriestandort Deutschland höchsten Wert auf die Bildung von Humankapital legen? Begründen Sie Ihren Standpunkt.*
- *c) Warum müssen Sie letztlich bereit sein, lebenslang zu lernen?*

6. *Ein Unternehmen beschäftigt 320 Arbeitskräfte und stellt im Jahr 400 000 Stück eines Produkts her, das zum Preis von 200,00 € je Stück verkauft wird. Die jährlichen Gesamtkosten betragen 32 Millionen €.*
Berechnen Sie hieraus:
- *a) die Arbeitsproduktivität,*
- *b) die Wirtschaftlichkeit des Unternehmens.*

7. *Wie unterscheiden sich die beiden betriebswirtschaftlichen Begriffe „Produktivität“ und „Wirtschaftlichkeit“ voneinander? Grenzen Sie die beiden Begriffe gegeneinander ab. Unterstützung finden Sie im Internet, z. B. unter www.bpb.de/nachschlagen oder www.wirtschaftslexikon.gabler.de usw.*

8. *Schlagen Sie im Lexikon oder im Internet die Begriffe „Ergiebigkeitsgrad“, „Sparsamkeitsgrad“, „Wirtschaftlichkeit“, „Produktivität“ und „Rentabilität“ nach. Stellen Sie Gemeinsamkeiten und Unterschiede bei den jeweiligen Definitionen zusammen. Die Webadressen www.wirtschaftundschule.de, www.wirtschaftslexikon.gabler.de, www.Wirtschaftslexikon24.net u. a. können Ihnen hierbei helfen.*

9. *Stellen Sie das ökonomische Prinzip, z. B. mithilfe einer Suchmaschine recherchiert, auf einem Plakat oder auch mit einem Bildschirmpräsentationsprogramm dar und erklären Sie dabei das Maximal- und Minimalprinzip an Beispielen.*

10. *Begründen Sie, wieso im Haushalt nicht nur verbraucht (konsumiert) wird und warum im Betrieb nicht nur hergestellt (produziert) wird.*

11. *Nehmen Sie Stellung zu der Behauptung, dass die beiden entscheidenden Personen einer Volkswirtschaft die „Hausfrau“ (im Sinne von „Konsumentin“) und der „Unternehmer“ sind.*

12. *Erklären Sie, wieso auch Ihr Praktikumsbetrieb sowohl Konsument als auch Produzent ist.*

13. *Welche typischen Aufgaben dürfte ein Betrieb als Teil der Gesamtwirtschaft zu erfüllen haben? Nennen und erläutern Sie kurz mindestens drei wesentliche Aufgaben im Geflecht der Gesamtwirtschaft (Volks- und Weltwirtschaft).*

14. *Entwerfen Sie zu Kapitel 3.2.1, „Der Betrieb als Teil der Wirtschaft“, einen Lückentext, den Ihre Tischnachbarin/Ihr Tischnachbar in der nächsten Stunde ausfüllen muss.*

15 *Recherchieren Sie im Internet, z. B. unter www.wirtschaftslexikon24.com, www.wirtschaftslexikon.gabler.de oder www.wirtschaftundschule.de, ob und ggf. wie dort die Begriffe „Betrieb“ und „Unternehmen“ unterschieden werden.*

16. *Diskutieren Sie in der Gruppe, wie der Staat in unserer sozialen Marktwirtschaft ins Wirtschaftsgeschehen eingreift. Welche staatlichen Maßnahmen erachten Sie als sinnvoll, welche als weniger sinnvoll? Begründen Sie Ihre jeweiligen Diskussionsbeiträge und Sichtweisen.*

17. *Wie erfolgt in unserer sozialen Marktwirtschaft die Preisbildung? (Welche Antwort ist richtig?)*
- *a) Die Warenpreise werden allein von den Herstellern bestimmt.*
- *b) Die Preise werden von der Bundesregierung per Verordnung festgelegt.*
- *c) Die Preise entstehen durch Angebot und Nachfrage auf dem Markt.*
- *d) Nur der Käufer hat Einfluss auf die Höhe des Preises, da er entscheidet, ob er bei einem bestimmten Preis kauft oder nicht.*
- *e) Die Hersteller sollen sich über die Preishöhe untereinander abstimmen, welche Preise sie auf dem Markt erzielen wollen.*

18. *Interpretieren Sie die Grafik. Wie könnten Niedriglöhne in sog. Schwellen- bzw. Entwicklungsländern die Produktionsbedingungen und -kosten bei uns beeinflussen? Begründen Sie Ihre Sichtweise.*

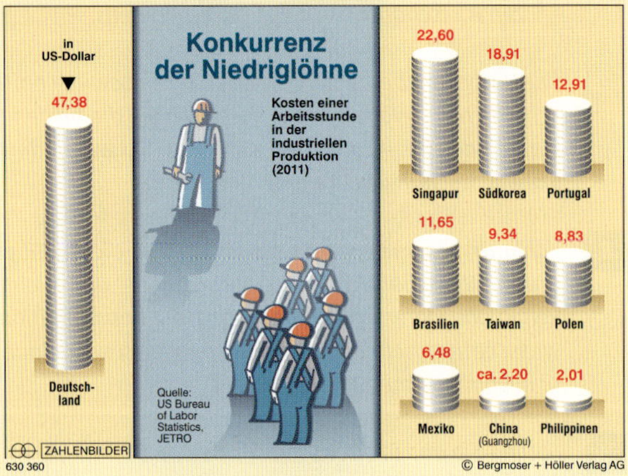

19. *Welche Hauptaufgaben hat die Kostenrechnung zu erfüllen?*

20. *Listen Sie auf, welche Vorteile eine genaue Kosten- und Leistungsrechnung (KLR) einem Betrieb bringt. Begründen Sie Ihre Argumente.*

21.
- *a) Wodurch unterscheiden sich Einzel- von Gemeinkosten?*
- *b) Welche der folgenden Kosten sind Einzelkosten, welche sind Gemeinkosten?*
  1. *Mietkosten für die Fertigungshalle,*
  2. *Gehälter der Geschäftsleitung,*
  3. *Energiekosten (Heizung, Licht),*
  4. *gewöhnliche Verpackung der Endprodukte,*
  5. *Spezialverpackung eines Produkts für den Überseetransport,*
  6. *Fertigungslöhne,*
  7. *Löhne der Lagerarbeiter,*
  8. *Fertigungsmaterial.*
- *c) Welche unter b) genannten Kosten sind eher fixe Kosten, welche eher variable Kosten?*

22. *Warum wirkt sich ein Streik auf die Kostenstruktur eines Betriebs immer nachteilig aus? Begründen Sie Ihre Antwort und ziehen Sie zur Begründung speziell die fixen Kosten des Betriebs heran.*

23. *Welche Kosten eines betrieblich genutzten Lkw sind fix, welche variabel?*

24. *Diskutieren Sie in verschiedenen Gruppen, welche Auswirkungen unterschiedliche Produktionsbedingungen auf die Produktions- bzw. Verkaufspreise haben können. In allen vier Beispielunternehmen geht es um die Produktion von Wohnzimmereinrichtungen (Schränke, Tische und Stühle).*

a) *In einem Handwerksbetrieb in Ostdeutschland, in dessen Region es eine relativ hohe Arbeitslosenrate gibt und der Mühe hat, die Mitarbeiter nach Tarif zu bezahlen. Die Anschaffung und der Einsatz moderner Maschinen sind für den Kleinbetrieb zu teuer.*

b) *In einem Handwerksbetrieb in Süddeutschland, wo hohe Löhne bezahlt werden und sogar ein gewisser Fachkräftemangel herrscht.*

c) *In einem mittelständischen Unternehmen, das bei der Produktion modernste Maschinen einsetzt, ein vernetztes Fertigungssystem hat, bei dem Planung, Fertigung und Materialfluss optimal kombiniert werden usw. Zusätzlich ist dieser Mittelständler Mitglied in einem Vertriebsverbund mit Möbelhäusern usw.*

d) *In einem mittelständischen Unternehmen, das ökologisch orientiert ist, mit dem Umweltzeichen „Blauer Engel" ausgezeichnet wurde und das in seinem eigenen Spanplattenwerk nur sog. Schwach- und Bruchhölzer aus nachhaltigem, heimischen Forst verarbeitet.*

Stellen Sie dann Ihre Gruppenergebnisse der Klasse vor.

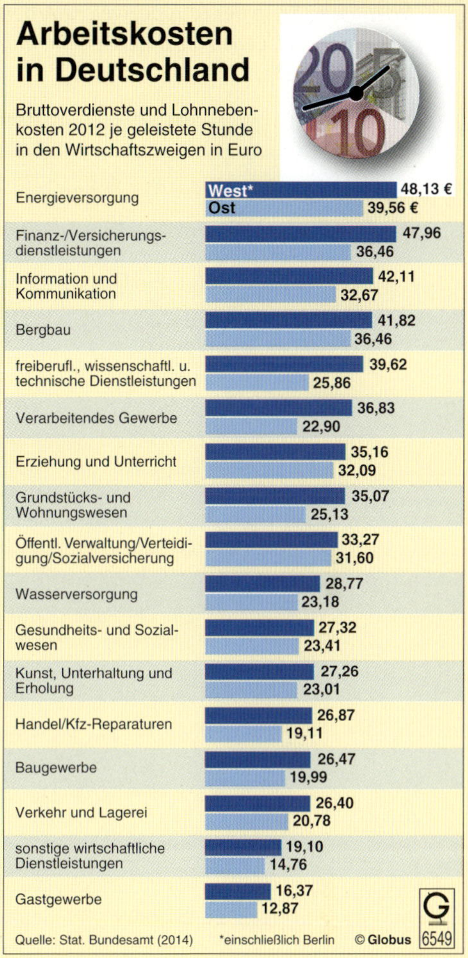

25. a) *Versuchen Sie mithilfe Ihrer Kenntnisse aus dem Geschichtsunterricht die wirtschaftlich-technischen Entwicklungsstufen von der Mechanisierung über die Technisierung bis zur heutigen Automatisierung zu beschreiben.*

b) *Geben Sie für jede Entwicklungsstufe zwei typische Berufe an.*

c) *Was brachte diese Entwicklung im Laufe der Jahrhunderte für den Einsatz der Arbeitskräfte mit sich?*

26. *Stellen Sie, möglichst mithilfe einer Bildschirmpräsentationssoftware, die Fertigungsverfahren vor, die Sie in Ihrem Praktikumsbetrieb kennengelernt haben. Unterlegen Sie Ihre Aussagen mit Beispielen.*

27. *Unterscheiden Sie die verschiedenen Fertigungstypen Einzel-, Serien- und Massenfertigung mithilfe ausgewählter Kriterien wie Stückkosten, Kundenwünsche, Mitarbeiterqualifikation, Investitionsbedarf, Lagerhaltung, Absatzrisiko.*

28. *Diskutieren Sie in der Gruppe, welche Arbeitsplätze durch Automaten/Roboter besonders gefährdet sind. Legen Sie anschließend dar, welche persönliche Konsequenzen Sie aus dieser Diskussion ziehen.*

29.

Gliederung der Fertigungsverfahren nach DIN 8580			
Benennung	Beispiele	Am Beispiel einer Schere	
Urformen: Zusammenhalt schaffen	Gießen, Sintern, Herstellen von Kunststoffen: Extrudieren, Kalandrieren, Schäumen	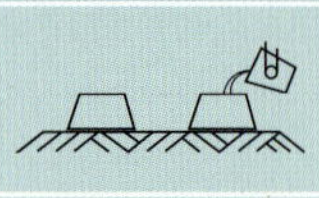	Gießen
Umformen: Zusammenhalt beibehalten	Walzen, Pressen, Schmieden, Ziehen	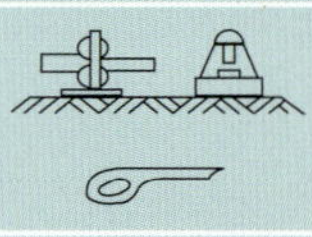	Walzen, Gesenkschmieden
Trennen: Zusammenhalt aufheben	Spanlose und zerspanende Verfahren: Entzundern, Bohren, Senken, Reiben, Hobeln, Drehen, Fräsen, Räumen, Schleifen, Gewindeschneiden, Zerteilen, Lochen	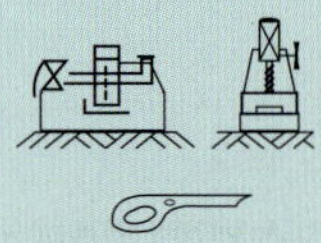	Schleifen, Bohren, Polieren
Fügen: Zusammenhalt vermehren	Bördeln, Falzen, Löten, Schweißen, Nieten, Schrumpfen, Verschrauben, Verkeilen, Verstiften	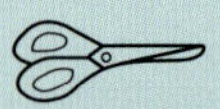	Nieten oder Verschrauben
Beschichten: Zusammenhalt vermehren	Aufdampfen, Plattieren, Galvanisieren (Verkupfern, Vernickeln, Verchromen), Tauchen, Lackieren, Emaillieren, Pulverbeschichten	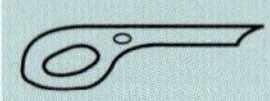	Verchromen
Stoffeigenschaften ändern: Zusammenhalt beibehalten oder vermehren	Härten, Glühen, Magnetisieren, Bestrahlen, Tiefkühlen	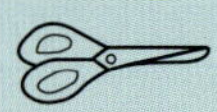	Härten

Übertragen Sie dieses Fertigungsverfahren gemäß DIN 8580 auf zwei andere Beispiele aus Ihrem Praktikumsbetrieb oder ggf. auch aus Ihrem Alltag (Metallbereich, z. B. Herstellung eines Taschenmessers, eines Fahrrads). Geben Sie für die ausgewählten Gegenstände kurz die Arbeitsgänge (wie in vorstehendem Beispiel) an.

30. *Es sind folgende Aufträge/Fertigungen zu erledigen:* ***a)*** *Montage von einachsigen Wohnwagen,* ***b)*** *Bau von Schaltschränken für elektrotechnische Anlagen,* ***c)*** *Abfüllen von Wein in einer großen Winzergenossenschaft und* ***d)*** *Herstellung von Brautkleidern. Bilden Sie Arbeitsgruppen, die jeweils die Fertigungsorganisation für einen Auftrag/eine Fertigung beschreibt. Die Gruppen stellen dann ihre Entscheidung für eine bestimmte Fertigungsart der Klasse vor und begründen ihren Entschluss.*

31. *Erstellen Sie eine Übersicht, in der Sie Pro- und Kontra-Argumente zu den vorgegebenen Taktzeiten bei der Fließbandarbeit auflisten.*

Taktvorgaben bei der Fließfertigung	
Vorteile	Nachteile

Legen Sie anschließend Ihre persönliche Meinung zu diesem Problembereich dar.

32. *Erstellen Sie entweder einen Fertigungs-, einen Arbeits- oder einen Terminplan aus Ihrem Praktikumsbetrieb. Präsentieren Sie den ausgewählten Plan dann der Klasse.*

33. *Für die Produktionsplanung und -steuerung (PPS) ist schwerpunktmäßig die Arbeitsvorbereitung als Bindeglied zwischen Konstruktion und Fertigung zuständig.*

a) Welche Tätigkeiten hat die Arbeitsvorbereitung zu erledigen?

b) Legen Sie den Zusammenhang zwischen der Konstruktionsabteilung und der Arbeitsvorbereitung dar.

34. *Zur Fertigung stehen drei Maschinen mit folgenden Möglichkeiten zur Verfügung.*

Maschine	Rüstkosten in €	Produktionskosten/Stück in € (ohne Rüstkosten)
1	100	0,25
2	40	0,30
3	15	0,45

Legen Sie dar, auf welcher Maschine jeweils ein Auftrag über 100 St., über 500 St. und über 1 000 St. wirtschaftlich durchgeführt werden soll.

35. *Welche Zwecke werden mit der Kostenträgerrechnung verfolgt?*

36. *Berechnen Sie per Zuschlagskalkulation den Angebotspreis eines Industriebetriebs, wenn folgende Annahmen gelten: Materialeinzelkosten 5 000,00 €, Fertigungseinzelkosten 2 000,00 EUR, Materialgemeinkosten 7,5 %, Fertigungsgemeinkosten 90 %, Verwaltungsgemeinkosten 10 % der Herstellkosten, Vertriebsgemeinkosten 6,5 % der Herstellkosten, Gewinnzuschlag 8 % der Selbstkosten.*

37. *Ein Einzelhandelskaufmann kalkuliert mit folgenden Sätzen: Gemeinkostenzuschlag 16 %, Gewinn 15 %. Der Einstandspreis für seine Ware ist 665,00 €.*

a) Wie hoch ist der Verkaufspreis der Ware,

b) wie hoch die Handelsspanne?

38. *Ein Einzelhandelsgeschäft erwirbt Plasmafernseher zum Einstandspreis von 1 100,00 €. Das Geschäft kalkuliert bei der Stufenrechnung mit folgenden Zuschlagssätzen: für interne Kosten 20 % des Einstandspreises, für Absatzkosten 10 % des Einstandspreises und einen Gewinnzuschlag von 10 % der Selbstkosten.*

a) Wie hoch ist die Handelsspanne in Euro?
b) Wie hoch ist die Handelsspanne in Prozent des Verkaufspreises?
c) Wie lautet der Angebotspreis, wenn die obigen Sätze zugrunde gelegt werden?

39. *Errechnen Sie die Selbstkosten bei einem Barverkaufspreis von 160,00 € und einem Gewinnzuschlag von 15 %.*

40. *Die Metallbau GmbH kalkuliert für ein Stahlgeländer Folgendes: Materialkosten 950,00 €, Materialgemeinkostenzuschlagssatz 5 %, Lohn Meister 5 Std. zu 28,00 €, Gesellenlohn 8 Std. zu 24,00 €, Lohn für Azubis 4,5 Std. zu 13,00 €, Fertigungsgemeinkostenzuschlagssatz 110 %. Kalkulieren Sie die Selbstkosten.*

Anforderungssituation 4

Marketingmix aufgrund unterschiedlicher Marktbedingungen erarbeiten

4

Kompetenzen

In diesem Kapitel entwerfen Sie vor dem Hintergrund unterschiedlicher Marktbedingungen ein Marketingkonzept. Sie untersuchen den Wettbewerb sowohl auf dem nationalen als auch dem europäischen Markt. Dabei lernen Sie gleichzeitig die Einflüsse der Globalisierung kennen.

Anhand eines ausgewählten Produkts diskutieren Sie mögliche Maßnahmen im Rahmen der Produkt- und Sortimentspolitik (Produktdifferenzierung usw.) und hinterfragen hierbei auch die Werbung. Sie unterscheiden die verschiedensten Vertriebswege und untersuchen kommunikationspolitische Instrumente, um die Verkaufszahlen eines Unternehmens zu erhöhen. Aufgrund der Marktbedingungen mit einer starken Stellung der Nachfrager/Konsumenten lernen Sie, dass heute ein Marketingmix erforderlich ist, um auf die Wünsche der Verbraucher flexibel reagieren zu können und sich am Markt zu behaupten.

Sie analysieren die verschiedenen Marketingstrategien aus der Sicht unterschiedlicher Konsumentengruppen und lernen die Wirkungszusammenhänge der jeweiligen Instrumente kennen.

Einstiegssituation:

Carla Wegener ist in leitender Position in einem mittelgroßen, regional tätigen Baustoffmarkt beschäftigt. Sie bekommt von ihrem Chef Herrn Wiesenauer den Auftrag, Gedanken und Strategien zu entwickeln, wie der Baumarkt weiterentwickelt werden könnte. Die Konkurrenz ist in dieser Branche stark, daher nimmt auch der Preisdruck zu. Dies dürfte wahrscheinlich auch damit zusammenhängen, dass größere Baumärkte aus dem europäischen Ausland auf den deutschen Markt drängen. Herr Wiesenauer könnte sich vorstellen, das Angebotssortiment zu erweitern und evtl. mit Handwerkern zu kooperieren, um den Kunden künftig noch mehr Service anzubieten. Wenn das Unternehmen kräftig wächst, könnte man unter Umständen auch günstigere Verkaufspreise anbieten, da bei Großabnehmern die Lieferanten großzügige Rabatte geben. Gleichzeitig wünscht er, dass Frau Wegener sich überlegt, wie man das Image des Baumarkts verbessern könnte.

Aufgaben

Versetzen Sie sich in die Lage von Frau Wegener. Beantworten Sie hierzu folgende Fragen im Laufe des gesamten Kapitels:

1. ***Welche Möglichkeiten sehen Sie, das mittelständische Unternehmen weiter voranzubringen? Wie kann der Baumarkt im „scharfen Wettbewerb" in dieser Branche noch besser werden?***
2. ***Stellen Sie Vorteile, aber auch Risiken zusammen, die entstehen, wenn das Sortiment des Baumarkts kräftig erweitert würde.***
3. ***Wie könnte die Kooperation mit Handwerkern aus der Region aussehen, wenn der Baustoffmarkt die Materialien anbietet und Handwerker dann die gewünschten Arbeiten unter der Federführung des Baumarkts ausführen?***
4. ***Stellen Sie in der Gruppe einen Marketingmix (= verschiedene gezielte Werbestrategien, Verfahren, Maßnahmen, Bedingungen usw.) zusammen, wie der Baumarkt langfristig bestehen und wachsen könnte.***

4.1 Wandel bei den Marktbedingungen erkennen

Kupferhütte Aurubis startet das Jahr mit Gewinnen

Vor einem Jahr stand im Schlussquartal noch ein Verlust zu Buche. Das neue Jahr konnte Aurubis mit einem deutlichen Gewinn beginnen. Das Unternehmen blickt nun insgesamt optimistisch in die Zukunft.

Düsseldorf. Europas größte Kupferhütte Aurubis ist dank steigender Nachfrage mit einem Gewinn in das Bilanzjahr 2014/15 gestartet. Das maßgebliche Vorsteuerergebnis erreichte im Zeitraum Oktober bis Dezember 39 Millionen Euro, wie der Hamburger Konzern am Freitag mitteilte. Vor Jahresfrist war wegen technischer Probleme in der Hamburger Hütte und schwächelnder Nachfrage ein Verlust von drei Millionen Euro angefallen. Vorstandschef Bernd Drouven stimmten die „guten Marktbedingungen" für das Gesamtjahr zuversichtlich. „Sowohl die Entwicklung der wichtigsten Märkte als auch unsere Programme zu Ergebnisverbesserung und Effizienzsteigerung dürften sich im laufenden Geschäftsjahr positiv auswirken."

Quelle: Thomson Reuters, 13.02.2016, abgerufen unter: www.handelsblatt.com/unternehmen/industrie/gute-marktbedingungen-kupferhuette-aurubis-startet-das-jahr-mit-gewinnen/11369674.html [22.01.2016].

Die **Marktbedingungen** (= Marktumfeld) haben große Auswirkungen auf jedes Unternehmen. Um sich auf den Märkten behaupten zu können, müssen die Unternehmensführungen auf diese Bedingungen reagieren.

4.1.1 Schwerpunktverlagerung von der Produktion auf den Absatz

Die Probleme der Produktion, von denen in der Vergangenheit Erfolg oder Misserfolg der Unternehmen hauptsächlich abhingen, sind inzwischen weitgehend durch den wissenschaftlichen und insbesondere durch den technischen Fortschritt gelöst.

Nicht die Herstellung der Güter und die Bereitstellung der Dienstleistungen, sondern deren Vertrieb, der Absatz, steht heute im Vordergrund des Betriebsgeschehens.

Daraus folgt, dass die Produktion erst dann als abgeschlossen angesehen werden kann, wenn die sog. Vermarktung stattgefunden hat, d. h., wenn die Ware oder Dienstleistung den Endverbraucher erreicht hat.

Welche Bedeutung der betriebswirtschaftlichen **Funktion des Absatzes** zukommt, hängt vom jeweiligen Wirtschaftssystem und anderen wichtigen Faktoren ab. In einer marktwirtschaftlichen Ordnung müssen sich die Unternehmen intensiv um den Absatz ihrer Produkte bemühen.

Die **Organisation des Absatzes** hängt von Folgendem ab:

- von der **Wirtschaftsordnung**,
- von der **Art der hergestellten Produkte** oder der angebotenen **Dienstleistungen**,
- von den bestehenden **gesetzlichen Vorschriften** (z. B. Verbraucherschutzgesetze, Gesetz gegen den unlauteren Wettbewerb u. a.),
- von der **Zusammensetzung der Verbraucherschaft**, deren Wünschen, Einstellungen und insbesondere auch deren „Machtposition“,
- von der **Stellung des Unternehmens am Markt**,
- von der **Konkurrenz** in der gleichen Branche,
- von der aktuellen **Wettbewerbssituation** usw.

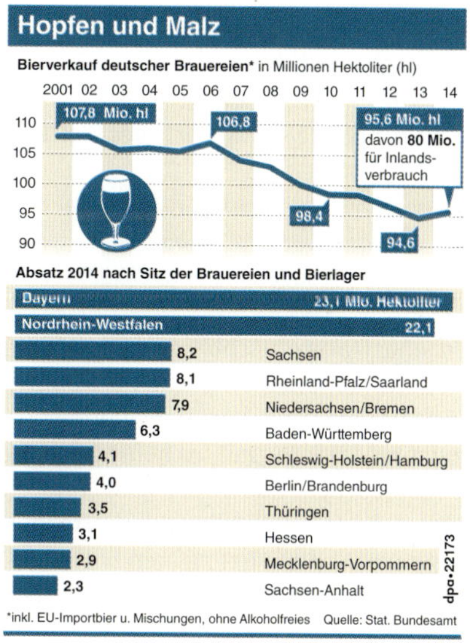

Beispiel:
Wenn der Bierabsatz nachlässt, könnte eine Brauerei, die in einem starken Wettbewerb steht und sich am Markt behaupten will, ihr Sortiment erweitern und evtl. alkoholfreie Getränke, Mixgetränke usw. anbieten.

Als Absatz bezeichnet man die letzte Phase des betrieblichen Wertschöpfungsprozesses, der aus den Grundfunktionen Beschaffung, Produktion und Absatz besteht.

Demgegenüber ist der **Verkauf** nur ein Teil des Absatzes. Er stellt die Abgabe der Güter oder das Zurverfügungstellen der Dienstleistungen gegen ein Entgelt dar. Schließlich wird der Absatz auch noch gegen den Begriff des **Umsatzes** abgegrenzt:

Umsatz = Menge · Preis

Jedem Unternehmen stehen verschiedene Möglichkeiten zur Verfügung, die erzeugten Güter und Dienstleistungen an den Verbraucher „heranzubringen".

Die verschiedenen Maßnahmen, die ein Unternehmen ergreift, um einen Markt zu „erobern", zu vergrößern oder zu erhalten, nennt man Marketing. Die Unternehmen können diese Maßnahmen mithilfe der Marktforschung und der Marketinginstrumente verwirklichen.

Um die richtigen Marketingmaßnahmen ergreifen zu können, ist es wichtig, sich vorher mit dem **Wettbewerb** und dem **Marktgeschehen** zu beschäftigen.

4.1.2 Wettbewerb in der sozialen Marktwirtschaft

„Der Wettbewerb liegt schon im Instinkt des Unternehmers."
John K. Galbraith: Die moderne Industriegesellschaft. München: Droemer/Knaur, 1968

„Die Klage über die Schärfe des Wettbewerbs ist in Wirklichkeit meist nur eine Klage über den Mangel an Einfällen."
Walther Rathenau: Von der Grundlage der Geschäfte. In: Gesammelte Schriften, 4. Band, Berlin: Fischer, 1918, S. 90

Die Zitate besagen, dass der Wettbewerb die Triebfeder des Unternehmerhandelns ist.

In einer Marktwirtschaft wird folgendes Ziel angestrebt: **Was** (Waren- und Dienstleistungsangebot), soll **wie** (Verfahrensweisen), **für wen** (Konsumenten) angeboten werden? Auf dem Markt konkurrieren Anbieter und Nachfrager untereinander, um ihre Wünsche (beispielsweise höhere Gewinne oder größerer Nutzen) zu befriedigen. Damit insbesondere manche Anbieter ihre Marktmacht nicht missbrauchen, haben der Staat und die Europäische Union Rahmenbedingungen (Gesetz gegen den unlauteren Wettbewerb, Kartellgesetz usw.) geschaffen. Innerhalb dieser Gesetze dürfen Firmen und Kunden frei agieren.

Wettbewerb zwischen verschiedenen Anbietern von Waren und Dienstleistungen ist dann gegeben, wenn die jeweiligen Anbieter um Kunden und Marktanteile konkurrieren. Diese Konkurrenz kann über die Qualität, den Service, das Sortiment, das Marketing, die Geschäftsbedingungen usw. ausgetragen werden, wobei der gebildete Preis eine Ordnungsfunktion übernimmt.

Der Wettbewerb steht im Mittelpunkt einer marktwirtschaftlichen Ordnung. Auf unserem Käufermarkt, bei dem der Kunde eine sehr starke Position hat, sorgt er dafür, dass sich die Anbieter um ihre Kundschaft bemühen müssen.

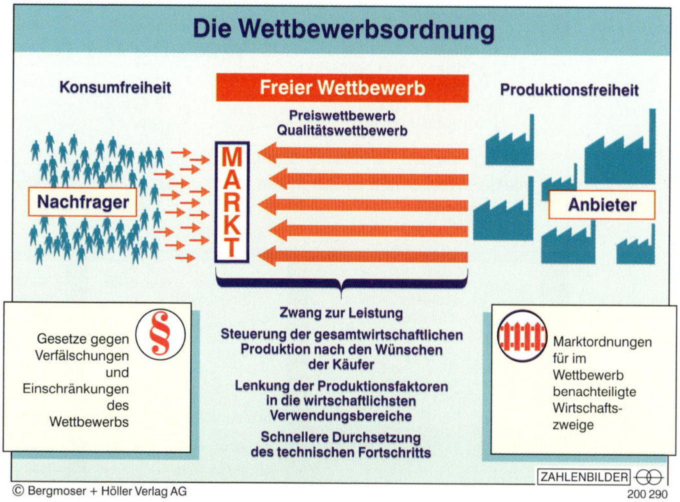

Funktionen des Wettbewerbs

Zu einem funktionierenden Wettbewerb in der sozialen Marktwirtschaft gehören die folgenden Aspekte.

Wettbewerbsfunktionen

Steuerungsfunktion:	Innovationsfunktion:	Verteilungsfunktion:	Kontrollfunktion:
Es müssen die Waren/Dienstleistungen angeboten werden, die der Kunde verlangt (= Konsumentensouveränität). Hierbei spielt der Preis eine dominante Rolle. Die Konsumwünsche unterliegen ständigen Schwankungen (Mode, Einstellungswandel usw.).	Durch das sich ändernde Kaufinteresse müssen neue Produkte/Dienste auf dem Markt angeboten werden. Innovative Firmen werden durch höhere Umsätze/Gewinne belohnt, wer Kundenwünsche ignoriert, erleidet Verluste.	Der Wettbewerb trägt dazu bei, die Einkommen der Unternehmen und Haushalte entsprechend ihrer Leistung und Kaufkraft zu verteilen (Leistungsgerechtigkeit).	Die Konkurrenz begrenzt und kontrolliert die wirtschaftliche Macht der Unternehmen, da die Kunden zwischen den verschiedenen Firmen auswählen können. Je stärker die Konkurrenz, desto gerechter ist auch der Preis.

Funktionierender Wettbewerb mit einer Vielzahl von Konkurrenten beugt auch übermäßig starken gesellschaftlichen, wirtschaftlichen und politischen Machtstellungen vor, da er ausgleichend wirkt.

Wettbewerbsrecht

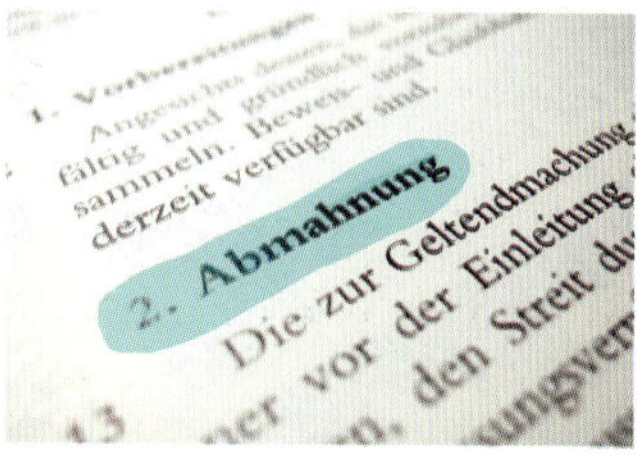

Es liegt im Interesse des Staates, die Qualität des Wettbewerbs zu erhalten und zu schützen sowie eine **übermäßige Marktmacht** zu **verhindern**, damit die bestmögliche Versorgung der Bürger/Verbraucher gesichert ist (Wahlfreiheit und Produktvielfalt). Situationen, in denen einzelne oder einige wenige Anbieter über so viel Marktmacht verfügen, dass sie diese für ihre eigenen wirtschaftlichen Interessen missbrauchen können, z. B. Preise überhöhen, Warenzeichen nachahmen usw., erfordern gesetzliche Maßnahmen. Zum Schutz der Qualität des Wettbewerbs dient das **Gesetz gegen den unlauteren Wettbewerb (UWG)**. Es möchte erreichen, dass im Wettbewerbsprozess nur leistungsgerechte Mittel angewandt werden.

In Verbindung mit europäischem Recht soll das **Gesetz gegen Wettbewerbsbeschränkungen** (**GWB**) den Wettbewerbsmissbrauch durch Unternehmen verhindern.

Gesetz gegen Wettbewerbsbeschränkungen

Kartellverbot (siehe § 1)	Missbrauchsaufsicht (siehe § 19 ff.)	Fusionskontrolle (siehe § 35 ff.)
Vereinbarungen zwischen Unternehmen, die miteinander im Wettbewerb stehen, sind untersagt, wenn sie den Wettbewerb verhindern, einschränken oder verfälschen.	Die Kartellbehörden im Bund und in den Ländern wachen darüber, dass Großunternehmen keine marktbeherrschende Stellung einnehmen und ihre Marktmacht nicht missbrauchen.	Grundsätzlich können Firmen miteinander fusionieren. Um nachteilige Auswirkungen von Unternehmenszusammenschlüssen auf den Wettbewerb vorab auszuschließen, kontrollieren die Kartellämter beabsichtigte Fusionen und ihre möglichen Auswirkungen.

Die Wettbewerbssituation, in der sich die Unternehmen befinden, wird auch bestimmt von der **Marktform**, die in der Branche vorherrscht. Es ist ein gravierender Unterschied, ob ein Anbieter eine große oder evtl. gar keine Konkurrenz hat. Dies wirkt sich auf seine **Marketingmaßnahmen** und insbesondere auch auf die **Preisbildung** aus.

4.1.3 Grundlegende Marktformen im Marktformenschema

Fallbeispiel:
Im Baustoffmarkt werden die mannigfaltigsten Materialien angeboten, die zum Bauen, zum Renovieren und auch zum Gärtnern usw. erforderlich sind, sogar Weihnachtsbäume werden jedes Jahr in der Vorweihnachtszeit verkauft. Die Kaufinteressenten kommen in den Markt, suchen sich die gewünschte Ware aus, lassen sich beraten und kaufen sie, wenn sie mit dem Nutzen und dem Preis einverstanden sind.

Auf dem **Markt**, gleich welcher Art, ob Wochen-, Arbeits-, Kapital- oder sogar Weltmarkt, trifft sich **Angebot und Nachfrage**.

Der Markt ist der ökonomische Ort, an dem Angebot und Nachfrage nach Gütern und Leistungen zusammentreffen. Das Ergebnis dieses wirtschaftlichen Marktgeschehens ist die Preisbildung.

Markt

Interessen der Anbieter	Interessen der Nachfrager
- Waren/Dienstleistungen verkaufen - Absatzpläne erfüllen - möglichst hohen Gewinn machen (= Gewinnmaximierung)	- Waren/Dienstleistungen erstehen - Konsumwünsche erfüllen - möglichst hohen Nutzen aus dem Kauf ziehen (= Nutzenmaximierung).

Preisbildung

Der Ausgleich beider konträrer Interessen erfolgt über den **Preis**. Dieser stimmt Anbieter und Nachfrager aufeinander ab und ergibt sich als **Kompromiss aus den jeweiligen Preisvorstellungen** von Angebot und Nachfrage.

In der Regel gilt: Bei einem niedrigen Preis wird viel nachgefragt, aber wenig angeboten. Bei einem hohen Preis wird wenig nachgefragt, aber viel angeboten.

Beispiel:
Auf einem überschaubaren Markt wird ein homogenes Gut[1] einer bestimmten Marke nachgefragt und angeboten.

Preis je kg in Euro	Nachfragemenge in kg	Angebotsmenge in kg	Marktumsatz in kg	Marktlage	Auswirkung auf den Preis
8	5	30	5	Angebotsüberhang	Senkend
7	11	26	11		
6	20	20	20	Gleichgewichtspreis[2]	Keine
5	30	12	12	Nachfrageüberhang	Steigend
4	42	2	2		

1 Homogene Güter sind sachlich gleichartig in Bezug auf Qualität, Aufmachung und Verpackung.
2 Beim Gleichgewichtspreis und bei der Gleichgewichtsmenge „wird der Markt geräumt".

Beim Zusammentreffen von Angebot und Nachfrage entsteht der Gleichgewichtspreis, zu dem der Markt geräumt wird, da genauso viel angeboten wie nachgefragt wird. Diesen Mechanismus nennt man **Markt-Preis-Mechanismus**.

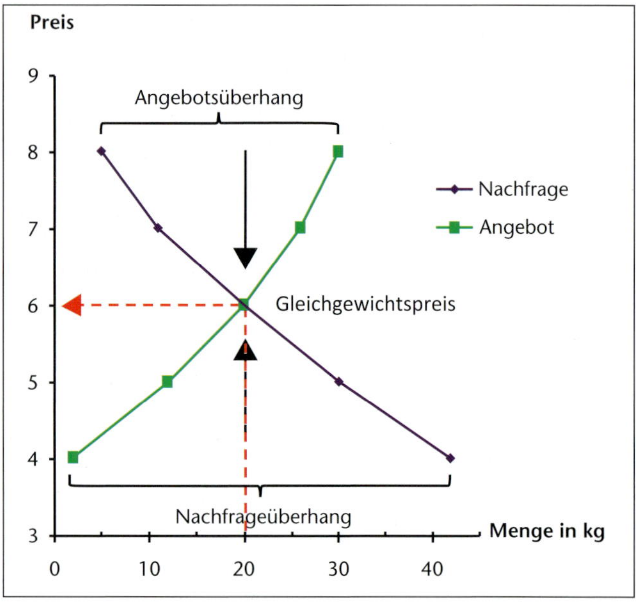

Marktformen

Das Verhalten der Marktteilnehmer auf den Märkten hängt davon ab, wie viele Anbieter und Nachfrager es für die jeweilige Ware/Leistung gibt. Die drei Marktformen Monopol, Oligopol und Polypol drücken aus, wie viele Anbieter und Nachfrager auf dem Markt teilnehmen.

Marktformen

Monopol	Oligopol	Polypol
Hier tritt nur ein Anbieter eines Produkts oder einer Dienstleistung vielen Nachfragern gegenüber. Er ist konkurrenzlos, kann also Preise setzen und Mengen anbieten, die für ihn und seinen Gewinn ideal sind.	Hier treten nur wenige Anbieter eines Produkts vielen Nachfragern gegenüber. Die Marktmacht liegt bei wenigen Anbietern, die sich u. U. einen scharfen Wettbewerb und Preiskampf um Marktanteile liefern. Andererseits besteht die Gefahr der Preisabsprachen.	Hier treten viele Anbieter vielen Nachfragern gegenüber. Dies wird auch als vollständige Konkurrenz oder Wettbewerbsmarkt bezeichnet. Der Spielraum eines jeden Anbieters ist gering, da bei einer Preiserhöhung die Kunden zur Konkurrenz wechseln, um das ähnliche Produkt dort günstiger zu erwerben.
Beispiel: Bei Wasserwerken können Haushalte und Betriebe nicht ohne Weiteres auf andere Produkte ausweichen.	**Beispiel:** Einige wenige Motorradhersteller teilen sich den europäischen Markt auf (= Angebotsoligopol). Vielen Landwirten stehen nur wenige Molkereien gegenüber (= Nachfragepligopol).	**Beispiel:** Lebensmittel sind bei uns sehr günstig, weil es eine starke Konkurrenz auf dem Lebensmittelsektor gibt (Discounter).

Diese Marktformen gibt es nicht nur auf der **Anbieterseite**, sondern auch auf der **Nachfrageseite.**

4.2 Absatzpolitische Instrumente kennenlernen

Fallbeispiel:

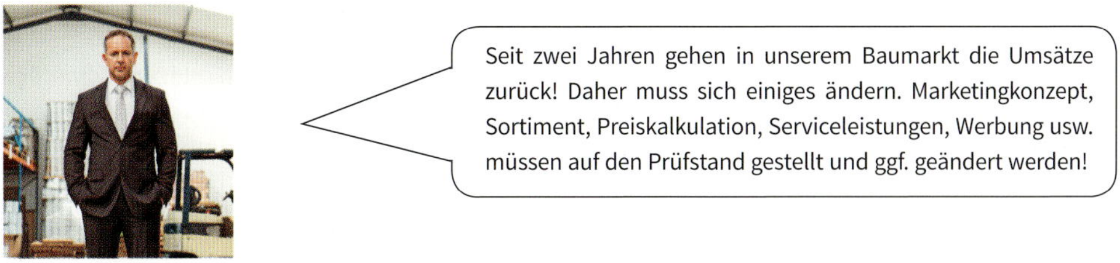

Im Beispiel des Baustoffmarkts muss das wichtigste Unternehmensziel, nämlich die Vermarktung der Waren und Leistungen, wieder in den Fokus (= Mittelpunkt der Betrachtung) rücken. Um möglichst viele Kunden zu erreichen, sollten deren Wünsche und Anforderungen auf dem Markt untersucht werden. Daraufhin können die eigenen Produkte **zielgerichtet vermarktet**/verkauft werden. Mithilfe des **Marketings** (= absatzwirtschaftliche Maßnahmen) sollen die Kundenwünsche dann erfüllt werden. Zu den Marketingmaßnahmen gehören Produkt- und Sortimentspolitik, Vertriebs- oder auch Distributionspolitik, Preis- und Konditionenpolitik sowie die Kommunikationspolitik.

4.2.1 Produkt- und Sortimentspolitik

Es ist heute unbestritten, dass der Absatz eines Produkts ganz entscheidend von der **Produktgestaltung** mitbestimmt wird. Neben dieser Produktgestaltung wird der Verkaufserfolg einer Ware auch durch die **Sortimentsgestaltung** beeinflusst. Ein Produkt lebt nicht ewig, deshalb stellt sich für jedes Unternehmen die Frage nach dem Zeitpunkt von Produkt-, Programm- oder Sortimentsänderungen.

Der Zyklus (= Kreislauf) einer Ware ist also begrenzt, die Lebensdauer ist häufig absehbar (z. B. Modelldauer eines Fahrzeugtyps der Automobilindustrie).

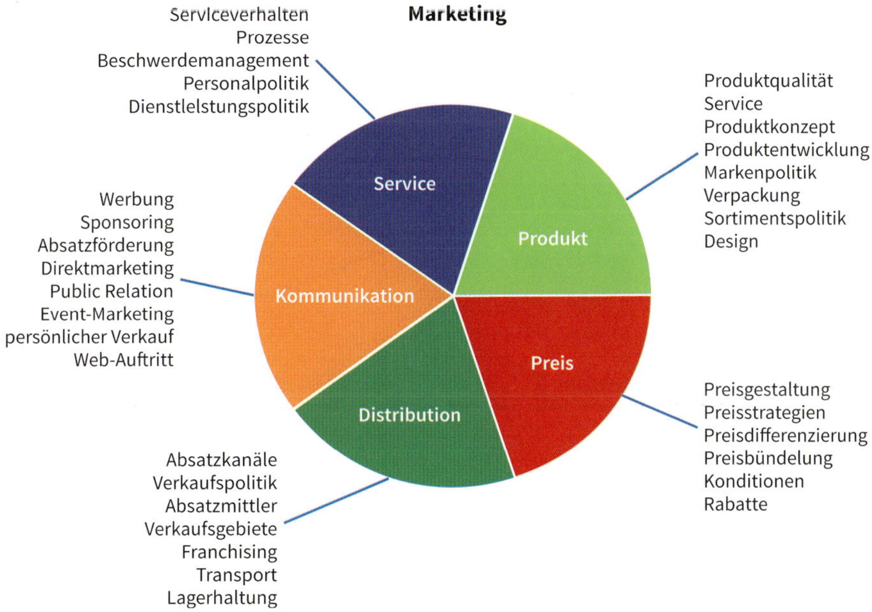

Produktpolitik

Die Produktpolitik umfasst die Produktinnovation, die Produktvariation, die Produktgestaltung und die Produktelimination.

- **Produktinnovation** (Innovation = Neuerung, Neuheit)
  Die Erzeugnisse der laufenden Produktion sind über kurz oder lang technisch oder wirtschaftlich überaltert. Um von der Konkurrenz nicht „überholt" zu werden, müssen neue Produktideen entwickelt werden, beispielsweise im Rahmen des „**Internets der Dinge**". Hier unterstützen immer kleinere Computer, eine neuartige Chiptechnologie usw. den Menschen. Neuheiten schaffen dann zum bisherigen **Grundnutzen** einen **Zusatznutzen**, weil sie jetzt z. B. qualitativ besser, komfortabler, ästhetischer sind usw.

- **Produktvariation** (Variation = Abwechslung, Abänderung)
  Produktvariation bedeutet die Veränderung von schon am Markt befindlichen Produkten. Das Ziel einer Produktvariation ist meistens eine Verbesserung oder eine Differenzierung der Produkte, um unterschiedliche Zielgruppen anzusprechen.

- **Produktgestaltung**
  Mithilfe der Produktgestaltung sollen sich Erzeugnisse von denen der Konkurrenten unterscheiden und positiv abheben. Dabei kann besonders auf Qualität, Aufmachung, Design, Markenzeichen, Verpackung usw. geachtet werden. Eine weitere Möglichkeit innerhalb der Produktgestaltung ist die Entscheidung über die **Produktdifferenzierung** (= Aufgliederung).

Beispiel:
Ein Automobilunternehmen kann von einem Serienprodukt z. B. nur zwei unterschiedliche Typen auf den Markt bringen. Es kann andererseits die Produktdifferenzierung und die Variationsbreite so hoch ansetzen, dass es sechs bis acht Variationen eines Typs herausbringt.

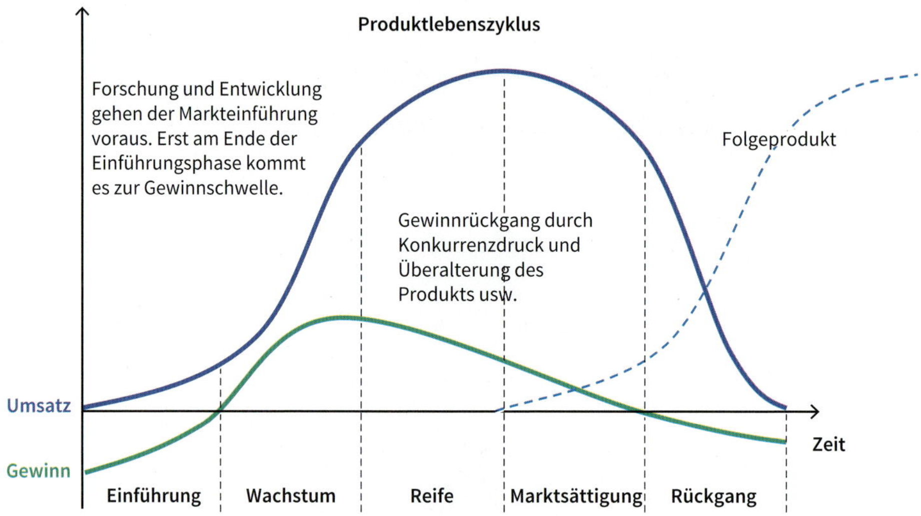

- **Produktelimination**
  Ist ein Produkt veraltet oder nicht mehr wirtschaftlich, so stellt sich für das Unternehmen das Problem, den richtigen Zeitpunkt zu wählen, um das Produkt aus dem Markt zu nehmen (= zu eliminieren). Deshalb werden vor einer endgültigen Entscheidung z. B. Kosten- und Nutzenanalysen durchgeführt, weil eine Produktaufgabe auch Auswirkungen auf andere Produkte, das Firmenimage usw. haben kann.

Sortimentspolitik

In Handelsunternehmen spricht man von Absatzsortiment, in Produktionsbetrieben von Absatzprogramm. Hier ist die gesamte Palette der Leistungen (Waren, Produkte, Dienste) gemeint, die ein Unternehmen anbietet. Bei der Zusammenstellung eines Sortiments mit dem Ziel eines marktgerechten Angebots ist zuerst über den **Sortimentsinhalt** und dann über die **Sortimentsbreite und -tiefe** zu entscheiden.

Beispiel:

- Ein großes Warenhaus bietet normalerweise ein **breites Sortiment** an, weil dort Lebensmittel, Haushaltswaren, Bekleidung usw. gekauft werden können (= viele Leistungsgruppen). Innerhalb dieser Leistungsgruppen werden nur wenige Varianten angeboten (= **flaches Sortiment**).
- In einem Fachgeschäft für Berufsbekleidung wird nur Berufsbekleidung angeboten. Hier spricht man von einem **schmalen Sortiment** (= wenige Leistungsgruppen). Innerhalb dieser Leistungsgruppen werden viele verschiedene Produkte angeboten (= **tiefes Sortiment**).

4.2.2 Vertriebswege

Die Vertriebs- oder auch Distributionspolitik umfasst alle Maßnahmen, die geeignet sind, mithilfe geeigneter Absatzorgane und Vertriebswege Sachgüter und Dienstleistungen vom Hersteller zum Kunden gelangen zu lassen.

Absatzorgane

Die **Distribution** (= Verteilung) erfolgt durch Absatzorgane, die aufgrund ihrer Bindung an das Unternehmen als werkseigenes, werksgebundenes oder externes Vertriebssystem bezeichnet werden.

Vertriebssystem

Werkseigen	Werksgebunden	Extern
Im Handwerk wird der Absatz durch den Meister selbst wahrgenommen (Beratung und Verkaufsverhandlung). In der Industrie besuchen und beraten Vertriebsbeauftragte die Kundschaft und halten Kontakt zu ihr.	Hier sind sog. Vertragshändler an den Hersteller gebunden. Im Automobilbereich z. B. müssen die Pkws vom Werk abgenommen und gemäß bestehender Konditionen verkauft werden. Bei der Werksvertretung verkauft ein selbstständiger Handelsvertreter („Einfirmenvertreter") Waren und Leistungen „im Namen des Herstellers" und erhält dafür eine Vergütung/Provision.	Wenn Handelsvertreter, Makler oder Kommissionäre, die verschiedene Firmen vertreten („Mehrfirmenvertreter"), Waren auf eigene Rechnung von einem Hersteller verkaufen, spricht man von einem externen oder ausgegliederten (Waren-)Absatz. Export-Unternehmen arbeiten oft mit Kommissionären vor Ort im Ausland zusammen.

Absatzwege/Vertriebswege

Der kundenorientierte Absatz der Ware lässt sich auf unterschiedliche Art und Weise durchführen.

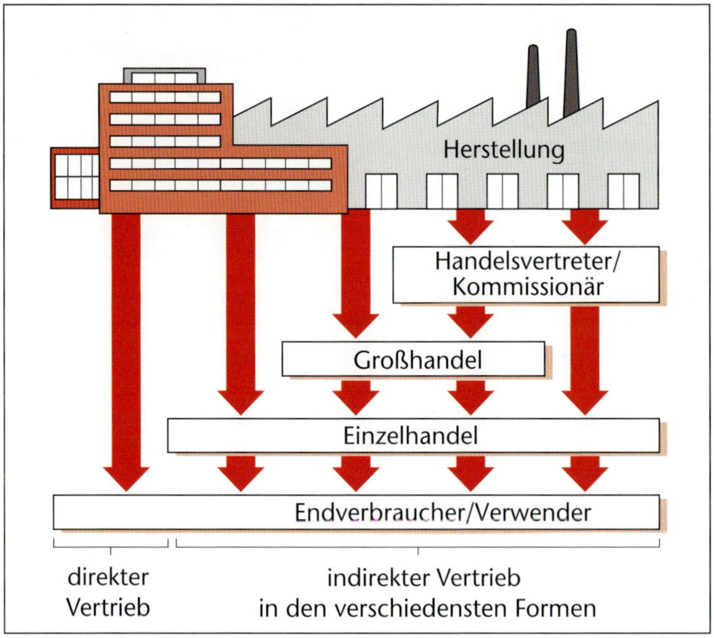

Folgende Vertriebswege sind dabei möglich:

Beim direkten Vertrieb werden die Güter direkt vom Hersteller, ggf. über werkseigene oder werksgebundene Absatzorgane, unmittelbar an den Endverbraucher oder Endabnehmer verkauft.

Beispiel:
Ein Pkw wird in einer VW-, Opel-, BMW- oder Fiat-Niederlassung gekauft. Zum Direktvertrieb gehört auch der Kauf in einem Onlineshop, einem virtuellen Kaufhaus, bei einem Onlinehändler oder auf einem Internetmarktplatz – ob zum Festpreis oder als Auktion.

Beim indirekten Vertrieb durchläuft die Ware auf ihrem Weg vom Hersteller zum Endverbraucher verschiedene Handelsstufen (ausgegliederte Absatzorgane oder Handelsbetriebe).

Beispiel:
Ein Gipser- und Stuckateurgeschäft kauft seine benötigten Edelputze bei einer Einkaufsgenossenschaft, die durch ihre Großeinkäufe günstige Preise weitergeben kann.

Zum indirekten Vertrieb gehört auch der Verkauf mithilfe eines **Callcenters**. Dort werden im Rahmen von Telefonmarketingaktionen Kunden angerufen und Produkte/Dienste der beauftragten Hersteller verkauft.

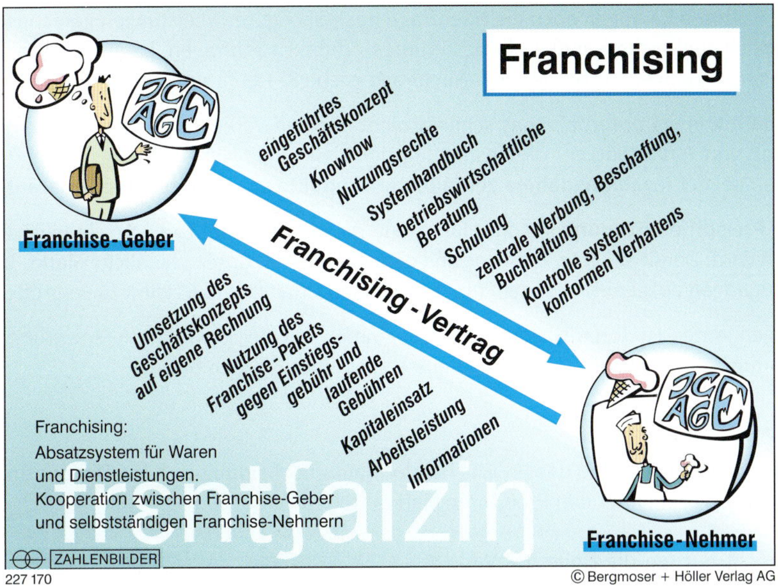

227 170 © Bergmoser + Höller Verlag AG

Eine besondere Vertriebsform stellt das **Franchising** dar, bei der ein Franchisegeber (auch Systemgeber) selbstständige Unternehmer suchen, die mit eigenem Kapitaleinsatz Waren oder Dienstleistungen anbieten, die der Systemgeber bereitstellt. Es lassen sich drei Typen unterscheiden:

- Vertriebsfranchising (z. B. Baumärkte),
- Dienstleistungsfranchising (z. B. Hotelketten),
- Produktfranchising (z. B. Abfüllbetriebe für Getränke).

4.2.3 Preis- und Konditionenpolitik[1]

Die Preise sind meist das entscheidende Absatzmittel. Sie entscheiden mit, ob viel oder wenig verkauft werden kann. Die **Preis- und Konditionenpolitik** beinhaltet alle Entscheidungen, die die Preise beeinflussen. Die Preisbildung wird durch verschiedene Faktoren beeinflusst.

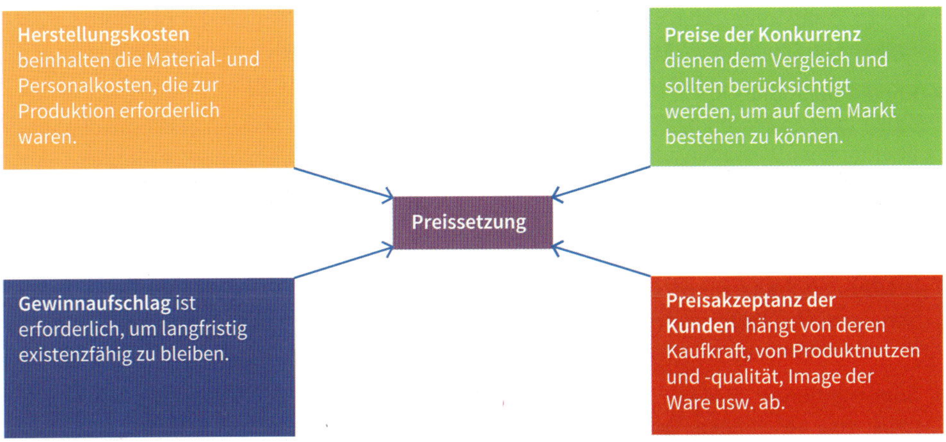

1 *Kondition, lat. conditio = Bedingung; hier Verkaufsbedingungen.*

Zu diesen Faktoren kann ggf. noch die **Nachfrage** nach Sachgütern/Leistungen gerechnet werden. Wenn nämlich zahlreiche Kunden ein bestimmtes Produkt nachfragen, kann der Erzeuger einen höheren Preis verlangen als bei geringer Nachfrage (siehe S. 143 ff. zum Thema Preiskalkulation).

Die **Preispolitik** eines Unternehmens schließt nicht nur den Verkaufspreis ein, sondern auch die Festsetzung von **Rabattsätzen**, die Festlegung der **Lieferungs- und Zahlungsbedingungen**, die Regelungen bei der **Inzahlungnahme gebrauchter Produkte** und eine eventuelle **Garantiezusage**.

Von einer **Preisdifferenzierung** spricht man, wenn die gleiche Ware zu unterschiedlichen Preisen angeboten wird. Damit sollen z. B. in verschiedenen Regionen unterschiedliche Markt- und Nachfragebedingungen ausgenutzt werden, um letztlich den Umsatz und Gewinn zu vergrößern.

All diese genannten Faktoren tragen heute, zusammen mit der Produktdifferenzierung und Produktgestaltung, ebenfalls massiv zum Kaufentschluss eines Kunden bei.

Beispiel:
Typisch für die alleinige Rolle des Preises bei der Kaufentscheidung sind die Discountmärkte. Sie versuchen meist allein über den Preis ihren Marktanteil zu vergrößern.

Wenn es nicht nur um die Höhe des Verkaufspreises, sondern auch um weitergehende vertragliche Bedingungen, wie Lieferungs- und Zahlungsbedingungen, Rabattsätze und Ähnliches mehr geht, spricht man auch vom **Kontrahierungsmix** (kontrahieren = einen Vertrag schließen).

Nachfolgend sollen aus der Vielfalt **preispolitischer Maßnahmen** einige herausgegriffen werden:

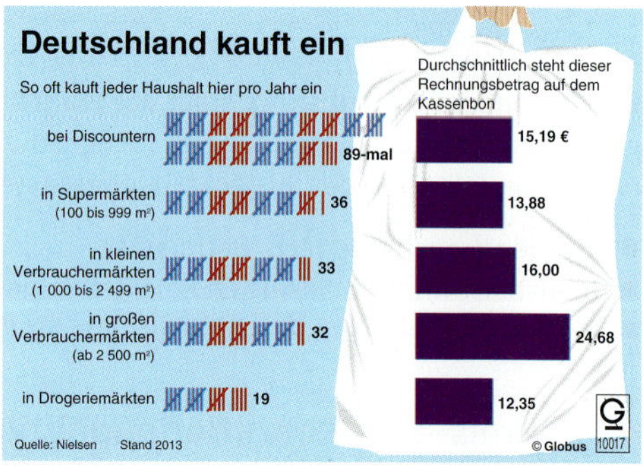

- **Einführungspreise**
  niedrigere Preise während eines bestimmten Zeitraums, häufig verwendet bei der Einführung neuer Produkte

- **Rabattpolitik**
  dient z. B. als Treue- oder Mengenrabatt der Kundenbindung. Ein Bonus wird gegeben, um hohe Umsätze zu tätigen, ein Weiterverarbeitungsrabatt wird z. B. Handwerkern gewährt usw.

- **Konditionenpolitik**
  umfasst die Liefer- und Zahlungsbedingungen, ggf. werden Verpackungs- und Transportkosten übernommen, Garantie über die Gewährleistungsfrist hinaus, Abschlagszahlungen werden gewährt, Skonto wird eingeräumt bei Sofortbezahlung usw.

- **Kreditpolitik**
  will den Kunden mit mehr Kaufkraft ausstatten, indem z. B. ein Kredit vermittelt wird, Leasing [= Nutzungsüberlassungs- oder Mietvertrag], Factoring, hierbei verkauft der Lieferer seine Forderung an eine Factoringgesellschaft, die sofort bezahlt und das Geld später vom gewerblichen Kunden erhält usw.

- **Sonderaktionen**
  meist eine beschränkte Quantität an Waren, die als Sonderangebot, zu einem Jubiläum, bei Geschäftsumbau zu einem herabgesetzten Preis verkauft werden usw.

4.2.4 Kommunikationspolitische Instrumente

Die Kommunikationspolitik umfasst alle auf den Absatzmarkt gerichteten Informationen, die das Ziel haben, bei Kunden, potenziellen Kunden sowie der Öffentlichkeit eine positive Einstellung zum Unternehmen und seinen Produkten/Leistungen zu schaffen.

Instrumente der Kommunikationspolitik

Mithilfe der kommunikationspolitischen Instrumente sollen alle vom Absatz betroffenen Zielgruppen wie Kunden, eigene Mitarbeiter, Händler, Lieferanten und die Öffentlichkeit angesprochen werden, um den Verkauf der Produkte und Dienstleistungen zu fördern.

Kommunikationspolitik

- **Werbung**: umfasst bewusste Maßnahmen, um Kundenwünsche zu wecken und Produkte/Leistungen dem Verbraucher bekannt zu machen.
- **Öffentlichkeitsarbeit**: (= Public Relations) meint die Pflege der Beziehungen zur Verbesserung des Ansehens der Unternehmung (Imagepflege).
- **Produktplatzierung**: ist die Einbindung des Produkts in andere Medien wie Kino-, Fernsehfilme usw.
- **Verkaufsförderung**: (= Salespromotion) beinhaltet Maßnahmen zur Unterstützung aller am Absatz Beteiligten (Händler, Verkäufer und Kunden).
- **Sponsoring**: bedeutet (finanzielle) Förderung von Personen, Organisationen, Vereinen im sportlichen, kulturellen und sozialen Bereich.

Werbung

„Ohne Werbung wäre unser Warenangebot um ein Vielfaches niedriger und die Information des Verbrauchers wäre wesentlich geringer."

„Die Werbung ist die große Verführerin des Verbrauchers. Sie ist meist bewusste Manipulation."

Durch Werbung werden dem Verbraucher immer neue Waren und Dienste angepriesen. Werbung im **weitesten Sinn** sorgt dafür, dass bereits vorhandene Bedürfnisse befriedigt und zusätzliche Bedürfnisse beim Kunden geweckt werden.

Im **engeren Sinn** will Werbung die infrage kommenden Käuferschichten dazu veranlassen, das betreffende Produkt ausschließlich **beim werbenden Unternehmen** – und nicht bei der Konkurrenz – **zu kaufen**, und dient daher der Steigerung des Absatzes.

Unter Werbung versteht man alle von einem Unternehmen eingesetzten gezielten Maßnahmen zur Beeinflussung des Kaufverhaltens der Verbraucher.

Hauptaufgabe der Werbung ist die **Umsatzsteigerung**:

- Vorhandene **Kunden** sollen **gehalten** und **neue hinzugewonnen** werden.
- Der Verbraucher wird informiert und auf neu entwickelte Güter hingewiesen. Die Werbung macht den Markt „durchsichtiger“, sie verschafft dem Kunden **„Markttransparenz“** (transparent = durchsichtig, klar).
- **Neue Bedürfnisse** sollen z. B. über das Medium Internet geweckt werden usw.

Ein seriöses Unternehmen orientiert sich bei seinen Werbeaktionen an folgenden **Grundsätzen** der Werbung:

- **Wahrheit und Klarheit:** Werbung darf Kunden weder täuschen noch irreführen, sie soll verständlich und informativ sein.
- **Wirksamkeit und Wirtschaftlichkeit:** Werbung soll motivieren und der Aufwand sollte dabei in einem vernünftigen Verhältnis zum Erlös stehen.

Werbung versucht mithilfe der verschiedensten **Werbemedien und -mittel** ihre Ziele zu erreichen, dazu gehören: persönliches Verkaufsgespräch, Anzeigen in Printmedien (Zeitungen, Illustrierte usw.), Prospekte, Flyer, Newsletter, Werbebanner im Internet, Werbespots als Videoclips auf Onlineplattformen, Mailings (mithilfe von Adressenlisten), möglichst hohe Platzierung in Internetsuchmaschinen, Präsentation in sozialen Netzwerken wie Instagram, Facebook, usw., Radio-, Film- und Fernsehwerbung, Firmenlogos auf Fahrzeugen und Gebäuden, Billboards (= großflächige Plakatwände), Werbegeschenke, besondere Liefer- und Zahlungsbedingungen, zusätzliche Garantien und Serviceleistungen usw.

KINDGERECHTE FERNSEHWERBUNG

Die wichtigsten **Werbeziele** wurden von Marketingspezialisten entwickelt und in der „AIDA-Formel“ zusammengefasst.

„AIDA“
Zauberformel amerikanischer Werbepsychologen:
A – wie Attention (Aufmerksamkeit erregen)
I – wie Interest (Interesse erwecken)
D – wie Desire (Wünsche auslösen)
A – wie Action (Handlung veranlassen: **Kaufen!**)

Die Karikatur verdeutlicht, dass Werbung oftmals das Unterbewusstsein anspricht, daher sollte der Konsument sie kritisch lesen und zur besseren Information mehrere Quellen nutzen.

Verkaufsförderung
Sowohl der Einzelhandel als auch Markenproduzenten nutzen die Möglichkeit der Verkaufsförderung (= Salespromotion), um den Warenabsatz zu beschleunigen. Verkaufsfördernde Maßnahmen sind zeitlich begrenzt, sie ergänzen und unterstützen sowohl die Werbung als auch die Arbeit der Absatzorgane (Händler usw.).

Maßnahmen der Verkaufsförderung

Verkaufspromotion	Händlerpromotion	Verbraucherpromotion
Schulung der eigenen Mitarbeiter, die ggf. durch ein Prämiensystem am Verkauf beteiligt werden. Maßnahmen: Produktschulungen, Verkaufswettbewerbe, Verkaufsunterstützung durch Muster und Proben usw.	Händler werden vom Hersteller geschult, um die Produkte/Leistungen kundengerecht zu verkaufen (= auch Merchandising). Maßnahmen: Unterstützung durch Kalkulationshilfen, Händlerzeitschriften, Händlerpreisausschreiben und -wettbewerbe, usw.	Kunden werden persönlich angesprochen, um einen direkten Kontakt zum beworbenen Produkt herzustellen. Maßnahmen: Prämien- und Payback-Systeme, Gewinnspiele, Verkostungen, Verkaufsaktionen, Tag der offenen Tür usw.

Öffentlichkeitsarbeit

„Tue Gutes und rede darüber!"

Rabattkarten im Vergleich

Mit einer Payback-Karte oder DeutschlandCard sammeln Kunden **Punkte**, indem sie bei teilnehmenden Unternehmen einkaufen. Die Punkte können sie in verschiedene **Rabatte** umtauschen. Im Gegenzug werten die Geschäfte **persönliche Daten und das Einkaufsverhalten** der Kunden aus, um gezielt Werbung an diese zu richten.

	PAYBACK	DeutschlandCard
Start in Deutschland	**2000**	**2008**
Zahl der Unternehmen, bei denen Punkte gesammelt werden können*	**mehr als 620**	**mehr als 320**
Auswahl teilnehmender Unternehmen	**Aral, Galeria Kaufhof, Rewe, Sixt**	**Edeka, Esso, Hertz, L'Tur**
Kartennutzer in Deutschland	**mehr als 25 Mio.**	**mehr als 14 Mio.**
Einlösen gesammelter Punkte in	**Einkaufsgutscheine, Bargeld, Prämien, Spenden**	**Verrechnung beim Einkauf, Prämien, Spenden**
Wert eines Punktes	**1 Cent**	**1 Cent**

Quelle: Payback, DeutschlandCard *inkl. Online-Händler **dpa•22177**

Dieses Instrument, das auch als „Public Relations" bezeichnet wird, möchte das allgemeine Ansehen des Unternehmens fördern. Es soll, anders als bei der produktbezogenen Werbung, ein möglichst positives Firmenimage geschaffen werden. Wenn die Gesellschaft eine gute Meinung von einer Firma hat, kann dies einen belebenden Einfluss auf das Kaufverhalten der Kundschaft haben.

Ziele der Öffentlichkeitsarbeit sind:

- Kunden gewinnen und an das Unternehmen binden,
- Bekanntheit vergrößern, um mehr Reputation erlangen,
- Lieferanten, Kapitalgeber und geeignete Mitarbeiter für das Unternehmen zu interessieren usw.

Sponsoring
Beim Sponsoring durch Unternehmen erhalten geförderte Personen, Institutionen, Vereine usw. (Geld-)Mittel für eine **Gegenleistung**, die auf die Marketingziele des Geldgebers gerichtet ist.

Insbesondere in den Bereichen Sport, Kultur, Sozialwesen, Umweltschutz und Fernsehen betätigen sich Firmen als Sponsoren. Dabei sollen Teilnehmer und Zuschauer mit den Kommunikationsabsichten der Unternehmen medienwirksam konfrontiert werden.

Beim Sportsponsoring werden Vereine z. B. durch Trikotwerbung unterstützt, beim Kultursponsoring finanzieren Firmen beispielsweise Konzerte usw. Dem Produktnutzen soll dadurch ein „Erlebnisnutzen" hinzugefügt werden.

Produktplatzierung
Dieses kommunikationspolitische Instrument wird auch als „Product-Placement" oder „Werbeintegration" bezeichnet. Es handelt sich dabei um die bewusste Darstellung von Markenprodukten in Film- und Fernsehproduktionen sowie in Videos oder Videospielen, ohne dies als Werbung kenntlich zu machen. In Deutschland ist die sog. Produktbeistellung erlaubt, wenn die Firmen ihre Erzeugnisse den Filmproduzenten kostenlos zur Verfügung stellen, z. B. Autos. Entgeltliches Product-Placement wird als „Schleichwerbung" bezeichnet.

4.3 Marketinginstrumente kombinieren

Fallbeispiel:
Bei der wöchentlichen Besprechung der Abteilungsleiter der Herstellungsfirma Möbel Kern OHG spricht der Chef mit unzufriedenem Unterton den Absatz der Komfortsessel „Soft-Sleep" an. Die Marktforschung hatte vor drei Jahren prognostiziert, dass der Handel an diesem neuen Produkt interessiert sei und keine Absatzprobleme gesehen. Daher wurde der neu entwickelte Komfortsessel mit Leder- bzw. Stoffbezug in die Produktion aufgenommen und über den Großhandel vertrieben. Der Listenverkaufspreis bei Kern beträgt 440,00 €, viele Möbelhäuser verkaufen den Sessel für ca. 1 200,00 € inkl. MwSt. Zwischenzeitlich gab es einige Reklamationen, weil das Gestänge zum Umklappen der Sessel verbogen war. Wegen des starken Absatzrückgangs in den beiden letzten Jahren erwartet der Chef von seinen Abteilungsleitern Maßnahmen gegen diesen Rückgang.

- Wurden hier eventuell schon Fehler bei der Markteinführung des neuen Sessels gemacht?
- Welche (Marketing-)Maßnahmen könnten dem Absatzrückgang entgegenwirken?

In den 1950er- und 1960er-Jahren gab es die oben beschriebenen Probleme nicht. In dieser Zeit sprach man in Deutschland von einem **Verkäufermarkt**, da dem knappen Angebot eine große Nachfrage gegenüberstand.

Heute sind die Märkte weitgehend gesättigt. Handwerk, Industrie und Handel bieten ein breit gefächertes Sortiment der verschiedensten Waren und Dienstleistungen an. Daher kann sich der Kunde qualitativ hochwertige und doch preisgünstige Waren aussuchen. Mithilfe des Internets hat jeder zudem gute Preisvergleichsmöglichkeiten. Deshalb spricht man heute von einem **Käufermarkt**.

Aus diesem Grund tut sich auch die Firma Möbel Kern schwer mit ihren neu eingeführten Komfortsesseln. Wenn Fehler bei der Marktforschung oder Markteinführung gemacht wurden, müssen diese jetzt durch eine **sinnvolle Vermarktungsstrategie** (= **Marketing**) wieder wettgemacht werden.

> **Marketing ist die zielgerichtete und systematische Ausrichtung der verschiedenen Unternehmensaktivitäten auf den wettbewerbsintensiven Markt mit seinen Kunden. Dazu gehört auch das Erkennen von Veränderungen des Markts und der Kundenwünsche.**

Um systematisch an den Bedürfnissen des Markts ausgerichtet zu sein, muss im Unternehmen zielgerichtet geplant und gehandelt werden. Dazu gehört ein schlüssiges Konzept, um die Ware absetzen zu können. Folgende Vorgehensweise erscheint sinnvoll.

4.3.1 Marktforschung

Ein unverzichtbares Hilfsmittel zur Erkundung der Absatzmöglichkeiten ist die **Marktforschung**, deren Methoden und Verfahren ständig dem neuesten wissenschaftlichen Stand angepasst werden sollten, damit das **Marktrisiko minimiert** werden kann. Gleichzeitig kann die Wirksamkeit von Marketingmaßnahmen überprüft werden.

Marktforschung kann erfolgen durch:

- **Marktuntersuchung** (= Marktanalyse). Hierbei wird der Marktzustand zu einem gegebenen **Zeitpunkt** untersucht. Die Marktuntersuchung ist gleichsam eine Momentbetrachtung.
- **Marktbeobachtung/Marktanalyse**. Sie stellt eine **Zeitraumbetrachtung** dar. Über einen längeren Zeitraum werden fortlaufend alle Veränderungen und Entwicklungen des Markts beobachtet und anschließend ausgewertet, z. B. das Verbraucherverhalten.

Wenn die Marktbeobachtung auch auf die zukünftige Marktentwicklung in Form einer Schätzung und Vorausberechnung ausgedehnt wird, spricht man von einer **Marktprognose** (= Vorhersage), um **Trends, Chancen und Risiken** für das eigene Unternehmen zu erkennen. Durch die systematische Marktforschung sollen folgende Fragen geklärt werden:

- Wie viel kann verkauft werden?
- Wann kann verkauft werden?
- Welche Käuferschichten können angesprochen werden?
- Wie kann verkauft werden?

- Welcher Konkurrenz ist die angebotene Ware ausgesetzt?
- Wie ist gegenwärtig und zukünftig die allgemeine Entwicklungsrichtung der Gesamtwirtschaft?
- Wie stark ist die Kaufkraft der Kunden und auch potenzieller Kunden usw.?

Methoden der Marktforschung

Um sich die notwendigen Informationen über den Markt zu verschaffen, wendet die Marktforschung unterschiedliche Methoden an. Am bekanntesten sind dabei

- die **Primärforschung** und
- die **Sekundärforschung**.

Primärforschung	Sekundärforschung
Es handelt sich um **eigene Erhebungen, Beobachtungen und Tests des (Groß-)Unternehmens oder Marktforschungsinstituts** beispielsweise durch mündliche oder/und schriftliche Befragungen. Mündliche Befragungen (**Interviews, Fragebögen**) haben den Vorteil, dass die Fragen vom Fragesteller persönlich gestellt und von ihm auch schriftlich festgehalten werden. Dieses kostenintensive Verfahren bei z. B. 2 000 Kunden ist persönlicher als die schriftliche Befragung in Form von zugeschickten oder von Onlinefragebögen. Aus den Antworten dieser **Stichprobe** zieht man dann Schlüsse auf das erwartete Kaufverhalten **aller** infrage kommenden Kunden.	Bei der Sekundärforschung greift das Unternehmen auf **bereits vorliegende und bestehende Unterlagen und Veröffentlichungen** zurück. Das können **interne Informationsquellen** wie Einkaufspreislisten, Reaktionen auf den Firmenblog (= Darstellung des eigenen Unternehmens im Internet), Verkaufsstatistiken, Lagerbestandsmeldungen oder auch firmeneigene Vertriebsberichte sein. **Externe Informationsquellen** wie Branchenveröffentlichungen, Verbandsberichte, Fachzeitschriften, Kammerberichte, Preislisten von Konkurrenten, Kataloge von Mitbewerbern, Veröffentlichungen des Statistischen Bundesamts oder auch von Meinungsforschungsinstituten usw. tragen ebenfalls zur eigenen Meinungsbildung bei.

Im Rahmen der Primärforschung wird, meist von größeren Konsumgüterherstellern, ein Verbraucherpanel erstellt. Dieses **Panel** ist eine große Stichprobe von Verbrauchern. Die Verbraucher protokollieren über einen langen Zeitraum ihre getätigten Einkäufe. Neuerdings geschieht dies mit Warenscannern direkt nach dem Einkauf, wobei dann die Daten online übermittelt werden. Aus den erhobenen Daten des Verbraucherpanels können danach Trends, Marktanteile bestimmter Marken, Moderichtungen usw. herausgelesen werden. Aufgrund dieser Erkenntnisse können die Unternehmen ihre Marketinginstrumente kombinieren oder ggf. auch deren Wirkungszusammenhänge erfahren.

»Die Vertreterin unseres Marktforschungsinstituts ist schon da.«

Probleme der Marktforschung

Die Begehrlichkeit von Unternehmen, Informationen über ihre (potenziellen) Kunden zu erhalten, ist verständlich. Schließlich ermöglichen diese Daten kundenorientierte Werbemaßnahmen, die auf die Kunden abgestimmte Entwicklung von Produkten und das passgenaue Anbieten von Dienstleistungen, die der Konsument wünscht.

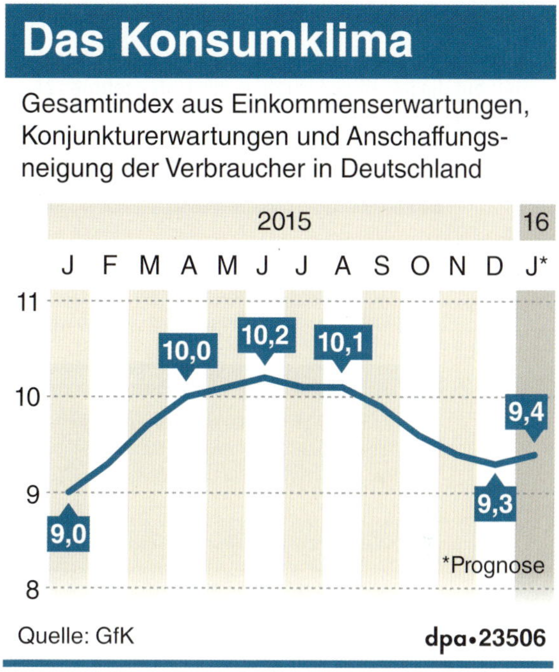

Doch der Grat zwischen diesem verständlichen und für den Verbraucher durchaus auch vorteilhaften Gebaren und dem sog. gläsernen Verbraucher ist schmal.

Mithilfe von Kundenkarten wie PAYBACK, CityPower-Card, Deutschlandcard usw. ist es beispielsweise problemlos möglich, das Einkaufsverhalten von Einzelnen und von Kundengruppen zu ermitteln und durch Werbe- oder Rabattaktionen zu beeinflussen.

Beim immer wichtiger werdenden Einkauf im Internet gibt der Konsument eine Vielzahl von Daten preis, deren Adressaten ihm oft unbekannt sind.

Beispiel:

- Unternehmen schicken Rabattgutscheine an die Kundenkartenbesitzer, die noch keine Einkäufe im laufenden Quartal getätigt haben.
- Warenproben werden auf Anforderung mit einem Fragebogen versandt.

Telefonaktionen von Callcentern oder Spammails usw. wirken meist sehr belästigend. Aufzuwerfen ist außerdem die Frage nach Datenschutz und informationeller Selbstbestimmung, denn dem Kunden von heute ist oftmals nicht klar, wo seine Konsumgewohnheiten gespeichert und wem diese Daten dann zugänglich gemacht werden.

Unerwünschte Telefonanrufe zu angeblichen Kundenumfragen oder Gewinnen, die man gemacht haben soll, sind nach dem Gesetz gegen den unlauteren Wettbewerb grundsätzlich illegal. Aus Verbrauchersicht sollte man bei jeglichen zweifelhaften „Marktforschungsmethoden“ Vorsicht an den Tag legen.

4.3.2 Marketingmix

Bei der Marktforschung müssen nicht nur die Kunden als Zielgruppe betrachtet werden, sondern ebenso Mitbewerber, Lieferanten und auch die Öffentlichkeit. Um die besten Marketinginstrumente gezielt auf die jeweilige Situation des Unternehmens kombiniert abstimmen zu können, ist die Entwicklung eines Marketingkonzepts erforderlich.

Strukturgerüst zur Entwicklung eines Marketingkonzepts

Analyse

- Wo steht unser Unternehmen am Markt?
- Welche Stärken und Schwächen weisen wir auf?

Zukunftsprognose

- Wie dürfte sich der Markt weiterentwickeln?
- Gibt es Modeerscheinungen, Trends, die man am Kunden- und Konkurrenzverhalten erkennen kann?

Eigene Ziele und Strategien

- Welche Ziele wollen wir erreichen?
- Wen wollen wir mit unseren Produkten/Dienstleistungen ansprechen (Zielgruppen)?
- Welche Produkte/Dienstleistungen wollen wir zur Zielerreichung einsetzen?

Festlegen des Marketingmix

- Welche Maßnahmen setzen wir im Rahmen der Preis-, Produkt-, Distributions- und Kommunikationspolitik ein?
- Müssen wir bei unseren Dienstleistungen die Marketinginstrumente um eine sinnvolle und gezielte Personal-, Prozess- und Ausstattungspolitik erweitern?

Klären des Budgets

- Wie viel Geld steht für die verschiedenen Maßnahmen und deren Kombination zur Verfügung?

Kontrolle der Marketingmaßnahmen

- Wurden die angestrebten Ziele erreicht? (Soll-Istvergleich)
- Wo und was muss nachgebessert werden?

Das Umsetzen von Marketingstrategien oder -plänen mithilfe der verschiedenen Marketinginstrumente in konkrete Aktionen bezeichnet man als „Marketingmix“.

Der Marketingmix umfasst die Kombination der zeitraum- und marktbezogenen marketingpolitischen Instrumente wie Preis-, Produktpolitik usw. Mit deren Hilfe will ein Unternehmen seine Beziehungen zu potenziellen Kunden gestalten und deren Kaufverhalten in seinem Sinne beeinflussen.

Aufgrund der unterschiedlichen Marktbedingungen und der „individuellen Situation“ jedes einzelnen Unternehmens ist es normalerweise sinnvoll, nicht nur ein Instrument einzusetzen, sondern die **Maßnahmen zu kombinieren**, um den **optimalen Nutzen** für das Unternehmen zu erzielen. Weiterhin wichtig ist heutzutage die Kombination aus **Offline- und Onlinemarketing** (= Webmarketing oder auch „Mobile Marketing"). Durch die fortgeschrittene **Digitalisierung ganzer Lebensbereiche** spielen z. B. Onlinewerbung und Onlinevertrieb für die meisten Verbraucher eine immer größere Rolle.

Der gezielte Einsatz und die Kombination der Marketinginstrumente hängen insbesondere auch davon ab, welche Märkte mit den Waren/Dienstleistungen erschlossen werden sollen. Man unterscheidet zwischen Konsumgüter- und Investitionsmarketing bzw. Industriegüter- und Dienstleistungsmarketing.

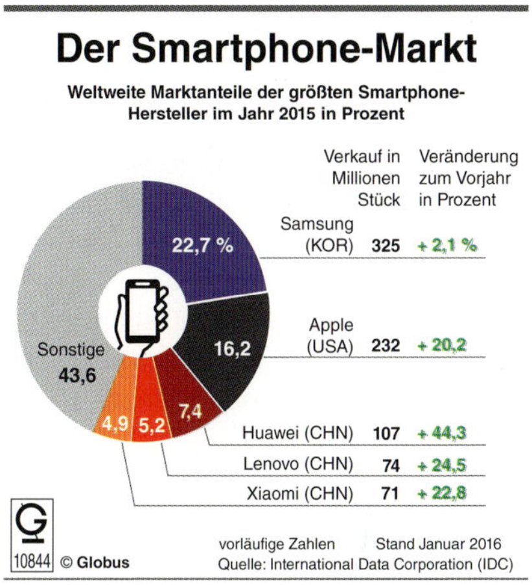

Das **Konsumgütermarketing** richtet sich an das Ende des Wertschöpfungsprozesses, nämlich an Konsumenten und private Haushalte. Hier wird dann zwischen kurzlebigen Verbrauchs- und langlebigen Gebrauchsgütern unterschieden. Beim Einsatz der Marketinginstrumente muss das Einkaufsverhalten der Konsumenten beachtet werden, da bei Gütern des täglichen Bedarfs, Gütern des gehobenen oder gar Spezialbedarfs jeweils andere Maßnahmen erforderlich sind.

Beispiel:

Wenn sich das Marketing an große anonyme Massen richtet, wäre evtl. als **Mittel der Kommunikationspolitik** Radio- oder Fernsehwerbung angebracht. Dieses Instrument könnte dann mit einer Rabattaktion (= **Mittel der Kontrahierungspolitik**) gekoppelt werden, da ein möglicher hoher Absatz zur Senkung der Produktionskosten genutzt werden kann.

Wenn die sog. Marktkontakte größtenteils anonym sind, z. B. beim Discounter, sind andere Marketinginstrumente gefragt als in Einzelhandelsfachgeschäften, wo persönliche Beratung, Freundlichkeit und Fachwissen des Verkaufspersonals entscheidend sind.

Unser **Investitionsgütermarketing** befasst sich mit der Vermarktung von Halbfabrikaten, die in der Industrie und Großunternehmen zum Einsatz kommen. Unsere Ware wird dort verarbeitet. Im Rahmen der Produktionspolitik bieten wir System-, Spitzen- und Spezialprodukte an. Diese Maßnahme wird kombiniert mit unserer Distributionspolitik, da wir meist den Transport (just in time) und manchmal auch die erforderliche Lagerhaltung für langjährige Kunden übernehmen. Bei Werbemaßnahmen treten wir sogar auf dem Weltmarkt auf, um neue Kundenkreise anzusprechen!

Beim **Dienstleistungsmarketing** werden immaterielle, abstrakte (= rein geistige) Leistungen angeboten. Diese Leistungen sind nicht lagerfähig und nur in Ausnahmefällen transportfähig. Es handelt sich oftmals um individuelle und einmalige Leistungen, die häufig auch personalintensiv und nur schwer zu standardisieren sind. Beim Dienstleistungsmarketing geht es um **Prozesse** und kompetente **Personen**, die zur Erstellung einer bestimmten Dienstleistung erforderlich sind. Ziel ist auch hier, den Kunden zufriedenzustellen und ggf. eine Vertrauensbasis aufzubauen.

Beispiel:
Eine Speditionsfirma bietet ihre Dienste über einen Sondereintrag im Telefonbuch, über die sog. Gelben Seiten und über Werbebanner im Internet an. Dieses kommunikationspolitische Instrument könnte mit dem preispolitischen Instrument kombiniert werden, indem eine Preisdifferenzierung/ Preisstaffelung angeboten wird. Mit Groß- oder Dauerkunden wäre sogar eine individuelle Preisgestaltung möglich. Als besondere Maßnahme könnte bei einem guten Geschäftsverlauf das Sponsoring (= Teil der Kommunikationspolitik) durch die Firma ins Auge gefasst werden, indem beispielsweise bei einem städtischen Jubiläum eine Geldspende für einen sozialen Zweck öffentlichkeitswirksam überreicht wird.

Beim **Social-Marketing** oder auch Marketing für Non-Profit-Organisationen geht es darum, Marketing für nicht kommerzielle Einrichtungen wie gemeinnützige Vereine, Kirchen, Schulen, öffentliche Unternehmen usw. zu betreiben. Hier werden dann beispielsweise Kampagnen gegen den Tabak- oder Alkoholkonsum, gegen AIDS usw. gestartet und unterstützt.

Um insbesondere **Modetrends**, z. B. für junge Leute, kennenzulernen, gehen manche Firmen hin und besuchen Internetseiten von Lifestyle-Magazinen oder Blogs von Modezeitschriften usw., um sich Anregungen für die Änderung/Erweiterung ihres Angebotssegments zu holen. Dadurch sparen sie Kosten für die Marktforschung und sind bestens informiert über zukunftsträchtige Entwicklungen.

Die Marketinginstrumente, die ein Betrieb einsetzt, hängen nicht nur von seinen gesteckten Zielen, sondern auch von seiner Betriebsgröße, seiner Kapitalkraft, seiner angebotenen Produktpalette usw. ab. Beim Kombinieren der gezielt eingesetzten Marketinginstrumente muss jeder Betrieb darauf achten, dass die Maßnahmen genau aufeinander abgestimmt sind und nicht gegeneinander verpuffen.

4.4 Wirkungszusammenhänge von Marketinginstrumenten beschreiben

Tchibo-Marketing-Chef: „Die große Kunst ist es, User an Prozessen zu beteiligen"

Seit sieben Jahren betreibt Tchibo die Innovationsplattform Ideas. Inzwischen ist sie zum universellen Kommunikations-Hub gewachsen. Mitmachmarketing ist für Tchibo-Marketing-Chef Wolfgang Merkle der Schlüssel im Kampf gegen Aufmerksamkeitsverlust.

Welche Rolle spielt Kundenpartizipation im Marketing Mix bei Tchibo?

DR. WOLFGANG MERKLE: Der Kunde bekommt immer mehr Botschaften, er hat immer weniger Zeit und viele Kunden sind in dieser fragmentierten Medienlandschaft sehr schwer zu erreichen. Daher suchen wir nach möglichst relevanten Botschaften, Stichwort Content Marketing. Wenn wir den Kunden spannende Themen liefern, bekommen wir einen Draht zu ihnen. Das lässt sich steigern, wenn wir die Kunden dazu bringen, das auch noch weiter zu empfehlen. Und die große Kunst ist es, die User an Prozessen zu beteiligen. Das versuchen wir inzwischen auf vielen Ebenen. Kunden können Produkte testen, bewerten, an Workshops und Marktforschungen teilnehmen und sie können Vorschläge für eigene Produkte einreichen. Dafür gibt es unsere Plattform Tchibo Ideas.

Tchibo Ideas war ein ehrgeiziges Projekt im Crowdsourcing. Hat die Veränderung den Co-Creation-Ansatz nicht verwässert?

Nein, im Gegenteil. Crowdsourcing ist doch nicht nur Co-Creation. Wir haben die Einstiegsschwelle drastisch gesenkt. Es gibt doch viel mehr Kunden, die an kleineren Aktionen gerne teilnehmen, als dass es kleine Erfinder gibt, die neue Produkte ertüfteln.

Das ganze Projekt ist also eine Maßnahme die vor allem der Kundenbindung dient.

Ja, aber nicht nur. Wenn es gut funktioniert, dann werden über Empfehlungsmarketing auch Neukunden auf uns aufmerksam.

Quelle: absatzwirtschaft, 23.06.2015, abgerufen unter: www.absatzwirtschaft.de/tchibo-marketing-chef-die-grosse-kunst-ist-es-user-an-prozessen-zu-beteiligen-57645 [22.02.2016].

4.4.1 Wirkung des Marketingmix

„Alles, was zählt, ist der Kunde, nur er bestimmt die Spielregeln!"

Fallbeispiel:
Im Baustoffmarkt bittet der Chef, Herr Wiesenauer, sowohl seine Abteilungsleiter als auch die Marketingabteilung zu einer dringenden Besprechung. Er legt nochmals die „verfahrene Situation" bei den Absatzzahlen der Baumärkte dar, die sich im letzten Quartal weiter verschlechterten. Damit nicht weiterhin rote Zahlen geschrieben werden, fordert er einen radikalen Kurswechsel, um die Absatzzahlen wieder steigen zu lassen. Dazu hat er sich eigene Gedanken gemacht, obwohl er kein Marketingspezialist ist, wie er verärgert ausdrückt.

„Was halten Sie von folgender Strategie? Wir müssen unbedingt moderner werden, daher sollten wir in unseren drei Baumärkten jeweils einen sog. Showroom einrichten, in dem sich die Kunden bei einem kostenlosen Getränk ihrer Wahl in angenehmem Ambiente über eine Vielzahl unserer Produkte informieren können.

Weiterhin müssen wir den Verkauf über das Internet unbedingt intensivieren. Dazu sollte natürlich unsere Homepage immer up to date sein und die Kunden müssen ihre Ware online bestellen können! Gegebenenfalls engagieren wir eine Fremdfirma für die Pflege unserer Homepage. Gleichzeitig sollten wir einen Blog (= Kundenforum) einrichten, bei dem interessierte Kunden die Qualität unserer Waren, Dienstleistungen und ggf. auch der Mitarbeiter diskutieren und kritisieren können. Aus berechtigter Kritik können wir nämlich Konsequenzen ziehen.

Dann müssen wir unbedingt unsere Handwerkerdienstleistungen ausweiten und mit noch mehr Betrieben aus der Region kooperieren, damit wir unsere Waren in Verbindung mit den Handwerkerdiensten verkaufen.

Um beispielsweise mehr Frauen für das „Heimwerken" zu begeistern, schlage ich vor, dass wir gezielte praxisorientierte Vorträge mit Videobeispielen anbieten, die nach Möglichkeit von Frauen für Frauen präsentiert werden. Für weitere absatzsteigernde Vorschläge wäre ich dankbar!

Spätestens in einem halben Jahr möchte ich dann von der Marketingabteilung eine Rückmeldung über die Wirkung dieser neu eingesetzten Marketinginstrumente erhalten!"

Aufgrund des Wandels vom Verkäufer- zum Käufermarkt sind im Laufe der Zeit die Wünsche der Kunden immer mehr in den Mittelpunkt des wirtschaftlichen Geschehens gerückt.

Ein profitabler Betrieb muss heute aus der Perspektive (= Blickwinkel) des Markts gesteuert werden. Daher ist entscheidend, passende Marketinginstrumente aus der Sicht der Kunden auszuwählen und einzusetzen.

Der Einsatz der einzelnen Marketingmaßnahmen hängt allerdings nicht nur vom Markt und den Konsumenten ab, sondern auch vom jeweiligen Betriebstyp (Groß- oder Einzelhandel, Konsumgüter- oder Investitionsgüterhersteller, Handwerk usw.), aber auch vom Produkt und dem zur Verfügung stehenden Marketingbudget. Ebenso muss unterschieden werden, ob Endverbraucher oder Wiederverkäufer/Weiterverarbeiter angesprochen werden sollen.

Marketingelemente wirken meist unterschiedlich auf die verschiedensten Konsumenten, da jeder Mensch ein Individuum ist und zu bestimmten Sachverhalten jeweils eine persönliche Einstellung hat.

Wirkung der Marketingmaßnahmen

Produkt- und Sortimentspolitik	Preis- und Konditionenpolitik	Kommunikationspolitik	Distributionspolitik
Wenn ein Produkt oder eine Dienstleistung in Funktion, Kundendienstleistungen, Design, insbesondere aber auch in Qualität, usw. nicht den Kundenerwartungen entspricht, hat es oder sie keinen Erfolg. Daher ist die Produktpolitik entscheidend vor allen anderen Maßnahmen.	Bei einkommensschwächeren Haushalten spielt der Preis eine dominierende Rolle. Diese Haushalte legen oft auch Wert auf die Möglichkeit, etwas in Raten bezahlen zu können (= Kreditpoltik). Bei modebewussten Käufern spielt der Preis oftmals eine untergeordnete Rolle (Sportartikel, modische Kleidung, Trendware usw.)	Viele Verbraucher lassen sich von der Werbung beeinflussen und kaufen dann Sachgüter/Dienstleistungen, die gerade in Mode sind und stark beworben werden. Die Bedeutung der Werbung variiert stark in Abhängigkeit vom Produkt (Autos – Backwaren)	Die Gestaltung der Absatzwege unter Berücksichtigung der Kundenkenntnisse, Verkaufsgewohnheiten usw. ist wichtig, daher gewinnt auch das Onlinemarketing an Bedeutung. Vertrieb und Werbung müssen aufeinander abgestimmt sein, da z. B. nur dort geworben werden kann, wo auch hingeliefert werden kann.

Ein Problem beim Marketingmix besteht darin, die jeweiligen Instrumente unter Berücksichtigung ihrer **Wechselwirkungen** richtig einzusetzen, einerseits wegen der Intensität (Schwerpunktsetzung usw.), andererseits hinsichtlich des Zeitpunkts ihres Einsatzes. Da die Marktgegebenheiten sich ständig ändern, muss jeder Marketingmix den Marktänderungen sowie den Unternehmenszielen angepasst werden. Das heißt, die jeweiligen Instrumente müssen dann zielbezogen neu optimiert werden.

Wirkung der absatzpolitischen Maßnahmen

Der individuelle Einsatz eines Marketinginstruments ist deswegen so wichtig, weil eine bestimmte Maßnahme auf verschiedene Produkte/Dienstleistungen ganz unterschiedliche Wirkungen haben kann, wie die Übersicht verdeutlicht.

Marketinginstrument	Pkws	Fahrradreparatur	Kleidung	Waschmittel
Produkt- und Sortimentspolitik	5	3	4	3
Preis- und Konditionenpolitik	4	3	3	3
Kommunikationspolitik	4	4	2	5
Distributionspolitik	4	2	3	1

1 = sehr geringe Bedeutung für den Verkauf 3 = mittelmäßig wichtig 5 = entscheidende Bedeutung

Anhand unseres Fallbeispiels mit dem Baustoffmarkt soll eine Bewertung der angekündigten Marketinginstrumente vorgenommen werden.

Bewertung von Marketinginstrumenten

Aus Sicht des Unternehmens ist die Steigerung des Umsatzes in Verbindung mit mehr Marktanteilen das entscheidende Beurteilungskriterium.

Aus Sicht der Konsumenten wird wahrscheinlich der neue „Showroom" begrüßt werden, da er eine interessante „Visitenkarte" des Baumarkts darstellt. Im Rahmen der neuen Produktpolitik vermittelt er mit seiner gemütlichen Kaffee-Ecke ein modernes „Shopping mit Spaß". Der erweiterte Onlineverkauf (= Vertriebspolitik) ist ebenfalls positiv zu bewerten, da diese Verkaufsart im Trend liegt. Mit seinem Kundenblog (= Kommunikationspolitik), bei dem die Käufer das Unternehmen im Internet bewerten können, trifft der Baumarkt die Wünsche vieler junger Konsumenten. Die erweiterte Kooperation mit ortsansässigen Handwerkern (= Servicepolitik) wird sich herumsprechen, da sie für den Kunden Wege und evtl. auch Geld spart, daher dürfte dies ebenfalls positiv in die Waagschale fallen. Die weiblichen Kunden dürften im Laufe der Zeit das Angebot „praxisorientierte Fachvorträge mit Videounterstützung" für Heimwerkerinnen nutzen, da dadurch ihre Interessen am Heimwerken geweckt und ihre technischen Fähigkeiten weiterentwickelt werden.

4.4.2 Wirkung von Marketingmaßnahmen auf Konsumentengruppen

Obwohl Einstellung und Werthaltung jedes einzelnen Menschen unterschiedlich sind, gibt es oftmals Tendenzen, die man bei bestimmten Konsumentengruppen erkennen kann.

- **Jüngere Leute** dürften im Bereich produktpolitischer Maßnahmen oft Wert auf modisch gestaltete Waren (= Design) legen. Im Rahmen der Preispolitik müssen es meistens günstigere Waren sein, da das Budget begrenzt ist, deshalb wird auch manches auf Raten gekauft. Auch die Kreditpolitik spielt hier daher eine gewisse Rolle. Bei manchen muss es das neueste schicke Smartphone sein, um dem Ansehen in der Clique gerecht zu werden. Besonders empfänglich ist die Jugend in Bezug auf digitale Geräte, die sie auf vielfältige Weise nutzen kann. So werden mithilfe einer riesigen Auswahl von „Mobile Apps" (= Application, Anwendungssoftware für Mobilgeräte) zahlreiche Dienstleistungen von Internetanbietern genutzt. Mit dem Tablet-PC oder dem Smartphone wird immer mehr eingekauft, Musik heruntergeladen, Reisen oder Hotels gebucht usw. Daher spielt das Online- oder auch **Onlinedialogmarketing** der Unternehmen eine entscheidende Rolle.

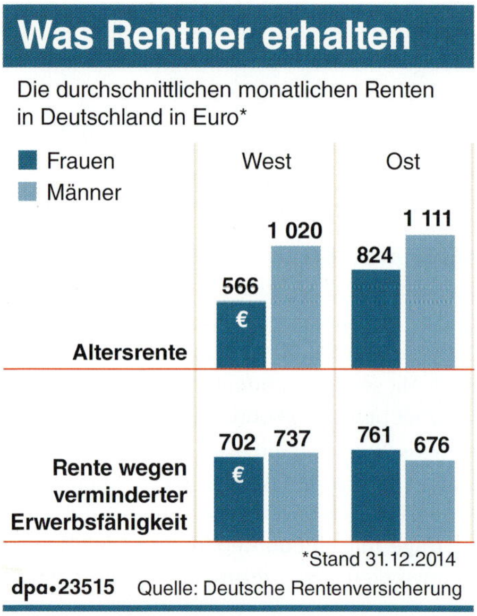

- **Senioren** legen wahrscheinlich größeren Wert auf kommunikationspolitische Instrumente, weil sie einen guten Service und ein vertrauensvolles Kundenverhältnis schätzen. Bei ihnen spielt die Qualität der Ware eine wichtige Rolle, daher sind sie auch bereit, einen höheren Preis zu akzeptieren, weil z. B. Rentnerehepaare manchmal auch kaufkräftig genug sind.
- **Kritische Konsumenten** beachten das Preis-Leistungs-Verhältnis, da sie sich vor dem Kauf meist intensiver informieren. Bei ihnen muss die Qualität stimmen und im kommunikationspolitischen Bereich dürften sie Wert auf besondere Garantieleistungen legen. Werbung wird kritisch gesehen, da sie manipulieren und die Waren verteuern kann.
- **Weibliche Konsumenten** treffen bedeutend mehr Kaufentscheidungen als Männer, da sie meist auch die Haushaltseinkäufe tätigen. Bei ihnen gibt es oft eine gewisse Markenorientierung, wobei sie auf eine persönliche Beratung durch die Verkäufer Wert legen. Viele Frauen sehen „Shopping" als ein Erlebnis an, bei den gekauften Waren spielt im Rahmen der Produktpolitik dann die optische Produktgestaltung und die Ästhetik eine dominierende Rolle.

Wirkungszusammenhänge der Marketingmaßnahmen

Wer Marketinginstrumente kombiniert, muss bei ihren Auswirkungen darauf achten, dass sie sich nicht gegenseitig behindern, verpuffen oder gar aufheben. Sog. Ausstrahlungseffekte auf andere Maßnahmen sind wichtig, da sich das eingesetzte Instrument für ein bestimmtes Produkt negativ oder auch positiv auf den Erfolg anderer Erzeugnisse des Unternehmens auswirken kann (Sortimentsverbund). Da es sehr viele Kombinationsmöglichkeiten der Marketingmaßnahmen gibt und deren wirtschaftlicher Einsatz kaum berechenbar ist, könnte die Wirkung der Instrumente z. B. bei der Produkteinführung getestet, d. h. durch „Markttests" hinterfragt werden. Es kann beispielweise vorkommen, dass ein erhöhter Werbemitteleinsatz eine Preissenkung wieder aufhebt. Wenn mithilfe einer teuren Werbekampagne, z. B. im Rundfunk oder Fernsehen, mehr Waren abgesetzt werden, steigt zwar der Umsatz, allerdings nicht unbedingt der Gewinn, da die Werbekosten die erhöhten Umsatzerlöse wieder „auffressen". Beim immer wichtiger werdenden

Onlinemarketing ist es zwar möglich, die sog. Klickrate zu messen, trotzdem sagt die Häufigkeit des Anklickens noch nichts darüber aus, ob der Kunde die Ware dann auch bestellt hat.

Ein Geschäft, das Wert darauf legt, z. B. bei Internetsuchmaschinen möglichst weit oben zu stehen, und das seine eingesetzten Marketinginstrumente berechnen möchte, kann einzelne Maßnahmen gegen andere austauschen und dann deren Wirksamkeit erkennen. Dadurch, dass einzelne Instrumente konstant bleiben und andere ausgetauscht werden, ist ein gewisser Vergleich der eingesetzten Marketingmittel möglich.

Aufgaben

1. *Berechnen Sie* ***a)*** *den Umsatz bei einem Preis von 17,84 € pro Stück, wenn 1 314 Stück verkauft werden,* ***b)*** *den Stückpreis bei einem Umsatz von 14 788,52 € und einer Verkaufszahl von 1 618 Stück,* ***c)*** *die hergestellte Stückzahl bei einem Umsatz von 11 050,36 € mit einem Stückpreis von 12,17 €.*

2. *Beschreiben Sie die derzeitige Wettbewerbssituation in der Branche Ihres Praktikumsbetriebs. (Gibt es konkurrierende Betriebe, die eine besonders starke Stellung haben? Musste schon ein Ihnen bekanntes Unternehmen aus Wettbewerbsgründen Insolvenz anmelden? Muss „Ihr Betrieb" bei seiner Preisgestaltung besonders viel Rücksicht auf andere Betriebe/Geschäfte der Region nehmen?)*

3. *Ist Ihr Praktikumsbetrieb nach Ihrer Ansicht gegenüber der Konkurrenz auf dem Markt gut gewappnet? Worauf stützen Sie Ihre Aussage?*

4. *a) Worauf führen Sie es zurück, dass trotz des Gesetzes gegen den unlauteren Wettbewerb in Deutschland die Benzinpreise oftmals an fast allen Tankstellen innerhalb kurzer Zeit erhöht werden?*
b) Gegen welchen Paragrafen des UWG dürfte hierbei verstoßen werden? (Die Webadresse www.Gesetze-im-internet.de kann Ihnen bei der Recherche helfen.)

5. *Auf einem Fischmarkt werden täglich die gefangenen Fische versteigert. Dazu geben die Großhändler bereits im Vorfeld ihre Bestellwünsche mit ihren Preisvorstellungen (€/kg) ab. Für heute lagen folgende Bestellungen auf der einen und folgende Fänge (= Angebote der Fischereigenossenschaft) auf der anderen Seite vor.*

Preis (€)	Angebote (kg)	Bestellungen (kg)
8	120	400
9	280	280
10	385	210
11	420	180
12	450	120
13	490	100

a) Stellen Sie Angebot und Nachfrage in einem Preis-Mengen-Diagramm dar und kennzeichnen Sie den Gleichgewichtspreis.

b) Verdeutlichen Sie den Zusammenhang zwischen dem Preis und der Höhe von Angebot und Nachfrage (Siehe S. 306 f. im Anhang „Methoden und Arbeitstechniken“).

6. *a) Was drückt die Grafik aus?*

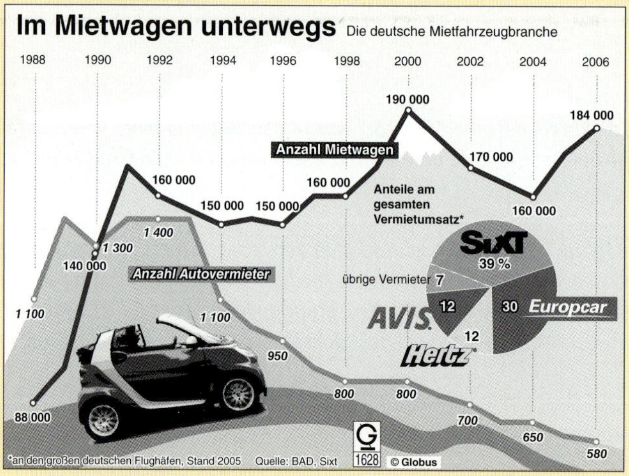

b) Wieso kann man sowohl auf dem deutschen als auch dem europäischen Automobil- und Mietwagenmarkt von einer eingeschränkten Konkurrenz sprechen?

7. *Wieso ist für Sie als Konsument das Angebotspolypol die beste Marktform? Begründen Sie Ihre Argumente.*

8. *Bei einer Produktinnovation geht es von der Ideenfindung über die technischen Möglichkeiten des Betriebs, die Wünsche und den Bedarf der Kunden bis zur Herstellung des vermarktungsfähigen Produkts und dessen Markteinführung. Welche Möglichkeit sehen Sie, in Ihrem Praktikumsbetrieb oder ggf. auch in anderen Branchen, ein neues oder zumindest stark verändertes/verbessertes Produkt einzuführen?*

9. *Eine Produktinnovation oder auch eine Produktvariation schafft zum bestehenden Grundnutzen einen Zusatznutzen. Erläutern Sie an zwei Beispielen den Unterschied zwischen Grund- und Zusatznutzen.*

10. *Diskutieren Sie in der Gruppe die Situation „unseres Baustoffmarkts", dessen Umsätze in den beiden letzten Jahren auf einem stark umkämpften Markt mit europäischer Konkurrenz zurückgingen. Wäre es evtl. sinnvoll, das bisherige Sortiment „Alle Waren für Haus, Hof und Garten" um den Bereich „Brennstoffe" zu erweitern? Tragen Sie Vor- und Nachteile einer solch gravierenden Sortimentserweiterung zusammen und fällen Sie am Schluss der Diskussion eine Entscheidung.*

11. *Was halten Sie von dem Vertriebsweg, bei dem in Privathaushalten im Rahmen sog. Partys Haushaltswaren, Wohnaccessoires, Kosmetikartikel usw. verkauft werden?*

12. *Welche unterschiedlichen Vertriebswege sind möglich? Führen Sie für jeden dieser Wege zwei Beispiele an.*

13. *Ein größeres Unternehmen war bisher nur auf dem deutschen Markt aktiv und möchte expandieren (= sich erweitern), d. h. insbesondere auf dem europäischen Markt Fuß fassen.*
a) Weshalb ist es sinnvoll, im Ausland den Vertrieb mit Kommissionären aufzubauen?
b) Versetzen Sie sich in die Lage des Vertriebsleiters, der jetzt passende Kommissionäre suchen muss. Wie würden Sie vorgehen, um geeignete Leute zu finden? (Denken Sie daran, dass der Staat ebenfalls Interesse hat, exportierende Firmen zu unterstützen!)

14. *Legen Sie mithilfe des Gesetzes gegen den unlauteren Wettbewerb dar, unter welchen Voraussetzungen vergleichende Werbung erlaubt ist. Die Webadresse www.Gesetze-im-Internet hilft Ihnen hierbei.*

15. *Begründen Sie, welche Werbemittel Sie bei*
a) dem Baustoffmarkt im Fallbeispiel,
b) einer Bäckerei,
c) einer mittelständischem Stahlbau GmbH,
d) einer Onlinedruckerei und
e) einer Kfz-Reparaturwerkstatt verwenden würden.

16. *Überlegen Sie, welche verkaufsfördernden Maßnahmen für Ihren Praktikumsbetrieb/Ihr Geschäft eventuell noch infrage kommen könnten. Denken Sie dabei an Verkaufspromotion, Händlerpromotion, Merchandising (= technische Unterlagen, Verkäuferschulung, Preisausschreiben, Displaymaterial, Gratisproben usw.).*

17. *a) Diskutieren Sie in der Gruppe, welche Möglichkeiten des Sponsorings es im Bereich des Umweltschutzes geben könnte. Denken Sie dabei beispielsweise an Umweltverbände, Stiftungen usw., die sich für die Tier- und Pflanzenwelt einsetzen.*
b) Welchen Nutzen könnten Betriebe aus einem solchen Sponsoring ziehen?

18. *Lesen Sie sich nochmals den Einstieg in Kap. 4.2 auf S. 163 zur aktuellen Situation in „unserem Baustoffmarkt" durch, bei dem die Absatzzahlen nach unten gehen. Entwerfen Sie in Gruppen einen Fragebogen, den man den Baumarktkunden aushändigen könnte, um deren Zufriedenheit mit dem Markt zu erfragen, aber insbesondere auch, um zu erfahren, was sich alles ändern muss, um diese Kunden zu halten und weitere hinzuzugewinnen.*

19. *Führen Sie ein Rollenspiel durch, bei dem Sie die Abteilungsleiterbesprechung der Firma Möbel Kern (Fallbeispiel in Kap. 4.3 auf S. 172) durchspielen. Lassen Sie in Ihre Lösungsmöglichkeiten die verschiedenen Marketinginstrumente (Produktpolitik, Preispolitik usw.) mit einfließen, um letztendlich den Absatz der Komfortsessel „wieder anzukurbeln". Diskutieren Sie anschließend in der Klasse die besten Vorschläge.*

20. *Sie finden die beiden folgenden Märkte vor:*

A) Bei vielen Unternehmen sind die Läger gut gefüllt, da die Nachfrage zzt. zu wünschen übrig lässt:
- *Es gibt einen harten Preiswettkampf zwischen den Konkurrenten.*
- *Den Konsumenten steht eine große Auswahl zur Verfügung.*

B) Es gibt nur eine schwache Konkurrenz auf dem Markt:
- *Die Nachfrage nach Waren ist groß.*
- *Die Produktion bei den Unternehmen ist meist stark ausgelastet.*

a) In welcher Situation kann man von einem Käufermarkt, in welcher von einem Verkäufermarkt sprechen?

b) Versetzen Sie sich in die Lage der Geschäftsleitung und erarbeiten Sie in der Gruppe Marketingmaßnahmen, wie sich eine Firma langfristig auf einem Käufermarkt behaupten kann.

21. *Worin unterscheiden sich Marktuntersuchung und Marktbeobachtung?*

22. *Welche Aufgaben hat die Marktforschung?*

a) Verkäufermärkte längerfristig in Käufermärkte umzuwandeln?
b) Änderungen des Verbraucherverhaltens vorherzusehen?
c) Das Marktpotenzial zu vergrößern?
d) Entscheidungshilfen für die Marketingabteilung/Geschäftsführung eines Unternehmens zu liefern?

Welche zwei Antworten sind hier richtig? Begründen Sie Ihre Entscheidung.

23. *Angenommen in einer Stadt im Ruhrgebiet existieren drei Brauereien mit täglichem Ausschank: Brauerei A verkauft 90 hl (= Hektoliter) Bier täglich, Brauerei B 60 hl und eine Kleinbrauerei nur 2 hl am Tag. Der Markt für Biere ist nicht gesättigt.*

a) Das Marktvolumen (= getätigter Absatz) auf dem Getränkemarkt kann in manchen Fällen das Marktpotenzial (= Marktkapazität, gesamte Aufnahmefähigkeit des Markts) übersteigen.
b) Brauerei B hat einen Marktanteil von fast 40 %.
c) Das Marktpotenzial beträgt in der gesamten Stadt 152 hl pro Woche.
d) Das Marktvolumen beträgt in der Stadt 1 064 hl pro Woche.
Welche beiden Antworten sind hier richtig und warum?

24. *Warum werden bei einer Verbraucherbefragung z. B. nur 1 800 oder 2 000 Personen befragt, obwohl die damit gewonnenen Ergebnisse ungenauer sind als die Ergebnisse einer Befragung aller Verbraucher? Diskutieren Sie.*

25. *Ein Kartonagenwerk führt eine Onlinebefragung bei seinen Kunden durch, um zu klären, welche Kunden Kunststoffverpackungen und welche Kartonverpackungen bevorzugen.*

a) Handelt es sich hierbei um eine Marktanalyse?
b) Wird dies als Marktbeobachtung bezeichnet?
c) Ist dies eine Aufgabe der Marktforschung?
d) Handelt es sich hierbei um ein Instrument der Vertriebspolitik? Welche beiden Antworten sind richtig und weshalb?

26. *Der Marketingmix wird oft auch als „marktorientierte Unternehmensführung" bezeichnet. Erläutern Sie diese Sichtweise.*

27. *Welche Marketinginstrumente wurden in den folgenden Fallbeispielen kombiniert? Begründen Sie jeweils, weshalb es Ihnen sinnvoll erschien, gerade diese Instrumente miteinander zu koppeln.*

a) Ein Sportartikelhersteller bietet neben Bekleidung und Schuhen jetzt auch Parfüm an. Er bewirbt diese Kampagne mit Models aus der Sportbranche.

b) Ein Handyproduzent offeriert seine Produkte nicht nur in seinen eigenen Handyshops, sondern neuerdings auch im Internet. Bei dieser Aktion bietet er denjenigen, die ihr Handy online kaufen, eine längere Garantiezeit an.

c) Ein großes Modehaus bietet bei einem Kauf ab 100,00 € einen Rabatt von 8 % an. Diese Maßnahme über den Zeitraum von einem Monat beginnt es mit einer „Summer-Sale-Aktion".

28. *Bilden Sie drei Gruppen, die jeweils ein realistisches Marketingkonzept, insbesondere mit Kombinationen von Marketinginstrumenten, erarbeiten und der Klasse vorstellen.*

a) Eine Tischlerei in einem kleinen Ort verlor in letzter Zeit einige Kundenaufträge und möchte diesen Auftragseingang wieder wettmachen. Es steht ein Marketingbudget von 5 000,00 € über ein Jahr zur Verfügung.

b) Ein mittelständisches Unternehmen mit 35 Millionen Euro Jahresumsatz, das Kunststoffteile für einen Autohersteller produziert, möchte sich „ein zweites Standbein suchen" und nicht nur von einem Großabnehmer abhängig sein. Das Marketingbudget hierzu beträgt 50 000,00 € im Jahr.

c) Ein europaweit agierendes Unternehmen (Landmaschinenhersteller) möchte künftig global tätig werden. Das Marketingbudget hierzu beträgt 1 000 000,00 €.

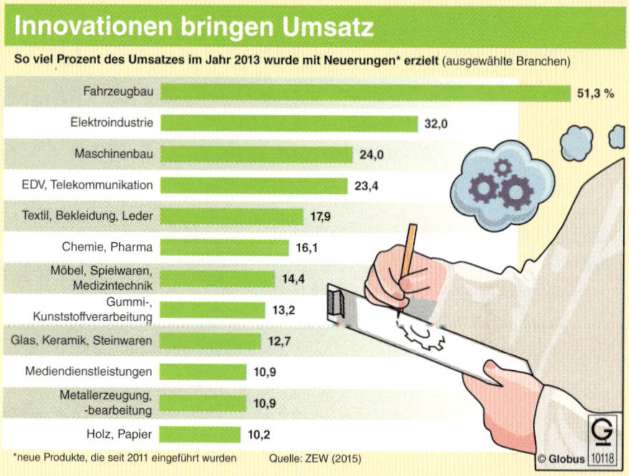

29. *Im Rahmen der Preispolitik gibt es auch die Möglichkeit der sog. Preisdifferenzierung. Das heißt, es werden für das gleiche Produkt verschiedene Preise berechnet, um flexibel auf die Gegebenheiten des Markts oder um auch auf verschiedene Kunden zu reagieren. Denken Sie dabei an einen Heizölhändler, dessen Literpreise mit der Mengenabnahme gekoppelt sind usw. Nennen Sie weitere Beispiele für Preisdifferenzierungen.*

30. *Welche Marketingmaßnahmen scheinen Ihnen bei einem „gesättigten Markt" (= Käufermarkt mit starker Konkurrenz durch Mitbewerber usw.) besonders wichtig zu sein, um als Anbieter bestehen zu können? Begründen Sie Ihre Argumente.*

31. *Entwerfen Sie in Gruppenarbeit für ein mittelständisches Fensterbau-Unternehmen (Herstellung von Türen, Glasfassaden, Fenster in Holz, Aluminium und Kunststoff) ein Marketingkonzept. Ziel dabei soll sein, sich auf dem nordrhein-westfälischen Markt langfristig zu behaupten und weitere Kundenkreise zu erschließen. Für das Konzept steht ein größeres Werbebudget zur Verfügung.*

32. *Legen Sie den Wirkungszusammenhang von Marketinginstrumenten dar. Wie dürften sich die jeweiligen Maßnahmen auf den Absatz der verschiedenen Produkte auswirken?*

Marketinginstrument	Brot	Sportartikel	Fahrräder	Nagelstudio
Produkt- und Sortimentspolitik				
Preis- und Konditionenpolitik				
Kommunikationspolitik				
Distributionspolitik				

1 = sehr geringe Bedeutung für den Verkauf 3 = mittelmäßig wichtig 5 = entscheidende Bedeutung

33. *Beschreiben Sie, wie verschiedene Maßnahmen aus dem Marketingmix **a)** auf junge, **b)** auf ältere, **c)** auf weniger kaufkräftige und **d)** auf besonders kritische Konsumenten wirken könnten.*

34. *Mit welchen Marketinginstrumenten dürften sich diese Firmen/Marken seit Jahren an der Weltspitze halten? (Weshalb sind diese Marken so wertvoll?)*

35. *Die Deutsche Bahn (DB) bietet mit dem DB-Navigator unter dem Stichwort „Mobilität 4.0“ eine sog. Reise-App an, mit deren Hilfe Smartphone-Nutzer Reiseverbindungen aussuchen, Abfahrts- und Ankunftszeiten in Echtzeiten erhalten, Tickets ggf. mit Preisreduzierung kaufen können usw.*

a) Welche Marketinginstrumente wurden hier kombiniert?

b) Wie schätzen Sie deren Wirkung für die Zukunft ein?

Anforderungssituation 5

Personalwirtschaftliche Entscheidungen beschreiben und daraus den eigenen Berufsweg planen

Kompetenzen

In dieser Anforderungssituation lernen Sie verschiedene Möglichkeiten beruflicher Tätigkeiten kennen.

Am Beispiel von Arbeits- oder Ausbildungsverträgen erarbeiten Sie sich selbstständig die arbeitsrechtlichen und tarifvertraglichen Rechte und Pflichten von Arbeitnehmern und Arbeitgebern.

Abschließend lernen Sie die Inhalte von Entgeltabrechnungen kennen.

Einstiegssituation:

Klanghaus – Garten- und Landschaftsbau GmbH
Perfekt für's Grüne und für's Blaue!

Über mehrere Generationen hinweg behauptet sich die Familie Klanghaus im Dreiländereck Nordrhein-Westfalen, Niedersachsen, Niederlande im Gartensegment. Überwiegend übernimmt die Klanghaus – GALAbau GmbH die planerische und bauliche Ausführung von Gärten sowie die Pflege von Anlagen und seit 2011 ebenfalls die Integration von Pools und Spas für den Innen- und Außenbereich.

Der Familienbetrieb mit 25 Mitarbeitern und dem Stammsitz in Gronau ist ein anerkannter Ausbildungsbetrieb, der neben kaufmännischen Auszubildenden auch vier Auszubildende für den Beruf des Gärtners/der Gärtnerin der Fachrichtung Garten- und Landschaftsbau ausbildet.

Für das Jahr 2016 werden zwei neue Auszubildende gesucht. In der örtlichen Tagespresse erscheint folgende Anzeige:

Klanghaus – GALAbau GmbH
Perfekt für's Grüne und für's Blaue!

Wir suchen zum 01.08.2016 zwei Auszubildende zum/zur
Gärtner/in – Fachrichtung
Garten- und Landschaftsbau

Anforderungen:
- Zuverlässigkeit
- Pünktlichkeit
- Lernbereitschaft und Motivation
- Gute Schulnoten/Realschulabschluss

Schicken Sie uns bitte Ihre aussagekräftigen Bewerbungsunterlagen mit Lichtbild und dem letzten Halbjahreszeugnis bitte per E-Mail an
mail@klanghaus-galabau.de
oder per Post an folgende Adresse:

Klanghaus – GALAbau GmbH
Frau Brigitte Klanghaus
Heerstr. 50
48599 Gronau

Max Kunze, 16 Jahre alt, hat sich erfolgreich aufgrund der Stellenanzeige bei der Klanghaus – GALAbau GmbH beworben. Mit ihm werden noch vier weitere Auszubildende zu einem ersten Treffen am Standort Gronau eingeladen. Bevor es zu einem Gespräch mit jedem potenziellen Auszubildenden kommt, zeigt der Firmeninhaber Herr Sebastian Klanghaus den jungen Bewerbern das Betriebsgelände und einen kurzen Film über das traditionsreiche Familienunternehmen.

Max ist begeistert von seinem zukünftigen Arbeitsplatz, versteht aber einige Fachbegriffe, die Herr Klanghaus in seinen Ausführungen fallen lässt, nicht und ist von der Größe des Unternehmens und den Abläufen und Strukturen im Unternehmen beeindruckt und darüber erstaunt. Bei Ferienjobs in anderen Unternehmen hat er andere Arbeitsweisen und Organisationsformen im Garten- und Landschaftsbau kennengelernt.

Zu Hause fragt sich Max Kunze, ob er sich wohl schnell in die verschiedenen Arbeitsabläufe und Organisationsstrukturen einarbeiten können wird und wie es mit der Zusammenarbeit mit Kollegen und im Kontakt zu Kunden in Zukunft aussehen wird. Etwas mulmig ist ihm schon dabei, denn als Auszubildender ist er laut seinem Vater „das letzte Glied in der Kette".

Aufgaben

1. ***Nehmen Sie kritisch Stellung zu der Aussage von Max' Vater.***
2. ***Welche Erwartungen haben Sie an Ausbilder, Kollegen und den Lernstandort „Berufsschule"?***
3. ***Welche Erwartungen werden an Sie gestellt?***
4. ***Sehen Sie den von Ihnen gewählten Beruf als langfristige Chance, Ihre Erwerbstätigkeit bis zur Rente zu sichern?***

5.1 Möglichkeiten beruflicher Tätigkeiten kennenlernen

Fallbeispiel:
Max hat während seiner Schulzeit schon mehrere Praktika, aber auch Ferienjobs absolviert, daher weiß er schon ein bisschen, wie die Arbeitsstrukturen in verschiedenen Betrieben funktionieren. Gleichzeitig konnte er schon für sich entscheiden, dass ein Beruf im kaufmännischen Bereich nichts für ihn ist.

Hierbei hat er auch miterleben dürfen, dass seine Cousine Melanie von ihren Eltern gedrängt wurde, doch eine Ausbildung zur Industriekauffrau zu absolvieren, da die Mutter ebenfalls diesen Beruf erlernt hat. Nach drei Monaten hat Melanie die Ausbildung abgebrochen und sich einen neuen Ausbildungsplatz als Tischlerin gesucht. Auch sie mochte handwerkliche Tätigkeiten immer lieber, als kaufmännische Abläufe in einem Büro zu erlernen.

5.1.1 Berufliche Bildung durch Praktikum und/oder Berufsausbildung

Definition des Begriffs „Praktikum“

KLUGE KÖPFE GESUCHT!

Die Möglichkeit, für einen begrenzten überschaubaren Zeitraum in einem Unternehmen zu arbeiten, um Einblicke bzw. „Berufserfahrungen“ zu sammeln, an die sich u. U. eine Ausbildung anschließen kann.

Definition des Begriffs „Berufsausbildung“

Die Berufsausbildung befähigt eine Auszubildende/einen Auszubildenden durch das Erlernen von Fertigkeiten und Kenntnissen in einem anerkannten Ausbildungsberuf, den Anforderungen in einer sich ändernden beruflichen Arbeitswelt gerecht zu werden. Das Bestehen der am Ende der Ausbildungszeit zu absolvierenden Abschlussprüfung bescheinigt der/dem Auszubildenden eine berufliche Handlungskompetenz, die als „Eintrittskarte“ für den jeweils gelernten Beruf anzusehen ist.

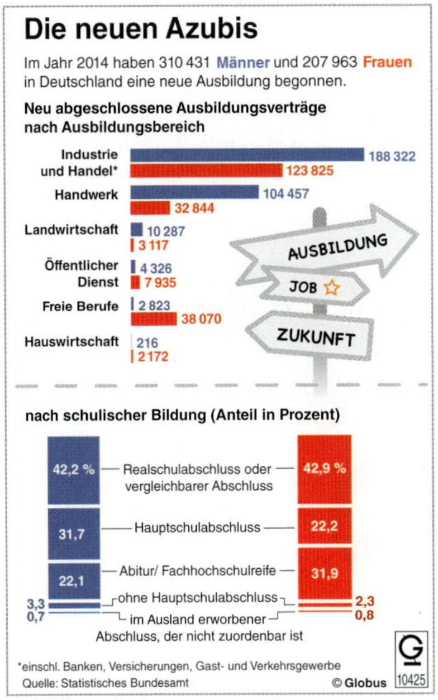

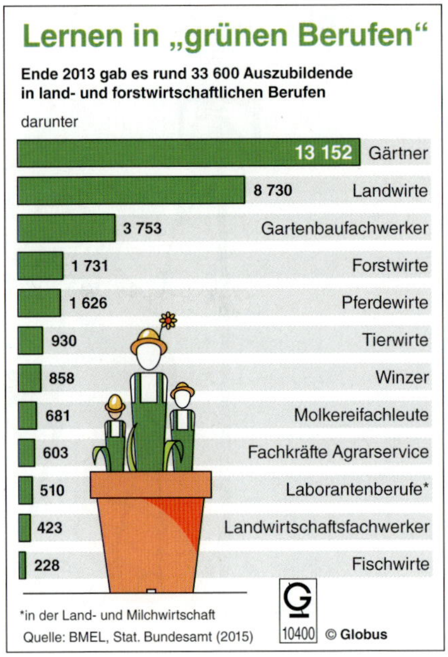

5.1.2 Notwendigkeit der Qualifizierung in Aus- und Weiterbildung

Wer im Beruf Erfolg haben möchte, muss diejenigen Kenntnisse, Fähigkeiten und Fertigkeiten besitzen, die zur Erfüllung der gestellten Aufgaben erforderlich sind. Dazu muss er sich qualifizieren. Die durch Qualifizierung (= Erwerb bestimmter Kenntnisse, Fähigkeiten und Fertigkeiten) erworbene Befähigung bezeichnet man als „Qualifikation“. Bereits bei der Berufswahl muss überlegt werden, welche Qualifikationen man erwerben will. Von ihnen wird es später in großem Maße abhängen, welche beruflichen Möglichkeiten sich einem eröffnen.

Aufgabe der Berufsausbildung ist es, Qualifikationen zu vermitteln. Die zur Erlernung und Ausübung eines Berufs notwendigen Kenntnisse, Fähigkeiten und Fertigkeiten sind in den Ausbildungsordnungen festgelegt und in den Berufsbildern beschrieben.

Wenn es früher im Allgemeinen ausreichte, sich für einen Beruf („Lebensberuf“) zu qualifizieren, so ist es heute in den meisten Bereichen notwendig, solche Qualifikationen zu erwerben, die eine große Zahl von (heutigen und zukünftigen) beruflichen Tätigkeiten „erschließen“. Solche umfassenderen Befähigungen bezeichnet man als Schlüsselqualifikationen, auch „Soft Skills“ und „Hard Skills“ genannt.

Schlüsselqualifikationen sind die Kenntnisse, Fähigkeiten und Fertigkeiten, die es ermöglichen,

- verschiedene berufliche Positionen (= Stellungen) einzunehmen,
- verschiedene berufliche Funktionen (= Aufgaben) auszuüben sowie
- neue Anforderungen, die im Laufe des Berufslebens auftreten, zu bewältigen.

Neben Fachkenntnissen und Fertigkeiten werden für eine Schlüsselqualifikation ganz besondere Fähigkeiten gefordert. Hierzu gehören beispielsweise:

- Denken in Zusammenhängen,
- Gewinnen und Verarbeiten von Informationen,
- Konzentrationsfähigkeit (= Fähigkeit zu höchster Aufmerksamkeit),

- Transferfähigkeit (= Fähigkeit, die bei einer Aufgabe erlernten Vorgänge auf eine andere Aufgabe zu übertragen),
- Reaktionsschnelligkeit (= rasches „Schalten"),
- Leistungsbereitschaft,
- Genauigkeit,
- systematisches Arbeiten,
- Teamfähigkeit (= Bereitschaft zur Zusammenarbeit),
- Toleranz (= Duldung der Meinung anderer),
- Fairness (= Anständigkeit, Ehrlichkeit, Unparteilichkeit),
- Verantwortungsbewusstsein,
- Selbstständigkeit,
- Bereitschaft zur Weiterbildung.

Lebenslanges Lernen

Eine gute Berufsausbildung zahlt sich immer aus. Sie hilft dem Einzelnen, sein berufliches und privates Leben zu gestalten, und dient zugleich der ganzen Volkswirtschaft.

Die Bedeutung von beruflicher Ausbildung und beruflicher Arbeit soll an einigen Begriffen aufgezeigt werden.

- **Mögliche Sicherheit des Arbeitsplatzes**
  Eine gute Berufsausbildung ist das beste Rüstzeug für die Arbeitswelt und mindert das Risiko der Arbeitslosigkeit. Die Erfahrung zeigt: Wer mehr und besser gelernt und beispielsweise auch Auslandserfahrung gesammelt hat, wird auch heute seltener arbeitslos.
- **Existenzsicherung**
  Der Mensch möchte mit seiner beruflichen Arbeit den Lebensunterhalt für sich und – wenn nötig – auch für seine Familie sichern. Sein Einkommen (Lohn, Gehalt) soll es ihm ermöglichen, seine Bedürfnisse (Existenz-, Kultur- und eventuell auch Luxusbedürfnisse) zu befriedigen. Außerdem sind die Aufstiegs- und Verdienstmöglichkeiten der besser qualifizierten Arbeitnehmer günstiger.

Mit Ausbildung = bessere Chancen

- **Selbstwertgefühl**
  Der arbeitende Mensch möchte, dass seine Tätigkeit ihm Freude bereitet. Wenn er den Arbeitsablauf mitgestalten und dabei seine Kenntnisse, Fähigkeiten und Fertigkeiten anwenden kann, trägt dies zu seiner „Selbstverwirklichung" bei. Sein beruflicher Erfolg zeigt, was er „wert" ist, sein Selbstwertgefühl wird gehoben.

  Der arbeitende Mensch möchte Verantwortung übertragen bekommen oder selbst Verantwortung übernehmen. Genießt er die Anerkennung von „oben", von Arbeitskolleginnen und Arbeitskollegen, Freundinnen und Freunden sowie Familienangehörigen, trägt auch dies zur Hebung seines Selbstwertgefühls bei.
- **Humankapital**
  Der Einzelne lernt und arbeitet nicht nur zum eigenen Nutzen. Seine Tätigkeit dient zugleich der Volkswirtschaft, der er seine Arbeitskraft zur Verfügung stellt. Dieses „Humankapital" ist für die heutige „Leistungsgesellschaft" von großer Bedeutung.

Unser Wirtschaftsleben verändert sich ständig und zwar viel schneller und tiefgreifender als in früheren Jahren. Die fortschreitende technische Entwicklung verändert die beruflichen Aufgabenbereiche und die Arbeitsplätze. Häufig entstehen neue Berufe, z. B. in der Elektronik, Energietechnik (sog. grüne Technologien wie Fotovoltaik), Informationstechnologie (IT) sowie im Dienstleistungsbereich. Dass ein einmal erlernter Beruf ein Leben lang ausgeübt wird und Sicherheit bis zur Rente bietet, ist zur Ausnahme geworden. Die Erwerbsbiografien haben sich grundlegend verändert. Um mit der raschen technischen Entwicklung Schritt zu halten und sich an veränderte Situationen in der Arbeitswelt anpassen zu können, müssen sich Berufstätige ständig weiterbilden. Sie müssen sich neue Arbeitstechniken aneignen (z. B. Verarbeitung von Kunststoffen) und neue Zusammenhänge erkennen lernen (z. B. Arbeitsweise eines Computernetzwerks). Das Motto der Berufstätigen von heute lautet eindeutig: lebenslanges Lernen.

Die bereits in Schule und Ausbildung erworbenen Schlüsselkompetenzen finden jedoch volle Anwendung. Dabei helfen Weiterbildungsangebote sowohl des Unternehmens als auch von öffentlichen oder privaten Bildungseinrichtungen, damit Berufstätige nicht den Anschluss an aktuelle Entwicklungen ihres Fachs verlieren. Heute erkennen immer mehr Berufstätige den Wert der Weiterbildung für die Sicherheit ihres Arbeitsplatzes.

Der Gesetzgeber hat das Recht auf Weiterbildungsurlaub im Arbeitnehmerweiterbildungsgesetz (AWbG) verankert. Doch auch die Unternehmen sind bestrebt, dem Mangel an Fachkräften zu begegnen. Im Jahr 2014 haben sich 51 % der Erwachsenen bis 64 Jahre in Deutschland z. B. durch Vorträge und Kurse weitergebildet. Davon vorrangig in den Bereichen Wirtschaft, Arbeit, Recht sowie Natur, Technik und Computer.[1]

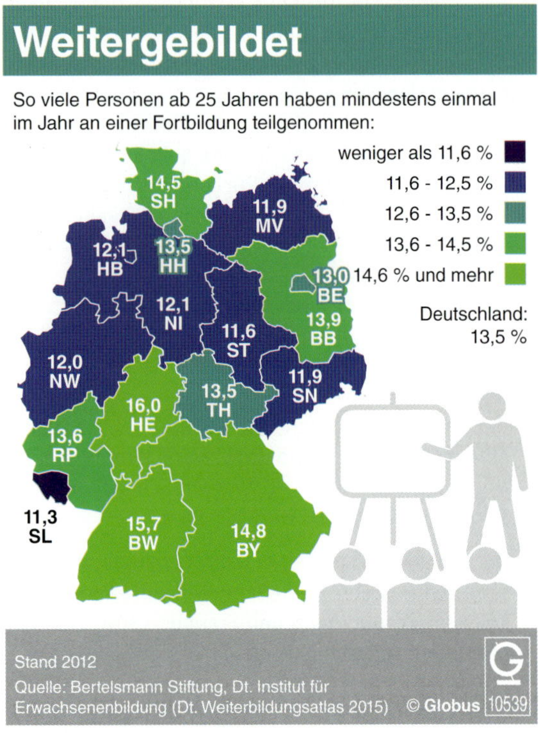

Möglichkeiten der außerbetrieblichen Weiterbildung

Eine Aus- und Weiterbildung ist möglich im Bereich der Allgemeinbildung und der beruflichen Bildung. In der Regel kommt auch eine Erweiterung der Allgemeinbildung der beruflichen Situation zugute. Für die Weiterbildung gibt es heute eine Vielzahl von Möglichkeiten.

1 Quelle: Globus-Grafik 58671734 (Stand: 29.05.2015)

Weiterbildung

durch	durchgeführt von
- Schulbesuch - Lehrgange/Fachausbildung - Kurse - Seminare/Fernstudim - Fernsehprogramme - Fachliteratur - E-Learning - Internetportale	- Privaten und öffentlichen Schulen - Unternehmen - Volkshochschulen - Gewerkschaften - Kirchen - Wirtschaftsverbänden - Kammern

Schulische Aus- und Weiterbildung

Schulabschlüsse sind fast immer die Ausgangsbedingung für schulische oder berufliche Weiterbildung. Früher waren das allgemeinbildende Schulwesen und das berufsbildende Schulwesen weitgehend voneinander getrennt. Nur in einigen Ausnahmefällen war es möglich, einen Übergang zu finden. Heute versucht man die Schulsysteme durchlässiger zu gestalten, sodass ein reibungsloser Wechsel vom allgemeinbildenden zum berufsbildenden Schulwesen und umgekehrt möglich ist (Gesamtschule, Kollegschule). So haben auch Schülerinnen und Schüler mit dem Abschluss der Berufsreife noch die Möglichkeit, einen mittleren und höheren Bildungsabschluss über berufliche Aus- und Weiterbildung zu erreichen („Zweiter Bildungsweg").

Berufliche Fortbildung findet häufig innerbetrieblich statt. Unternehmen übernehmen Seminargebühren und Referentenhonorare und stellen die Arbeitnehmer gemäß Arbeitnehmerweiterbildungsgesetz des Landes Nordrhein-Westfalen (AWbG) von der Arbeit frei.

Berufliche Fortbildung

Qualifizierung und Spezialisierung („Coaching")	Aufstieg durch Weiterbildung („Traineeprogramme")	übergang in einen anderen (verwandten) Beruf

Nachholen von beruflichen Abschlüssen

Wer einen Berufsabschluss aufweisen kann, hat Vorteile gegenüber „Ungelernten":

- Man wird tariflich besser eingestuft.
- Man ist beruflich besser einsetzbar.
- Man hat bessere Aufstiegschancen usw.

Deshalb lohnt es sich in der Regel, Berufsabschlüsse nachzuholen.

Außer der nachträglichen Abschlussprüfung kann der Erwerb des sog. Europasses von großem Vorteil sein. Dieses Portfolio (= Mappe mit entsprechenden Dokumenten) soll Aufschluss über die eigenen Qualifikationen und Kompetenzen, insbesondere bei Bewerbungen geben. Der **Europass** schafft Transparenz und beinhaltet:

- den Lebenslauf (Europass Lebenslauf), um sich umfassend zu präsentieren,
- den Sprachenpass (Europass Sprachenpass) zur Selbsteinschätzung der Sprachkenntnisse,
- den Mobilitätsnachweis (Europass Mobilität) über ausgeübte berufliche Tätigkeiten im europäischen Ausland,
- die Zeugniserläuterungen (Europass Zeugniserläuterungen) zu beruflichen Abschlüssen usw.

Der Europass bietet allen Interessierten unter der Webadresse www.europassinfo.de seinen kostenlosen Service der EU an.

Fördermaßnahmen durch den Staat

Die Aus- und Weiterbildung von Jugendlichen und Erwachsenen wird vom Staat gefördert. Dadurch wird auch finanziell Schwachen die Möglichkeit geboten, Bildungschancen zu nutzen.

Durch das Bundesausbildungsförderungsgesetz (BAföG), das Unterhaltsbeihilfegesetz des Landes Nordrhein-Westfalen und das Sozialgesetzbuch (SGB III) Drittes Buch – Arbeitsförderung bzw. das Aufstiegsfortbildungsgesetz (AFBG) werden den Ämtern der Gemeinden und Kreise (Ämter für Ausbildungsförderung und Arbeitsagenturen) finanzielle Mittel, z. B. sog. Bildungsgutscheine, zur Verfügung gestellt, um ihre Aufgaben durchzuführen. Die Ämter beraten und vermitteln bei der schulischen und betrieblichen Aus- und Fortbildung sowie bei der Umschulung und gewähren nach den Richtlinien der Gesetze finanzielle Hilfen.

Bundesprogramm Bildungsprämie:

Staat hilft bei der Weiterbildung

mit einem Prämiengutschein für berufliche Weiterbildungsveranstaltungen

Für wen?

Arbeitnehmer und Selbstständige
(auch Beschäftigte in Mutterschutz, Eltern- oder Pflegezeit)

Wie hoch ist die Einkommensgrenze?

20 000 Euro zu versteuerndes Jahreseinkommen (40 000 Euro bei gemeinsam Veranlagten, z. B. Ehepartnern)

Wie viel wird bezahlt?

Die Weiterbildungsmaßnahme darf nicht mehr als 1 000 Euro kosten; davon werden 50 % bezahlt.
Der Eigenanteil darf *nicht* vom Arbeitgeber übernommen werden.

Wie oft?

Den Prämiengutschein gibt es maximal alle zwei Jahre.

Welche Unterlagen sind erforderlich?

✔ Personalausweis, Reisepass oder Führerschein
✔ Steuerbescheid vom letzten oder vorletzten Jahr*
✔ bei Nicht-EU-Bürgern: Aufenthaltserlaubnis

Wo gibt es den Gutschein?

Nach einer persönlichen Beratung in den rund 600 Beratungsstellen. Die Beratung ist kostenlos.
Hier gibt es die Adressen:

0800 2623 000 **www.bildungspraemie.info**

*ersatzweise auch eine aktuelle Gehaltsbescheinigung

Quelle: BMBF Stand 2014 © Globus 6503

Fallbeispiel:
Wieder einmal surfen Max und sein Freund und Mitauszubildender Hassan in der Mittagspause per Handy im Internet. Max hat von Freunden gehört, dass diese sich für einen Auslandaufenthalt während der Ausbildung interessieren und erzählt Hassan davon. Dieser hätte große Lust, Gronau für ein paar Monate den Rücken zu kehren. Allerdings will Hassan ungern allein diese Auslandserfahrungen sammeln. Wenn ein Freund ihn begleiten würde … – das fände er wirklich klasse. Er ist sich aber nicht sicher, ob Max so „abenteuerlustig" ist. Beim Surfen im Internet bleibt er bei folgendem Artikel hängen:

Auslandstrips für Berufstätige Azubis auf der Walz

Stipendien für ein Austauschjahr in den USA gibt es viele – wenn man Schüler oder Student ist. Lehrlinge und Berufsanfänger mussten bisher länger suchen. Doch die Unterstützung für sie wächst. Die wichtigsten Förderprogramme im Überblick.

In St. Louis gibt es zwei Sehenswürdigkeiten: den riesigen Bogen „Gateway Arch" und die Anheuser-Busch-Brauerei. Dort wird das in den USA beliebte „Budweiser"-Bier gebraut, manche nennen es „Amerika in der Flasche". Für Susanne Weber, 23, war deshalb klar, wohin nach der Ausbildung die Reise geht. Ein Jahr lang lebte und arbeitete die junge Brauerin aus Bayern in St. Louis, finanziert vom Deutschen Bundestag und dem Kongress der USA.

Das Parlamentarische Patenschafts-Programms (PPP) ist eines der ältesten Austauschprogramme für junge Berufstätige mit abgeschlossener Ausbildung. Jedes Jahr reisen mit dem Stipendium rund 300 Deutsche in die USA und 300 Amerikaner nach Deutschland. Die deutschen Teilnehmer studieren ein Semester lang an einem College in den USA und arbeiten ein halbes Jahr vor Ort in ihrem Beruf. Den Praktikumsplatz müssen sie sich selbst suchen. Für Susanne Weber war das kein Problem: „Die haben sich in St. Louis total gefreut, mal einen bayerischen Bierbrauer bei sich zu haben."

Dass es nicht nur für Schüler und Studenten sinnvoll ist, eine Zeit lang im Ausland zu leben, spricht sich langsam auch in den Ausbildungsbetrieben herum. Die Zahl der Azubis, die einen Teil ihrer Ausbildung im Ausland verbringt, habe sich in den vergangenen fünf Jahren mehr als verdoppelt, sagt Jacqueline März, Leiterin der Mobilitätsberatung beim Deutschen Industrie- und Handelskammertag. So einfach wie Schüler oder Studenten haben es die Azubis aber noch lange nicht: Nur für rund vier Prozent steht ein Trip ins Ausland auf dem Lehrplan.

„Berufliche Auslandsaufenthalte sind für viele Menschen persönliche Bereicherung und Karrieresprungbrett zugleich", sagt Markus Fels vom Bundesministerium für Bildung und Forschung. Azubis rät er, zunächst beim eigenen Ausbildungsbetrieb oder bei der Berufsschule nachzufragen, ob es Angebote für Auslandsaufenthalte gibt.

Die Handwerks- und die Industrie- und Handelskammern, der Bund und die Europäische Union stecken viel Geld in Beratungsprojekte und Förderprogramme. Das bekannteste war bislang „Leonardo da Vinci", mit dem Azubis für drei Wochen bis neun Monate ins europäische Ausland gehen konnten. Das Programm lief Ende Dezember aus, unter der Dachmarke „Erasmus+" werden Auslandsaufenthalte von Azubis aber weiterhin gefördert.

Insgesamt 14,7 Milliarden Euro beträgt das Gesamtbudget von „Erasmus+". Stipendien werden an Studenten, Lehrer, Ausbilder und Azubis vergeben. Einen Überblick über die

Azubi-Förderprogramme bietet die Homepage der Nationalen Agentur Bildung für Europa. Dort werden sogenannte „Leonardo da Vinci Pool-Projekte" in allen Ländern der EU, in Island, Liechtenstein, Norwegen und der Türkei vorgestellt. Junge Kaufmänner können sich etwa auf einen 13 Wochen langen Online-Marketing-Workshop auf Teneriffa bewerben, Gastronomen auf ein Praktikum in Großbritannien oder Handwerker auf eine Weiterbildung in Italien.

Anderes Land, gleiches Gehalt

Was die Azubis im Ausland lernen sollen, wird bei allen Programmen vor der Reise mit ihnen, ihren deutschen Chefs und den ausländischen Partnern genau festgelegt. Laut Berufsbildungsgesetz dürfen Azubis bis zu neun Monate der Ausbildung im Ausland absolvieren. Den Lehrstoff, den sie währenddessen in der Berufsschule versäumen, müssen sie eigenständig nachholen. Das Ausbildungsverhältnis besteht weiter, die Azubis erhalten also auch im Ausland ihr deutsches Gehalt.

"Die Unternehmen sehen das als eine Investition in die Zukunft", sagt Handelskammer-Beraterin März. Zwar müssten sie eine Weile auf ihren Azubi verzichten, doch sie erhöhten ihre internationale Kompetenz und fänden für ihre Ausbildungsplätze auch bessere Bewerber. Allerdings gebe es noch viel Informationsbedarf: „Bisher wussten viele Unternehmen einfach nichts davon, vor allem kleinere und mittelständische Firmen."

Nils Klersy, 24, zog es nach seiner Ausbildung zum Veranstaltungskaufmann wie Susanne Weber in die USA. Beide haben nicht nur viele englische Vokabeln mit nach Hause gebracht, sondern auch Selbstvertrauen in die eigenen Fähigkeiten. „Dort gab es keine langen Schulungen, da hieß es training on the job", sagt Klersky [sic!]. Was er dadurch gelernt habe: "Wenn man sich reinkniet, dann kann man sich auch etwas aufbauen."

Susanne Weber sagt, sie sei jetzt „noch weltoffener" und „viel, viel selbständiger". Im letzten Monat des Aufenthalts reiste sie durch die Vereinigten Staaten. Aus jeder Stadt brachte sie ihrer Mutter einen Magneten mit, sie kleben nun am heimischen Kühlschrank. „Ich war die erste aus unserer Familie, die in den Staaten war", sagt sie stolz.

Quelle: Fiedler, Doreen/dpa/vet: Azubis auf der Walz. Spiegel online, 12.01.2014, abgerufen unter: www.spiegel.de/karriere/ausland/austauschprogramme-fuer-auszubildende-lernen-und-arbeiten-im-auslanda-941510.html [22.02.2015].

Fallbeispiel:
Total fasziniert zeigt er Max den Artikel und will ihn zu so einem „Auslandstrip" überreden. Max ist ebenfalls nicht abgeneigt, da er am Wochenende mit seiner Freundin eine ehemalige Schulkollegin im Aachener Raum besucht hat, die ihnen von Auslandsaufenthalten während der Ausbildung über die IHK vorgeschwärmt hat. Sie war gerade für ein halbes Jahr in den Niederlanden.

Max und Hassan überlegen, dieses Thema beim nächsten Stammtischtreff mit ihren Schulkollegen zu besprechen. Vielleicht haben ihre Freunde und Bekannte schon an ähnlichen Programmen teilgenommen oder kennen Möglichkeiten, sich nach der Ausbildung weiterzuqualifizieren. Seit gestern wissen sie, dass leider nur 15 von 25 Auszubildenden in ihrer Berufsschulklasse übernommen werden. Da reicht die „reine Ausbildung" am Ende auch nicht mehr aus, um einen anschließenden Arbeitsvertrag zu erhalten.

5.2 Rechte und Pflichten aus Arbeits- und Ausbildungsverträgen ableiten

Fallbeispiel:

Max und Hassan erleben die ersten Wochen ihrer Ausbildung als einen Pool an neuen Erfahrungen. Sie haben sich in die Betriebsabläufe des Standorts Gronau einzufügen, die Berufsschule als zweiten Lernort zu erfahren und neben Kollegen auch noch die Lehrpersonen sowie Mitschülerinnen und Mitschüler in einem neuen Lernumfeld nach ihrer allgemeinen Schullaufbahn kennenzulernen. Beide Lernstandorte, Betrieb und Schule, haben in ihrem individuellen Sozialgefüge verschiedene Erwartungshaltungen an die beiden neuen Auszubildenden.

Folgender Artikel hängt am Schwarzen Brett des Aufenthaltsraums der Klanghaus -GALAbau GmbH:

Privates verboten

Mal eben ein paar private Mails checken oder ein paar Schnappschüsse auf Facebook posten – natürlich alles während der Arbeitszeit. Das finden viele Arbeitnehmer vollkommen normal. Das Problem: Spätestens, wenn es mit dem Chef in der Firma mal nicht mehr so gut läuft, kann sowas eine Steilvorlage für den Rausschmiss sein.

Privat surfen und chatten

Das macht Spaß, ist aber bei der Arbeit leider nicht ohne weiteres erlaubt. Denn im Arbeitsrecht gilt ein ernüchternder Prinzip: Alles Private, das per Betriebsvereinbarung oder Tarifvertrag nicht ausdrücklich erlaubt ist, ist leider verboten. Das gilt fürs private Chatten, Telefonieren und auch fürs Mailen. Vom Prinzip her logisch: Schließlich wird man vom Chef fürs Arbeiten bezahlt.

Und Streitpunkt Handy: Der Chef kann sogar soweit gehen und den Mitarbeitern die Nutzung des privaten Handys während der Arbeitszeit komplett verbieten. Selbst dann, wenn das im Betrieb vorher erlaubt und üblich war. Das hat ein Landesarbeitsgericht entschieden.

Kein Freibrief in der Pause

Wer jetzt auf die Idee kommt, dann eben in den Pausen nach Belieben zu chatten und zu surfen: Auch das ist nicht immer eine gute Idee. Zumindest, wenn man dafür Firmencomputer oder -telefon nutzt.

Denn die gehören dem Betrieb und sind daher für Privates tabu – außer es ist per Betriebsvereinbarung oder Tarifvertrag ausdrücklich erlaubt oder im Betrieb so üblich ist. Was der Arbeitnehmer in der Pause mit seinem privaten Handy macht, ist jedoch seine Sache. […]

Quelle: Schyns, Ute: Privates verboten. WDR, 01.10.2015. Abgerufen unter: http://www1.wdr.de/themen/verbraucher/themen/quintessenztippsundtrends-444.html [22.02.2016].

Fallbeispiel:

Für die Auszubildenden bei der Klanghaus – GALAbau GmbH gilt grundsätzlich, dass das Handy während der Arbeitszeit in der privaten Kleidung oder den privaten Taschen im abschließbaren Spind im Umkleideraum der Belegschaft aufzubewahren ist. Sollte es zu einem familiären Notfall kommen, sind alle Auszubildenden über die Firmenrufnummer erreichbar. Das Handy darf allerdings von den Auszubildenden in den Pausen genutzt werden.

Über diese Regelung waren Max und Hassan schon sehr froh. Allerdings haben sie sich auch gefragt, was sie machen sollen, wenn es wirklich mal „echten Ärger" mit Kollegen oder dem Chef des Hauses geben sollte. Hierzu fand sich ebenfalls ein Artikel am Schwarzen Brett, den sie aufmerksam gelesen haben, denn das Wissen über arbeitsrechtliche Regelungen fehlt ihnen noch.

Stress in der Lehre

Erste Hilfe für Azubis

Der Chef brüllt, die Kollegen nerven und der Berufsschullehrer erzählt unverständliches Zeug: Jeder vierte Azubi schmeißt seine Ausbildung hin. Dabei gibt es viele Hilfsangebote, von der Gratis-Nachhilfe bis zum persönlichen Mentor.

Es gibt Tage, an denen sie ihre Ausbildung am liebsten abbrechen würde. Das sind Tage, an denen ihr Chef sie anbrüllt, sie als nutzlos beschimpft oder ihr vorwirft, sie könne gar nichts. „Er ist ein Choleriker", klagt die 22-Jährige. [...] Oft macht ihr die Arbeit Spaß. Doch die Beleidigungen durch ihren Chef zerren an ihren Nerven.

Solche Schilderungen überraschen Florian Haggenmiller nicht. „Es gibt immer wieder Fälle, in denen Azubis ihren Lohn zu spät oder gar nicht bekommen, Überstunden machen müssen, ausbildungsfremde Tätigkeiten verrichten oder sogar gemobbt werden", sagt der Bundesjugendsekretär beim Deutschen Gewerkschaftsbund. Fast ein Viertel der Auszubildenden löste 2011 ihren Vertrag vorzeitig auf, ergab eine Auswertung des Bundesinstituts für Berufsbildung.

Damit es nicht so weit kommt, ist es wichtig, dass die Auszubildenden ihre Rechte kennen. Diese sind im Berufsbildungsgesetz festgelegt. Auch den Ausbildungsvertrag und die Ausbildungsordnung sollten sie sich genau durchlesen.

„Es gibt Konflikte, wo ganz klar gegen geltendes Recht verstoßen wird", sagt Katharina Schumann, Leiterin des Referats Bildungsberatung bei der Handwerkskammer Berlin. [...] Dann solle man sich am besten an einen Ausbildungsberater der Handwerkskammern oder der Industrie- und Handelskammern (IHK) wenden. Dieser prüfe, ob eine Rechtsverletzung vorliegt, und suche das Gespräch mit dem Chef.

Bei ausstehenden Geldbeträgen unterstützen die Ausbildungsberater die Azubis darin, eine Mahnung zu schreiben. Bringt das nichts, gehen die IHK und die Handwerkskammern selbst noch einmal schriftlich vor. In seltenen Fällen beantragen sie einen Entzug der Ausbildungsberechtigung. In größeren Unternehmen seien bei Problemen auch der Betriebsrat oder die Jugend und Auszubildendenvertretung gute Ansprechpartner, sagt Haggenmiller. [...]

Wer sich anonym Ratschläge zu Problemen rund um die Ausbildung holen möchte, ist auf dem Onlineportal Dr. Azubi richtig. Auf der vom DGB eingerichteten Seite können Azubis ihre Probleme schildern und bekommen innerhalb von 48 Stunden eine Antwort. [...]

Quelle: Fiedler, Maria: Erste Hilfe für Azubis, abgerufen unter: www.spiegel.de/karriere/berufsstart/hier-finden-azubis-bei-problemen-hilfe-anlaufstellen-fuer-lehrlinge-a-894112.html [22.02.2016].

Fallbeispiel:

Im Politikunterricht der Berufsschule erfahren Max und Hassan zum ersten Mal, dass sie sowohl Rechte als auch Pflichten während ihrer Ausbildung haben, die gesetzlich vorgeschrieben sind. Zwar kennen sie bereits die interne Betriebsordnung der Klanghaus – GALAbau GmbH, aber für sie trifft noch eine Fülle von Paragrafen zu, die ihr Leben als Auszubildende betreffen.

Wenn Unternehmen junge Menschen unter 18 Jahren als Auszubildende ausbilden, so gilt für diese Jugendlichen zusätzlich neben dem Berufsbildungsgesetz (BBiG) auch das Jugendarbeitsschutzgesetz (JArbSchG), sofern sie zu Beginn der Ausbildung noch nicht 18 Jahre alt sind.

5.2.1 Gesetzliche Grundlagen im dualen System

Jugendarbeitsschutzgesetz (in Auszügen, siehe auch S. 43 f.)

[...]

§ 2 Kind, Jugendlicher

(1) Kind im Sinne dieses Gesetzes ist, wer noch nicht 15 Jahre alt ist.

(2) Jugendlicher im Sinne dieses Gesetzes ist, wer 15, aber noch nicht 18 Jahre alt ist.

§ 3 Arbeitgeber

Arbeitgeber im Sinne dieses Gesetzes ist, wer ein Kind oder einen Jugendlichen gemäß § 1 beschäftigt.

§ 4 Arbeitszeit

(1) Tägliche Arbeitszeit ist die Zeit vom Beginn bis zum Ende der täglichen Beschäftigung ohne die Ruhepausen (§11). [...]

(4) Für die Berechnung der wöchentlichen Arbeitszeit ist als Woche die Zeit von Montag bis einschließlich Sonntag zugrunde zu legen. Die Arbeitszeit, die an einem Werktag infolge eines gesetzlichen Feiertags ausfällt, wird auf die wöchentliche Arbeitszeit angerechnet.

§ 8 Dauer der Arbeitszeit

(1) Jugendliche dürfen nicht mehr als acht Stunden täglich und nicht mehr als 40 Stunden wöchentlich beschäftigt werden.

(2) Wenn in Verbindung mit Feiertagen an Werktagen nicht gearbeitet wird, damit die Beschäftigten eine längere zusammenhängende Freizeit haben, so darf die ausgefallene Arbeitszeit auf die Werktage von fünf zusammenhängenden, die Ausfalltage einschließenden Wochen nur dergestalt verteilt werden, daß die Wochenarbeitszeit im Durchschnitt dieser fünf Wochen 40 Stunden nicht überschreitet. Die tägliche Arbeitszeit darf hierbei achteinhalb Stunden nicht überschreiten.

(2a) Wenn an einzelnen Werktagen die Arbeitszeit auf weniger als acht Stunden verkürzt ist, können Jugendliche an den übrigen Werktagen derselben Woche achteinhalb Stunden beschäftigt werden. [...]

§ 9 Berufsschule

(1) Der Arbeitgeber hat den Jugendlichen für die Teilnahme am Berufsschulunterricht freizustellen. Er darf den Jugendlichen nicht beschäftigen
1. vor einem vor 9 Uhr beginnenden Unterricht; dies gilt auch für Personen, die über 18 Jahre alt sind und noch berufsschulpflichtig sind.
2. an einem Berufsschultag mit mehr als 5 Unterrichtsstunden von mindestens je 45 Minuten, einmal in der Woche,
3. in Berufsschulwochen mit einem planmäßigen Blockunterricht von mindestens 25 Stunden an mindestens fünf Tagen; zusätzliche betriebliche Ausbildungsveranstaltungen bis zu zwei Stunden wöchentlich sind zulässig.

(2) Auf die Arbeitszeit werden angerechnet
1. Berufsschultage nach Absatz 1 Nr. 2 mit acht Stunden,
2. Berufsschulwochen nach Absatz 1 Nr. 3 mit 40 Stunden,
3. im übrigen die Unterrichtszeit einschließlich der Pausen.

(3) Ein Entgeltausfall darf durch den Besuch der Berufsschule nicht eintreten.

§ 10 Prüfungen und außerbetriebliche Ausbildungsmaßnahmen

(1) Der Arbeitgeber hat den Jugendlichen
1. für die Teilnahme an Prüfungen und Ausbildungsmaßnahmen, die auf Grund öffentlichrechtlicher oder vertraglicher Bestimmungen außerhalb der Ausbildungsstätte durchzuführen sind,
2. an dem Arbeitstag, der der schriftlichen Abschlussprüfung unmittelbar vorangeht, freizustellen.

[...]

Ein Entgeltausfall darf nicht eintreten.

§ 11 Ruhepausen, Aufenthaltsräume

(1) Jugendlichen müssen im voraus feststehende Ruhepausen von angemessener Dauer gewährt werden. Die Ruhepausen müssen mindestens betragen
1. 30 Minuten bei einer Arbeitszeit von mehr als viereinhalb bis zu sechs Stunden,
2. 60 Minuten bei einer Arbeitszeit von mehr als sechs Stunden. Als Ruhepause gilt nur eine Arbeitsunterbrechung von mindestens 15 Minuten.

(2) Die Ruhepausen müssen in angemessener zeitlicher Lage gewährt werden, frühestens eine Stunde nach Beginn und spätestens eine Stunde vor Ende der Arbeitszeit. Länger als viereinhalb Stunden hintereinander dürfen Jugendliche nicht ohne Ruhepause beschäftigt werden.

[...]

§ 13 Tägliche Freizeit

Nach Beendigung der täglichen Arbeitszeit dürfen Jugendliche nicht vor Ablauf einer ununterbrochenen Freizeit von mindestens 12 Stunden beschäftigt werden.

§ 14 Nachtruhe

(1) Jugendliche dürfen nur in der Zeit von 6 bis 20 Uhr beschäftigt werden.

(2) Jugendliche über 16 Jahre dürfen [...]
2. in mehrschichtigen Betrieben bis 23 Uhr
3. in der Landwirtschaft ab 5 Uhr oder bis 21 Uhr,
4. in Bäckereien und Konditoreien ab 5 Uhr beschäftigt werden.

(3) Jugendliche über 17 Jahre dürfen in Bäckereien ab 4 Uhr beschäftigt werden.

(4) An dem einem Berufsschultag unmittelbar vorangehenden Tag dürfen Jugendliche auch nach Absatz 2 Nr. 1 bis 3 nicht nach 20 Uhr beschäftigt werden, wenn der Berufsschulunterricht am Berufsschultag vor 9 Uhr beginnt.

[...]

§ 15 Fünf-Tage-Woche

Jugendliche dürfen nur an fünf Tagen in der Woche beschäftigt werden. Die beiden wöchentlichen Ruhetage sollen nach Möglichkeit aufeinander folgen.

§ 16 Samstagsruhe

(1) An Samstagen dürfen Jugendliche nicht beschäftigt werden.
[...]

§ 17 Sonntagsruhe

(1) An Sonntagen dürfen Jugendliche nicht beschäftigt werden.
[...]

§ 19 Urlaub

(1) Der Arbeitgeber hat Jugendliche für jedes Kalenderjahr einen bezahlten Erholungsurlaub zu gewähren.
(2) Der Urlaub beträgt jährlich
1. mindestens 30 Werktage, wenn der Jugendliche zu Beginn des Kalenderjahres noch nicht 16 Jahre alt ist,
2. mindestens 27 Werktage, wenn der Jugendliche zu Beginn des Kalenderjahres noch nicht 17 Jahre alt ist,
3. mindestens 25 Werktage, wenn der Jugendliche zu Beginn des Kalenderjahres noch nicht 18 Jahre alt ist.

(3) Der Urlaub soll Berufsschülern in der Zeit der Berufsschulferien gegeben werden. Soweit er nicht in den Berufsschulferien gegeben wird, ist für jeden Berufsschultag, an dem die Berufsschule während des Urlaubs besucht wird, ein weiterer Urlaubstag zu gewähren.
[...]

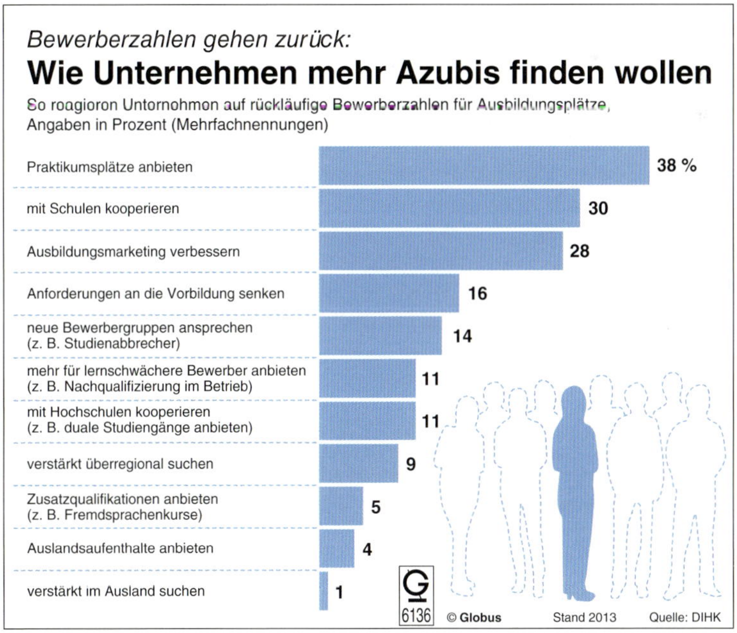

Berufsbildungsgesetz (in Auszügen)

§ 1 Ziele und Begriffe der Berufsbildung

[...]

(3) Die Berufsausbildung hat die für die Ausübung einer qualifizierten beruflichen Tätigkeit in einer sich wandelden Arbeitswelt notwendigen beruflichen Fertigkeiten, Kenntnisse und Fähigkeiten (berufliche Handlungsfähigkeit) in einem geordneten Ausbildungsgang zu vermitteln. Sie hat ferner den Erwerb der erforderlichen Berufserfahrungen zu ermöglichen.

[...]

§ 13 Verhalten während der Berufsausbildung

Auszubildende haben sich zu bemühen, die berufliche Handlungsfähigkeit zu erwerben, die zum Erreichen des Ausbildungsziels erforderlich ist. Sie sind insbesondere verpflichtet,

1. die ihnen im Rahmen ihrer Berufsausbildung aufgetragenen Aufgaben sorgfältig auszuführen,
2. an Ausbildungsmaßnahmen teilzunehmen, für die sie nach § 15 freigestellt werden,
3. den Weisungen zu folgen, die ihnen im Rahmen der Berufsausbildung von Ausbildenden, von Ausbildern oder Ausbilderinnen oder von anderen weisungsberechtigten Personen erteilt werden,
4. die für die Ausbildungsstätte geltende Ordnung zu beachten,
5. Werkzeug, Maschinen und sonstige Einrichtungen pfleglich zu behandeln,
6. über Betriebs- und Geschäftsgeheimnisse Stillschweigen zu wahren.

§ 14 Berufsausbildung

(1) Ausbildende haben

1. dafür zu sorgen, dass den Auszubildenden die berufliche Handlungsfähigkeit vermittelt wird, die zum Erreichen des Ausbildungsziels erforderlich ist, und die Berufsausbildung in einer durch ihren Zweck gebotenen Form planmäßig, zeitlich und sachlich gegliedert so durchzuführen, dass das Ausbildungsziel in der vorgesehenen Ausbildungszeit erreicht werden kann,
2. selbst auszubilden oder einen Ausbilder oder eine Ausbilderin ausdrücklich damit zu beauftragen,
3. Auszubildenden kostenlos die Ausbildungsmittel, insbesondere Werkzeuge und Werkstoffe zur Verfügung zu stellen, die zur Berufsausbildung und zum Ablegen von Zwischen- und Abschlussprüfungen, auch soweit solche nach Beendigung des Berufsausbildungsverhältnisses stattfinden, erforderlich sind,
4. Auszubildende zum Besuch der Berufsschule sowie zum Führen von schriftlichen Ausbildungsnachweisen anzuhalten, soweit solche im Rahmen der Berufsausbildung verlangt werden, und diese durchzusehen,
5. dafür zu sorgen, dass Auszubildende charakterlich gefördert sowie sittlich und körperlich nicht gefährdet werden.

(2) Auszubildenden dürfen nur Aufgaben übertragen werden, die dem Ausbildungszweck dienen und ihren körperlichen Kräften angemessen sind.

§ 15 Freistellung

Ausbildende haben Auszubildende für die Teilnahme am Berufsschulunterricht und an Prüfungen freizustellen. Das Gleiche gilt, wenn Ausbildungsmaßnahmen außerhalb der Ausbildungsstätte durchzuführen sind.

[...]

§ 17 Vergütungsanspruch

(1) Ausbildende haben Auszubildenden eine angemessene Vergütung zu gewähren. Sie ist nach dem Lebensalter der Auszubildenden so zu bemessen, dass sie mit fortschreitender Berufsausbildung, mindestens jährlich, ansteigt.
(2) Sachleistungen können in Höhe der nach § 17 Abs. 1 Satz 1 Nr. 4 des Vierten Buches Sozialgesetzbuch festgesetzten Sachbezugswerte angerechnet werden, jedoch nicht über 75 Prozent der Bruttovergütung hinaus.
(3) Eine über die vereinbarte regelmäßige tägliche Ausbildungszeit hinausgehende Beschäftigung ist besonders zu vergüten oder durch entsprechende Freizeit auszugleichen.

§ 18 Bemessung und Fälligkeit der Vergütung

(1) Die Vergütung bemisst sich nach Monaten. Bei Berechnung der Vergütung für einzelne Tage wird der Monat zu 30 Tagen gerechnet.
(2) Die Vergütung für den laufenden Kalendermonat ist spätestens am letzten Arbeitstag des Monats zu zahlen.

[...]

§ 20 Probezeit

Das Berufsausbildungsverhältnis beginnt mit der Probezeit. Sie muss mindestens einen Monat und darf höchstens vier Monate betragen.

[...]

§ 22 Kündigung

(1) Während der Probezeit kann das Berufsausbildungsverhältnis jederzeit ohne Einhalten einer Kündigungsfrist gekündigt werden.
(2) Nach der Probezeit kann das Berufsausbildungsverhältnis nur gekündigt werden
    1. aus einem wichtigen Grund ohne Einhalten einer Kündigungsfrist,
    2. von Auszubildenden mit einer Kündigungsfrist von vier Wochen, wenn sie die Berufsausbildung aufgeben oder sich für eine andere Berufstätigkeit ausbilden lassen wollen.
(3) Die Kündigung muss schriftlich und in den Fällen des Absatzes 2 unter Angabe der Kündigungsgründe erfolgen.
(4) Eine Kündigung aus einem wichtigen Grund ist unwirksam, wenn die ihr zugrunde liegenden Tatsachen dem zur Kündigung Berechtigten länger als zwei Wochen bekannt sind. Ist ein vorgesehenes Güteverfahren vor einer außergerichtlichen Stelle eingeleitet, so wird bis zu dessen Beendigung der Lauf dieser Frist gehemmt.

5.2.2 Der Ausbildungsvertrag

Mindestinhalte von Ausbildungsverträgen

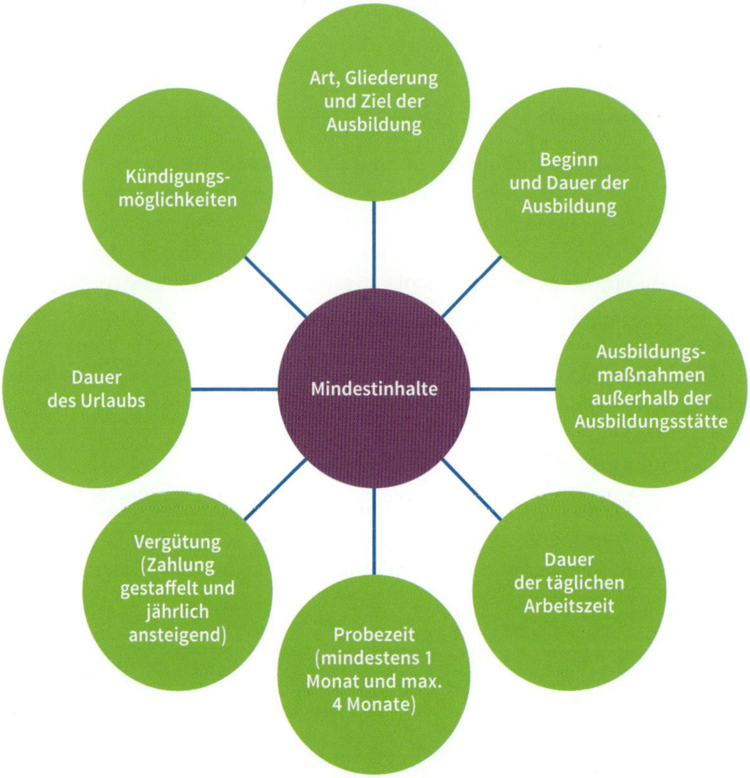

Während der Ausbildung kann der Auszubildende oder der Ausbildende innerhalb der Probezeit **fristlos ohne Angabe von Gründen** das Ausbildungsverhältnis kündigen.

Nach der Probezeit kann vom Auszubildenden mit einer Kündigungsfrist von vier Wochen gekündigt werden, wenn die Ausbildung aufgegeben wird oder eine Ausbildung in einem nicht artverwandten Beruf angestrebt wird.

Aus „wichtigem Grund" (z. B. Tätlichkeit, Diebstahl usw.) kann fristlos von beiden Seiten gekündigt werden.

Das Ausbildungsverhältnis ist mit bestandener Abschlussprüfung beendet, hier ist der Tag der Abschlussprüfung entscheidend und nicht das Datum laut dem Ausbildungsvertrag. Bei Nichtbestehen der Abschlussprüfung verlängert sich das Ausbildungsverhältnis bis zum nächsten Prüfungstermin, maximal um ein Jahr.

Möchten das Unternehmen und auch der Auszubildende nach dem Bestehen der Abschlussprüfung weiterhin das Arbeitsverhältnis fortführen, so wird zwischen beiden Parteien ein Arbeitsvertrag geschlossen.

Rechte und Pflichten aus dem Ausbildungsvertrag

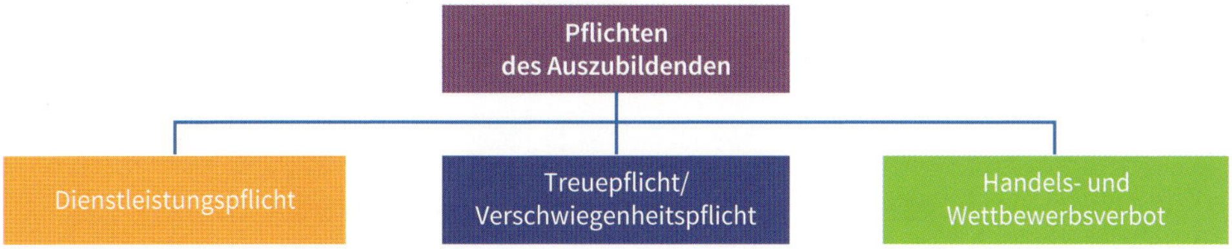

Der Auszubildende hat ein Recht auf ein **Zeugnis**, das heißt aber nicht, dass der Arbeitgeber ihm unaufgefordert ein Zeugnis geben muss. Erst auf Anfrage des Arbeitnehmers muss der Arbeitgeber ein Zeugnis ausstellen. Hierbei unterscheidet man zwischen einem **einfachen Zeugnis** und einem **qualifizierten Zeugnis**.

Das **einfache Zeugnis** beinhaltet nur die reinen Fakten wie Name, Anschrift des Arbeitnehmers, die Betriebszugehörigkeit sowie die Art und Dauer der Beschäftigung. Dagegen enthält das **qualifizierte Zeugnis** eine Beurteilung des Arbeitgebers, wie die Führung und Leistung des Arbeitnehmers innerhalb des Beschäftigungsverhältnisses ausgefallen ist. Dabei muss der Arbeitgeber darauf achten, dass keine negativen Formulierungen im Zeugnis verwendet werden!

So könnte ein Ausbildungsvertrag aussehen:

Berufsausbildungsvertrag
(§§ 10, 11 Berufsbildungsgesetz - BBIG)

IHK Industrie- und Handelskammer zu Düsseldorf

Zwischen dem Ausbildenden (Ausbildungsbetrieb)

und der / dem Auszubildenden männlich [x] weiblich [ ]

KNR	Firmenident-Nr.	Tel.-Nr.
119	1155635	0211/1234567

Anschrift des Ausbildenden: Schlosserei Anton Müller
Straße, Haus-Nr.: Herzogstr. 432
PLZ: 40215 Ort: Düsseldorf
E-Mail-Adresse des Ausbildenden:
Verantwortlicher Ausbilder Herr / Frau: Müller, Anton geb. am: 03.01.60

Name: Baumann Vorname: Gerhard
Straße, Haus-Nr.: Kupferweg 7a
PLZ: 41468 Ort: Neuss
Geburtsdatum: 08.03.98 Geburtsort: Neuss
Staatsangehörigkeit: deutsch Gesetzl. Vertreter[1]: Eltern
Namen, Vornamen der gesetzl. Vertreter: Klaus und Petra Baumann
Straße, Hausnummer: Kupferweg 7a
PLZ: 41468 Ort: Neuss

Wird nachstehender Vertrag zur Ausbildung im Ausbildungsberuf: Fräser
mit der Fachrichtung/dem Schwerpunkt:
nach Maßgabe der Ausbildungsordnung[2] geschlossen.

Änderungen des wesentlichen Vertragsinhaltes sind vom Ausbildenden unverzüglich zur Eintragung in das Verzeichnis der Berufsausbildungsverhältnisse bei der Industrie- und Handelskammer anzuzeigen.

Die beigefügten Angaben zur sachlichen und zeitlichen Gliederung des Ausbildungsablaufs (Ausbildungsplan) sind Bestandteil dieses Vertrages.

A Die Ausbildungszeit beträgt nach der Ausbildungsordnung 36 Monate.
Die vorausgegangene Berufsausbildung/Vorbildung: entfällt
wird mit [ ] Monaten angerechnet, bzw. es wird eine entsprechende Verkürzung beantragt.

Das Berufsausbildungsverhältnis
beginnt am 01.08.14 endet am 31.07.17

B Die Probezeit (§ 1 Nr. 2) beträgt 4 Monate.[3]

C Die Ausbildung findet vorbehaltlich der Regelungen nach D (§ 3 Nr. 12) in

und den mit dem Betriebssitz für die Ausbildung üblicherweise zusammenhängenden Bau-, Montage- und sonstigen Arbeitsstellen statt.

D Ausbildungsmaßnahmen außerhalb der Ausbildungsstätte (§ 3 Nr. 12) (mit Zeitraumangabe)

E Der Ausbildende zahlt dem Auszubildenden eine angemessene Vergütung (§ 5); diese beträgt zur Zeit monatlich brutto

EUR	625,00	680,00	720,00	
im	ersten	zweiten	dritten	vierten

Ausbildungsjahr.

F Die regelm. tgl. Ausbildungszeit (§ 6 Nr. 1) beträgt 8,00 Std.[4]

G Der Ausbildende gewährt dem Auszubildenden Urlaub nach den geltenden Bestimmungen. Es besteht ein Urlaubsanspruch

Im Jahr	2014	2015	2016	2017	
Werktage	12	30	30	18	
Arbeitstage					

H Sonstige Hinweise auf anzuwendende Tarifverträge und Betriebsvereinbarungen

J Die beigefügten Vereinbarungen sind Gegenstand dieses Vertrages und werden anerkannt

Düsseldorf, den 30.03.2016

Der Ausbildende: A. Müller
Stempel und Unterschrift

Der Auszubildende: Gerhard Baumann
Vor- und Familienname

Die gesetzl. Vertreter des Auszubildenden: Klaus Baumann Petra Baumann
Vater und Mutter/Vormund

[1]) Vertretungsberechtigt sind beide Eltern gemeinsam, soweit nicht die Vertretungsberechtigung nur einem Elternteil zusteht. Ist ein Vormund bestellt, so bedarf dieser zum Abschluss des Ausbildungsvertrages der Genehmigung des Vormundschaftsgerichtes.
[2]) Solange die Ausbildungsordnung nicht erlassen ist, sind gem. § 104 Abs. 1 BBiG die bisherigen Ordnungsmittel anzuwenden.
[3]) Die Probezeit muss mindestens einen Monat und darf höchstens vier Monate betragen.
[4]) Das Jugendarbeitsschutzgesetz sowie für das Ausbildungsverhältnis geltende tarifvertragliche Regelungen und Betriebsvereinbarungen sind zu beachten.

Der Ausbildungsvertrag wird vom Auszubildenden und, sofern er noch nicht volljährig ist, auch vom gesetzlichen Vertreter, und dem Ausbildenden unterschrieben. Ein Exemplar verbleibt beim Auszubildenden, eins beim Ausbildenden und ein Exemplar wird zur jeweils zuständigen Kammer geschickt und dort in das jeweilige Register eingetragen.

Der Ausbildungsvertrag muss vor Antritt des Ausbildungsverhältnisses (meistens der 01.08. eines Jahres) schriftlich niedergelegt und unterschrieben sein.

Zur Unterscheidung der Begriffe:

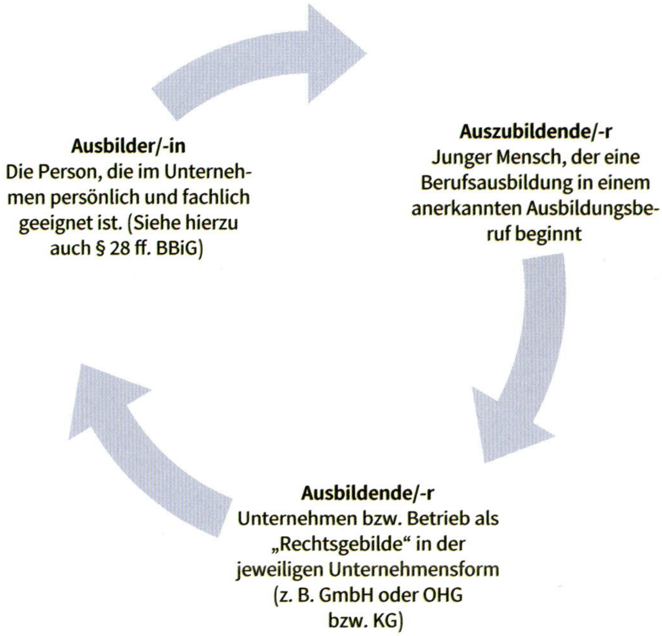

Zur Erläuterung:

Ein Ausbildender kann auch gleichzeitig der Ausbilder eines Auszubildenden sein. In einer Einzelunternehmung kann auch der Unternehmenseigentümer, wenn er über die persönliche und fachliche Eignung verfügt, die Ausbildung für Auszubildende übernehmen. Der Ausbildende kann allerdings auch an eine im Unternehmen angestellte Person, die die persönliche und fachliche Eignung nachweisen kann, die Ausbildung der Auszubildenden übertragen.

5.2.3 Der Arbeitsvertrag

Der Arbeitsvertrag ist ein Dienstvertrag. Mit ihm schuldet der Arbeitnehmer die Leistung gegen Entgelt. Spätestens einen Monat vor dem Beginn des Arbeitsverhältnisses hat der Arbeitgeber die wesentlichen Vertragsbedingungen schriftlich gegenüber dem Arbeitnehmer niederzulegen.

Das **Günstigkeitsprinzip** regelt für den Arbeitnehmer in diesem Fall, dass einzelvertragliche Regelungen innerhalb des individuellen Arbeitsvertrags immer zugunsten des Arbeitnehmers ausfallen müssen, das heißt u. a. für die Praxis, dass der Arbeitnehmer nicht schlechter gestellt werden darf als festgelegt wurde in den

- im Betrieb geschlossenen Betriebsvereinbarungen,
- in der Branche geltenden Tarifverträgen (Voraussetzung ist, dass der Arbeitgeber Mitglied im zuständigen Arbeitgeberverband ist),
- in der Bundesrepublik Deutschland geltenden Gesetzen.

Rechte und Pflichten aus dem Arbeitsvertrag

Hauptpflichten des Arbeitnehmers	Hauptpflichten des Arbeitgebers
■ Arbeits- und Treuepflicht, d. h. gewissenhafte, pünktliche Ausführung aller im Rahmen des Arbeitsverhältnisses übertragenen Arbeiten im Sinne des Betriebs ■ Verschwiegenheit, d. h. Wahrung des Betriebsgeheimnisses und geschäftlicher Angelegenheiten (z. B. Arbeitstechniken, Einkaufspreise, Gewinnspannen) ■ Unterlassung von Wettbewerb, d. h. im Geschäftsbereich des Arbeitgebers dürfen keine Geschäfte auf eigene Rechnung gemacht werden	■ Zahlung des vereinbarten Arbeitsentgelts ■ Beschäftigung des Arbeitnehmers mit der vertraglich vereinbarten Arbeit, d. h., er kann nicht gegen seinen Willen in einen 14-tägigen unbezahlten Urlaub geschickt werden ■ Fürsorgepflicht, d. h. Schutz des Lebens und der Gesundheit des Arbeitnehmers ■ Zeugnispflicht, d. h., nach Beendigung des Arbeitsverhältnisses hat der Arbeitgeber dem Arbeitnehmer ein schriftliches Arbeitszeugnis auszustellen

Inhalte des Arbeitsvertrags können sein:

- Art der geschuldeten Arbeitsleistung,
- Ort und Beginn der Tätigkeit,
- tarifvertragliche Bestimmungen,
- Probezeit,
- Kündigungsfristen (sofern abweichend von gesetzlichen Bestimmungen),
- Befristungen, sofern es kein unbefristetes Arbeitsverhältnis ist,
- Urlaubsdauer,
- Vergütungen (evtl. Änderungen der Vergütung nach zeitlichen Bestimmungen),
- Vertragsstrafen,
- Wettbewerbs- und Handelsverbot,
- Fahrt- bzw. Reisekosten,
- betriebliche Altersvorsorge bei Bedarf,
- Behandlung von Nebentätigkeiten.

Fallbeispiel:
Max und Hassan gefällt es sehr gut bei der Klanghaus – GALAbau GmbH. Sie könnten sich vorstellen, auch nach der Ausbildungszeit bei dem Unternehmen als Gesellen zu arbeiten. Ihr Chef, Stefan Klanghaus, kann sich bei der momentanen Auftragslage ebenfalls vorstellen, zwei seiner Auszubildenden fest zu übernehmen.

Ein bisschen neugierig fragt Hassan bei seinem Onkel Mustafa nach, ob denn so ein Arbeitsvertrag genauso aussieht wie ein Ausbildungsvertrag. Mustafa Aziz arbeitet seit zwei Jahren bei dem Gronauer Familienbetrieb und zeigt seinem Neffen seinen mit Stefan Klanghaus geschlossenen Arbeitsvertrag.

Beispiel für einen Arbeitsvertrag:

Klanghaus – GALAbau GmbH

Perfekt für's Grüne und für's Blaue!

Arbeitsvertrag

zwischen der Klanghaus – GALAbau GmbH und Herrn **Mustafa Aziz,**

Lehmdamm 1, 48431 Rheine, geb. 12.03.1994 in Ankara/Türkei

§ 1 Inhalt und Beginn des Arbeitsverhältnisses

I. Der Arbeitnehmer tritt ab 01.07.2014 als Gärtner – Fachrichtung Garten- und Landschaftsbau auf unbestimmte Zeit in die Dienste des Arbeitgebers.
II. Die Tätigkeit bezieht sich auf Tätigkeiten auf dem Gelände des Unternehmens bzw. auf Tätigkeiten bei Kunden vor Ort, je nach Auftragsinhalten.

§2 Probezeit

Der Arbeitnehmer hat eine Probezeit von maximal 3 Monaten, in denen eine Urlaubssperre herrscht.

§ 3 Arbeitszeit

Die Arbeitszeit richtet sich nach den für den Betrieb geltenden betrieblichen Bestimmungen. Der Arbeitnehmer ist verpflichtet, im Rahmen des Arbeitszeitgesetzes Mehrarbeit zu leisten.

§ 4 Arbeitsvergütung

Die Vergütung beträgt monatlich 2.100 Euro brutto und wird jeweils am Monatsanfang ausgezahlt.

§ 5 Urlaubsanspruch

Der Urlaubsanspruch beträgt 30 Tage pro Kalenderjahr. Jeweils ein halber Tag Urlaub wird für Heiligabend und Silvester als Feiertage einbehal-ten.

§ 6 Arbeitsfähigkeit

Der Arbeitnehmer ist verpflichtet, im Falle der Dienstverpflichtung den Grund und die voraussichtliche Dauer seiner Verhinderung vorher bzw. unverzüglich mitzuteilen und im Falle einer Erkrankung diese bis zum Ablauf des 3. Werktages nach Eintritt der Dienstverhinderung nachzuweisen.

§ 7 Verschwiegenheitspflicht

Der Arbeitnehmer ist verpflichtet über alle Geschäftsangelegenheiten Stillschweigen zu wahren.

§ 8 Beendigung des Arbeitsverhältnisses

Das Arbeitsverhältnis kann mit der Frist von 1 Monat zum Monatsende gekündigt werden.

Gronau, 25.05.20..

Stefan Klanghaus	Mustafa Aziz
(Arbeitgeber)	(Arbeitnehmer)

Die Regelungen hinsichtlich der Ausstellung eines Zeugnisses sind die gleichen wie bei einem Ausbildungsverhältnis.

5.2.4 Rechte und Pflichten von Arbeitnehmern und Arbeitgebern – Betriebsrat und tarifliche Maßnahmen

Der Betriebsrat

Rechte des Betriebsrats (Auszüge aus dem Betriebsverfassungsgesetz)

§ 99 Mitbestimmung bei personellen Einzelmaßnahmen

(1) In Unternehmen mit in der Regel mehr als zwanzig wahlberechtigten Arbeitnehmern hat der Arbeitgeber den Betriebsrat vor jeder Einstellung, Eingruppierung, Umgruppierung und Versetzung zu unterrichten, ihm die erforderlichen Bewerbungsunterlagen vorzulegen und Auskunft über die Person der Beteiligten zu geben; er hat dem Betriebsrat unter Vorlage der erforderlichen Unterlagen Auskunft über die Auswirkungen der geplanten Maßnahme zu geben und die Zustimmung des Betriebsrats zu der geplanten Maßnahme einzuholen. […]

Als neuer Arbeitnehmer in einem Unternehmen kann man neben der Information durch Kollegen und Kolleginnen auch über den Betriebsrat wichtige Informationen über den Betrieb erhalten.

Ein Betriebsrat kann in einem Unternehmen geheim und unmittelbar gewählt werden, wenn mindestens fünf ständige wahlberechtigte Arbeitnehmer (über 18 Jahre) im Unternehmen beschäftigt sind, wovon wiederum drei Arbeitnehmer, die über 18 Jahre alt sind und mindestens sechs Monate im Betrieb arbeiten, gewählt werden können.

Die Betriebsratsmitglieder werden für vier Jahre gewählt und können während ihrer Amtszeit nicht gekündigt werden.

Die Zahl der Betriebsratsmitglieder hängt von der Zahl der wahlberechtigten Arbeitnehmer ab.

Betriebsverfassungsgesetz (Auszug)

§ 9 Zahl der Betriebsratsmitglieder

Der Betriebsrat besteht in Betrieben mit in der Regel
5 bis 20 wahlberechtigten Arbeitnehmern aus einer Person,
21 bis 50 wahlberechtigten Arbeitnehmern aus 3 Mitgliedern,
51 bis 100 wahlberechtigten Arbeitnehmern aus 5 Mitgliedern,
101 bis 200 wahlberechtigten Arbeitnehmern aus 7 Mitgliedern [...]
[Bei höheren Arbeitnehmerzahlen in Unternehmen schauen Sie bitte unter § 9 im Betriebsverfassungsgesetz nach.]

§ 13 Zeitpunkt der Betriebsratswahlen

(1) Die regelmäßigen Betriebsratswahlen finden alle vier Jahre in der Zeit vom 1. März bis 31. Mai statt. [...]

Grundlage für die Rechte und Pflichten des Betriebsrats ist das **Betriebsverfassungsgesetz**. Es regelt die Beziehungen zwischen dem Arbeitgeber und den Arbeitnehmern. Inhalt des Betriebsverfassungsgesetzes sind die Bestimmungen für den Betriebsrat, die Betriebsversammlung sowie die Jugend- und Auszubildendenvertretung. Es gibt Auskunft über die Mitbestimmung der Arbeitnehmer.

§ 74 Grundsätze für die Zusammenarbeit

(1) Arbeitgeber und Betriebsrat sollen mindestens einmal im Monat zu einer Besprechung zusammentreten. Sie haben über strittige Fragen mit dem ernsten Willen zur Einigung zu verhandeln und Vorschläge für die Beilegung von Meinungsverschiedenheiten zu machen.
(2) Maßnahmen des Arbeitskampfes zwischen Arbeitgeber und Betriebsrat sind unzulässig; Arbeitskämpfe tariffähiger Parteien werden hierdurch nicht berührt. [...]

Eine Einigungsstelle, die aus der gleichen Anzahl von Vertretern des Arbeitgebers wie des Betriebsrats besteht, kann bei Meinungsverschiedenheiten zwischen beiden Lagern installiert werden.

Mitbestimmungs-, Mitwirkungs- und Beratungsrechte des Betriebsrats laut Betriebsverfassungsgesetz

Mitbestimmungsrechte

Bei sozialen Angelegenheiten ist die Zustimmung des Betriebsrats unbedingt erforderlich. Auch vonseiten des Betriebsrats können Maßnahmen gegenüber der Unternehmensleitung anberaumt werden. Dies ist das sog. Initiativrecht des Betriebsrats. Kommt keine Einigung zustande, unterbleibt die Maßnahme oder die Einigungsstelle ist hinzuzuziehen.

Mitbestimmung bei:
- Arbeitszeit und Pausen,
- Betriebsordnung,
- Überstunden,
- Urlaubsplänen,
- Arbeits- und betrieblichem Unfallschutz,
- betrieblicher Berufsbildung,
- Sozialplan bei betrieblichen Veränderungen,
- Sozialplan bei Insolvenz,
- betrieblichen Sozialeinrichtungen.

Mitwirkungsrechte

Die Zustimmung kann der Betriebsrat nur verweigern, wenn gegen gesetzliche Bestimmungen verstoßen wurde, z. B. bei Kündigungen.
Der Arbeitgeber kann aber durch die Inanspruchnahme des Arbeitsgerichts die Zustimmung des Betriebsrats hier außer Kraft setzen zugunsten des Urteilsspruchs.

Bei personellen Einzelmaßnahmen setzt das Mitwirkungsrecht erst bei Betrieben mit mehr als 20 wahlberechtigten Arbeitnehmern ein. Personelle Einzelmaßnahmen sind z. B. Einstellungen, Versetzungen, Kündigungen. Mitwirkungsrechte hat der Betriebsrat bei der Personalplanung, der Ausschreibung von Arbeitsplätzen, Personalfragebögen und Beurteilungsgrundsätzen sowie bei der Beschäftigungssicherung.

Beratungsrechte

Der Arbeitgeber muss den Betriebsrat bei wirtschaftlichen Angelegenheiten rechtzeitig und umfassend informieren und sich mit ihm beraten.
Dennoch kann der Arbeitgeber allein entscheiden.
Ein Widerspruch des Betriebsrats ist somit unwirksam.
Es bleibt dem Betriebsrat allein das Recht auf Information und Beratung ohne Möglichkeiten der direkten Einflussnahme.

Beratende Funktion nimmt der Betriebsrat ein bei:
- wirtschaftlichen Angelegenheiten, z. B. Fragen zur Produktion oder zum Absatz, Fragen rund um die finanzielle Situation des Unternehmens oder zu geplanten Investitionen;
- Gestaltung hinsichtlich des Arbeit splatzes, z. B. von Arbeitsverfahren, zu technischen Anlagen oder zu Neu-, Um- oder Erweiterungsbauten.

Betriebsvereinbarungen

Einzelne Angelegenheiten und die Betriebsordnung in einem Unternehmen werden über die Betriebsvereinbarung geregelt. Sie wird zwischen dem Arbeitgeber und dem Betriebsrat geschlossen, schriftlich niedergelegt und im Betrieb an geeigneter Stelle öffentlich zugänglich gemacht.

Blackberry-Pause: VW-Betriebsrat setzt E-Mail-Stopp nach Feierabend durch

Volkswagen setzt ein Zeichen gegen die totale Erreichbarkeit: Bei dem Autobauer werden künftig nach Feierabend keine E-Mails mehr an die Blackberrys von Mitarbeitern verschickt. So will der Betriebsrat die Belegschaft vor übermäßigem Stress schützen.

Hamburg - E-Mails, SMS und immer schlauere Handys: Die Errungenschaften des Technologiezeitalters sind für viele Menschen Segen und Fluch zugleich. Einerseits sind Einkäufe oder Verwaltungsangelegenheiten nicht länger an Öffnungszeiten gebunden, andererseits ist man auch selbst rund um die Uhr erreichbar.

Anstrengend wird es, wenn Unternehmen das ausnutzen und von Angestellten erwarten, dass sie auch spät abends und am Wochenende noch E-Mails beantworten. Oder wenn Mitarbeiter das aus freien Stücken tun und nie mehr wirklich abschalten.

Beim Automobilkonzern Volkswagen ist jetzt Schluss mit der totalen Erreichbarkeit. Dort hat der Betriebsrat eine Betriebsvereinbarung durchgesetzt, laut der bei FirmenBlackberrys künftig nach Feierabend die E-Mail-Funktion abgeschaltet wird. 30 Minuten nach Ende der Gleitzeit wird der Server-Betrieb eingestellt, 30 Minuten vor Beginn des nächsten Arbeitstags sind die Verbindungen wieder offen. So berichten es unter anderem die „Wolfsburger Allgemeine Zeitung" und die „Financial Times Deutschland". Telefonate sind mit den Geräten allerdings weiter möglich.

Die Betriebsvereinbarung betrifft mehr als 1 100 VW-Mitarbeiter, die ein Firmen-Blackberry besitzen und für die ein Tarifvertrag gilt. „Die neuen Möglichkeiten der Kommunikation bergen auch Gefahren", zitieren die Zeitungen Heinz-Joachim Thust vom VW-Betriebsrat. Dem wolle man vorbeugen. „Die Vereinbarung wurde schon sehr positiv aufgenommen."

Quelle: Stefan Schultz: Blackberry-Pause: VW-Betriebsrat setzt E-Mail-Stopp nach Feierabend durch, abgerufen unter www.spiegel.de/wirtschaft/service/blackberry-pause-vw-betriebsrat-setzt-e-mail-stopp-nach-feierabend-durch-a-805524.html [22.02.2016]

Fallbeispiel:
Hassan wurde von einem Betriebsratsmitglied angesprochen, ob er sich nicht für die Jugend- und Auszubildendenvertretung interessieren würde. Der Betriebsrat hätte so einen Ansprechpartner und könnte sich gezielter für die Belange der jungen Auszubildenden im Betrieb einsetzen. Hassan ist gerade 19 Jahre alt geworden, würde also die Altersvoraussetzung für Auszubildende erfüllen. Etwas unsicher, was so alles auf ihn zukommen könnte, weicht er aus, gibt aber dem Kollegen vom Betriebsrat die Zusicherung, mal eine Nacht darüber zu schlafen. Spätestens in zwei Tagen würde er seine Entscheidung, ob er sich aktiv in der Jugend- und Auszubildendenvertretung beteiligen möchte, mitteilen. Hassan hat am nächsten Tag Berufsschulunterricht. Da will er seinen Klassenlehrer nach Informationen zur Jugend- und Auszubildendenvertretung fragen, bevor er mit seinem Kollegen spricht.

Jugend und Auszubildendenvertretung

243 513 © Bergmoser + Höller Verlag AG

Gewerkschaften und Tarifverträge

Fallbeispiel:
Seitdem Hassan sich entschlossen hat, sich in der Jugend- und Auszubildendenvertretung zu engagieren, interessiert sich auch Max etwas stärker für das kollektive Arbeitsrecht. Sein Chef, aber auch der Betriebsrat in seiner Firma pflegen ein gutes Betriebsklima im Sinne des Unternehmens. Hierbei wird versucht, so gut es geht, die Interessen beider Seiten (Arbeitnehmer und Arbeitgeber) so ausgewogen wie möglich zu berücksichtigen. Neben dem Betriebsrat hat Max gemeinsam mit Hassan in der Berufsschule aber auch schon das Thema „Gewerkschaften und Tarifverträge“ behandelt. Er findet gerade die Tarifauseinandersetzungen über Löhne/Gehälter oder aber auch die Auseinandersetzungen bezüglich der Vereinbarkeit von Familie und Beruf sehr spannend.

Stell Dir vor, Du erbst nichts, Du nennst keine Häuser Dein eigen, hortest kein Vermögen und bist nicht Firmenchef. Also musst Du vom Lohn deiner Arbeit leben. Stell dir vor, du müsstest diesen Lohn selbst mit Deinem Chef aushandeln. Du rechnest ihm vor, was Deine Arbeit wert ist, wie er Deine besondere Qualifikation vergüten und die Belastungen der Schichtarbeit ausgleichen sollte.

Klar, das grenzt an Bettelei. Damit es dazu nicht kommt, gibt es Tarifverträge. Die werden zwischen Arbeitgebern und Gewerkschaften ausgehandelt und geschlossen. Ein schriftlicher Vertrag, rechtlich abgesichert und einklagbar. Damit der Chef nicht plötzlich auf die Idee kommt, weniger zu zahlen oder Urlaubstage zu streichen. Im Tarifvertrag sind neben Lohn und Gehalt auch die Arbeitsbedingungen geregelt, etwa die Dauer der Arbeitszeit oder des Urlaubs. [...]

Quelle: ver.di: Tarifverträge fallen nicht vom Himmel, abgerufen unter: www.verdi.de/themen/geld-tarif/++co++c5982112-ad43-11e0-7d3a-00093d114afd [22.02.2016].

Art. 9 Grundgesetz

[...]

(3) Das Recht, zur Wahrung und Förderung der Arbeits- und Wirtschaftsbedingungen Vereinigungen zu bilden, ist für jedermann und für alle Berufe gewährleistet. Abreden, die dieses Recht einschränken oder zu behindern suchen, sind nichtig, hierauf gerichtete Maßnahmen sind rechtswidrig. [...]

Tarifverträge sind die Basis für einheitliche Arbeitsbedingungen. Ganze Wirtschaftszweige in bestimmten Regionen oder auch bezogen auf das gesamte Bundesgebiet sowie für einzelne Unternehmen nutzen dieses Instrument als Regelwerk des alltäglichen Arbeitslebens. Die Tarifparteien (Gewerkschaften und Arbeitgeber bzw. Arbeitgeberverbände) handeln ohne staatlichen Zwang die Bedingungen aus. Dieses Recht nennt man Tarifautonomie; es beruht auf dem Artikel 9 des Grundgesetzes.

Um die Lebensbedingungen der Arbeitnehmer zu verbessern, haben Gewerkschaften die Aufgabe, die Interessen ihrer Mitglieder gegenüber den Arbeitgebern zu vertreten.

Diese Interessen können Maßnahmen betreffen, die

- sich mit Lohnforderungen beschäftigen,
- der Bekämpfung von Arbeitslosigkeit dienen,
- der Sicherung der Arbeitsplätze Priorität einräumen,
- der Verbesserung von Arbeitsbedingungen dienen,
- die Vertretung der Arbeitnehmer vor Arbeitsgerichten beinhalten,
- Tarifverhandlungen mit Arbeitgebern unumgänglich machen,
- die Vermögensbildung der Arbeitnehmer voranbringen.

Haben die Tarifparteien sich auf einen Tarifvertrag geeinigt, so gilt die Friedenspflicht. Friedenspflicht bedeutet, dass die Tarifparteien sich während des Zeitraums der Gültigkeit des abgeschlossenen Tarifvertrags an die ausgehandelten Bedingungen zu halten haben.

Erst nach Ablauf des Vertrags können neue Bedingungen ausgehandelt werden und mit Kampfmaßnahmen kann beiderseitig Druck auf die Parteien ausgeübt werden.

Tarifverträge gelten zunächst nur für die Mitglieder der Tarifparteien. Durch den jeweiligen Bundesminister für Arbeit kann aber auf Antrag ein Tarifvertrag auch für allgemein verbindlich erklärt werden, wenn

- die Allgemeinverbindlichkeit im öffentlichen Interesse liegt,
- die beteiligten Arbeitgeber mindestens 50 % der Arbeitnehmer beschäftigen, die in den Geltungsbereich des Tarifvertrags fallen.

Funktionen von Tarifverträgen

Arten von Tarifverträgen (Unterscheidung nach dem Inhalt)

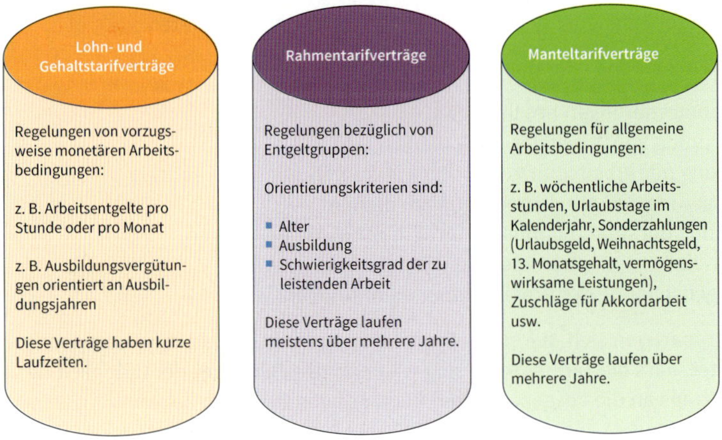

Arten von Tarifverträgen (Unterscheidung nach Vertragspartnern)

Verbandstarifverträge	Haus-, Firmen- oder Werkstarifverträge
Vertragspartner sind Gewerkschaften und Arbeitgeberverbände.	Vertragspartner sind die für den Betrieb zuständige Gewerkschaft und der einzelne Arbeitgeber.

Tarifbindung

Gewerkschaften und Arbeitgeber haben sich an die festgelegten Punkte in den abgeschlossenen Tarifverträgen während der Vertragsdauer zu halten. Die getroffenen Vereinbarungen in den Tarifverträgen stellen **Mindestbedingungen** dar (Mindestlöhne, Mindesturlaubstage usw.), die nur zugunsten der Arbeitnehmer abgeändert werden dürfen (**Günstigkeitsprinzip**).

Sind Arbeitnehmer *nicht* gewerkschaftlich organisiert, d. h. kein Mitglied, oder gibt es für ihre Branche keine Tarifverträge bzw. die bestehenden Tarifverträge sind nicht als allgemein verbindlich anerkannt, so kann es hier zu unterschiedlichen Bedingungen in Arbeitsverträgen kommen. Arbeitnehmer können unter gleichen Bedingungen ihre Arbeit verrichten für z. B. unterschiedliche Löhne/Gehälter.

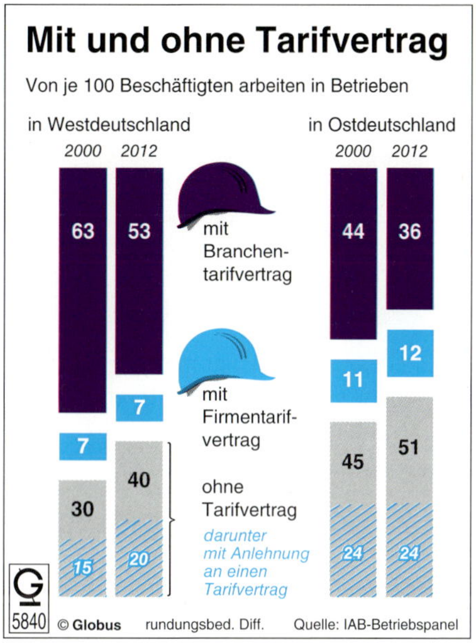

Arbeitskampfmaßnahmen

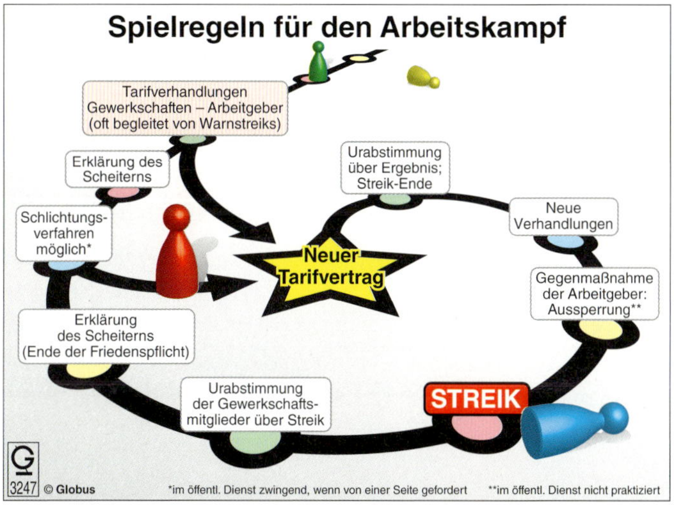

Arbeitskampfmaßnahmen werden in Betracht gezogen, wenn die Tarifparteien trotz eines eingesetzten neutralen Schlichters nicht bereit sind, einen Kompromiss zu finden. Grundsätzlich gilt: **Schlichtung geht vor Streik.**

Ist der Schlichtungsversuch gescheitert, kommt es zur **1. Urabstimmung** der Gewerkschaftsmitglieder über den Einsatz von Arbeitskampfmaßnahmen. Dabei müssen **mindestens 75 %** der abstimmungsberechtigten Gewerkschaftsmitglieder einem Streik zustimmen. Gegenmaßnahmen von Arbeitgebern und neue Verhandlungen, die zu neuen Vorschlägen führen, leiten die **2. Urabstimmung** ein, in der nur eine **25 %ige Zustimmung** nötig ist.

Streikarten

Wilder Streik	Vollstreik	Schwerpunkt oder Teilstreik	Warnstreik	Solidaritätsstreik
Diese Streiks sind von der Gewerkschaft nicht genehmigt worden.	Diese Streiks sind legitim. Arbeitnehmer eines Tarifgebiets oder eines ganzen Unternehmens legen die Arbeit nieder.	Diese Streiks sind legitim. Arbeitnehmer von bestimmten Schlüsselunternehmen legen die Arbeit nieder.	Sie sind nicht legitim. Hier handelt es sich um Streiks, die während laufender Tarifverhandlungen stattfinden und zeitlich befristet sind.	Sie sind unzulässig. Gewerkschaften, die nicht als Tarifpartei zu laufenden Tarifverhandlungen gehören, sympathisieren mit der betroffenen Gewerkschaft.

Erwähnenswert ist die Aussperrung als Mittel der Unternehmen, die bestreikt werden. Hierbei werden vom Arbeitgeber die Arbeitsverhältnisse einer größeren Zahl von Arbeitnehmern aufgehoben. Eine Vergütungspflicht entfällt für diese Zeit.

5.3 Inhalte von Entgeltabrechnungen kennen

Fallbeispiel:
Der Onkel von Hassan, Mustafa Aziz bekommt für den Monat Juli seine Gehaltsabrechnung von der Firma Klanghaus – GALAbau GmbH. Schon lange ärgert ihn, dass er nicht so genau weiß, wie sich diese Abzüge auf seiner Gehaltsabrechnung im Einzelnen ergeben. Der hohe Differenzbetrag zwischen seinem Brutto- und Nettogehalt stimmt ihn nachdenklich, da er gerne in seiner Heimatstadt Münster eine größere Wohnung mieten würde, aber derzeit sein Nettogehalt etwas zu knapp ausfällt, um die steigenden Mieten in Münster bezahlen zu können. Mit der aktuellen Gehaltsabrechnung geht er ins Büro und bittet Frau Seidel, die in der Lohnbuchhaltung arbeitet, ihm die einzelnen Abzugsbeträge genauer zu erklären.

Folgende Daten zu Mustafa Aziz liegen der Lohnbuchhaltung vor:

Beispiel:
Personalstammdatenblatt Personalnummer: 0256
Aziz, Mustafa Wohnort: Lehmdamm 1, 48432 Rheine
Tel: 05971 123654
Geburtsdatum: 12.03.1994
Geburtsort: Ankara, Türkei
Krankenkasse: AOK
Konfession: /
Lohnsteuerklasse: I (keine Kinder)
Bankverbindung: Sparkasse Westmünsterland IBAN: DE29 4015 4530 0059 0599 23
BIC: WELADE3WXXX

Klanghaus – GALAbau GmbH

Gehaltsabrechnung für den Monat November 20..

Mustafa Aziz
Lehmdamm 1
48432 Rheine

Personalnummer: 0256

Persönliche Daten

Steuerklasse:	eins
Kinderzahl:	0
Kinderfreibeträge:	0
Konfession:	keine

Brutto in Euro

Entgelt:	2 100,00
VL-Zulage:	
Urlaubsgeld:	0
Weihnachtsgeld:	0

VL-Zulage = vermögenswirksame Leistungen

KV = Krankenversicherung
PV = Pflegeversicherung
RV = Rentenversicherung
AV = Arbeitslosenversicherung

Abzüge in Euro

Gesetzliche Abzüge:

Lohnsteuer (LSt):	230,58
Kirchensteuer	0
Solidaritätszugschlag:	12,68
KV Arbeitnehmer	153,30
PV Arbeitnehmer	24,68
RV Arbeitnehmer	196,35
AV Arbeitnehmer	31,50

Persönliche Abzüge:

VL:	0
Gehaltsvorschuss:	0

Gesamt (brutto): 2 100,00

Gesamt (Abzüge): 650,85

Auszahlungsbetrag	Sozialversicherungspflichtiges Entgelt	Steuerpflichtiges Entgelt	Sozialversicherungsbeiträge (AN)	Sozialversicherungsbeiträge (AG)
1 450,91	2 100,00	2 100,00	405,83	405,83

Der Auszahlungsbetrag wird überwiesen auf das Konto:

Mustafa Aziz Sparkasse Westmünsterland IBAN: DE29 4015 4530 00590599 23
BIC: WELADE3WXXX

Steuerliche Abzüge

Die Lohnsteuer ergibt sich für jeden Arbeitnehmer entsprechend seiner Lohnsteuerklasse.

Steuerklasse I (eins)	Steuerklasse II	Steuerklasse III	Steuerklasse IV	Steuerklasse V	Steuerklasse VI
Ledige, Geschiedene, Verwitwete und dauernd getrennt lebende Ehegatten	Alle aus Steuerklasse I genannten Arbeitnehmer, wenn sie mindestens ein Kind haben	Verheiratete, wenn nur ein Ehegatte ein Arbeitsverhältnis hat oder der andere Ehegatte wg. großen Gehaltsunterschieds in der Klasse V ist	Verheiratete, die beide in einem Arbeitsverhältnis stehen und deren Gehälter sich nicht sehr unterscheiden	Verheiratete, von denen ein Ehegatte in der Steuerklasse III ist	Arbeitnehmer, die mindestens zwei Arbeitsverhältnisse gleichzeitig haben, und zwar für das zweite Arbeitsverhältnis und jedes weitere

Die Kirchensteuer für die Zugehörigkeit zur katholischen oder evangelischen Kirche beträgt für Nordrhein-Westfalen aktuell 9 % von der Lohnsteuer. Der Solidaritätszuschlag, generell 5,5 %, wird ebenfalls von der Lohnsteuer berechnet.

Lohn/ Gehalt	Abzüge an Lohnsteuer, Solidaritätszuschlag (SolZ) und Kirchensteuer (8%, 9%) in den Steuerklassen																								
	I – VI					I, II, III, IV																			
			ohne Kinderfreibeträge					mit Zahl der Kinderfreibeträge . . . 0,5			1			1,5			2			2,5			3**		
bis €*		LSt	SolZ	8%	9%		LSt	SolZ	8%	9%	SolZ	8%	9%	SolZ	8%	9%	SolZ	8%	9%	SolZ	8%	9%	SolZ	8%	9%
2 093,99	I,IV	228,50	12,56	18,28	20,56	I	228,50	8,33	12,12	13,64	–	6,34	7,13	–	1,58	1,77	–	–	–	–	–	–	–	–	–
	II	199,25	10,95	15,94	17,93	II	199,25	6,82	9,92	11,16	–	4,38	4,92	–	0,21	0,23	–	–	–	–	–	–	–	–	–
	III	38,16	–	3,05	3,43	III	38,16	–	–	–	–	–	–	–	–	–	–	–	–	–	–	–	–	–	–
	V	461,33	25,37	36,90	41,51	IV	228,50	10,41	15,15	17,04	8,33	12,12	13,64	6,31	9,18	10,33	–	6,34	7,13	–	3,76	4,23	–	1,58	1,77
	VI	493,33	27,13	39,46	44,39																				
2 096,99	I,IV	229,16	12,60	18,33	20,62	I	229,16	8,37	12,18	13,70	–	6,40	7,20	–	1,61	1,81	–	–	–	–	–	–	–	–	–
	II	199,91	10,99	15,99	17,99	II	199,91	6,85	9,97	11,21	–	4,42	4,97	–	0,24	0,27	–	–	–	–	–	–	–	–	–
	III	38,66	–	3,09	3,47	III	38,66	–	–	–	–	–	–	–	–	–	–	–	–	–	–	–	–	–	–
	V	462,33	25,42	36,98	41,60	IV	229,16	10,45	15,20	17,10	8,37	12,18	13,70	6,35	9,24	10,39	–	6,40	7,20	–	3,80	4,28	–	1,61	1,81
	VI	494,33	27,18	39,54	44,48																				
2 099,99	I,IV	229,91	12,64	18,39	20,69	I	229,91	8,41	12,23	13,76	–	6,44	7,25	–	1,65	1,85	–	–	–	–	–	–	–	–	–
	II	200,58	11,03	16,04	18,05	II	200,58	6,89	10,02	11,27	–	4,47	5,03	–	0,27	0,30	–	–	–	–	–	–	–	–	–
	III	39,16	–	3,13	3,52	III	39,16	–	–	–	–	–	–	–	–	–	–	–	–	–	–	–	–	–	–
	V	463,16	25,47	37,05	41,68	IV	229,91	10,49	15,26	17,17	8,41	12,23	13,76	6,38	9,29	10,45	–	6,44	7,25	–	3,84	4,32	–	1,65	1,85
	VI	495,16	27,23	39,61	44,56																				
2 102,99	I,IV	230,58	12,68	18,44	20,75	I	230,58	8,44	12,28	13,82	0,03	6,49	7,30	–	1,68	1,89	–	–	–	–	–	–	–	–	–
	II	201,25	11,06	16,10	18,11	II	201,25	6,93	10,08	11,34	–	4,51	5,07	–	0,30	0,33	–	–	–	–	–	–	–	–	–
	III	39,66	–	3,17	3,56	III	39,66	–	–	–	–	–	–	–	–	–	–	–	–	–	–	–	–	–	–
	V	464,33	25,53	37,14	41,78	IV	230,58	10,53	15,32	17,23	8,44	12,28	13,82	6,42	9,34	10,50	0,03	6,49	7,30	–	3,89	4,37	–	1,68	1,89
	VI	496,16	27,28	39,69	44,65																				
2 105,99	I,IV	231,25	12,71	18,50	20,81	I	231,25	8,47	12,33	13,87	0,16	6,54	7,36	–	1,72	1,93	–	–	–	–	–	–	–	–	–
	II	201,91	11,10	16,15	18,17	II	201,91	6,96	10,12	11,39	–	4,56	5,13	–	0,33	0,37	–	–	–	–	–	–	–	–	–
	III	40,16	–	3,21	3,61	III	40,16	–	–	–	–	–	–	–	–	–	–	–	–	–	–	–	–	–	–
	V	465,16	25,58	37,21	41,86	IV	231,25	10,56	15,37	17,29	8,47	12,33	13,87	6,45	9,39	10,56	0,16	6,54	7,36	–	3,93	4,42	–	1,72	1,93
	VI	497,16	27,34	39,77	44,74																				

Quelle: Stollfuß Tabellen, Gesamtabzug 2015, Monat, Allgemeine Tabelle, 99. Auflage, Stollfuß Medien, Bonn 2015, S. T 32.

Generell gilt, dass Arbeitnehmer und Arbeitgeber sich je zur Hälfte an den Sozialversicherungsbeiträgen (KV, PV, RV, AV) beteiligen.

Ist ein Arbeitnehmer über 23 Jahre alt und hat (noch) keine Kinder, so zahlt er zusätzlich zu seinem Pflegeversicherungsprozentsatz noch einen Zuschlag von 0,25 % im Vergleich zu Arbeitnehmern, die Kinder haben und über 23 Jahre alt sind.

Überblick über die Sozialversicherung (Stand: 2016)

	Krankenversicherung	Pflegeversicherung	Rentenversicherung	Arbeitslosenversicherung
Träger	AOK, Innungs-, Betriebs-, Ersatzkassen	Pflegekassen der jeweiligen Krankenkassen	Deutsche Rentenversicherung	Bundesagentur für Arbeit
Beiträge	AN: 7,3 % + evtl. Zusatzbeitrag AG: 7,3 %	AN: 1,175 % (wenn kinderlos und über 23 Jahre + 0,25 %) AG: 1,175 %	AN: 9,35 % AG: 9,35 %	AN: 1,5 % AG: 1,5 %
Beitragssatz	14,6 %	2,35 %	18,7 %	3,0 %

Im Rahmen der Sozialversicherung gibt es zwei Begriffe, die für die Versicherten von Bedeutung sind:

Versicherungspflichtgrenze
Die Versicherungspflichtgrenze besagt, dass sich alle Arbeitnehmer (auch Auszubildende) bis zu einem Bruttoeinkommen von jährlich 56 250,00 € (für Ost und West aktuell für 2016) gesetzlich krankenversichern müssen. Wird diese Grenze überschritten, besteht für den Arbeitnehmer die Möglichkeit, sich entweder gesetzlich oder privat für eine Krankenversicherung zu entscheiden. (Der Pflegeversicherungspflicht unterliegen alle Arbeitnehmer, ganz gleich ob privat oder gesetzlich versichert und unabhängig vom Einkommen!)

Beitragsbemessungsgrenze
Die Beitragsbemessungsgrenze mit jährlich 50 850,00 € gibt an, dass Arbeitnehmer, die diese Grenze mit ihrem jährlichen Gehalt überschreiten, nur Kranken- und Pflegeversicherungsbeträge, bezogen auf monatlich maximal 4 237,50 €, bezahlen müssen, wenngleich ihr Gehalt darüberliegt.

Unterhalb dieser Grenze sind vom Arbeitnehmer individuell vom monatlichen Gehalt die Beitragssätze für die gesetzliche Kranken- bzw. Pflegeversicherung zu leisten.

Die Beitragsbemessungsgrenze für die Renten- und Arbeitslosenversicherung liegt bei monatlich 6 200,00 €/West und 5 400,00 €/Ost für 2016.

Fallbeispiel:
Nun wird für Mustafa so langsam seine Gehaltsabrechnung verständlicher. Hassan möchte natürlich auch gerne wissen, was ihm sein Unternehmen bei einer Übernahme nach dem Ausbildungsverhältnis als Geselle zahlen würde. Daher bittet er Mustafa, ihm seine Gehaltsabrechnung zu zeigen. Hassan ist positiv überrascht, wie sich der Sprung zwischen dem Gehalt am Ende der Ausbildung und der Festanstellung als Geselle auszahlt. Mit 1 449,15 € netto kann er sich mit einem Freund zusammen eine Wohnung nehmen und eine WG gründen.

Aufgaben

Max und Hassan haben mit Mitschülern aus der Berufsschule einen Stammtisch gegründet. Sie treffen sich alle vier Wochen im „Extrablatt“ in Gronau. Hier können sie ihre Erfahrungen aus dem Berufsalltag austauschen, sich gegenseitig bei Problemen mit dem Unterrichtsstoff der Berufsschule helfen und ein Netzwerk weit über die Ausbildung hinaus aufbauen und knüpfen.

1. *Zum letzten Stammtisch hat ein Schulkollege Jeroen, einen niederländischen Austauschschüler, mitgebracht. Jeroen besucht ein sog. ROC (regionales Ausbildungscenter) in Almelo. Zwischen dem niederländischen ROC und der deutschen Berufsschule, die die Schüler besuchen, gibt es ein Partnerprogramm, das wechselseitig Schülerinnen und Schülern ermöglicht, Erfahrungen im Nachbarland zu sammeln. Jeroen hat seit zwei Jahren Deutschunterricht und interessiert sich für den grenzübergreifenden Garten- und Landschaftsbau. So ganz hat Jeroen aber die Begriffe Praktikum und Ausbildung noch nicht verstanden, da in den Niederlanden das Berufsausbildungssystem etwas anders organisiert ist als in Deutschland.*
Erklären Sie Jeroen die beiden Begriffe. Versuchen Sie so verständlich wie möglich, eine Definition mit eigenen Worten zu finden. Vielleicht können Sie die Begriffe anhand eines selbstgewählten Beispiels aus ihrem eigenen Erfahrungsschatz verdeutlichen.

2. *Beschreiben Sie die Grafik „Lernen in grünen Berufen“ auf S. 192.*

3. *Schauen Sie sich die Grafik „Lernen in grünen Berufen“ auf S. 192 genauer an. Notieren Sie sich Schlüsselqualifikationen, die Ihrer Meinung nach für diese Berufe wichtig sind. Versuchen Sie eine Rangfolge der „Top 5“-Schlüsselqualifikationen für sich zu ermitteln.*

4. *Erläutern Sie mithilfe der von Ihnen aufgestellten Rangfolge, warum sie sich für diese Schlüsselqualifikationen entschieden haben.*

5. *Interpretieren Sie die Karikatur auf S. 213.*

6. *Schreiben Sie eine Stellungnahme zu der oben aufgeführten Karikatur. Stimmen Sie mit der Ansicht des Zeichners überein? Begründen Sie Ihre Ansicht.*

7. *Nennen Sie Begriffe, die man mit der Wertigkeit einer Berufsausbildung oder einer beruflichen Arbeit in Verbindung bringt.*

8. *Beschreiben Sie so genau wie möglich die folgende Karikatur.*

9. *Interpretieren Sie, welche Auffassung der Zeichner von dem Begriff „Humankapital“ hat.*

10. *Fassen Sie die wesentlichen Inhalte des folgenden Artikels „ Humankapital – Der Mitarbeiter, die unbekannte Größe“ zusammen.*

HUMANKAPITAL

Der Mitarbeiter, die unbekannte Größe

Sachkapital kann man messen – doch gilt dasselbe auch für Humankapital? Diese Frage ist unter Wissenschaftlern umstritten. Einige Personalökonomen haben nun Ansätze zur Messung von fachlichem Wissen und sozialem Potenzial entwickelt und streiten heftig über die richtige Methode.

[...]

Seit Sprachwissenschaftler es 2004 zum Unwort des Jahres gekürt haben, gilt das Wort Humankapital als anrüchig. Es degradiere Menschen zu nur noch ökonomisch interessanten Größen, lautete die Begründung der Jury.

Die Kritik können Ökonomen nicht verstehen. Denn sie verwenden den Ausdruck Humankapital, weil sie sich für Menschen und ihren Beitrag zum Unternehmenserfolg interessieren. Sie wollen Mitarbeiter nicht als reine Kostenfaktoren betrachten.

Seit aber einige von ihnen versuchen, Humankapital zu messen – also Wissen und Fähigkeiten von Menschen zu bewerten –, sind die Personalökonomen gespalten. Die einen lehnen solche Rechnungen kategorisch ab, weil sie wissenschaftlich nicht haltbar seien. Die anderen streiten darüber, auf welche Weise gemessen werden sollte.

Aber warum wollen Forscher überhaupt Humankapital messen? Weil sie das fachliche Wissen und soziale Potenzial von Mitarbeitern als eine wichtige Triebkraft erfolgreicher Unternehmen erkannt haben. Gleichzeitig sind sich die Ökonomen bewusst, dass viele Betriebe vor allem auf ihre Personalkosten schauen: Werden Leute entlassen, ist das zunächst gut für die Bilanz. Oft steigen die Aktienkurse nach Firmenmitteilungen über einen geplanten Personalabbau. Später stellen die Unternehmenschefs aber häufig fest, dass die Erträge sinken oder Innovationen ausbleiben, und fragen sich, ob sie an der falschen Stelle gespart haben.

„Humankapital ist ein wichtiger Frühindikator für den späteren Unternehmenserfolg“, ist Erich Barthel überzeugt. Der Professor für Unternehmenskultur und Personalführung an der Frankfurt School of Finance & Management hat noch eine zweite, sportliche Antwort auf die Frage, warum Ökonomen Humankapital berechnen wollen: „Uns treibt der Ehrgeiz, etwas messbar zu machen, was bisher als unmessbar gilt.“

Und so streiten sich die Personalexperten nicht nur darüber ob, sondern auch wie Humankapital zu messen sei. Einige Forscher berechnen das Humankapital in Euro und Cent. Andere entwickeln Indikatoren, mit denen sie die Güte des Humankapitals auf einer Skala abbilden können.

Für die erste Variante hat sich der BWL-Professor Christian Scholz entschieden und die „Saarbrücker Formel“ erdacht. Auch die Unternehmensberatung Boston Consulting

Group misst Humankapital mit einem Ansatz namens „Workonomics" ebenfalls in Euro und Cent. Das Kölner Marktforschungsinstitut YouGov Psychonomics hat sich dagegen für den zweiten Weg entschieden.

Die Saarbrücker Formel von Christian Scholz ist nach wie vor die bekannteste Methode und die umstrittenste. Mit ihrer Hilfe wird nicht das Humankapital eines einzelnen Menschen berechnet, sondern das von Abteilungen oder ganzen Unternehmen. Die Formel berücksichtigt die Zahl der Mitarbeiter und was sie verdienen. Entscheidend sind aber nicht die tatsächlichen Gehälter, sondern Referenzlöhne aus einer Datenbank, die mit Informationen von Statistikämtern und aus Gehaltsstudien gefüttert wird. […]

Quelle: Bronsert, Anne-Kathrin: Der Mitarbeiter, die unbekannte Größe, 12.10.2009, abgerufen unter: www.handelsblatt.com/politik/konjunktur/oekonomie/nachrichten/humankapital-der-mitarbeiter-die-unbekannte-groesse/3279046.html [22.02.1016].

11. *Versuchen Sie in einer Pro-und-Kontra-Diskussion der Frage nachzugehen, wie viel moralische Verantwortung die Unternehmen im Streben nach Gewinnmaximierung übernehmen müssen.*

12. *Die Mitarbeiter eines Unternehmens sind dessen Kapital. Vielfach spricht man auch von der Besetzung eines „Personalkarussels“, das sich manchmal zu schnell oder zu langsam dreht.*

a) Erstellen Sie eine Mindmap sowohl aus Unternehmer- als auch aus Arbeitnehmersicht zum Begriff „Personalkarussel“.

b) Interpretieren Sie in diesem Zusammenhang den Begriff „Kapital“.

13. *Die aktuelle Shell-Jugendstudie fasst die Ergebnisse zum Themenkomplex „Familie und Beruf“ wie folgt zusammen:*

Die Jugend hat hohe Ansprüche an Bildung und Beruf. Sie wünscht sich flexible Arbeitsformen, zugleich aber Sicherheit und genügend Zeit für die Familie.

Bildung ist wichtig – aber keine Garantie

Jugendliche, die die Schule ohne Schulabschluss verlassen mussten, haben deutlich schlechtere Chancen, einen Ausbildungsplatz zu finden und danach eine geregelte Erwerbstätigkeit aufzunehmen. Doch auch Jugendliche mit Schulabschluss können häufig nicht die ursprünglichen Berufswünsche verwirklichen. Aktuell erwarten fast drei Viertel, ihre Berufswünsche umsetzen zu können – ein gutes Viertel rechnet damit allerdings nicht.

Soziale Herkunft entscheidet

Die soziale Herkunft ist bei dieser Frage von zentraler Bedeutung. Jugendliche aus der unteren Schicht (45%) sind auch 2015 deutlich weniger zuversichtlich, was die Realisierbarkeit der beruflichen Wünsche angeht, als Jugendliche aus der oberen Schicht (81%).

Das richtige Maß im Beruf

Für die Jugendlichen steht bei der Wahl ihres Berufs ein ausgewogenes Verhältnis von Nutzen und Erfüllung im Vordergrund. Beim Nutzen überwiegen hohes Einkommen und gute Aufstiegsmöglichkeiten, gleichermaßen bewerten sie jedoch genügend Freizeit als wichtig.

Persönliche Erfüllung statt reiner Karriereorientierung

Für die Mehrheit der Jugendlichen soll der Beruf das Leben nicht ausschließlich bestimmen. Für 91 Prozent ist wichtig, dass Familie und Kinder neben dem Beruf nicht zu kurz kommen. Nur weniger als jeder zweite Jugendliche vertritt die Meinung, dass Überstunden einfach dazu gehören, wenn man Karriere machen möchte. Dabei können sich junge Männer eher mit Überstunden und Wochenendarbeit anfreunden als junge Frauen, denen der Ausgleich mit der Familie wichtiger ist. Im Gegensatz zu den jungen Männern legen jungen Frauen stärker den Fokus darauf, sich um andere zu kümmern und eine erfüllende Tätigkeit zu haben.

Familie als Rückzugsort

Die Familie hat für Jugendliche weiterhin einen hohen Stellenwert. Hier finden sie den notwendigen Rückhalt und die positive emotionale Unterstützung auf dem Weg ins Erwachsenenleben. Mehr als 90 Prozent der Jugendlichen haben ein gutes Verhältnis zu ihren eigenen Eltern. Fast drei Viertel würden ihre eigenen Kinder ungefähr so oder genauso erziehen, wie sie selbst erzogen wurden. Dieser Wert hat seit 2002 stetig zugenommen. Bei den Jugendlichen aus der unteren Schicht ist diese Zustimmung jedoch erneut am geringsten.

Der Kinderwunsch geht zurück

Vieles deutet darauf hin, dass sich die Sorge um die schwierige Vereinbarkeit von Arbeit und Privatleben auch auf den Kinderwunsch auswirkt. Insgesamt wünschen sich derzeit nur 64 Prozent aller Jugendlichen Kinder, 2010 waren es noch 69 Prozent. Bei männlichen Jugendlichen ist dieser Trend stärker ausgeprägt als bei weiblichen Jugendlichen. Ältere Jugendliche verspüren 2015 einen geringeren Kinderwunsch als noch vor fünf Jahren bei den damals jüngeren Mädchen und Jungen der gleichen Jahrgänge.

Die soziale Herkunft spielt beim Kinderwunsch eine Rolle. Während drei Viertel der Jugendlichen aus der oberen Schicht angaben, sich Kinder zu wünschen, waren es aus der Unterschicht nur etwas mehr als die Hälfte. Dies deutet darauf hin, dass insbesondere junge Menschen aus den unteren Schichten zweifeln, angesichts unsicherer Chancen auf dem Arbeitsmarkt sowohl eine gute Kindererziehung als auch eine sichere Berufslaufbahn verwirklichen zu können.

Quelle: Shell-Jugendstudie 2015, abgerufen unter: www.shell.de/aboutshell/our-commitment/shell-youth-study-2015/family-education-employment-future.html [22.02.2016].

Vergleichen Sie die Ergebnisse der oben aufgeführten Shell-Jugendstudie 2015 mit ihren eigenen Vorstellungen zum Themenkomplex Familie und Beruf. Wo gibt es Übereinstimmungen, aber auch Unterschiede zu Ihrer eigenen Situation?

14. *Erläutern Sie die Grafik „Wie Unternehmen mehr Azubis finden wollen" auf S. 203.*

15. *Versuchen Sie mit Blick auf die aktuellen Ergebnisse der Shell-Jugendstudie praktikable Lösungsansätze für Unternehmen zu finden, wie diese mehr Auszubildende ansprechen und für sich gewinnen können. Nehmen Sie hierzu konkret die Ergebnisse aus der Grafik auf S. 222 hinzu.*

16. *Im monatlichen Stammtischgespräch hören Max und Hassan, dass es nicht allen Auszubildenden in ihrer Berufsschulklasse gut geht. Einige haben Probleme mit ihren direkten Ausbildern oder auch mit Kollegen. Hassan hat den Artikel „Erste Hilfe für Azubis" (siehe Kap. 5.2, S. 199) noch im Kopf, der im Spiegel veröffentlich wurde. Bewerten Sie die Hilfestellung, die Auszubildenden im Artikel aufgezeigt wird, und nehmen Sie Stellung dazu, ob Sie diese Hilfe im Bedarfsfall annehmen würden oder nicht. Begründen Sie Ihre Antwort.*

17. *Bei den Stammtischabenden kommen viele Fragen auf den Tisch oder auch verschiedene Möglichkeiten, die Ausbildung zu gestalten. Viele Fragezeichen ergeben sich aus der noch unzureichenden Kenntnis heraus, welche Rechte und Pflichten Auszubildende nach dem Jugendarbeitsschutzgesetz und dem Berufsbildungsgesetz haben. Nehmen Sie sich die Gesetzesauszüge in Kap. 5.2, S. 199 zu Hilfe oder suchen Sie im Internet per Suchmaschine die beiden Gesetze und finden Sie Antworten auf folgende Fragen:*

a) Warum hat ein Jugendlicher unter 18 Jahren mehr oder auch gleich viel Urlaub wie ein über 18 Jahre alter Auszubildender? Hinweis: Bundesurlaubsgesetz in Verbindung mit dem Jugendarbeitsschutzgesetz!

b) Warum ist es erlaubt, dass Jugendliche in unterschiedlichen Betrieben bei gleichem Ausbildungsberuf verschieden hohe Ausbildungsvergütungen erhalten?

c) Wieso bezahlt der Ausbildungsbetrieb eines Mitschülers dessen Bücher für die Berufsschule und der eigene Ausbildungsbetrieb tut dies nicht? Gibt es eine rechtliche Verpflichtung dazu?

d) Warum kann das mehrmalige Zuspätkommen im Berufsschulunterricht im schlimmsten Fall zu einer Kündigung führen?

e) Ist es rechtens, dass der eine Betrieb eine Probezeit von sechs Wochen und der andere Betrieb eine Probezeit von dreieinhalb Monaten vereinbaren kann?

f) Welche Regelungen trifft das Gesetz bei einem Berufsschultag, der nach der 4. Unterrichtsstunde endet?

g) Müssen Auszubildende am Samstag arbeiten?
Gibt es weitere Fragen, die Sie speziell haben? Dann ergänzen Sie den Fragenkatalog und suchen Sie Antworten in Gruppen bzw. im Klassengespräch mit Ihrer Lehrperson.

18. *Bewerten Sie in Form einer schriftlichen Stellungnahme den Artikel aus den WDR-Quintessenztipps „Privates verboten" in Kap. 5.2, S. 199.*

19. *Treffen folgende Aussagen zum Jugendarbeitsschutzgesetz bzw. Berufsbildungsgesetz zu? Begründen Sie Ihre Antworten mit den Gesetzesauszügen in Kap. 5.2, S. 199.*

a) Max ist zu Beginn seiner Ausbildung gerade 16 Jahre (Geburtstag 17.07.2015) alt geworden, daher bekommt er von seinem Chef Stefan Klanghaus für das Kalender-jahr 2016 genau 27 Urlaubstage angerechnet.

b) Ein Freund von Max erzählt ihm, dass er zwar zu Beginn der Ausbildung von seinem Betrieb ein Ausbildungsnachweisheft ausgehändigt bekommen hat, aber das bräuchte er nicht führen, da lege sein Chef nicht so viel Wert drauf.

c) Ein Mitschüler von Max und Hassan wurde von seinem Betrieb zu einer überbetrieblichen Maßnahme bei der zuständigen Kammer geschickt, da der Betrieb diesen Teil der Ausbildung vor Ort nicht abdecken kann. Der Mitschüler prahlt beim nächsten Berufsschultag vor Max und Hassan, dass er an dem Tag „blau" gemacht habe und sein Chef eh nichts davon mitbekommen würde, da der Kurs in Gelsenkirchen stattfand.

d) Bedingt durch einen hohen Krankenstand der Lehrer an der Berufsschule sieht der Vertretungsplan für Max und Hassan für den folgenden Berufsschultag erst einen Schulbeginn zur 4. Stunde (10:30 Uhr) vor. Vom Betrieb bis zur Berufsschule benötigen die beiden mit dem Pkw gerade mal 15 Minuten. Herr Klanghaus bittet beide Auszubildenden, von 07:30 Uhr bis 09:45 Uhr noch im Unternehmen beim Beladen der Kleintransporter bzw. Anhänger zu helfen.

e) Der Geselle von Herrn Klanghaus bittet seinen Chef, bei einem Kunden Überstunden machen zu dürfen, da er gerne in der folgenden Woche zur Hochzeit seiner Schwester etwas früher Feierabend machen möchte. Hassan, der als Auszubildender ebenfalls mit ihm bei diesem Kunden im Einsatz ist, will der Geselle gerne als weitere Hilfe dabei haben. Im Sommer ist es noch bis ca. 21:00 Uhr hell und der Kunde hätte nichts dagegen, wenn bei ihm noch länger gearbeitet werden würde. Und Hassan hätte am nächsten Tag erst ab 08:45 Uhr Berufsschulunterricht. Herr Klanghaus gewährt dem Gesellen die Überstunden, allerdings muss er auf Hassan verzichten, da dieser noch unter das Jugendschutzgesetz fällt.

f) Ein Mitschüler von Hassan und Max erzählt, dass er auf 45 Wochenarbeitsstunden kommt. Leider wäre das nicht die Ausnahme, sondern die Regel in seinem Betrieb. Er traut sich nicht, seinem Chef zu sagen, dass er damit in der Woche unter seinen Mitschülern am meisten Arbeitsstunden anhäuft. Er findet es ungerecht, dass zwei seiner Mitschüler nur 38,5 Stunden arbeiten müssen. Max findet eine Wochenarbeitszeit von 45 Stunden auch sehr viel. Gott sei Dank müssen Hassan und er nur 40 Stunden pro Woche arbeiten.

g) Hassan ist sich nicht sicher, ob der Berufsschultag ebenfalls von seinem Chef bezahlt wird oder nicht. Max allerdings weiß, dass die Zeit des Berufsschulunterrichts voll bezahlt wird.

20. *Versuchen Sie eine Antwort auf die Frage „Warum sind Mindestinhalte bei Ausbildungsverträgen vonnöten?“ zu finden.*

21. *a) Lesen Sie den nachfolgenden Text „Bundesweite Wahl – Betriebsräte – ein Auslaufmodell?“ aufmerksam durch und markieren Sie wichtige Informationen.*

b) Versuchen Sie auf einer DIN-A4-Seite ein Schaubild zu entwerfen, das auf einfache Art die wichtigsten Informationen zum Betriebsrat beinhaltet.

Bundesweite Wahl
Betriebsräte – ein Auslaufmodell?

Ausweitung der Leiharbeit, weniger Gewerkschaftsmitglieder – in den letzten Jahren hatten es die Betriebsräte in deutschen Unternehmen schwerer, die Belegschaften hinter sich zu versammeln. Seit Montag wählen die Arbeitnehmer in Deutschland wieder ihre Betriebsräte.

„Eine Zeitlang war es mit der Verankerung nicht zum Besten bestellt“, sagt Jörn Diers, der bei der Arbeitnehmerkammer in Bremen den Bereich Mitbestimmung leitet. Doch mit Beginn der Finanzkrise habe sich die Lage gedreht. „Die Beratungserfahrung zeigt mir, dass die Bedeutung der Betriebsräte seitdem zugenommen hat“, sagt Diers. „Da kamen ganz neue Themen auf die Betriebe zu, wie Kurzarbeit, Umstrukturierungen und Kündigungen. Da hat sich gezeigt: Wo Betriebsräte sich eingemischt haben, gab es vernünftige Lösungen. Das hat zu einer stärkeren Verankerung geführt.“

Diers und seine Kollegen in der Arbeitnehmerkammer, einer öffentlichrechtlichen Interessensvertretung, die es in dieser Form sonst nur noch im Saarland gibt, registrieren auch verstärkte Anfragen aus Betrieben, wo sich ein Betriebsrat neu gründen will. Diesen Trend können die Zahlen des Instituts der deutschen Wirtschaft Köln (IW) statistisch allerdings nicht bestätigen.

Betriebsrat in 10 Prozent aller Betriebe

Denen zufolge liegt der Anteil der Betriebe, in denen es einen Betriebsrat gibt, relativ konstant bei 10 Prozent. Da der Organisationsgrad mit der Betriebsgröße steigt, liegt der Anteil der durch einen Betriebsrat vertretenden Beschäftigten zwar wesentlich höher – aber auch nach Zahlen der gewerkschaftsnahen Hans-Böckler-Stiftung immer noch weit unter 50 Prozent. Dort, wo es Betriebsräte gibt, kann auch Oliver Stettes, der für das IW seit Jahren die Entwicklung der Mitbestimmung verfolgt, keinen Bedeutungsverlust erkennen. „Die Wahlbeteiligung der letzten Betriebsratswahlen lag bei 80 Prozent. Das signalisiert, dass existierende Betriebsräte einen großen Rückhalt in der Belegschaft haben."

Dort, wo es keinen Betriebsrat gibt, heißt es nicht, dass es gar keine Mitarbeitervertretungen gibt. „Dort sehen wir andere Formen, entweder betriebsratsähnliche Interessenvertretungen oder runde Tische, an denen Arbeitgeber zusammen mit den Mitarbeitern sitzen", so Stettes. „Das sind keine Schönwettervertretungsformen, sondern sie haben sich etabliert." Insgesamt beobachtet Stettes, dass die einzelnen Mitarbeiter immer mehr Verantwortung übernehmen oder übertragen bekommen.

Runde Tische für besondere Projekte

Laut einer Studie der Hans-Böckler-Stiftung waren vor zehn Jahren immerhin acht Prozent der Beschäftigten an runden Tischen vertreten. Deren aktuelle Rolle sieht Jörn Diers differenziert. „Betriebliche Bündnisse spielen
im harten Mitbestimmungsbereich, wo ja auch nur ein Betriebsrat tatsächlich handlungsfähig ist, kaum eine Rolle. Natürlich gibt es bestimmte Projekte, wie beim Arbeits- und Gesundheitsschutz, wo zum Beispiel runde Tische praktikable Lösungen finden."

Der Bereich der psychischen Belastungen wird nach Erfahrung von Diers auch für die Arbeit der Betriebsräte immer wichtiger. Daneben boomt ein Bereich, den die Mitarbeiter nach den Erfahrungen der Finanzkrise immer weniger den Geschäftsführern überlassen wollen: die wirtschaftlichen Entscheidungen der Unternehmen. „Deswegen haben wir auch Diplombetriebswirte im Beratungsteam, die Bilanzen lesen können", so Diers.

Quelle: Ralf Lorenzen: Bundesweite Wahl: Betriebsräte – ein Auslaufmodell?, 05.03.2014, abgerufen unter: www.heute.de/bundesweite-wahl-beschaeftigte-waehlen-ihre-betriebsräte-32191038.htms?view=print [22.02.2016].

22 *Geben Sie den Inhalt des Textes aus Aufgabe 21 wieder und beurteilen Sie die Sichtweise des Autors.*

23 *Mustafa Aziz, der Onkel von Hassan ist aktives Mitglied im Betriebsrat. Als er vor zwei Jahren bei der Klanghaus – GALAbau GmbH anfing, fragten ihn seine Kollegen schon nach neun Monaten, ob er sich für die bevorstehenden Betriebsratswahlen aufstellen lassen würde. Prüfen Sie die Voraussetzungen, ob Mustafa Aziz sich zur Wahl aufstellen lassen kann.*

24 *Würden Sie anstelle von Mustafa Aziz die Chance nutzen, sich zu den Betriebsratswahlen aufstellen zu lassen? Begründen Sie Ihre Antwort.*

25 *Halten Sie in der Person des Klassenlehrers von Hassan (siehe S. 216) mithilfe des Schaubilds „Betriebliche JAV“ eine überzeugende Rede, sodass Hassan gewillt ist, sich aktiv in der betrieblichen JAV zu engagieren.*

26 *Erläutern Sie den Begriff „Betriebsvereinbarung“ und finden Sie zwei passende Beispiele.*

27 *Können Sie die Betriebsvereinbarung von VW bezüglich der Blackberrys (siehe S. 215) nachvollziehen? Initiieren Sie ggf. innerhalb Ihrer Klasse eine Pro-und-Kontra-Diskussion.*

28 *Versuchen Sie als Mitglied der JAV bei der Geschäftsleitung eine Betriebsvereinbarung zu erwirken, in der ein Aufenthaltsraum für Auszubildende geschaffen wird, in dem sich 15 verschiedene Auszubildende des Unternehmens während der Pausen aufhalten können und der nach dem Berufsschulunterricht noch als Raum für private oder betriebliche Nachhilfe genutzt werden kann.*
Achten Sie bei Ihren Formulierungen auf eine stichhaltige Argumentationskette.

29 *Mustafa Aziz ist ein begeisterter Internetuser und kauft regelmäßig Dinge über Portale, wie z. B. eBay, Amazon oder Bol. Eines Morgens liest er den nachfolgenden Artikel im Netz:*

Leipzig: Amazon-Mitarbeiter streiken gemeinsam mit Kollegen aus Einzelhandel

Ver.di lässt nicht locker: Erneut streiken Amazon-Beschäftigte in Leipzig für bessere Bezahlung. Zwei Tage lang wollen sie die Arbeit niederlegen – gemeinsam mit Kollegen aus dem Einzelhandel.

Leipzig – Die Dienstleistungsgewerkschaft Ver.di bündelt die Arbeitskampfmaßnahmen bei Amazon und im stationären Einzelhandel. Mitarbeiter des Internet-Versandhändlers in Leipzig und örtlicher Supermärkte sind seit dem Montagmorgen in einem zweitägigen Streik. Für die Amazon-Beschäftigten geht es um die Forderung nach einem Tarifvertrag im Rahmen des Versand- und Einzelhandels.

Am Vormittag kamen Einzelhandelsbeschäftigte zu ihren Kollegen vor die Werkstore von Amazon. „Die Kollegen wissen, dass sie für die gleiche Sache stehen", sagte Streikleiter Thomas Schneider. Zusammen mit der Spätschicht rechne er mit rund 500 Streikteilnehmern, davon 400 bei Amazon, sagte Schneider. Vom Streik des Einzelhandels sind die beiden Real-Märkte in Leipzig, Kaufland-Filialen in Großpösna und Gohlis sowie Aldi und Netto betroffen – die Branche befindet sich derzeit in einer Tarifrunde.

"Die Kollegen sind einfach wütend"

Amazon orientiert sich bei der Bezahlung seiner Beschäftigten bislang an der Logistikbranche. Ver.di verlangt für sie jedoch einen Tarifvertrag nach den höheren Konditionen des Versand- und Einzelhandels. Bisher hat das Unternehmen die Aufnahme von Tarifverhandlungen verweigert.

„Die Situation ist sehr angespannt. Die Kollegen sind einfach wütend", sagte Ver. diFachbereichsleiter Jörg Lauenroth-Mago. Amazon erziele hohe Umsatzsteigerungen. „Es ist einfach ungerecht, dass das Unternehmen keine Tarifverhandlungen aufnehmen will." Amazon beschäftigt in Leipzig etwa 2000 Mitarbeiter.

Für den Einzel- und Versandhandel in Mitteldeutschland gehen die Tarifverhandlungen am 14. November weiter. Ver.di fordert für die 265.000 Beschäftigten in Sachsen, Sachsen-Anhalt und Thüringen die Rückkehr zum Manteltarifvertrag sowie die Erhöhung der Löhne und Gehälter um einen Euro pro Stunde - das seien 6,5 bis 7,5 Prozent. Die Arbeitgeber hatten eine Lohn- und Gehaltsanhebung von 2,5 Prozent angeboten, zugleich aber flexiblere Arbeitszeitregelungen gefordert.

Quelle: Florian Diekmann/dpa-AFX: Amazon-Mitarbeiter streiken gemeinsam mit Kollegen aus Einzel-handel, www.spiegel.de/wirtschaft/unternehmen/leipzig-mitarbeiter-von-amazon-und-einzelhandel-gemeinsam-im-streik-a-930440.html [22.02.2016].

a) Lesen Sie sich den Artikel aufmerksam durch.
b) Informieren Sie sich auf S. 218–220 im Buch zum Tarifrecht.
c) Erläutern Sie das Schaubild „Spielregeln für den Arbeitskampf" auf S. 219.

30 *a) Entwerfen Sie für die Streikenden ein Plakat für den Arbeitskampf bei Amazon.*
b) Welchen Stellenwert haben Gewerkschaften noch in der heutigen Zeit? Nehmen Sie bei Ihren Überlegungen das Schaubild „Mit und ohne Tarifvertrag" auf S. 219 hinzu.
c) Welche Konsequenzen würde ein Leben ohne Gewerkschaften für die Zukunft nach sich ziehen? Skizzieren Sie eine Zukunftsvision.

31 *Mustafa Aziz arbeitet seit zwei Jahren gerne bei der Klanghaus – GALAbau GmbH. In der letzten Zeit hat sich einiges in seinem Leben verändert. Seine Entgeltabrechnungen waren davon durchaus auch betroffen:*
a) Mustafa Aziz hat im Juli ein Urlaubsgeld von 250,00 € erhalten. Gleichzeitig will er sich ein Motorrad kaufen und bittet seinen Chef um einen Gehaltsvorschuss von 500,00 €.
b) Im September 2014 hat Mustafa geheiratet. Seine Ehefrau ist Laura Becker. Beide arbeiten nun jeweils in der Steuerklasse IV.
c) Im Oktober 2014 tritt Mustafa seiner Ehefrau Laura zuliebe der evangelischen Kirche bei. Und erstmals bekommt er von seinem Chef vermögenswirksame Leistungen in Höhe von 13,00 € zu seinem Bruttogehalt von 2 100,00 € hinzu. Von seinem Gehalt werden 52,00 € an die Bausparkasse überwiesen.
d) Im November wird das gemeinsame Kind von Mustafa und Laura geboren. Für den Monat November ändern sich die Lohnsteuerklassen der Eltern. Mustafa bekommt die Lohnsteuerklasse III mit einem Kinderfreibetrag und Laura die Lohnsteuerklasse V, da sie sich ausschließlich um das Kind kümmern und erst einmal für drei Jahre zu Hause bleiben will.
Berechnen Sie die Entgeltabrechnungen für die Monate Juli, September, Oktober und November. Vergleichen Sie mit Ihren Mitschülern die Auszahlungsbeträge. Nehmen Sie eine Bewertung der finanziellen Situation von Mustafa Aziz für jede Veränderung vor.

Anforderungssituation 6

Die Notwendigkeit von Investitionen und deren Finanzierung erkennen

6

Kompetenzen

In dieser Anforderungssituation lernen Sie die Gründe für Investitionen kennen. Sie beschreiben den Zusammenhang von Investition und Finanzierung. Sie vergleichen unter Anleitung die Vor- und Nachteile von Finanzierungen.

Einstiegssituation:

Valentin Jung leitet eine Baustoffhandlung in der Kleinstadt Wirgenstadt. Das Familienunternehmen besteht bereits seit 74 Jahren.

Bisher lieferte das Unternehmen hauptsächlich Heizöl und Schüttgüter (Sand, Kies, Splitt) an den Endkunden. Dabei handelt es sich zumeist um Haushalte, die beispielweise ihr Einfamilienhaus mit einer Ölheizung beheizen oder die für die Befestigung der Einfahrt Splitt oder Kies benötigen.

Doch die Zeiten ändern sich.

Die Margen (= Gewinne, Erlöse) aus diesen Aufträgen werden für die Firma Baustoffe und Heizöl Jung immer geringer, außerdem nimmt die Zahl der Häuser, die eine Ölheizung haben, immer weiter ab.

Genutzte Heizungssysteme in Deutschland

bdew
Energie. Wasser. Leben.

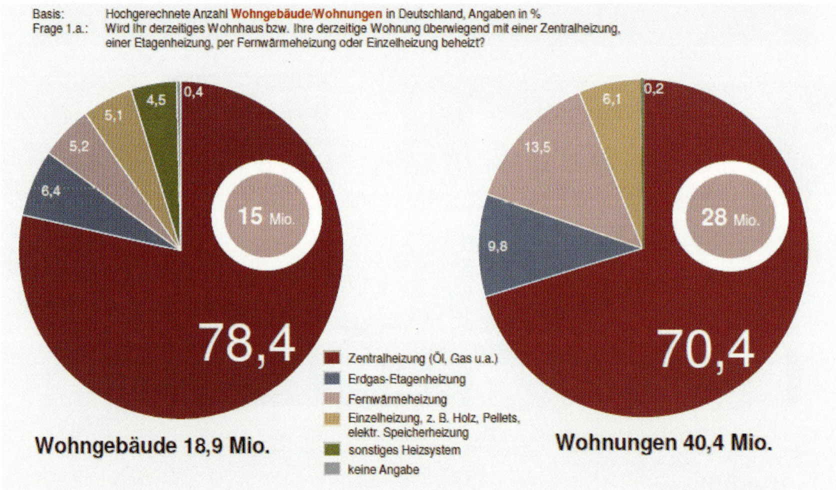

Beim Heizen genutzte Energieträger – Wohnungen

bdew
Energie. Wasser. Leben.

Basis: Hochgerechnete Anzahl Wohnungen in Deutschland
Fragen 1.a.-1.c.: Genutzte Energieträger in Deutschland

Energieträger	Wohnungen (40,4 Mio.)	100%
Erdgas	19,3 Mio.	47,8%
Öl	10,8 Mio.	26,8%
Fernwärme	5,5 Mio.	13,5%
Strom[1]	1,7 Mio.	4,1%
Holz-/Pellets	1,2 Mio.	3,0%
Flüssiggas	0,6 Mio.	1,5%
Kohle	0,3 Mio.	0,9%
Sonstige	0,8 Mio.	2,0%
k.A.	0,1 Mio.	0,3%

[1] davon ca. 0,8 Mio. Elektro-Wärmepumpen und 0,8 Mio. Stromnachtspeicherheizungen

Auch die Konkurrenz der großen Baumarktketten im Umkreis macht der Firma Jung zu schaffen. Es stellt sich also die Frage nach der künftigen Ausrichtung des Unternehmens und den passenden Investitionen.

So könnte in einem neuen und attraktiveren Gebäude ein Bau- und Bastelmarkt eingerichtet werden, der den bisherigen Handel mit Baustoffen wie Steinen, Beton, Fliesen, Hölzern usw. ergänzt.

Durch die gesetzlichen Regelungen zur Energieeinsparung benötigen viele Eigentümer und Vermieter Energieausweise für ihre Gebäude. Mit geschulten Mitarbeitern könnte die Firma diese Dienstleistung anbieten.

Viele Menschen schätzen inzwischen auch in ländlicheren Gebieten Hausmeister-, Handwerker- und andere Servicedienste. Hier könnte ein Unternehmen, das einen guten Namen in der Region hat, sicher Kunden gewinnen.

Auch die Kooperation mit einem ortsansässigen Architekturbüro könnte ausgebaut werden. Stichwort „Bauen aus einer Hand“.

Mit seinem Steuerberater und der Leiterin der Wirtschaftsförderungsgesellschaft des Landkreises erstellt der Unternehmer folgende Übersicht:

Investitionsziele benennen und festlegen	■ Fortbildung der Mitarbeiter als Energieberater, Kundenbetreuer ■ Kooperation mit einem ortsansässigen Planungsbüro („Bauen aus einer Hand“) ■ Bau einer neuen Halle als Bau- und Bastelmarkt für Endkunden
Informationen einholen und bewerten	■ Rechtliche Rahmenbedingungen ■ Folgen der Maßnahme (z. B. Anzahl und Qualifikation der Mitarbeiter) ■ Alternativen recherchieren
Investitionsrechnung durchführen	■ Kosten-Nutzen-Rechnung ■ Subventions- und Abschreibungsmöglichkeiten ■ Finanzierungsmöglichkeiten ■ Kapitalbedarf und Kapitalkosten
Investitionsentscheidung treffen	■ Entscheidung für/gegen Kauf der Maschinen bzw. Auftragsvergabe zum Bau der Halle ■ Zeitplan erstellen und beschließen
Investition durchführen	■ Kauf bzw. Anmietung der Maschinen und/oder Gebäude ■ Fremdkapital generieren z. B. durch rechtzeitige Kreditaufnahme

Aufgaben

1. ***Welche Investitionsmöglichkeiten für die Firma „Baustoffe und Heizöl Jung“ sind in Ihren Augen sinnvoll? Recherchieren Sie die zu erwartenden Kosten.***
2. ***Erstellen Sie eine Investitionsplanung. Bedenken Sie dabei, dass möglicherweise nicht alle Vorhaben (gleichzeitig) zu realisieren (= verwirklichen) sind. Um diese Ideen der Bankberaterin, der Unternehmensberaterin oder möglichen Investoren vorstellen zu können, fertigen Sie eine Präsentation mit einem Präsentationsprogramm an.***

3. ***Die Firma Baustoffe und Heizöl Jung nimmt einen längerfristigen Kredit bei einer Geschäftsbank auf. Wozu eignet sich dieses Kapital?***

- ***Bezahlung der Kommunikationskosten (Telefon, Internet)***
- ***Gehaltszahlungen***
- ***Kauf einer neuen Werkstattausstattung***
- ***Betankung der Firmenwagen***
- ***Zahlung von Seminaren zur Qualifizierung von zwei Mitarbeiterinnen als Energieberaterinnen***

6.1 Gründe für Investitionen erläutern können

Jeder Betrieb benötigt Arbeitskräfte, Grund, Boden und auch Kapital. Diese Produktionsfaktoren werden so kombiniert, dass die Kosten für die Produktion möglichst gering sind.

Fallbeispiel:
Die Firma Jung bezieht regelmäßig Basaltsplitt von einem Tagebau im Westerwald. Um Lagerkosten zu sparen, wird der Basalt „just in time" geliefert, also die bestellte Menge am Tag vor der Auslieferung an den Endkunden.

> **Eine Investition ist die Verwendung finanzieller Mittel, um die Gewinne eines Unternehmens zu steigern. Eine Investition bindet Kapital langfristig.**

Ob ein Unternehmen zu Investitionen bereit ist, hängt von vielen Faktoren ab:

Erwartungen

Geht das Unternehmen davon aus, durch die geplanten Maßnahmen höhere Einnahmen zu erzielen, neue Kunden zu gewinnen oder neue Geschäftsfelder zu erschließen?

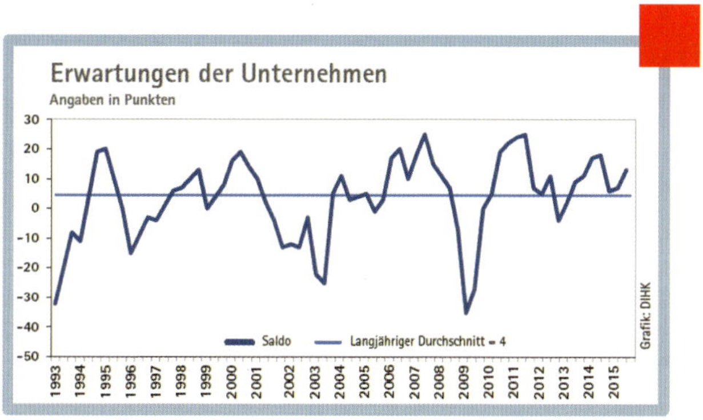

Politische Rahmenbedingungen

Können Fördergelder beantragt werden? Gibt es Subventionen (= Beihilfen, Zuschüsse), die für das Unternehmen Aufträge bedeuten können? Ein Beispiel dafür ist die Energieeinsparverordnung (EnEV) mit Zuschüssen für die Dämmung von Fassaden oder das Anbringen von Photovoltaikanlagen.

Gesellschaftliche Rahmenbedingungen

Durch den demografischen Wandel (= Veränderung der Altersstruktur der Bevölkerung) und die Veränderung der Lebensgewohnheiten wollen viele Menschen ihre Häuser barrierefrei umbauen oder benötigen Hilfe bei der Haus- und Gartenpflege. Hier eröffnen sich zahlreiche neue Geschäftsfelder.

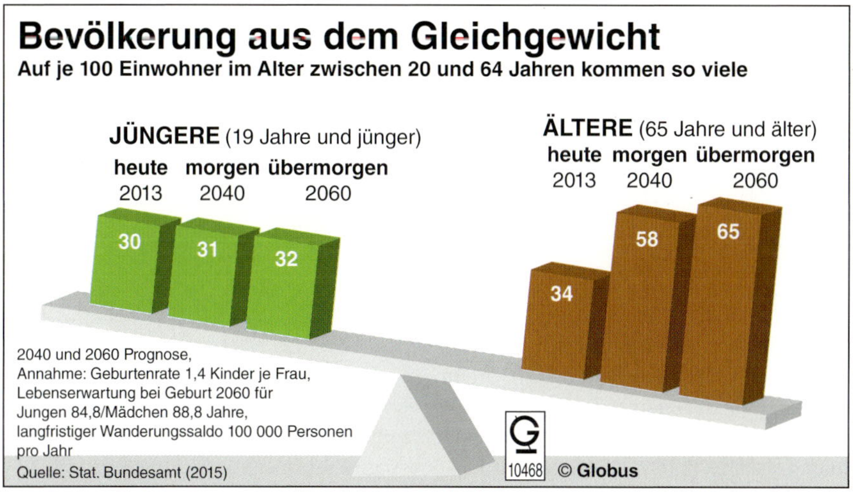

Geschäftslage

Hat ein Unternehmen finanzielle Rücklagen gebildet, die es investieren kann und möchte? Sind günstige Kredite zu bekommen?

Wo sehen Sie die größten Risiken bei der wirtschaftlichen Entwicklung Ihres Unternehmens in den kommenden 12 Monaten?
Mehrfachantworten möglich; in Prozent; *Angaben der exportierenden Industrieunternehmen

	Frühsommer 2013	Herbst 2013	Jahresbeginn 2014	Frühsommer 2014	Herbst 2014	Jahresbeginn 2015	Frühsommer 2015
Inlandsnachfrage	51	48	45	44	48	48	44
Auslandsnachfrage*	41	40	35	36	47	45	38
Finanzierung	14	14	14	13	12	12	11
Arbeitskosten	38	37	41	41	38	42	42
Fachkräftemangel	32	36	37	38	38	38	39
Wechselkurs*	11	11	12	14	11	18	26
Energie- & Rohstoffpreise	49	49	47	44	38	27	30
Wirtschaftspolitische Rahmenbedingungen	40	41	41	41	43	45	43

Quelle: DIHK-Konjunkturumfrage Frühsommer 2015, S. 2

6.1.1 Arten von Investitionen

Investitionen können nach unterschiedlichen Merkmalen eingeordnet werden. Eine mögliche Klassifizierung ist die nach:

- **Objekt/Gegenstand**
  Beispielsweise in neue Maschinen oder Gebäude oder in ein neues Herstellungsverfahren bzw. in die Benutzung bestimmter Label als Lizenz- oder Franchisenehmer.
- **Zweck**
  Beispielsweise bei der Gründung eines Neubetriebs, bei der Erweiterung der Betriebsstätte, bei Rationalisierungsmaßnahmen, beim Ersatz defekter Maschinen.
- **Funktion**
  Beispielsweise die Erforschung neuer Verfahren oder Produkte.
- **Interdependenz** (= gegenseitige Abhängigkeit)
  Beispielsweise wenn die Einführung der „chaotischen" Lagerhaltung den Bau eines neuen vollautomatischen Hochregallagers erfordert.

BASF investiert sechs Milliarden in Stammwerk

Der Chemieriese BASF steckt in den nächsten fünf Jahren Milliarden in sein Stammwerk in Ludwigshafen.

Für Investitionen, Modernisierungs- und Erhaltungsmaßnahmen habe BASF zwischen 2016 und 2020 mindestens sechs Milliarden Euro zugesichert, teilte das Unternehmen anlässlich der Unterzeichnung einer neuen Standortvereinbarung mit. Die Vereinbarung, die vom 1. Januar 2016 bis Ende 2020 läuft, sieht auch den Verzicht auf betriebsbedingte Kündigungen vor. Der Standort hat sich seit seiner Gründung 1865 mit rund 2000 Gebäuden auf einer Fläche von mehr als zehn Quadratkilometern zum weltweit größten zusammenhängenden Chemieareal entwickelt. BASF beschäftigt dort rund 36.000 seiner weltweit über 113.000 Mitarbeiter. (rts)

Quelle: n-tv Kurzmeldungen, 21.08.2015, abgerufen unter: www.n-tv.de/wirtschaft/kurznachrichten/BASF-investiert-sechs-Milliarden-in-Stammwerk-article16185626.html [22.10.2015].

Investitionsarten nach dem Investitionsgegenstand

Die Investitionen, die ein Unternehmen tätigt, können nach unterschiedlichen Kriterien eingeteilt werden. Investiert werden kann in einen konkreten Gegenstand, beispielsweise eine neue Maschine, ein Firmenfahrzeug, eine Fertigungsanlage. Möglich ist es aber auch, Geld in die Ausbildung von Mitarbeiterinnen und Mitarbeitern zu stecken oder durch Gebühren für eine Konzession (= Erlaubnis, z. B. zum Ausschank von Bier in einer Gaststätte) das Sortiment zu erweitern. Die Beteiligung an einem anderen Unternehmen durch Aktienkäufe kann durch dabei erzielte Gewinne die Finanzlage eines Unternehmens verbessern.

Investitionsobjekt		
Real-/Sachinvestition	Immaterielle Investition	Finanzinvestition
↓	↓	↓
Neue Gebäude, Anlagen, Maschinen	Lizenzgebühren, Patente, Konzessionen, Mitarbeiterschulung und Qualifikationsmaßnahmen	Unternehmensbeteiligungen, Anleihen, Aktien

Da durch Investitionen Kapital meist mittel-, oft sogar langfristig gebunden, also festgelegt wird, ist es notwendig, die entsprechenden Ausgaben zu planen und zu prüfen, ob sie mit den grundsätzlichen Zielen des Unternehmens in Einklang stehen.

„Investitionen sorgen für Arbeitsplätze.“ Diese Aussage hört man häufig von Unternehmerinnen und Unternehmern selbst, aber auch aus der Politik. So kann z. B. der Lebensmitteleinzelhändler Peters durch die Anschaffung einer weiteren Kassenanlage und die Ausweitung der Öffnungszeiten mehr Kunden bedienen und einen höheren Umsatz erzielen. Dazu wird dann mehr Kassier- und Verkaufspersonal gebraucht.

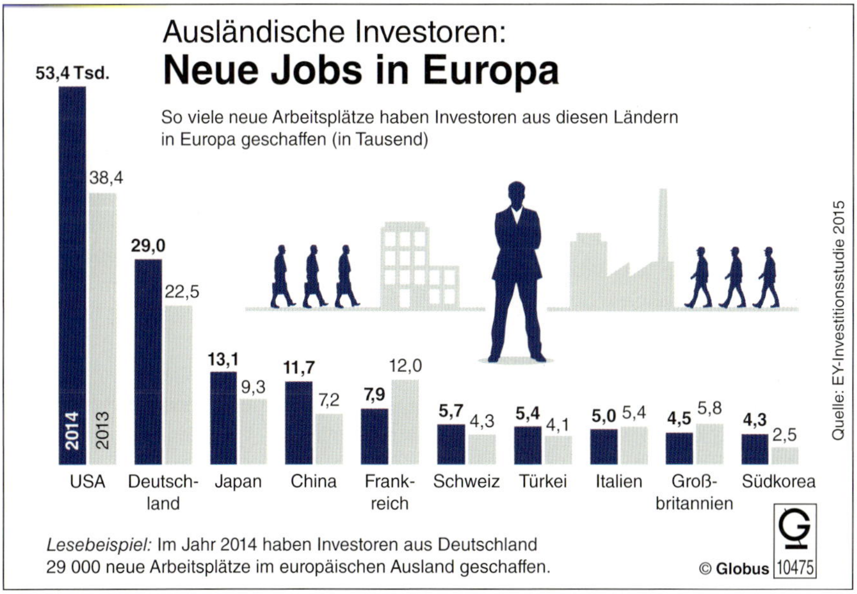

Lesebeispiel: Im Jahr 2014 haben Investoren aus Deutschland 29 000 neue Arbeitsplätze im europäischen Ausland geschaffen.

Doch auch das Gegenteil kann eintreten: Weil die Lohnkosten in Deutschland hoch sind, investieren Unternehmen häufig in andere Standorte, um Kosten zu sparen. Eine moderne Fertigungsstraße mit Robotern kostet zwar viel Geld, spart aber eine nicht unerhebliche Anzahl an Arbeitskräften ein. Die Versuche eines großen Onlinehändlers, Pakete mit Drohnen zuzustellen, oder der Aufbau eines Systems von Packstationen zur Selbstbedienung gehen in die gleiche Richtung.

Auch die Verlagerung von personalintensiven Produktionszweigen an ausländische Standorte ist eine gängige Form der Investition. Zahlreiche Hotels in Berlin lassen die anfallende Hotelwäsche in polnischen Wäschereien waschen, denn die Transportkosten sind deutlich geringer als die Kosten der Wäschereien in der Hauptstadt.

Einmal Polen und zurück

Gerade Luxushotels wollen ihren Kunden makellos saubere, perfekt gebügelte und akkurat gefaltete Wäsche anbieten. Eine Berliner Firma macht es möglich. Gewaschen wird allerdings im polnischen Nowe Czarnowo.

[…] Gerade Luxushotels wollen ihren Kunden makellos saubere, perfekt gebügelte und akkurat gefaltete Wäsche anbieten. Kein Fleck, kein Riss, keine Falte an der falschen Stelle darf diesen Eindruck fast schon einschüchternder Präzision stören. Alles Weiß in Weiß. Auch deswegen sind die Übernachtungen so teuer. […]

In dem grauen Industriestädtchen Nowe Czarnowo (im Firmenjargon „NC") im polnischen Teil des Nationalparks Unteres Odertal wird die Berliner Hotelwäsche – Laken, Bezüge, Handtücher, Bademäntel, Tischdecken, Uniformhosen der Angestellten – porentief rein gewaschen. In riesigen, modernen Industriewaschmaschinen bei 90 Grad. Das desinfiziert, weil bei der Temperatur kein Virus überlebt oder mutiert, und spart deswegen Waschmittel. 24 Stunden läuft der Betrieb. Ohne Pause. Sieben Tage die Woche. Im Gewerbegebiet stört das keinen. So wäscht Fliegel jeden Tag im Monat 115 Tonnen Wäsche.

Nach dem Abladen an der Rampe wird jedes Stück registriert, alles wird gewogen, damit am Ende nichts verloren geht. Dann wird sortiert, Frottee von Baumwolle getrennt, Großes von Kleinem.

Ab geht's zur computergesteuerten Maschinenstraße. Je nach Material wird die Wäsche bis zu 35 Minuten lang in den Trommeln durchgewirbelt. Anschließend staucht eine Presse den Berg zu einem angetrockneten Klumpen zusammen, der wiederum in einem von 35 Großtrocknern verschwindet.

Nach dem Trocknen zerren kräftige Männer die Wäsche auseinander und werfen sie in einen Wagen. Dies ist einer der wenigen Arbeitsplätze für Männer. An den 13 Mangelstraßen dahinter warten Wäscherinnen, die die Stücke zum Plätten vorbereiten. Auch das Vorsortieren, das Falten, Legen und Verpacken ist Handarbeit und vor allem Frauensache. Die komplett polnische Betriebsleitung jedoch ist rein männlich. […]

Die günstige Ver- und Entsorgung ist ein Grund, warum es sich lohnt, permanent zehn Laster zwischen Berlin und Polen pendeln zu lassen. Ein weiterer ist, dass die ausschließlich polnischen Arbeiter polnische Löhne erhalten. „Wir zahlen unseren Leuten 20 bis 50 Prozent über Mindestlohn, weil wir gutes Personal brauchen. Mit rund 6 Euro pro Stunde liegen die Arbeiter etwa 1 Euro unter dem, was sie in Deutschland kriegen würden, vielleicht 1,50 Euro", sagt [der Geschäftsführer]. […]

Quelle: Schütze, Elmar: Einmal Polen und zurück, Berliner Zeitung, 28.03.2013, abgerufen unter: www.berliner-zeitung.de/hinter-den-kulissen/hinter-den-kulissen-im-hotel-einmal-polen-und-zurueck,22206518,21939184.html [22.02.2016]

6.2 Von der Finanzierung zur Investierung gelangen

6.2.1 Möglichkeiten der Finanzierung von Investitionen

Innenfinanzierung

- Selbstfinanzierung, z. B. Einsatz nicht entnommener Gewinne
- Nutzen von Abschreibungsmöglichkeiten, Auflösen von Rückstellungen
- Verkauf/Verpachtung firmeneigener Werte wie Immobilien

Außenfinanzierung

- Eigenfinanzierung
  - z. B. durch Ausgabe von (neuen) Aktien
- Fremdfinanzierung
  - Bankkredit
  - Lieferantenkredit
  - Förderdarlehen
  - Ausgabe von Anteilsscheinen, Genussrechten usw.

Eigen- und Fremdfinanzierung

Benötigtes Kapital zur Finanzierung von Investitionen kann dem Unternehmen auf unterschiedliche Weise zur Verfügung gestellt werden. Sie können geplante Maßnahmen eigen- oder fremdfinanzieren.

Eigenfinanzierung (= Finanzierung mit eigenen Mitteln)
Alle Finanzierungsvorgänge, die dem Unternehmen zusätzliches Eigenkapital (= Geldzufluss) verschaffen, werden als Eigenfinanzierung bezeichnet.

Oft werden durch die Aufnahme neuer Gesellschafter zusätzliche Einlagen gebildet. Da in diesem Fall die Eigentümer die Mittel aufbringen, spricht man von Eigenfinanzierung.

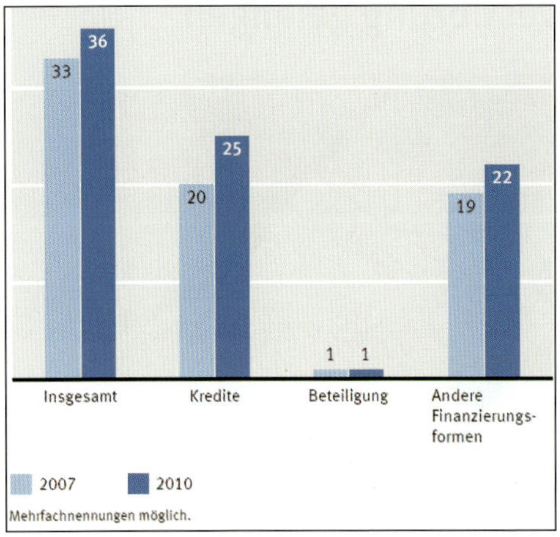

Nachfrage nach Finanzierungsarten (Anteile an allen Unternehmen, in %) / Finanzierungsquellen für andere Finanzierungsformen, Anteile an allen Unternehmen, die eine andere Finanzierungsform gesucht haben, in %

Die Verwendung eigener Mittel, die beispielsweise aus dem Veräußern unternehmenseigener Werte (Grundstücke, Betriebsanlagen, Fertigungsverfahren usw.) stammen, sind ebenfalls Möglichkeiten der eigenen Finanzierung von geplanten Vorhaben. Auch Rückstellungen (z. B. angesparte Gelder für Betriebsrenten oder zu erwartende Kosten für Garantieleistungen) oder Gewinne aus der Vergangenheit können in das Unternehmen investiert werden.

Häufig reichen jedoch die Mittel der Eigenfinanzierung nicht aus. Es ist auch nicht immer ratsam, Vermögenswerte zu verkaufen oder durch die Aufnahme von Gesellschaftern die Entscheidungsstruktur im Unternehmen – etwa durch neue Stimmrechtsverhältnisse – zu verändern.

Fremdfinanzierung (= Finanzierung mit Mitteln von außen)
Die Aufnahme von Krediten ist eine in Unternehmen übliche Vorgehensweise. Da die Kreditgeber üblicherweise Unternehmensfremde sind, handelt es sich hierbei um Fremdfinanzierung.

Leasing (= Ver-/Mietung von Fahrzeugen, Maschinen usw.)

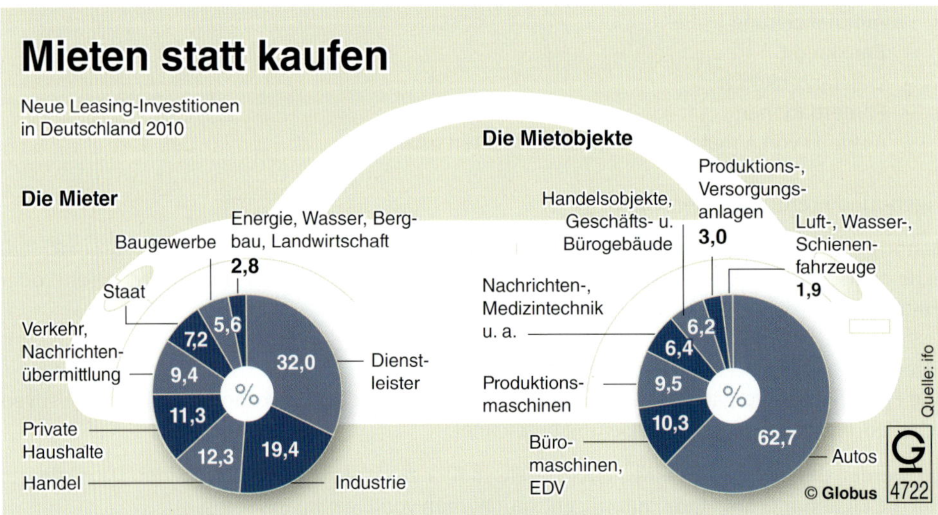

„Mieten statt kaufen“

Unter diesem Slogan kann man das Leasing fassen. Es handelt sich dabei um das Mieten oder Pachten von Investitionsgütern gegen einen vertraglich festgelegten Zins, die Leasingrate. Dabei ist es möglich, eine festgelegte Summe zu Beginn des Vertragsverhältnisses zu zahlen, außerdem kann vereinbart werden, dass das Gut, beispielsweise eine Maschine oder ein Firmenfahrzeug, am Ende der Laufzeit nach Zahlung einer Schlussrate in das Eigentum des Leasingnehmers (Unternehmens) übergeht. Zur Unterscheidung von Besitz und Eigentum: Der Mieter besitzt eine Wohnung, der Vermieter ist, sofern die Immobilie belastungsfrei ist, Eigentümer des Hauses oder der Wohnung. Im alltäglichen Sprachgebrauch werden beide Begriffe häufig synonym (= mit ähnlicher Bedeutung) gebraucht.

Beim Leasing handelt es sich genau genommen um einen Finanzierungsersatz und nicht um eine Form der Fremdfinanzierung.

Neben der Möglichkeit des Leasings gewinnt das **Factoring** (= Forderungsverkauf zur Unternehmensfinanzierung) als Finanzierungsersatz für Unternehmen immer größere Bedeutung. Als Forderung bezeichnet man den Betrag, Wert, den beispielsweise ein Handwerker für seine Arbeit in Rechnung stellt.

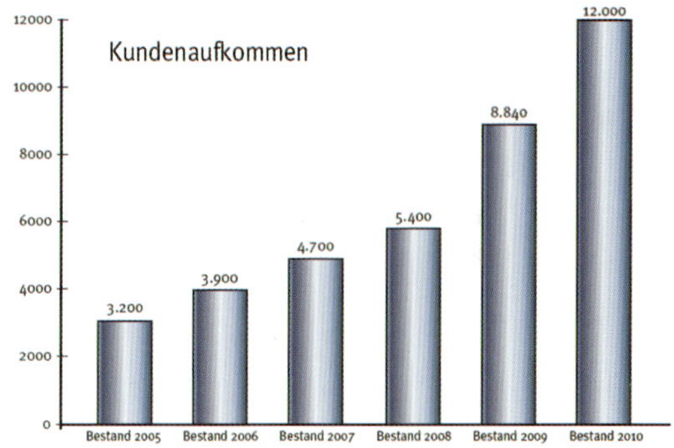

Quelle: MittelstandsMagazin, 9/2011, S. 20.

Es handelt sich dabei um eine Finanzdienstleistung, einen „Verkauf von Forderungen, um direkt Zahlungseingänge auch bei erst späterer Forderungsfälligkeit zu realisieren und das Ausfallrisiko samt dessen Überwachung abzuwälzen“[1]. So verkauft beispielsweise ein Unternehmen den Kunden Brenner (für den Bau eines Einfamilienhauses) gegen eine Factoringgebühr an ein Factoringunternehmen und hat den entsprechenden Betrag sofort zur Verfügung, statt auf die Rechnungsbegleichung durch Familie Brenner warten zu müssen.

Factoring liegt im Trend, die Umsätze steigen stetig an. Allein Im [sic!] Jahr 2010 wuchs die Branche um fast 38 Prozent – auch in Folge der Wirtschaftskrise. Insgesamt erwirtschaftete sie 2010 einen Umsatz von mehr als 132 Milliarden Euro. Damit werden inzwischen mehr als fünf Prozent des deutschen Bruttoinlandsprodukts durch Factoring bedient. Vor allem im Handel, im Ernährungsgewerbe und bei den Dienstleistern und im Maschinenbau setzt man auf Factoring, aber auch viele andere Branchen nutzen die Angebote. Die meisten Kunden (rund 81 Prozent) entscheiden sich für das sogenannte Inhouse-Factoring. Sie treten also nur die Rechnungen ab, übernehmen aber das Debitorenmanagement weiterhin selbst. Auch für internationale Geschäfte wird Factoring gerne genutzt. Die Unternehmen sichern damit vor allem ihre Geschäfte mit Osteuropa sowie Benelux, Frankreich, Italien und anderen europäischen Ländern ab.

Quelle: MittelstandsMagazin 9/2011, S. 20.

Ein Unternehmen kann zusätzliches Kapital auch durch die Aufnahme von Krediten gewinnen. Es sind dabei verschiedene Kreditarten zu unterscheiden.

---

1 *Quelle: www.wirtschaftslexikon.gabler.de/Definition/factoring.html [15.02.2016]*

Kreditarten

Ein Kredit ist die zeitweilige Überlassung von Geld

- für einen bestimmten Zeitraum,
- mit vorgesehener Rückzahlung komplett oder in Raten,
- zinslos oder gegen Zahlung eines vereinbarten Zinses.

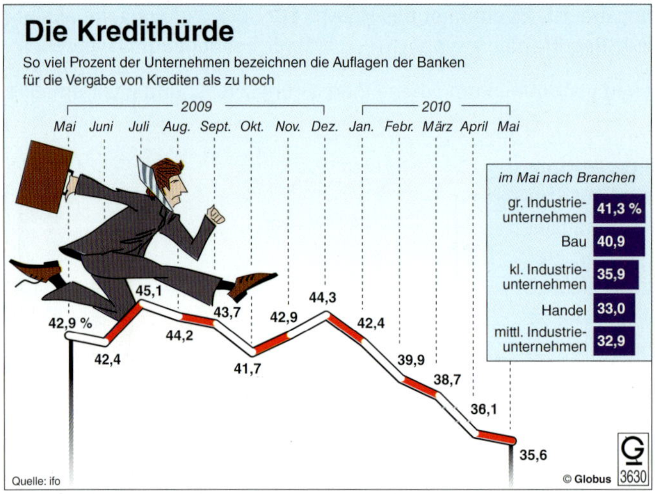

Kredite lassen sich unterscheiden nach der Laufzeit, der Art der Leistung, der Verwendung, der Person, der Verzinsung sowie der Art der Kreditabsicherung.

Möglichkeiten der Unterscheidung von Krediten					
Art der Leistung	Laufzeit	Verwendung	Person	Verzinsung	Art der Kreditabsicherung
■ Geldkredit ■ Leistungskredit	■ Kurzfristig ■ Mittelfristig ■ Langfristig	■ Produktivkredit ■ Konsumtivkredit	■ Privatkredit ■ Unternehmenskredit ■ Öffentlicher Kredit (Staat)	■ Verzinst ■ Zinslos	■ Realkredit (z. B. durch Hypothek, Grundschuld abgesichert) ■ Sachkredit (z. B. durch eine Immobilie usw. abgesichert) ■ Personalkredit (über die Bonität – z. B. durch Einkommensnachweis – abgesichert)

Beispiele:

- Die Brauerei Schenk nimmt für den Kauf einer neuen Abfüllanlage einen langfristigen Geldkredit in Höhe von 200 000,00 € auf. Es handelt sich um einen Produktivkredit, der mit 3 % jährlich verzinst wird. Da die Anlage selbst sowie ein firmeneigenes Grundstück als Sicherheiten eingesetzt werden, handelt es sich zudem um einen Real- bzw. Sachkredit.

- Die Glockengießerei muss die bezogenen Metalle erst sechs Monate nach Lieferung bezahlen. Bis dahin hat die Kirchengemeinde St. Läuten die neue Glocke erhalten und die Rechnung beglichen. Die Glockengießerei hat also einen mittelfristigen und zinslosen Warenkredit von ihrem Lieferanten erhalten.

Die wichtigsten Kreditarten für Unternehmen sind die folgenden:

- **Kontokorrentkredit:** Das Ausbleiben oder verzögerte Eintreffen von Zahlungen durch Kunden oder der Materialkauf für neue zu erledigende Aufträge können kurzfristig zu finanziellen Engpässen führen. Deshalb ist es für ein Unternehmen sinnvoll, einen Kreditrahmen zu haben, über den kurzfristig und ohne Rückfrage, Beantragung oder Bonitätsprüfung (= Überprüfung der vermeintlichen Rückzahlungsfähigkeit) verfügt werden kann. (Im Privatkundenbereich spricht man hier vom Dispositionskredit.

Die Firma muß Geld sparen, und darum müssen wir den Teppich schonen!

- **Darlehen:** Ist der Finanzbedarf absehbar, kann ein Darlehen bei einer Bank aufgenommen werden. Der Kreditbetrag wird komplett oder in Teilsummen ausgezahlt, Verzinsung und andere Kreditkosten sowie Rückzahlungsmodus und Tilgungsplan werden vertraglich festgelegt. Kosten und Modalitäten sind für beide Seiten absehbar und damit planbar.
- **Lieferantenkredit:** Eine Kfz-Werkstatt muss beispielsweise die Kosten für die im Laufe eines Kalendermonats bezogenen Ersatzteile erst am 15. des Folgemonats bezahlen. Diese Zahlungsbedingungen werden im Kaufvertrag vereinbart.

Üblich ist auch die Gewährung von **Rabatt (Skonto):** Bei Zahlung bis zu einem angegebenen Termin kann dabei ein bestimmter Prozentsatz – oft 3 % der Rechnungssumme – von letzterer abgezogen werden.

Unternehmen benötigen vielfach Kapital zur Umsetzung neuer Ideen und Projekte, deren Erfolge auf dem Markt noch nicht erwiesen sind. Erfahrungsgemäß haben sie deshalb Schwierigkeiten bei der Kreditaufnahme und suchen nach anderen Möglichkeiten der Finanzierung.

Kreditsicherheiten

Der Begriff **Kredit** kommt laut Duden aus dem lateinischen creditum = „auf Treu und Glauben Anvertrautes". Der Kreditgeber, der Gläubiger, glaubt also daran, sein Geld (verzinst) wiederzubekommen. Doch verlässt er sich dabei nicht nur auf den Glauben, sondern prüft zunächst die Kreditwürdigkeit, die Bonität, seines Gegenübers.

Angesichts der Gefahr der Insolvenz (= Zahlungsunfähigkeit) von Unternehmen kommt der Kreditsicherung demnach eine besondere Bedeutung zu.

Kreditsicherheiten sind Sachen oder Rechte, die dem Kreditgeber (in der Regel einer Bank) zur Verfügung gestellt werden und die dieser bei Zahlungsausfall verwerten kann.

Natürlich ist es auch möglich, dass ein Kreditgeber auf eine Sicherheit verzichtet und auf die Bonität (= Zahlungsfähigkeit, Kreditwürdigkeit), dokumentiert durch hohe regelmäßige Einkünfte oder

Vermögenswerte sowie den Ruf (= Leumund) des Kreditnehmers, vertraut. Ein solcher reiner Personalkredit ist jedoch im Zusammenhang mit Unternehmensfinanzierungen eher unüblich.

Möglichkeiten der Kreditabsicherung				
Bürgschaft	Verpfändung beweglicher Sachen, Verpfändung von Rechten (z. B. Bankguthaben)	Verpfändung von Immobilien	Abtretung eigener Forderungen an die Bank	Sicherungsübereignung

Die Möglichkeiten der Kreditabsicherung sind im Einzelnen:

- **Verpfändung (= ein Ersatzwert/Ersatzgegenstand wird zur Verfügung gestellt) von Immobilien,** z. B. von unternehmenseigenen Grundstücken, Betriebs- oder Lagerstätten.
- **Verpfändung beweglicher Sachen,** z. B. von Firmenfahrzeugen, Maschinen und Produktionsanlagen.

In beiden Fällen handelt es sich um Realkredite, bei denen die Forderungen des Kreditgebers durch ein unmittelbares Zugriffsrecht auf Sachen oder Vermögenswerte des Kreditnehmers abgesichert werden. Weiter als die Verpfändung, bei der das Eigentum an den verpfändeten Gütern beim Schuldner bleibt, gehen folgende Möglichkeiten:

- **Sicherungsübereignung.** Der Kreditgeber wird Eigentümer der Sicherungsgegenstände (mittelbarer Besitz) während der Kreditnehmer unmittelbarer Besitzer bleibt. Er kann die Gegenstände, beispielsweise die Firmen-Pkws, also weiter verwenden/einsetzen. Neben dem Kreditvertrag wird ein Sicherungsübereignungsvertrag geschlossen, das Eigentum an den übereigneten Gegenständen geht nach Tilgung der Kreditsumme – wie im Sicherungsvertrag vereinbart – wieder an den Kreditnehmer über.
- **Bürgschaft.** Ein Start-up-Unternehmen möchte z. B. mit seiner neuen Geschäftsidee, einer Smartphone-App, die Rezepte und Kaufempfehlungen für regionale Gerichte je nach Lebensmittelvorrat des Nutzers bietet, auf den Markt. Da keine Vermögenswerte vorhanden sind, verlangt die Bank vor der Kreditvergabe eine Bürgschaft, in der sich die Lebensgefährtin der Jungunternehmerin Schmitt vertraglich für die ersten drei Jahre nach Unternehmensgründung verpflichtet, bei Ausfall die Kreditraten der Kreditnehmerin zu übernehmen. Bürgschaften können zeitlich und in ihrer Höhe begrenzt oder unbegrenzt sein.
- **Abtretung eigener Forderungen an die Bank.** Eine Bootswerft hat z. B. für den Umbau einer Segeljacht Außenstände (= Forderungen laut gestellten Rechnungen, damit zukünftige Zahlungseingänge von Kunden) in Höhe von 15 200,00 €. Diese Forderung tritt sie zur Absicherung eines Darlehens an die Bank ab.

6.3 Vor- und Nachteile von Finanzierungen abwägen

Fallbeispiel:
Valentin Jung möchte in sein Unternehmen „Baustoffe und Heizöl Jung“ investieren. Er stellt die Vor- und die Nachteile der verschiedenen Möglichkeiten zur Finanzierung zusammen.

Innenfinanzierung

- **Selbstfinanzierung,** z. B. durch den Einsatz nicht entnommener Gewinne. Unternehmen bilden häufig Rücklagen für Investitionen, beispielsweise wenn hohe Gewinne anfallen. Diese Gelder können dann eingesetzt werden.

Vorteile: Das Unternehmen braucht keine Zinsen für Kredite oder zur Zahlung von Dividenden usw. aufzubringen. Die Unabhängigkeit von Geldgebern bei Entscheidungen über den Kurs des Unternehmens bleibt erhalten.

Nachteile: Gesellschafter des Unternehmens oder andere Investoren (Kapitalgeber) erwarten eine Rendite (= in Form von Geldzahlungen oder Genussrechten). Diese Erwartungen müssen erfüllt werden, (neue) Investoren sollen nicht abgeschreckt werden.

- **Nutzen von Abschreibungsmöglichkeiten, Auflösen von Rückstellungen.**

  Vorteile: Staatliche Vergünstigungen können in Anspruch genommen werden. So kann die Firma Jung beispielsweise an einem Förderprogramm für die Fort- und Weiterbildung von Mitarbeiterinnen und Mitarbeitern teilnehmen.

  Nachteile: Rücklagen müssen erst einmal gebildet werden. Wenn sie aufgelöst werden, stehen sie nicht mehr als „Notreserve“ oder für andere Zwecke zur Verfügung.

- **Verkauf/Verpachtung firmeneigener Werte wie Immobilien.**

  Vorteile: Das Unternehmen kann ein Grundstück, das zum Betriebsvermögen gehört, verkaufen. Dann brauchen keine Kredite in Anspruch genommen werden, für die Zinsen fällig werden. Auch bleibt die Entscheidungsgewalt im Unternehmen.

  Nachteile: Das verkaufte Gut steht nicht mehr zur Verfügung. Es kann nicht mehr genutzt werden, z. B. beim Wunsch nach einer Expansion (= Vergrößerung, Ausweitung) des Betriebs. Außerdem kann es nicht mehr als Sicherheit bei der Aufnahme von Krediten usw. eingesetzt werden.

Außenfinanzierung

- **Eigenfinanzierung, z. B. durch Ausgabe von (neuen) Aktien.**

  Vorteile: Das Unternehmen erhält „neues“ Kapital, ohne Vermögenswerte zu veräußern oder Kredite aufnehmen zu müssen.

  Nachteile: Ein Unternehmen muss eine Kapitalgesellschaft sein, um überhaupt Aktien ausgeben zu können. Die Gründung einer Aktiengesellschaft ist aber keine kurzfristige Angelegenheit und für das kurzfristige Erwerben von Kapital wenig geeignet. Für ein Unternehmen wie „Baustoffe und Heizöl Jung“ ist diese Unternehmensform sicher schon aufgrund seiner Größe nicht geeignet.

- **Fremdfinanzierung.** Fremdfinanzierung heißt zumeist die Aufnahme von Krediten. Dies kann über einen Bankkredit, über einen Lieferantenkredit oder als Förderdarlehen erfolgen.

  Vorteile: Das Unternehmen erhält „neues“ Kapital, ohne Vermögenswerte veräußern zu müssen. Günstige Zinsen bei Banken oder Sparkassen können genutzt werden. Auch kommen oft Zuschüsse der Kommune (= Stadt, Gemeinde, Landkreis) oder des Bundeslandes und zinsgünstige staatliche Förderprogramme infrage, beispielsweise beim Bau einer neuen Halle mit energieeffizienter Heizung und Elektroanlage.

  Nachteile: Zinsen für Kredite werden vertraglich vereinbart und müssen zusätzlich zu den Beträgen für die Tilgung (= Rückzahlung) eingeplant und aufgebracht werden.

Ein neuer Trend ist die Ausgabe von **Genussscheinen**. Das Unternehmen erhält Gelder, oft von Privatpersonen oder von Kunden des Unternehmens usw. und diese erhalten im Gegenzug als Zins/ Rendite Sachgüter. So könnte die Firma Jung diese in Form von Rabatten auf die Lieferung von Brennstoffen auszahlen. Hinzu kommt, dass durch die dem Unternehmen ja bekannte Anzahl der Genussrechte ein gewisser Absatz und damit die Beschäftigung der Mitarbeiter kalkulierbar und gesichert sind. Allerdings heißt das auch, dass für einen Teil der Produktion zwar Kosten anfallen, aber keine Erlöse in die Firmenkasse fließen. Über Genussscheine können sich Unternehmen Geld von Anlegern leihen, ohne sie direkt an der Gesellschaft zu beteiligen. Genussscheine sind zudem eine besondere Form der Kundenbindung.

Die folgenden Beispiele zeigen die verschiedensten Branchen, in denen diese Art der Kapitalgewinnung angewandt wird:

Eine Rendite zum Fressen gern

[...] Stuttgart – Die Idee mit der Kuh-Aktie hatte Michael Stiegeler an Weihnachten 2010. Bei dem Landwirt und Gastronom aus Höchenschwand im Schwarzwald können Anleger seither Anteile an Kälbern, Milch- und Mutterkühen kaufen und sich die Rendite wahlweise in Naturalien oder bar auszahlen lassen. [...]

Davon profitieren auch die Genussscheininhaber. Sie können ihre jährliche Dividende von 2,5 Prozent in bar oder in Höhe von fünf Prozent in Naturalien einlösen, sei es im Gasthof oder Form von Hofprodukten – das reicht beispielsweise von Wurst im Glas über Schinken bis zu Kartoffeln. [...]

Genussscheine sind für den Anbieter ein gutes Geschäft

Wer auf Wurst steht, kann auf einen Genussschein eines Nürnberger Metzgers zurückgreifen, wem Mehl lieber ist, auf die Spielberger Mühle in Brackenheim, wer auf Flüssigzins wie Wein setzt, kann bei Mosel-Winzerin Sybille Kuntz investieren. 1994 war das Sybille-Kuntz-Weingut das erste, das Genussscheine an seine Kunden herausgegeben hat. Der Naturalzins liegt bei 5,5 Prozent, der Mindestanlagebetrag bei 2500 Euro.

Oder vielleicht doch lieber Honig? Rund 80 000 Euro will die Imkerei Seibertz in Brädikow in Brandenburg über die Ausgabe von Genussscheinen für den Ausbau der Imkerei einsammeln. Genussrechte gibt es ab 800 Euro, die Laufzeit beträgt sieben Jahre, die Naturalrendite neun Prozent. „Das entspricht einer Kiste Honig mit zwölf Pfund beziehungsweise zwölf Gläsern Honig“, sagt Egbert Seibertz. Seit über 30 Jahren hält er Bienen, seit 1994 bewirtschaftet er die eigene ökologische Landwirtschaft.

Für die Anbieter solcher Genussscheine ist es in aller Regel ein gutes Geschäft, weil sie statt eines teuren Bankkredits günstiges Geld bei ihren Kunden borgen. Schöner Nebeneffekt für die Betriebe: Potenzielle Kunden können so aufmerksam auf die Unternehmen und deren Produkte werden. Das kann die Brauerei sein, die mit Bürger-Aktien bei Kunden punkten will, oder der Almbauer, der mit Käse statt Zinsen wirbt. [...]

Quelle: Flaig, Imelda: Eine Rendite zum Fressen gern, Stuttgarter Nachrichten, 06.04.2013, abgerufen unter: www.stuttgarter-nachrichten.de/inhalt.geldanlage-eine-rendite-zum-fressen-gern.7ff15e6a-4da3-4455-bb86-f17d5f65fe8b.html [22.02.2016].

Rot-Weiß Erfurt will mit Fan-Anleihen zusätzliches Geld einnehmen

Erfurt. Schalke 04 hat es vorgemacht, Hertha BSC, der Hamburger SV und der 1. [FC] Köln auch. Von den aktuellen Drittligisten boten Arminia Bielefeld, Hansa Rostock und der MSV Duisburg bereits Fan-Anleihen an, um zusätzliche Einnahmen zu erzielen.

Nun zieht der FC Rot-Weiß Erfurt nach und gibt ab kommenden Montag an seine Anhänger sowie interessierte Unternehmen sogenannte Genussscheine aus.

„Wir haben diese Idee innerhalb eines Jahres entwickelt, um unsere Finanzstruktur zu konsolidieren", erklärt Präsident Rolf Rombach. Was nichts anderes bedeutet als: Der Verein braucht zusätzliches Geld, um sein Vorhaben, Zweitliga-Aufstieg 2016, untermauern zu können.

Im Fußball, ergänzt der Klubchef, gäbe es keine Garantie auf den Erfolg. „Doch wir wollen alles dafür tun, dass wir aufsteigen. Wer an uns glaubt und in den FC Rot-Weiß investiert, wird am Erfolg beteiligt." 20 Prozent der Einnahmen sollen in das Nachwuchsleistungszentrum fließen, welches die Erfurter mittelfristig zu einem der besten in Deutschland ausbauen wollen.

Das Angebot klingt attraktiv. Die Genussscheine haben einen Wert von 100, 500 und 1966 Euro - letzterer Betrag in Anlehnung an das Gründungsjahr des Vereins. Sie können als Einbuchungen in das eigene Wertpapierdepot bei der Bank oder in Form einer Schmuckurkunde für die eigenen vier Wände oder das Büro bezogen werden.

Die Verzinsung ist abhängig vom sportlichen Erfolg und der jeweiligen Klassenzugehörigkeit. So wird der Betrag in der 3. Liga jährlich mit fünf Prozent verzinst, in der 2. Bundesliga mit sieben Prozent, im unwahrscheinlichen Fall der 1. Bundesliga mit sagenhaften neun Prozent. Als Bonuszins lockt: Jede erreichte Runde im DFB-Pokal bringt dem Investor zusätzlich ein Prozent. Bei einem Abstieg in die Regionalliga würde die Einlagesumme immerhin noch mit einem Prozent vergütet werden.

„Die Zinsen werden jährlich am 1. August ausgeschüttet; […]." […]

Dafür spülte es den Vereinen sechs bzw. acht Millionen Euro in die Kasse. Das Volumen des Erfurter Klubs beläuft sich auf eine Million Euro, die nach siebenjähriger Laufzeit 2021 an die Investoren zurückgezahlt wird.

Ein Beispiel: Entscheidet sich ein Anhänger für einen Genussschein im Wert von 500 Euro, bekommt er im Falle des Drittliga-Verbleibs jährlich 25 Euro an Zinsen. Nach sieben Jahren hätte er aus seinen 500 Euro exakt 675 Euro gemacht. Steigt der FC Rot-Weiß, wie erhofft, in die 2. Bundesliga auf, erhält der Fan 35 Euro Zinsen jährlich.

Die Verzinsung ist gekoppelt am sportlichen Erfolg, allerdings nicht am wirtschaftlichen Misserfolg, stellt Steuerberater Krings dar: „Schließt der Verein ein Geschäftsjahr im Minus ab, hat das keinen Einfluss auf Zinsauszahlung." Ein Risiko besteht trotzdem: Für den Fall einer möglichen Insolvenz gibt es keine Einlagensicherung. Geht Rot-Weiß pleite, ist das Geld weg. Präsident Rombach weist in diesem Zusammenhang jedoch auf die Kontrolle durch die Bundesanstalt für Finanzdienstleistungsaufsicht hin: „Dort mussten wir die Hosen runter lassen."

Quelle: Steinhorst, Frank: Rot-Weiß Erfurt will mit Fan-Anleihen zusätzliches Geld einnehmen, Thüringer Allgemeine, 28.11.2014, abgerufen unter: www.thueringer-allgemeine.de/web/zgt/dritte-liga/detail/-/specific/Rot-Weiss-Erfurt-will-mit-Fan-Anleihen-zusaetzliches-Geld-einnehmen-112443885 [22.02.2016].

Die Gefahr, dass ein Unternehmen in Zahlungsschwierigkeiten kommt, ist dennoch durchaus gegeben.

Verschuldung von Unternehmen

Wenn ein Unternehmen über längere Zeit nicht mehr wirtschaftlich geführt wird, die Rentabilität sinkt und keine Gewinne mehr erzielt werden, droht die Insolvenz (= Zahlungsunfähigkeit). Gründe dafür können sein:

- sinkende Umsätze/Konjunkturtief,
- steigende Verschuldung/Forderungsausfälle,
- Zahlungsprobleme/Finanzierungsfehler,
- fehlendes bzw. sinkendes Eigenkapital,
- Fehlinvestitionen,
- ein zu kleiner Kreditrahmen („Kreditklemme").

Doch haben Zahlungsschwierigkeiten nicht nur auf das Unternehmen einen Einfluss. Arbeitnehmer, auch in Zulieferbetrieben oder im regionalen Umfeld, sind mit ihren Familien ebenfalls betroffen.

Der Unternehmer selbst haftet möglicherweise auch mit seinem Privatvermögen. Besonders Einzel- oder Kleinunternehmer haben keine ausreichende finanzielle Absicherung, müssen aber oft hohe Schulden abtragen und sind auf Sozialleistungen angewiesen.

Solo-Selbstständige haben hohes Armutsrisiko

Zum Leben zu wenig: Da ihre Rente nicht ausreicht, benötigen immer mehr Menschen im Alter finanzielle Unterstützung vom Staat. Neue Zahlen des Statistischen Bundesamtes zeigen: Ihr Anteil hat sich erneut erhöht. Besonders betroffen davon sind ehemalige Solo-Selbstständige.

Immer mehr Rentner in Deutschland sind auf finanzielle Unterstützung durch den Staat angewiesen.

Knapp 465.000 Rentner sind derzeit auf staatliche Unterstützung angewiesen. Das sind knapp 30.000 mehr als im Jahr davor, wie Zahlen des Statistischen Bundesamtes zeigen. Der Anteil der bedürftigen Ruheständler erhöhte sich damit binnen Jahresfrist von 2,5 auf 2,7 Prozent. Etwa ein knappes Drittel dieser Betroffenen bekommt überhaupt keine Rente: Weil sie – etwa als Solo-Selbstständige – nie Beiträge zur Rentenversicherung gezahlt haben. [...]

Quelle: Deutsche HandwerksZeitung, 24.10.2013, abgerufen unter: www.deutsche-handwerks-zeitung.de/solo-selbststaendige-haben-hohes-armutsrisiko/150/3091/212481 [22.02.2016].

[…] Gesamtbetriebsrat und Wirtschaftsausschuss haben die Mitarbeiter von Karstadt über die Pläne des Managements zur Sanierung des Essener Warenhauskonzerns informiert. Geplant seien insgesamt Einsparungen von Personalkosten in Höhe von 1.950 Vollzeitstellen, […].

Neben dem Wort „Abbau" fällt auch das Wort „Streichung" mehrmals in der Aufzählung der vorgesehenen Kürzungen: Streichung von Urlaubsgeld, von tariflicher Sonderzahlung (Weihnachtsgeld) ab 2015 sowie von Tariferhöhungen „über einen langen Zeitraum". Karstadt hatte 2013 einen bis 2015 befristeten Ausstieg aus der Tarifbindung verkündet. Zudem solle die Arbeitszeit von durchschnittlich 37,5 auf 40 Stunden pro Woche erhöht werden. […]

Quelle: Ludowig, Kisten: Karstadt baut ab, abgerufen unter: http://www.handelsblatt.com/unternehmen/handel-konsumgueter/warenhauskette-karstadt-baut-ab/10947370.html [22.02.2016].

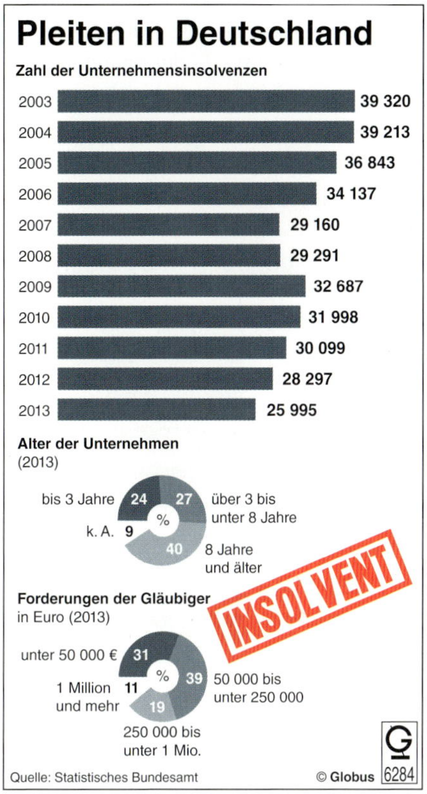

Die Insolvenz eines Unternehmens hat weitreichende Folgen:

Die Schließung – beispielsweise von Filialen einer Warenhauskette – bedeutet eine Lücke im Angebot des örtlichen Einzelhandels, der häufig zu weiteren Insolvenzen und damit zu Leerständen im Stadtgebiet führt.

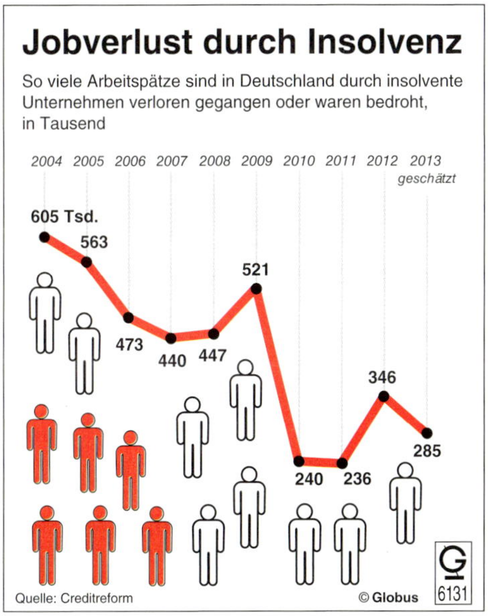

Wenn Unternehmen in Zahlungsschwierigkeiten kommen, hat das also umfassende Folgen für die Region. Arbeitsplätze werden abgebaut, auch Kurzarbeit und Lohnverzicht sorgen für Einkommenseinbußen. Die privaten Haushalte haben dann weniger Geld zur Verfügung.

Alle Unternehmen müssen ihre Produkte oder Dienstleistungen verkaufen. Dazu reicht es nicht aus, ein Geschäft (stationär oder online) zu eröffnen und dort dann die Angebote bereitzuhalten in der Hoffnung, der Kunde komme schon vorbei bzw. die Aufträge kämen schon „von allein" herein.

Will man (neue) Kunden gewinnen, sollten die Ergebnisse einer Marktanalyse (siehe S. 17) einbezogen werden. Zur Kenntnis des Markts gehören neben der Konkurrenzsituation vor Ort, dem Wissen um die Akzeptanz der angebotenen Produkte und der potenziellen Kundschaft auch Kenntnisse um deren Kaufkraft.

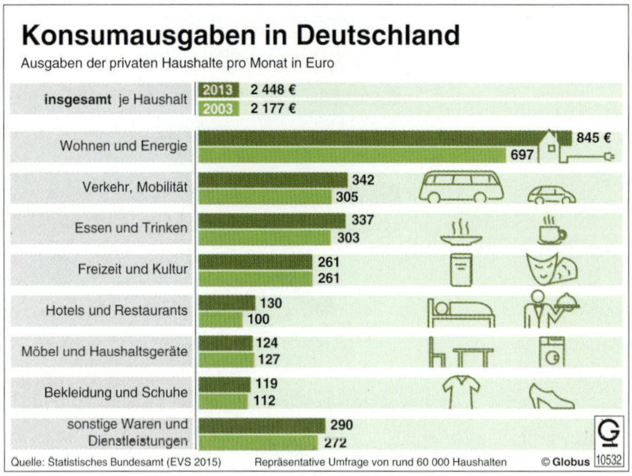

Nicht nur die Kaufsummen, sondern auch die Alters- und Bevölkerungsstruktur haben Einfluss auf die Verwendung des Einkommens. In einer Großstadt wie Köln sind z. B. nahezu die Hälfte aller Haushalte Einpersonenhaushalte. Die Berufstätigkeit beider Partner sowie die Finanzkraft der älteren Generation und ihre sich wandelnden Bedürfnisse, aber auch der Anteil des Haushaltseinkommens, auf dessen Verwendung Kinder und Jugendliche Einfluss haben (z. B. Taschengeld, Mitbestimmung des Urlaubs- oder Ausflugsziels) eröffnen neue Marktchancen.

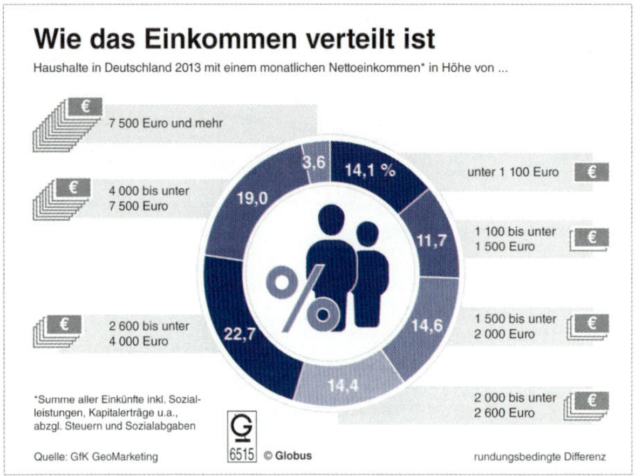

Verschuldung von Verbrauchern

Das Kaufen auf Kredit ist besonders bei einem niedrigen Zinsniveau durchaus eine zweckmäßige Möglichkeit für den Verbraucher zur Realisierung seiner Bedürfnisse. Insbesondere bei größeren Anschaffungen wie dem Kauf einer Immobilie oder eines Autos kann die Kreditfinanzierung zweifellos sinnvoll sein. Doch auch Möbel, Reisen, ja sogar neue Winterreifen oder die Brille können „auf Pump" gekauft werden.

Zur Förderung des Absatzes und um Kunden an das Unternehmen zu binden, macht der Handel oft verlockende Angebote.

Die kritische Prüfung des eigenen Budgets sowie die Frage, ob der Kauf tatsächlich notwendig ist, geraten dabei schnell in den Hintergrund.

Problem der Überschuldung

Studie: Deutsche verschulden sich immer mehr

[…] Fast jeder zehnte Verbraucher in Deutschland ist überschuldet – und das mit steigender Tendenz. Damit sei die Rotfärbung der Überschuldungsampel in Deutschland noch dunkler geworden, beklagte die Wirtschaftsauskunftei Creditreform in Düsseldorf. Die Experten legten am Donnerstag ihren neuen „Schuldneratlas 2014" vor.

Im Vergleich zum Vorjahr sei die Zahl der von Überschuldung betroffenen Menschen im Alter von über 18 Jahren um 90.000 auf 6,7 Millionen nochmals gestiegen, heißt es in der Analyse der Auskunftei. Während die durchschnittliche Verschuldung um 400 Euro auf 32.600 Euro zurückgegangen sei, habe sich das gesamte Schuldenvolumen aus Konsumentenkrediten um eine Milliarde Euro auf 218 Milliarden Euro weiter erhöht. Die sogenannte Schuldnerquote in Deutschland habe von 9,81 Prozent auf 9,90 Prozent weiter zugelegt.

Damit sei nahezu jeder Zehnte überschuldet und habe mit „nachhaltigen Zahlungsstörungen" zu kämpfen. In Nordrhein-Westfalen liegt die aktuelle Schuldnerquote im Durchschnitt sogar bei 11,46 Prozent. Schlechter haben nur Bremen, Berlin und Sachsen-Anhalt abgeschnitten. Damit gehöre NRW mit einem Zuwachs um 26.000 Fälle oder 0,14 Prozentpunkte zu den Bundesländern mit dem stärksten Anstieg der Schuldnerquote, heißt es in dem Report. Unter den deutschen Regionen bilde der Westen Deutschlands das Schlusslicht. Insbesondere das Ruhrgebiet sei betroffen. Hier finde sich eine Gemengelage aus hoher Arbeitslosigkeit, Einkommensarmut und eines hohen Anteils an sozialen Transferleistungen. Das Ruhrgebiet bleibe damit das eigentliche „Sorgenkind". […]

Quelle: FAZ, 06.11.2014, abgerufen unter: www.faz.net/aktuell/finanzen/meine-finanzen/finanzieren/creditreform-meldet-steigende-verschuldung-der-verbraucher-13251225.html [22.02.2016].

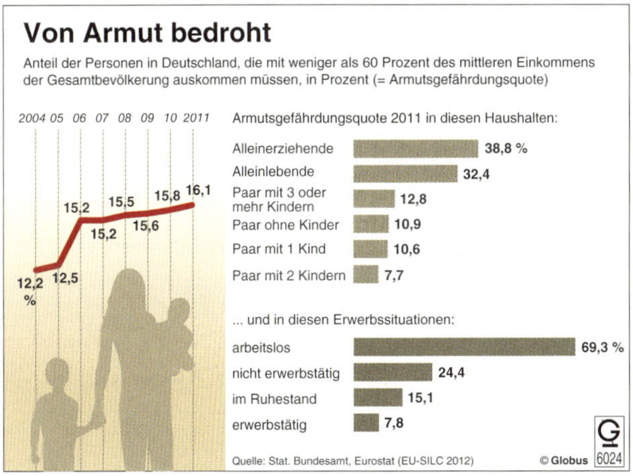

Aufgaben

1. *Worin liegt der Unterschied zwischen einem Investitionsplan und einem Businessplan?*

2. *Erstellen Sie eine Marktanalyse für das Unternehmen. Welche Aspekte sind dabei besonders wichtig?*

3. *Welche Arten der Finanzierung gibt es? Welche Formen sind für die Firma „Baustoffe und Heizöl Jung“ sinnvoll, welche nicht? Begründen Sie Ihre Argumentation und entwickeln Sie eine Checkliste.*

4. *Wie sehen Sie die Möglichkeit für die Firma Baustoffe und Heizöl Jung, Genussscheine auszugeben? Skizzieren Sie mögliche Ideen.*

5. *Worin liegt der Unterschied zwischen Finanzierung und Investition?*

6. *“Baustoffe und Heizöl Jung“ bezieht von der Gärtnerei Blüte und Topf zu Beginn der Weihnachtssaison Tannenbäume, Adventskränze und Weihnachtssterne im Wert von 26 352,00 €. Die Zahlungsbedingungen lauten: „60 Tage netto Kasse, bei Zahlung innerhalb von 14 Tagen 3 % Skonto.“ Für einen Kontokorrentkredit der Hausbank wären 14 % effektiver Jahreszins zu zahlen. Baustoffe und Heizöl Jung möchte den Skontoabzug nutzen, müsste dafür aber den Kontokorrentkredit in Anspruch nehmen. Überprüfen Sie, ob diese Entscheidung sinnvoll ist.*

7. *Welche Möglichkeiten der Kreditabsicherung gibt es? Stellen Sie Vor- und Nachteile für Einzel- und Gesellschaftsunternehmen gegenüber.*

8.

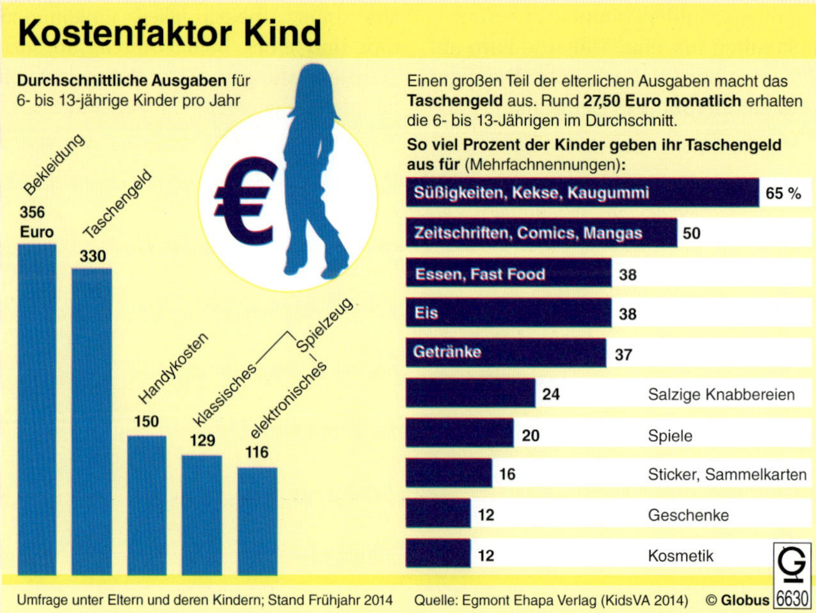

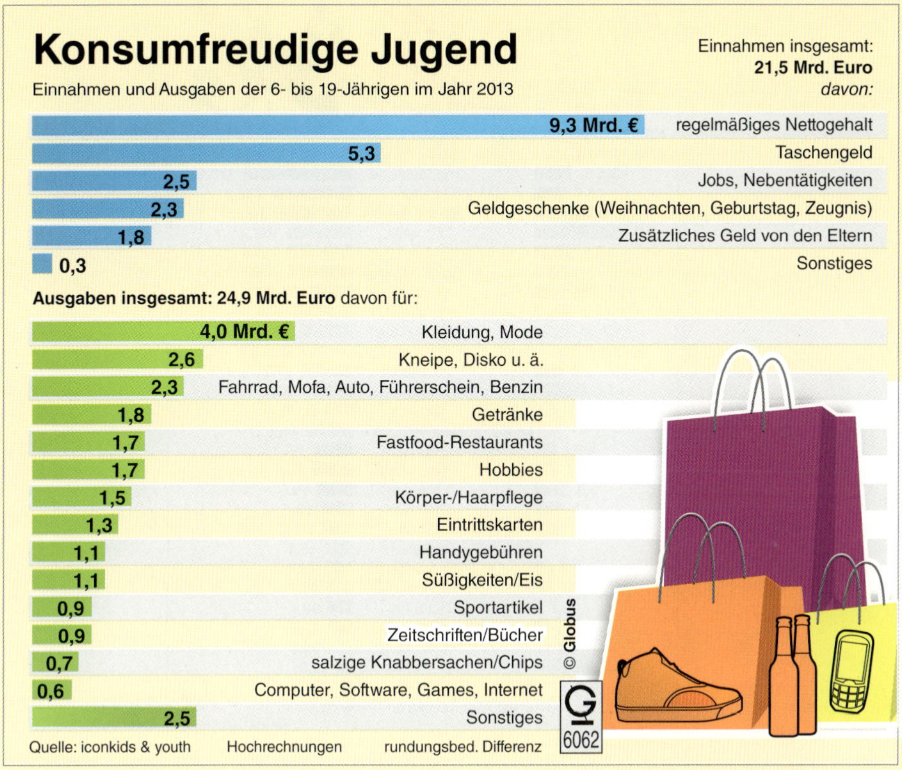

„Kinder sind heute ein wichtiger Wirtschaftsfaktor. Ihre Bedürfnisse müssen von den Unternehmen ernster genommen werden.“ Nehmen Sie mithilfe der abgebildeten Statistiken begründet Stellung zu dieser Aussage.

9. *Recherchieren Sie Angebote zu sog. Null-Prozent-Finanzierungen. Welche Gründe haben beispielsweise Autohäuser, ihren Kunden Kredite zu diesen Konditionen zu offerieren (= anzubieten)?*

10. *Besorgen Sie sich alle Informationen zu Ihren Rechten als Verbraucher/-in in Bezug auf die kostenlose Auskunft zu den über Sie gespeicherten Daten bei der SCHUFA. Nehmen Sie dabei die Website der SCHUFA zu Hilfe: www.schufa.de.*

11. *Was passiert eigentlich bei einer Insolvenz eines Unternehmens? Informieren Sie sich auf den Seiten der Industrie- und Handelskammern, z. B. unter: www.frankfurt-main.ihk.de/recht/themen/verfahrensrecht/insolvenzverfahren/ueberblick/.*

12. *Erklären Sie den Zusammenhang zwischen den Außenständen von Unternehmen und drohender Insolvenz mithilfe der Grafik.*

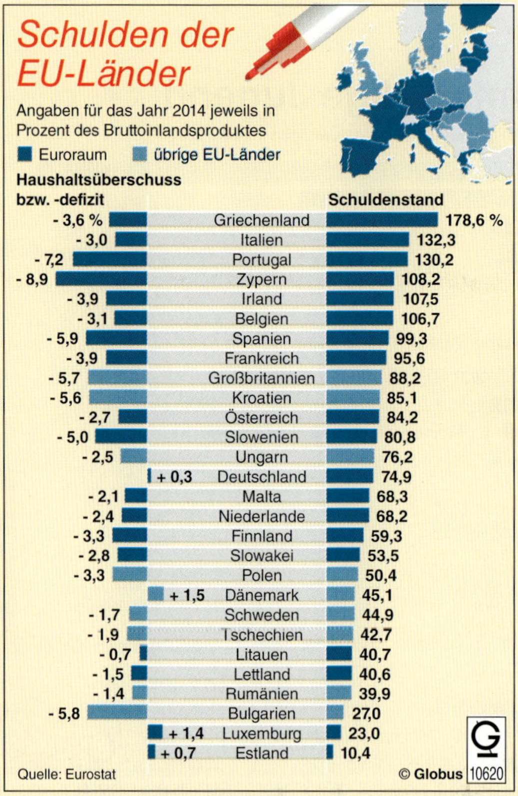

13. *Führen Sie Interviews mit Handwerksbetrieben vor Ort über deren Erfahrungen mit Außenständen.*

14. *Welche Möglichkeiten gibt es für Unternehmen, sich über die finanzielle Situation eines Kunden oder eines Lieferanten zu informieren, um Zahlungsausfälle zu vermeiden?*

15. *Organisieren Sie eine Veranstaltung zur Schuldenprävention für sich und Ihre Mitschülerinnen und Mitschüler. Nehmen Sie dazu Kontakt zu einem Schuldnerberater/einer Schuldnerberaterin vor Ort auf. Stellen Sie Informationen auf einem Infoplakat zusammen.*

16. *Es gibt unterschiedliche Möglichkeiten für ein Unternehmen, Kapital zu generieren (= erzeugen, gewinnen, hervorbringen). Doch sind nicht alle Möglichkeiten für jedes Unternehmen in gleicher Weise geeignet. Überprüfen Sie die unter 6.3 aufgeführten Möglichkeiten bezüglich ihrer Eignung für das Unternehmen Baustoffe und Heizöl Jung. Stellen Sie die Vor- und Nachteile dar und formulieren Sie diese mit einem Rat an das Unternehmen als Geschäftsbrief.*

17. *Worin liegt der wesentliche Unterschied zwischen dem privaten Insolvenzverfahren und einer Unternehmensinsolvenz? Begründen Sie diesen Unterschied.*

18. *Recherchieren Sie Beratungs- und Informationsmöglichkeiten für Unternehmen in Ihrer Region.*

19. *Mit seinem Steuerberater denkt Valentin Jung auch über einen Wechsel der Unternehmensform nach. Informieren Sie sich in Kapitel 1, S. 19 ff. über die Organisationsformen von Unternehmen und machen Sie geeignete Vorschläge.*

20. *Warum erfreuen sich die Unternehmensformen* ***GmbH*** *und* ***Einzelunternehmen*** *so großer Beliebtheit? Was bedeutet das für die Kreditwürdigkeit der jeweiligen Unternehmen?*

Anforderungssituation 7

Schwankungen der gesamtwirtschaftlichen Aktivitäten erklären

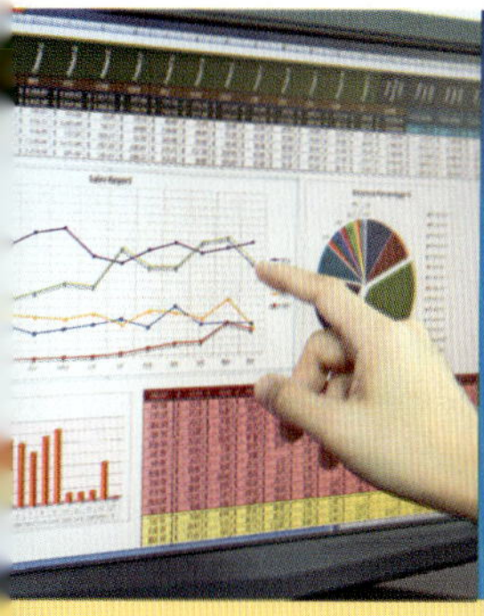

7

Kompetenzen

Diese Anforderungssituation bringt Ihnen näher, wie die Konjunktur, das wirtschaftliche Auf und Ab, in einer Volkwirtschaft verläuft und welche Faktoren diese Konjunkturschwankungen beeinflussen. Sie ermitteln wirtschaftspolitische Maßnahmen zur gesamtwirtschaftlichen Stabilisierung (Stabilitätsgesetz usw.) und überlegen dabei, was Sie als Verbraucher zur wirtschaftlichen Stabilität beitragen können.

Die massive Verschuldung fast aller Staaten bringt gravierende Probleme insbesondere für die Zukunft mit sich, daher diskutieren Sie mögliche Auswirkungen dieser weltweiten Schuldenproblematik. Weiterhin erarbeiten Sie Gründe, weshalb die wirtschaftliche Lage der verschiedenen Staaten sehr unterschiedlich ist. Dabei lernen Sie die jeweilige Situation in den Industrieländern, den Schwellenländern sowie auch den sog. Entwicklungsländern kennen.

Abschließend diskutieren Sie die Aspekte einer nachhaltigen Entwicklung, bei der die Ökologie (Schonung der Rohstoffe usw.) und die soziale Gerechtigkeit (Überwindung gesellschaftlicher Ungleichheiten, Generationengerechtigkeit usw.) eine dominierende Rolle spielen.

Einstiegssituation:

Der 24-jährige Beton- und Stahlbetonbauer Kai Wagner, der bei einem großen Bauunternehmen (Europa-Bau AG) beschäftigt ist, hätte Interesse, seinen Meistertitel zu machen. Obwohl er in einem europaweit tätigen Großbetrieb angestellt ist, hat er Angst um seinen Arbeitsplatz, da er Gerüchte in Bezug auf die Übernahme „seiner Firma" durch einen ausländischen Baukonzern mitbekommen hat. Andererseits ist er noch jung und möchte gern, so lange er noch keine Familie gegründet hat, im Ausland Erfahrungen sammeln, damit er im Unternehmen besser „aufsteigen kann".

Aufgaben

1. ***Warum kann eigentlich das Wirtschaftsgeschehen nicht immer geradlinig verlaufen? Bedenken Sie Ihr eigenes Konsumverhalten und auch das anderer Verbraucher.***
2. ***Wie kann es nach Ihrer Ansicht zu einer Wirtschaftskrise in einem Staat kommen?***
3. ***Was können Sie/Ihre Familie gegen das Auf und Ab in unserer Wirtschaft beitragen? Begründen Sie Ihre Sichtweise.***
4. ***Aus welchen Gründen dürften sich die meisten Staaten in den letzten Jahren und Jahrzehnten stark verschuldet haben? Zählen Sie mögliche Gründe auf.***
5. ***Informieren Sie sich z. B. mithilfe des Internets über die Einkommens- und Vermögensverteilung in Deutschland. Kann man bei uns nach Ihrer Ansicht von sozialer Gerechtigkeit sprechen? Legen Sie Ihre persönliche Sichtweise zu dieser Problematik dar.***

7.1 Konjunkturverläufe beschreiben

Schlagzeilen aus der Presse

Konjunkturtief überwunden. Es geht aufwärts!
Starke Belebung der Konjunktur. Rückgang der Arbeitslosigkeit.
Die Wirtschaft wächst. Facharbeiter werden knapp.
Wirtschaftswissenschaftler warnen vor Überhitzung: „Maß halten!"
Wirtschaft läuft auf Volltouren. Konjunkturberg erreicht?
Märkte gesättigt – Absatz stockt.
Konjunkturabschwung erwartet. Nächste Krise befürchtet.

Auf und Ab in der Wirtschaft – muss das sein?

Nach dem deutschen Stabilitätsgesetz dürfte es dieses Auf und Ab eigentlich nicht geben! Trotzdem begegnen wir in der Volkswirtschaft immer wieder Schwankungen, wenn wir Wachstum und Nationaleinkommen, das Verbraucherverhalten, die Investitionen der Unternehmen, die Eingriffe des Staates und der Europäischen Zentralbank usw. untersuchen.

7.1.1 Konjunkturzyklus

Unser Alltags- und Wirtschaftsgeschehen wird von vielen Einflussfaktoren bestimmt. Daher ändert sich der Kreislauf unserer Wirtschaft ständig: Das Angebot muss der Nachfrage angepasst werden. Einmal ist es zu groß, dann fallen die Preise. Ein andermal ist es zu klein, dann steigen die Preise durch die erhöhte Nachfrage. So ist der Gang der Wirtschaft in einem steten Fluss. Das ständige Auf und Ab im Wirtschaftsleben nennt man **Konjunktur.**

Es gibt verschiedene Schwankungen/Verläufe im Wirtschaftsgeschehen.

Wirtschaftsschwankungen

Saisonale Schwankungen	Konjunkturelle Schwankungen	Wachstumstrend
- **Kurzfristige,** jahreszeitlich bedingte Änderungen der Wirtschaftslage, z. B. im Winter beim Baugewerbe, in der Landwirtschaft usw. - Schwankungen nur in einzelnen Wirtschaftszweigen/Branchen	- **Mittelfristige** Schwankungen, die die gesamte Wirtschaft (Auslastung der Produktion usw.) betreffen - Schwankungen über mehrere z. B. fünf Jahre.	- **Langfristige** Tendenz/Entwicklungsrichtung des Wirtschaftswachstums - In Industriestaaten werden stetige Wachstumsraten des Bruttoinlandsprodukts (= Wirtschaftsleistung einer Volkswirtschaft z. B. in einem Jahr) angestrebt.

Der Konjunkturverlauf ist nicht gleichmäßig. Er kann mit einer Wellenbewegung (= Zyklus) verglichen werden: Der Bewegungsablauf vollzieht sich vom Wellental ansteigend zum Wellenberg, von hier wieder abfallend ins Wellental. Deshalb spricht man von **vier Konjunkturphasen** (Phase = Abschnitt).

Unter **Konjunktur** versteht man die **mittelfristigen Schwankungen der wirtschaftlichen Aktivitäten** in einer Volkswirtschaft. Konjunkturelle Phasen schwanken um den langfristigen Trend und dauern weitaus langer als ein Jahr.

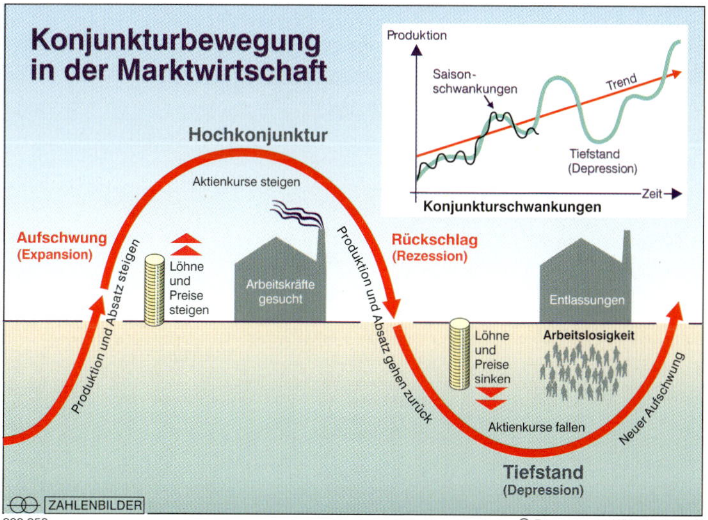

200 350 © Bergmoser + Höller Verlag AG

Das Schaubild verdeutlicht die **vier idealtypischen Konjunkturphasen**:

- **Konjunkturtief = Depression** (lat. deprimere = herabdrücken)

  Wirtschaftlicher Tiefstand, kaum steigende Löhne, sinkende Nachfrage nach Konsumgütern, geringer Umsatz, dadurch auch geringe Investitionstätigkeit der Unternehmen, Entlassungen und Arbeitslosigkeit, depressive (= niedergeschlagene) Stimmung.

  Der Aufschwung beginnt wieder, wenn das Angebot unter die Nachfrage sinkt.

- **Konjunkturaufschwung = Expansion** (lat. expandere = ausdehnen)

  Zunahme der wirtschaftlichen Tätigkeit, stärkerer Anstieg der Löhne und Preise, Ausweitung von Produktion, Investition und Absatz, Rückgang der Arbeitslosigkeit. Die Stimmung der „Wirtschaftssubjekte" ist optimistisch.

- **Hochkonjunktur = Boom** (engl. boom = wirtschaftlicher Aufschwung)

  Weitere Steigerung der Produktion, Vollbeschäftigung, Nachfrage übersteigt das Angebot, steigende Löhne, Preise und Gewinne (Lohn-Preis-Spirale). Die Inflationsrate steigt, die Produktionsfaktoren/Unternehmenskapazitäten sind voll ausgelastet, Gefahr einer „Überhitzung" der Konjunktur (= Überproduktion). Das Bruttoinlandsprodukt wächst zwar noch, lässt allerdings langsam nach, da die Nachfrage der Unternehmer nach Investitionsgütern sinkt, weil die Wirtschaftssubjekte skeptischer werden, denn nach dem Boom folgt ein Abschwung.

- **Konjunkturabschwung = Rezession** (engl. recession = Einschränkung)

  Überangebot an Waren, da die Nachfrage rückläufig ist, Sättigung des Markts, Rückgang der Gewinne, Zunahme der Konkurse, Entlassung von Arbeitskräften, dadurch gehen die Einkommen der privaten Haushalte zurück, Preissteigerungen nehmen ab, die Stimmung ist pessimistisch.

  Man spricht offiziell von einer Rezession (= **Wirtschaftskrise),** wenn das Bruttoinlandsprodukt in zwei und mehr Quartalen in Folge zurückgeht.

Folgen der Konjunkturschwankungen

Die vier verschiedenen Phasen der Konjunktur haben Auswirkungen auf alle wirtschaftlichen Bereiche sowohl in den Unternehmen als auch in den privaten Haushalten.

	Tiefstand	Aufschwung	Hochkonjunktur	Abschwung
Auftragslage	Gering	Anwachsend	Schnell anwachsend	Sinkend
Produktion	Gering	Langsam steigend	Schnell anwachsend	Sinkend
Arbeitslosenzahlen	Hoch	Zurückgehend	Schnell zurückgehend	Steigend
Löhne	Sinkend	Langsam steigend	Schnell wachsend	Kein Lohnzuwachs
Preise	Sinkend	Langsam steigend	Steigend	Langsam sinkend
Investitionen	Schnell fallend	Anwachsend	Gleichbleibend	Fallend
Stimmung	Gedrückt	Optimistisch	Gut bis skeptisch	Pessimistisch

Konjunkturpolitik

Die Entwicklung der Konjunktur sollte nicht dem Zufall überlassen werden.

> **Alle Maßnahmen zur Lenkung der Konjunktur bezeichnet man als Konjunkturpolitik.**

Ihr Ziel ist, bei Hochkonjunktur den überstürzten Abschwung in eine Krise möglichst zu verhindern. Die Hochkonjunktur soll gedämpft, ein flacher Konjunkturabfall erreicht werden, der zu einem erneuten Konjunkturanstieg führen kann. Dabei sollen möglichst Vollbeschäftigung, gleichbleibender Geldwert, ein außenwirtschaftliches Gleichgewicht und ein stetiges, angemessenes Wirtschaftswachstum gewährleistet werden.

> **Gesetz zur Förderung der Stabilität und des Wachstums der Wirtschaft (StabG)**
>
> § 1 Bund und Länder haben bei ihren wirtschafts- und finanzpolitischen Maßnahmen die Erfordernisse des gesamtwirtschaftlichen Gleichgewichts zu beachten. [...]

Diese anzustrebenden Ziele sind im Stabilitätsgesetz vorgegeben. Das **gesamtwirtschaftliche Gleichgewicht** soll erhalten bzw. wiederhergestellt werden, um starken Schwankungen entgegenzuwirken. Der **Staat**, d. h. Bund, Länder und Kommunen, muss in Verbindung mit der **Europäischen Zentralbank** bei einer Rezession oder Krise die Wirtschaft neu beleben, also ankurbeln.

Die finanz- oder auch währungspolitischen Möglichkeiten von Staat und EZB sind dem Konjunkturzyklus entgegengesetzt einzusetzen, sodass man auch von **antizyklischer Finanzpolitik** spricht. Dies ist deswegen wichtig, weil sich oftmals Verbraucher, Unternehmen, Kreditinstitute usw. **prozyklisch** verhalten, d. h., ihre Maßnahmen gehen mit dem Konjunkturverlauf einher und verstärken die Schwankungen dadurch. Daher fallen dem Staat mit seiner **Fiskalpolitik** und der Europäischen Zentralbank mit ihrer **Geldpolitik** wichtige Funktionen zu. Auch die Lohnpolitik, für die bei uns Gewerkschaften und Arbeitgeberverbände die Verantwortung tragen, ist hierbei wichtig.

7.1.2 Konjunkturlenkung durch den Staat

Der Staat hat ein Interesse daran, starken Konjunkturschwankungen entgegenzuwirken. Sein Eingreifen ins Wirtschaftsgeschehen wird als **Fiskalpolitik** bezeichnet (Fiskus = Staatskasse).

Aufgaben der Fiskalpolitik

Ziele	Instrumente
- Vollbeschäftigung - Angemessenes Wirtschaftswachstum - Außenwirtschaftliches Gleichgewicht	- Staatsausgaben, z. B. Staatsaufträge (Bau von Straßen, Sporthallen usw.) - Staatseinnahmen, z. B. Erhöhung der Steuern, Kürzung von Subventionen usw.

Da die privaten Haushalte und auch die Unternehmen sich nicht immer konjunkturgerecht verhalten, weil die meisten Eigennutz vor das Gemeinwohl stellen, greifen die staatlichen Institutionen (= Bund, Länder und Gemeinden) ins Wirtschaftsgeschehen ein. In einer **sozialen Marktwirtschaft** soll auch nicht alles den angeblich sich selbst regulierenden Kräften des Markts überlassen werden, sondern von staatlicher Seite eingegriffen werden, um eine stabile Balance zwischen „sozial“ und „Marktwirtschaft“ zu erhalten.

Unter Fiskalpolitik ist der Einsatz öffentlicher Finanzen zu verstehen, um die vier wirtschaftspolitischen Ziele des Stabilitätsgesetzes zu verwirklichen. Diese Ziele sind ein möglichst hoher Beschäftigungsgrad, ein stetiges und angemessenes Wirtschaftswachstum und der Ausgleich zwischen Ex- und Import. Für das vierte Ziel, die Stabilität des Preisniveaus, ist die Europäische Zentralbank (siehe Kap. 7.1.3, S. 263 ff.) zuständig.

Um die Ziele des Stabilitätsgesetzes zu erreichen, wird der Staat bei einer beginnenden Rezession (= Abschwungphase) konjunkturbelebende Maßnahmen ergreifen. Während der Hochkonjunkturphase wird er konjunkturdämpfende Instrumente verwenden, um den Konjunkturverlauf zu „glätten“. Diese Instrumente finden ihren Niederschlag in den Haushaltsplänen des Bundes, der Länder, der Kommunen und der Sozialversicherungen.

Instrumente der Fiskalpolitik

Staatliche Ausgaben	Staatliche Einnahmen
- Zahlungen für erworbene Güter und Dienste - Gehaltszahlungen an staatliche Bedienstete usw. - Öffentliche Investitionen, z. B. Straßenbau, Klärwerke, Schulausstattung, Verwaltungsgebäude - Zahlung von Arbeitslosengeld, Sparzulagen, Elterngeld usw. - Subventionierung/Steuererleichterung für Betriebe oder ganze Branchen (= Wirtschaftszweige), z. B. die Landwirtschaft	- Steuern, z. B. Mehrwertsteuer, Mineralölsteuer, Grundsteuer usw. - Gebühren, z. B. für Reisepässe, Mautgebühren für die Autobahnnutzung, Eintrittsgelder für Theater - Sozialversicherungsbeiträge z. B. für die Arbeitslosen- und Rentenversicherung - Kreditaufnahme am Geldmarkt (= kurzfristige Verschuldung) bzw. auf dem Kapitalmarkt (= langfristig)

In Deutschland bestreitet der Staat fast die Hälfte der gesamtwirtschaftlichen Aktivitäten (= **Staatsquote**). Dabei hofft er, dass seine Ausgaben einen sog. **Multiplikatoreffekt** bewirken. Das heißt, dass höhere Staatsausgaben die Einkommen und damit die Nachfrage um ein Mehrfaches in der gesamten Wirtschaft erhöhen, weil beispielsweise bei einem Flughafenausbau die Einkommen der betreffenden Mitarbeiter dazu führen, mehr zu konsumieren, usw.

Um die wirtschaftspolitischen Ziele zu erreichen, können die staatlichen Institutionen ihre Instrumente auf der Nachfrage- oder der Angebotsseite einsetzen.

Arten der Fiskalpolitik

Antizyklische Politik

- **Nachfragesteuerung:** Beispielsweise werden die Steuern gesenkt (= expansive Maßnahme), um den privaten Konsum zu erhöhen oder Firmen mehr finanziellen Spielraum für Investitionen zu verschaffen. Restriktive Maßnahmen wären Steuererhöhungen, um private Investitionen usw. zu drosseln oder auch um Haushaltsrücklagen zu bilden, die dann im Konjunkturabschwung ausgegeben werden können.
- **Antizyklischer Effekt** (= entgegengesetzt zur Konjunkturlage): In Boomphasen wird die staatliche Nachfrage reduziert, damit sie konjunkturdämpfend wirkt. In der Depression werden Staatsaufträge ausgeweitet, um konjunkturbelebend zu wirken (= Wachstums- und Beschäftigungsimpulse). Diese Lehre von der antizyklischen Fiskalpolitik geht auf den englischen Ökonomen **John Maynard Keynes** (1883–1946) zurück.

Angebotsorientierte Politik

- **Angebotssteuerung:** Wirtschaftliche Maßnahmen sollen belebt werden, z. B. durch die Verstetigung der öffentlichen Haushaltspolitik (= Kontinuität) oder durch eine langfristige Verbesserung der unternehmerischen Investitionsbedingungen.
- **Konjunkturneutraler Effekt:** Durch konjunkturneutrale öffentliche Haushalte will der Staat sich nicht antizyklisch verhalten, sondern es sollen die Angebotsbedingungen langfristig verbessert werden, um z. B. private Investitionen, Forschung und Entwicklung, Infrastruktur, Energieversorgung, Bildungseinrichtungen zu fördern. Es soll durch langfristige Rahmenbedingungen ein Anreiz zur Leistungssteigerung geschaffen werden (= Verstetigungspolitik).

Ob die staatlichen Maßnahmen zur Konjunkturglättung immer greifen, ist fraglich, da z. B. in Boomphasen Konjunkturausgleichsrücklagen gebildet oder Schulden getilgt werden sollten, was meist politisch nicht durchsetzbar ist. Die Folge ist eine wachsende Staatsverschuldung mit einer enormen Zinsbelastung des öffentlichen Haushalts (siehe Kap. 7.4, S. 277 ff.).

7.1.3 Konjunkturlenkung durch die Europäische Zentralbank

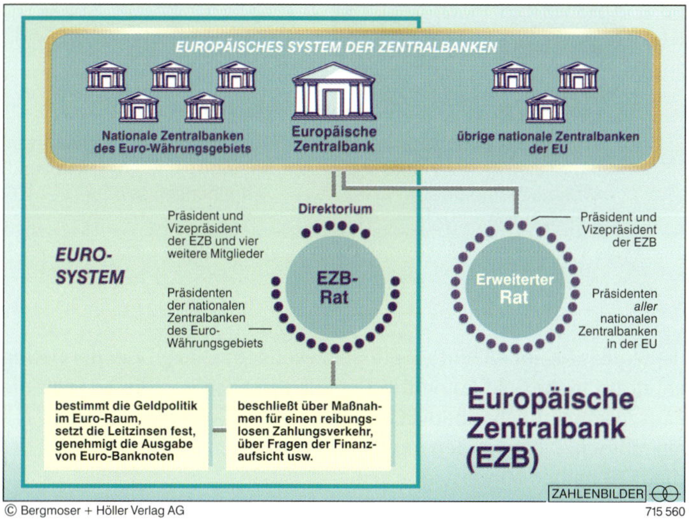

 715 560

Das Schaubild verdeutlicht, dass das **Europäische System der Zentralbanken** (**ESZB**) die Hauptaufgabe hat, die Währung (den Euro) zu sichern und dabei unabhängig von den 19 Euroländern agiert. Hierbei ist zu beachten, dass von den 28 EU-Mitgliedstaaten nur 19 den Euro als gemeinsame Währung eingeführt haben, daher spricht man bei diesen Ländern von der Eurozone (Stand: 2015).

Ähnlich wie die Staaten mit ihrer jeweiligen Fiskalpolitik kann auch die **Europäische Zentralbank** (**EZB**) in Frankfurt mithilfe ihrer **Geldpolitik** stabilisierend in die Wirtschaft eingreifen.

Mithilfe ihrer Geldpolitik trägt die EZB als Zentralbank Verantwortung für die Sicherung der Währung, die Regelung des Geldumlaufs, die Kreditversorgung der Wirtschaft und die bankmäßige Abwicklung des Zahlungsverkehrs. Um ihrer Verantwortung für die Geldwertstabilität gerecht zu werden, müssen die europäischen Regierungen, die EZB und die nationalen Zentralbanken eng zusammenarbeiten.

Antizyklische Geldpolitik der EZB

Instrumente der EZB	Wirkung der Maßnahmen
- Senkung des **Mindestreservesatzes** (= Mindestreservepolitik) - Senkung des **Leitzinses** (= Refinanzierungsgeschäfte) - **Wertpapierankauf** (= Offenmarktpolitik)	- **Anstieg** von (Verbraucher-)**Nachfrage und Produktion** - **Reduzierung** der konjunkturbedingten **Arbeitslosigkeit** (= expansiver Einsatz der Instrumente)
- Erhöhung des Mindestreservesatzes - Erhöhung des Leitzinses - Wertpapierverkauf	- Reduzierung von Nachfrage und Produktion - Zunahme der Arbeitslosigkeit - Verringerung des Preisanstiegs (= restriktiver Einsatz der Instrumente)

Die geldpolitischen Instrumente der EZB können bei einem Konjunkturtief mit expansiver Wirkung oder bei einem Aufschwung/Boom mit restriktiver Wirkung eingesetzt werden. Dadurch sollen Konsum und Investitionen belebt oder gedämpft werden.

Geldpolitische Instrumente

Mindestreservepolitik	Leitzinsänderung/Ständige Fazilitäten	Offenmarktgeschäfte
- Guthaben von Banken bei der Zentralbank, z. B. der Bundesbank - Festlegung der Reservesätze durch die EZB	- Festlegung des Zinssatzes für die Refinanzierung der Geschäftsbanken bei der nationalen Zentralbank (Übernachtliquidität, Tagesgeldsatz usw.)	- Refinanzierungsgeschäfte der Zentralbank durch Kauf und Verkauf von Vermögenswerten wie Wertpapieren, Schuldverschreibungen usw.

Mindestreservepolitik

Die Banken und Sparkassen leihen das bei ihnen hinterlegte Geld wieder aus. Je größer der Betrag ist, den die Banken ausleihen, desto mehr Geld kommt in Umlauf. Um auch von dieser Seite die umlaufende Geldmenge steuern zu können, schreibt die EZB vor, dass die Kreditinstitute einen Teil ihrer Gelder bei ihr hinterlegen müssen. Diese werden mit dem Leitzins verzinst. Die Guthaben der Banken und Sparkassen bei der EZB heißen **Mindestreserven**.

- **Senkt** die EZB die Sätze, die von den Geschäftsbanken als Mindestreserve bei ihr hinterlegt werden müssen, steht den Kreditinstituten mehr Geld zur Verfügung, das sie wiederum als Kredit vergeben können. Die umlaufende Geldmenge steigt.

- **Erhöht** die EZB die Mindestreservesätze, haben die Banken und Sparkassen weniger Geld flüssig. Die Kreditgewährung wird erschwert. Die umlaufende Geldmenge sinkt (siehe Schaubild).

Leitzinsänderung/Ständige Fazilitäten

Geldinstitute können auf ihrem Konto bei den nationalen Zentralbanken verzinsliche Guthaben bilden oder ihr Konto gegen Sollzinsen überziehen. Diese Kreditmöglichkeiten, die nach Bedarf in Anspruch genommen werden können, heißen **ständige Fazilitäten** (lat. facilitas = Leichtigkeit des Handelns). Die Geschäftsbanken beschaffen sich nämlich öfter Zentralbankgeld, z. B. von der Bundesbank, gegen entsprechende Sicherheiten beispielsweise Schuldverschreibungen, die sie dann bei der Zentralbank hinterlegen. Dies wird als Refinanzierung bezeichnet. Damit verschaffen sich die Geschäftsbanken Liquidität (= Geldmittel, Zahlungsfähigkeit), damit sie Kredite usw. an Kunden/Unternehmen vergeben können.

Die Zinssätze der ständigen Fazilitäten, haben die sehr wichtige Funktion von **Leitzinsen**. An diesen orientieren sich die Soll- und Habenzinsen des Geldmarkts.

Auswirkungen dieser Leitzinsänderungen/Refinanzierung auf die Geschäftsbanken sind die folgenden:

- **Erhöht die EZB** den Leitzinssatz, so verteuert sich die Refinanzierung (= Wiederfinanzierung) der Banken und deren Zinsen werden ebenfalls angehoben. Dadurch soll die gesamtwirtschaftliche Nachfrage zurückgefahren werden.
- **Senkt die EZB** den Zinssatz, wird die Refinanzierung der Banken billiger und die Zinsen sinken. Dadurch kann die gesamtwirtschaftliche Nachfrage erhöht werden und die Konjunktur wird angekurbelt.

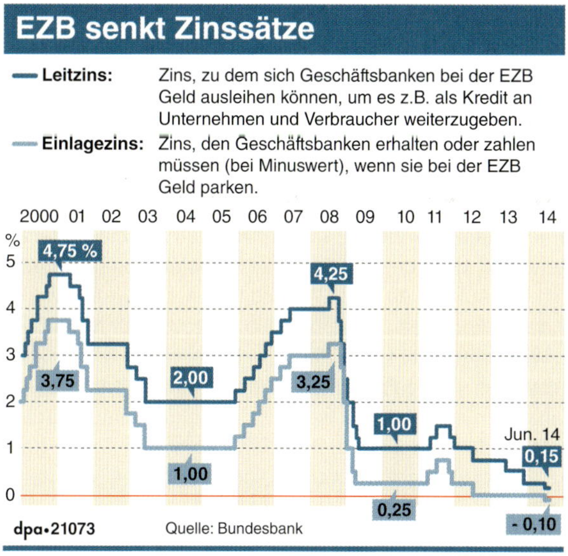

So wie die Banken/Sparkassen Kredite bei der Bundesbank aufnehmen können, so können sie auch vorhandenes Geld bei der Frankfurter Zentralbank gegen einen bestimmten Zinssatz anlegen (= Einlagenfazilität). Dieser Zinssatz hat ebenfalls Leitbildfunktion. Allerdings sind diese Kredit- bzw. Anlagemöglichkeiten der EZB nur **Angebote**. Ob der Bankensektor davon Gebrauch macht und in welchem Ausmaß er diese Angebote nutzt, hängt noch von weiteren wirtschaftlichen Faktoren ab.

Offenmarktgeschäfte

Mithilfe dieses wichtigen geldpolitischen Instruments will das Europäische System der Zentralbanken (ESZB) ebenfalls zur Preisniveaustabilität und zur Konjunkturstabilisierung beitragen. Es werden dadurch die Zinssätze und die Liquidität (= Zahlungsfähigkeit) am europäischen Geldmarkt gesteuert. Gleichzeitig will die EZB mithilfe ihrer Offenmarktpolitik Signale des geldpolitischen Kurses aussenden.

Offenmarktgeschäfte beinhalten den Kauf und Verkauf von Wertpapieren, Geldmarktpapieren, Aktien usw., dadurch wird sowohl auf die Geldmenge als auch auf die Zinssätze eingewirkt. Mithilfe ihrer Offenmarktpolitik kann die EZB in Verbindung mit den Zentralbanken schnell ins Wirtschaftsgeschehen eingreifen und Preisniveau, Nachfrage, Produktion und Beschäftigungslage beeinflussen.

Auswirkungen dieser Offenmarktgeschäfte auf Geschäftsbanken und Unternehmen können folgende sein:

- **Kauft die Zentralbank** Wertpapiere, dann fließt Zentralbankgeld in den Banken- und Unternehmensbereich. Kreditinstitute können durch das vermehrt zur Verfügung stehende Geld ihre (Kredit-)Zinsen senken. Mithilfe der ausgeweiteten Geldmenge und des niedrigen Zinssatzes kann die Nachfrage angeregt und die Konjunktur belebt werden.
- **Verkauft die Zentralbank** Wertpapiere, fließen Gelder an sie zurück. Dadurch verringert sich die Geldmenge, die Zinsen steigen und die gesamtwirtschaftliche Nachfrage geht zurück, was konjunkturdämpfend wirkt.

7.2 Einflussfaktoren auf die Konjunktur kennen

Fallbeispiel:
Kai Wagner wundert sich darüber, dass in „seinem großen Unternehmen" zahlreiche Mitarbeiter keinen festen, sondern nur einen (befristeten) Zeitarbeitsvertrag haben. Als er in einer Pause die Gelegenheit hat, mit dem Bauleiter zu sprechen, fragt er diesen, was der Hintergrund dieser Personalpolitik sei. Bauleiter Kräuter antwortete ihm, dass dies hauptsächlich konjunkturelle Gründe habe. Die Baubranche sei anfällig für das stetige Auf und Ab in der Wirtschaft. Falls es einmal wieder zu einer Flaute im Baugewerbe kommen sollte, kann man diese befristet eingestellten Arbeitnehmer leichter entlassen als festangestellte. Weiterhin sagte Herr Kräuter, dass bei einem Konjunkturtief in Verbindung mit einer Auftragsschwäche in Deutschland manche Arbeitnehmer davon ausgehen müssten, auf ausländischen Baustellen eingesetzt zu werden. „Wenn die Konjunktur bei uns schwächelt, besteht immer noch die Möglichkeit, dass es z. B. in Schweden oder Großbritannien usw. gut läuft und dort dann größere Aufträge ausgeführt werden können", so der Bauleiter.

7.2.1 Beeinflussung durch private Haushalte

Es gibt eine große Anzahl von Konjunkturtheorien, die die Ursachen und Einflussfaktoren von Konjunkturschwankungen zu erklären suchen. Die meisten Theorien gehen von der Idee des **gesamtwirtschaftlichen Gleichgewichts** aus.

Von einem gesamtwirtschaftlichen Gleichgewicht spricht man, wenn die wirtschaftlichen Hauptziele Preisstabilität, Vollbeschäftigung, außenwirtschaftliches Gleichgewicht sowie stetiges und angemessenes Wirtschaftswachstum erreicht werden. Dies stellt gleichzeitig einen konjunkturellen Idealzustand dar.

Wenn dieses Gleichgewicht gestört wird, kommt es zu konjunkturellen Schwankungen, die von den verschiedensten Faktoren beeinflusst werden. Wobei normalerweise die Schwankungen nicht nur auf eine, sondern auf das Zusammentreffen mehrerer Ursachen zurückzuführen sind.

Ein wichtiger Aspekt ist das Verhalten der Haushalte, die als **Konsumenten/Nachfrager** eine starke Stellung auf dem (Güter-)Markt haben. Sind die Haushalte bereit, mehr zu konsumieren, haben sie entscheidenden Einfluss auf die Güterproduktion, die dadurch angekurbelt wird. Die erhöhte Produktion führt dann normalerweise zu weiteren Investitionen der Unternehmen, zu einem höheren Umsatz und damit meist auch zu mehr Gewinnen. Oft werden dann noch weitere Arbeitskräfte benötigt und dadurch der Arbeitsmarkt entlastet. Dies alles führt zu einer Belebung der Konjunktur (= Aufschwung).

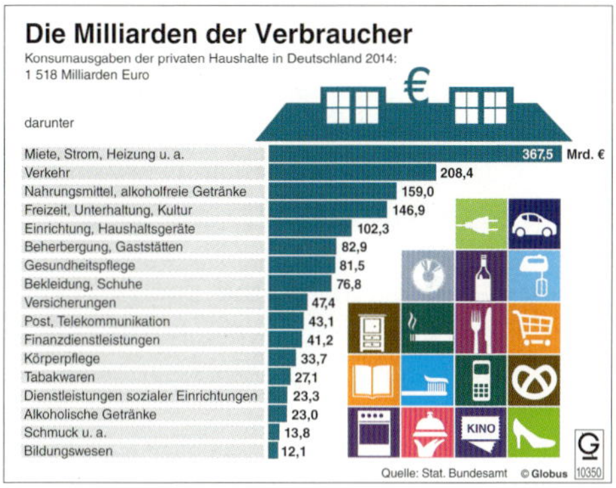

Wenn aber von den Privathaushalten kräftig gespart wird, fließt weniger Geld in den Konsum, dann tritt das Gegenteil ein (hohe Sparquote). Die Produktion der Betriebe geht zurück, die Investitionsquote sinkt, dadurch werden u. U. dann Leute entlassen und die Arbeitslosenzahl steigt. In einer solchen Situation bestünde sogar die Gefahr einer **Deflation**, d. h., die Preise der zahlreich vorhandenen Güter und Dienstleistungen gingen zurück und die Unternehmen blieben auf ihren Waren sitzen. Diese Konjunkturtheorie wird auch als **Unterkonsumtionstheorie** bezeichnet.

Bei der Unterkonsumtionstheorie geht man von einem Ungleichgewicht zwischen Angebot und Nachfrage aus, die auf eine hohe Sparneigung der Privathaushalte, aber auch auf eine ungleiche Einkommens- und Vermögensverteilung zurückzuführen ist. In beiden Fällen dürfte es an Kaufkraft fehlen, was zu einem Preisverfall und damit zu einer konjunkturellen Abwärtsspirale führen kann.

Oft wird argumentiert, dass die Löhne in einer Aufschwungphase hinter den Gewinnen zurückbleiben. Da aus Gewinnen aber mehr gespart werden kann als aus Masseneinkommen, ist letztlich die Ungleichheit der Einkommensverteilung mitverantwortlich für den Abschwung.

Ein entscheidender Einflussfaktor auf die verschiedenen Konjunkturphasen ist die **gesamtwirtschaftliche Nachfrage** oder auch aggregierte Nachfrage.

Diese besteht aus:
- der Konsumnachfrage der privaten Haushalte,
- der Investitionsnachfrage der Unternehmen,
- der Nachfrage des Staates,
- der Nachfrage des Auslands (Export oder Außenbeitrag) nach Gütern und Dienstleistungen.

Um die Konjunkturschwankungen „zu glätten", d. h. möglichst große Ausschläge zu vermeiden, kommt dem Staat die Hauptaufgabe im Rahmen des sog. Stabilitätsgesetzes zu (siehe Kap. 7.3.1, S. 271 ff.). Er soll nämlich durch die Variationsmöglichkeit seiner Ausgaben und Einnahmen gegen diese Schwankungen angehen.

7.2.2 Beeinflussung durch Unternehmen

Konjunktur-Schock in Deutschland
Produktion bricht ein wie seit Krisen-Jahr 2009 nicht mehr

Industrie, Baubranche und Energie-Erzeuger: Die deutschen Unternehmen haben ihre Produktion im August so kräftig heruntergefahren wie seit fünfeinhalb Jahren nicht mehr. Es gibt ernsthafte Anzeichen dafür, dass es mit Deutschlands Konjunktur bald bergab gehen könnte.

Industrie, Baubranche und Energie-Erzeuger drosselten ihren Ausstoß zusammen um 4,0 Prozent zum Vormonat, wie das Bundeswirtschaftsministerium am Dienstag in Berlin mitteilte. Das ist das größte Minus seit Januar 2009. Von Reuters befragte Ökonomen hatten im Mittel nur mit einem Rückgang von 1,5 Prozent gerechnet, nach 1,6 Prozent Wachstum im Juli.

„Die Industriekonjunktur durchläuft gegenwärtig eine Schwächephase", erklärte das Ministerium. Dies betreffe neben der Produktion auch die Aufträge und Umsätze.

Quelle: Focus, 07.10.2014, abgerufen unter: www.focus.de/finanzen/news/konjunktur-schock-in-deutschland-produktion-bricht-ein-wie-seit-2009-nicht-mehr_id_4184830.html [22.02.2016]

Betriebe und Diensteanbieter sind hauptverantwortlich für das Güter- und Dienstleistungsangebot auf den verschiedenen Märkten. Wird z. B. wegen einer optimistischen Sichtweise von Unternehmen kräftig investiert, um die Produktion, den Umsatz zu steigern, kann dies ggf. zu einer **Überproduktion** führen, wenn die Waren auf den Märkten nicht abgesetzt werden können. Es kommt zu einer Diskrepanz (= Widerspruch) zwischen Produktion und Nachfrage. Diese Theorie wird als **Überinvestitions- oder Überproduktionstheorie** bezeichnet.

Als Ursache für die unterschiedliche Entwicklung von Angebot (= Produktion) und Nachfrage kann das zu Beginn eines Aufschwungs niedrige Zinsniveau angesehen werden, das die Unternehmen/Investoren zur Kreditnachfrage anregt. Dadurch wird die Produktion ausgeweitet, in der Hoffnung, dass die Verbraucher die angebotenen Waren kaufen. Ist die Kaufkraft vorhanden, können die Produkte/Dienstleistungen abgesetzt werden. Sehr oft können allerdings die Verbraucher ihre Konsumwünsche nicht alle in die Tat umsetzen, dann bleiben die Betriebe auf ihren Produkten „sitzen", was als „Überproduktionstheorie" bezeichnet wird.

Der Warenabsatz der Unternehmen, insbesondere im **Konsumgüterbereich,** hängt auch mit der Situation auf dem Arbeitsmarkt zusammen. Bei **Vollbeschäftigung** (= Arbeitslosenrate unter ca. 3 % der Erwerbsfähigen) wird bedeutend mehr konsumiert als in Zeiten hoher Arbeitslosigkeit. Wenn sehr viele Menschen arbeitslos sind, sinkt automatisch die gesamte Kaufkraft in einer Volkswirtschaft. Dadurch wird weniger nachgefragt und weniger produziert, was u. U. weitere Entlassungen nach sich ziehen kann. Damit beginnen dann die Abwärtsspirale und der konjunkturelle Abschwung. Dieser Abschwung kann auch die **Investitionsgüterindustrie** erfassen, da von den Unternehmen in Rezessionszeiten und damit in einer Phase der Unsicherheit weniger investiert wird.

Außer den Haushalten und Betrieben haben noch andere wichtige Faktoren wie die jeweilige Regierung, die Banken/Börsen, die Tarifparteien usw. Einfluss auf das konjunkturelle Geschehen.

7.2.3 Sonstige Einflussfaktoren

Über die Entstehung und Beeinflussung der konjunkturellen Wellenbewegungen gibt es zahlreiche Theorien. Dass die Schwankungen am Verlauf des **Bruttoinlandsprodukts** (BIP) abgelesen werden können, ist unstrittig. Das BIP ist das Maß für die wirtschaftliche Leistung einer gesamten Volkswirtschaft z. B. innerhalb eines Jahres.

Die keynesianisch orientierte **Konjunktur- oder Stabilitätspolitik** besagt, dass die wirtschaftlichen Störungen auf die mangelnde Selbstregulierungsfähigkeit des Markts, die unzureichende Funktion des (Arbeits-)Markts und die zu geringe Güternachfrage zurückzuführen sind (siehe S. 262). Das heißt, Konjunkturbewegungen sind normalerweise nicht nur auf einen einzigen Grund/eine einzige Einflussgröße, sondern auf mehrere Einflussfaktoren zurückzuführen.

Konjunkturelle Einflussfaktoren

Endogene Faktoren

- Faktoren, die auf das eigene marktwirtschaftliche System zurückzuführen sind
- Ökonomische Ursachen, die mit der sozialen Marktwirtschaft zusammenhängen

Exogene Faktoren

- Faktoren, die von außen auf eine Volkswirtschaft treffen und diese dann beeinflussen
- Nicht ökonomische Ursachen wie beispielsweise Weltkonjunktur, Kriege, Rohstoffpreise usw.

Die wirtschaftlichen Einflussfaktoren lassen sich unterteilen in reale/güterwirtschaftliche, in monetäre/geldwirtschaftliche und in psychologisch erklärbare Aspekte.

Auswirkungen auf den Konjunkturverlauf

Reale/Güterwirtschaftliche Faktoren

- Wirtschaftliche (Groß-)Ereignisse
- Lohnverhandlungen
- Technische Erfindungen
- Naturkatastrophen
- Rohstoffpreise
- Soziale Unruhen
- Weltkonjunktur usw.

Monetäre/Geldwirtschaftliche Faktoren

- Wechselkursverhältnisse zu ausländischen Währungen
- Finanzmärkte/Börsen/Banken
- Zinshöhe, Kreditvergabe/Sparverhalten/Preisniveau
- Importierte Inflation usw.

Psychologische Faktoren

- Politische Unsicherheit
- Optimistische/Pessimistische Aussichten der wirtschaftlichen Akteure usw.

Reale (= wirklichkeitsnahe)/Güterwirtschaftliche Faktoren
Diese Aspekte können einen entscheidenden Einfluss auf den Verlauf der Wirtschaft haben, da sie sich pro- oder antizyklisch auf die momentane Konjunkturphase auswirken können.

Beispiel:
In einer Abschwungphase könnten sich die **Tarifparteien** (Arbeitgeber und Gewerkschaften) eine gewisse Zurückhaltung bei den Lohnverhandlungen auferlegen, um letztlich die Preise für die Produkte/Dienste nicht steigen zu lassen, damit der Konsum und die betrieblichen Investitionen nicht noch weiter zurückgehen und sich die Spirale dann weiter nach unten dreht.

Monetäre/Geldwirtschaftliche Faktoren
Außer der EZB in Verbindung mit der Bundesbank haben auch die Geschäftsbanken und Sparkassen einen gewichtigen Einfluss auf das Wirtschaftsgeschehen/Wirtschaftswachstum.

Beispiele:
Halten sich Kreditinstitute mit ihrer **Kreditvergabe** stark zurück, hat dies Auswirkungen insbesondere auf Unternehmen, da diese ihre Investitionen oft auf Kredit finanzieren. Auch Privathaushalte nehmen dann weniger Kredite auf, was die Nachfrage und den Konsum schwächt. Die Folgen sind weniger Investitionen, ein Nachfragerückgang usw., was letztlich zu einem Arbeitsplatzabbau, höherer Arbeitslosigkeit und damit zu einem Konjunkturabschwung führen kann.

Der **Wechselkurs des Euro** im Vergleich zur Weltleitwährung US-Dollar hat entscheidenden Einfluss auf die Wirtschaft eines exportorientierten Landes wie der Bundesrepublik. Sinkt der Wechselkurs gegenüber dem US-Dollar oder auch dem chinesischen Yuan (Renminbi), so werden europäische Waren für ausländische Einkäufer billiger, da diese dann weniger US-Dollar für europäische Produkte bezahlen müssen. Dadurch kauft normalerweise das außereuropäische Ausland mehr Waren/Dienste bei uns, was zu mehr Nachfrage, zu einer größeren Auslastung der Betriebe, ggf. zu mehr Einstellungen und zu mehr Kaufkraft im Euroraum führen kann. Auf diese Weise wird der konjunkturelle Aufschwung beschleunigt.

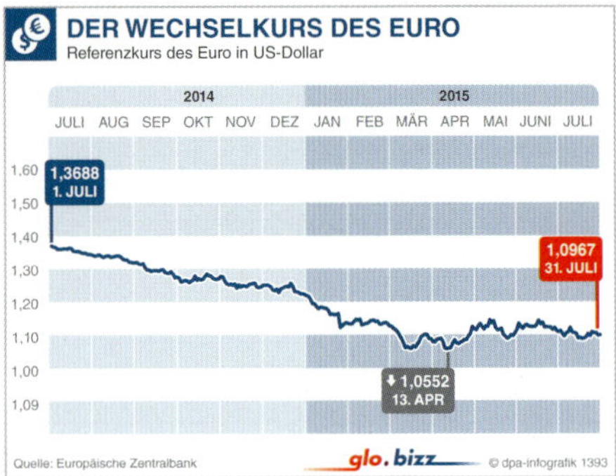

Psychologische Faktoren
Die Psychologie kann in der Wirtschaftspolitik eine gewichtige Rolle spielen. Sind die Erwartungen der Konsumenten hoffnungsvoll, die Stimmung positiv, so verhalten sich Verbraucher anders als in einer gedrückten Stimmungslage, in der viele perspektivlos sind. In einer solch negativen Gemütshaltung wird wenig investiert, da die Zukunftsaussichten keine besonders guten Chancen verheißen.

Beispiel:
Nach dem verlorenen Weltkrieg konnte es in den 1950er- und 1960er-Jahren in Deutschland eigentlich nur noch aufwärts gehen, da sich die depressive Phase nach dem Krieg gelegt hatte und die Menschen eine **neue Perspektive** hatten, nämlich die, alles wieder aufzubauen. In der „jungen Bundesrepublik“ ging es aufwärts, da vorher sehr vieles zerstört war und die Menschen jetzt wieder neuen Mut fassten. Daher erlebte Westdeutschland einen lang anhaltenden Konjunkturaufschwung.

7.3 Wirtschaftspolitische Maßnahmen zur gesamtwirtschaftlichen Stabilisierung erarbeiten

Fallbeispiel:

Kai Wagner unterhält sich in der Mittagspause mit seiner Kollegin Bianca Fuchs im Baubüro über ihre jeweilige persönliche Situation.

Dabei klagt Kai über die gestiegenen Preise, die er letzte Woche beim Lebensmitteleinkauf zu spüren bekam, da er immer für die gesamte Woche einkauft. Bianca bestätigt seine Klage, da ihr Gaslieferant (hiesige Stadtwerke) ab dem kommenden Monat ebenfalls teurere Preise angekündigt hat.

Bianca schildert dann die Frustration ihrer Kusine, die nach der Ausbildung nicht übernommen wurde, zwischenzeitlich zahlreiche Bewerbungen geschrieben hat und bereits seit fünf Monaten arbeitslos ist!

Und Kai erwähnt schließlich noch die miserable Einstellungssituation hier im „eigenen Betrieb". Da vom Management kein Wirtschaftswachstum, sondern ein Konjunkturabschwung erwartet wird, werden die jungen Leute nur noch mit befristeten Zeitarbeitsverträgen eingestellt. Seine Klage beendet er mit der Frage, ob die Politik in Berlin oder in Brüssel in absehbarer Zeit an diesen Zuständen etwas ändern kann?

Die letzten Jahrzehnte haben gezeigt, dass in unserer hoch industrialisierten Welt, in der die Volkswirtschaften eng miteinander verwoben sind, die sog. Selbststeuerungskräfte der Marktwirtschaft nicht ausreichen, um Krisen aus eigener Kraft zu bewältigen. Daher sind die Staaten gefordert, aktiv ins Wirtschaftsgeschehen einzugreifen.

7.3.1 Ziele der Wirtschaftspolitik

Unter Wirtschaftspolitik versteht man alle staatlichen Maßnahmen zur Veränderung und Beeinflussung der Struktur von Wirtschaftsprozessen mit dem Ziel, ein gesamtwirtschaftliches Gleichgewicht zu erreichen (= Forderung des sog. Stabilitätsgesetzes).

Die anzustrebenden wirtschaftspolitischen Ziele sind dem Gemeinwohl einer Gesellschaft unterzuordnen. Die praktische Wirtschaftspolitik hat sich nämlich an gesellschaftlichen Grundwerten zu orientieren, die man als Final- oder Oberziele bezeichnet.

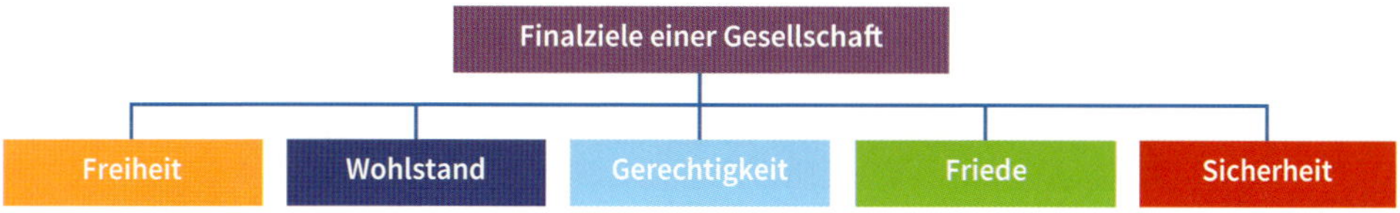

Diesen Oberzielen sind unter ökonomischen Aspekten **Unter-** oder auch **Modalziele** untergeordnet. Sie sind wirtschaftliche Faktoren und Ausdruck konkreter Wirtschaftspolitik, die im **Gesetz zur Förderung der Stabilität und des Wachstums der Wirtschaft (StabG)** bereits 1967 niedergeschrieben wurden.

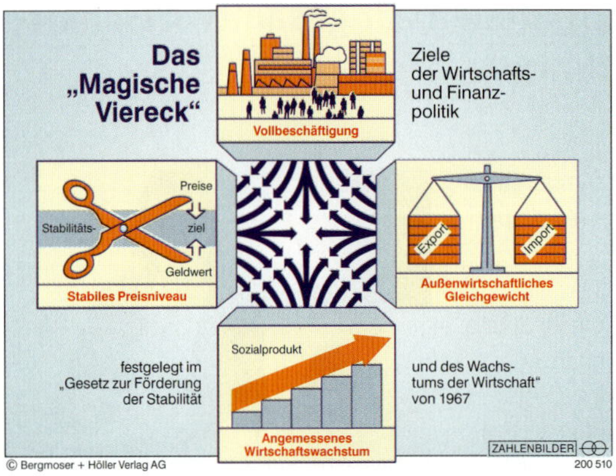

© Bergmoser + Höller Verlag AG

Die **stabilisierungspolitischen Maßnahmen** des Staates sind so zu treffen, dass sie im Rahmen der marktwirtschaftlichen Ordnung die Ziele des sog. magischen Vierecks erreichen. Dieses Viereck wird von vielen auf ein magisches Sechseck erweitert (siehe S. 275.)

Preisniveaustabilität

Eine der wichtigsten Aufgaben jeder Konjunktur- und Wirtschaftspolitik ist die **Stabilität des Preisniveaus.** Dies ist allerdings in einer Marktwirtschaft ein sehr schwieriges Unterfangen, da der Staat nicht die Preise festlegt, sondern Angebot und Nachfrage die Höhe der Preise bestimmen. Von Geldwertstabilität spricht man, wenn im Durchschnitt die Preise in einer Volkswirtschaft unverändert bleiben. Dabei können allerdings einzelne Preise sinken oder steigen. Um den Grad der Zielerreichung festzustellen, wurde in Deutschland der **Preisindex für die Lebenshaltungskosten** („Warenkorb“) entwickelt. An ihm können der Verlauf und die Entwicklung der Verbraucherpreise abgelesen werden.

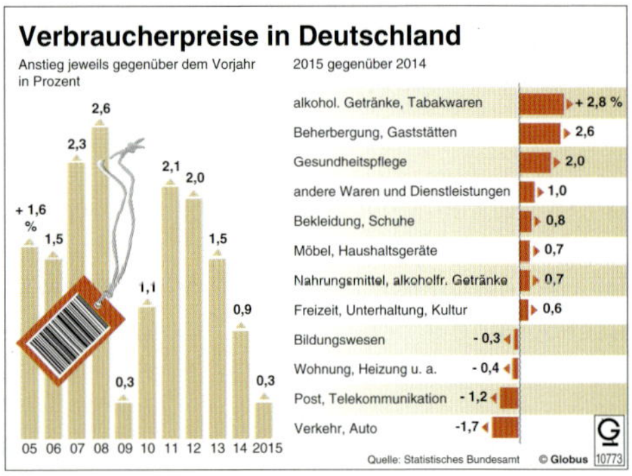

> Als **Ziel eines stabilen Geldwerts** wird eine Inflationsrate möglichst unter 2 % angestrebt. Als Vergleichsmaßstab zum Vorjahr wird der Preisindex der privaten Haushalte herangezogen.

Preissteigerung bedeutet Geldwertsenkung um den gleichen Prozentsatz. Die Kaufkraft des Einzelnen nimmt um diesen Prozentsatz ab. Dies geschieht in erster Linie zum Nachteil derjenigen Bevölkerungsschichten, deren Einkommen relativ konstant ist, beispielsweise der Arbeitnehmer, Rentner usw., falls sie keinen Inflationsausgleich erhalten. Die gleichen Nachteile hat auch das Millionenheer der Sparer von einer schleichenden Geldentwertung zu erwarten. Die jährlichen Sparzinsen werden teilweise oder ganz durch die Preissteigerungsrate aufgezehrt und der Wert der Ersparnisse, die Kaufkraft des ersparten Geldes, nimmt ab.

Begründung für das wirtschaftspolitische Ziel der Preisniveaustabilität

Bei starken Preisschwankungen können Haushalte und Unternehmen die Knappheit der Güter nicht verlässlich einschätzen und sind bei ihren Spar-, Konsum- und Investitionsentscheidungen verunsichert. Ein stabiler Geldwert ist Voraussetzung für das reibungslose Funktionieren der Wirtschaft, für den Export, für eine möglichst hohe Beschäftigungsquote usw.

Hoher Beschäftigungsstand (Vollbeschäftigung)

Statt Vollbeschäftigung wird heute besser der Begriff **„hoher Beschäftigungsstand“** benutzt, da immer ein Teil der abhängig Erwerbstätigen, die auf den sog. Arbeitsmarkt streben, ohne Arbeit sein wird. In jeder Volkswirtschaft existiert eine natürliche **Arbeitslosenquote**, die auch bei optimalen wirtschaftlichen Verhältnissen nicht unterschritten werden kann. Sie setzt sich zusammen aus freiwillig Arbeitslosen, Unqualifizierten, Personen, die den Wohnort wechseln und nicht gleich einen Job finden, usw. Früher sah man eine Vollbeschäftigung als gegeben an, wenn die Arbeitslosenquote etwa 1 % betrug. Bei der heutigen Zahl der Arbeitslosen (im Jahr 2015 ca. 3 Millionen) würde man bereits von einer Vollbeschäftigung sprechen, wenn die Arbeitslosenquote 3 % betrüge.

Das wirtschaftspolitische Ziel der Vollbeschäftigung gilt heute bei einer Arbeitslosenquote unter 3 % als erreicht.

Die **Arbeitslosenquote** wird wie folgt berechnet:

$$\frac{\text{Anzahl der registrierten Arbeitslosen}}{\text{Anzahl der Erwerbstätigen} + \text{Anzahl der registrierten Arbeitslosen}} \times 100\,\%.$$

In Deutschland beträgt die Quote ca. 6,3 % (Stand: 2015).

Beispielrechnung: $$\frac{2\,790\,000 \text{ (Arbeitslose)}}{42\,000\,000 \text{ (Erwerbstätige)} + 2\,790\,000} \times 100\,\% = \text{ca. } 6{,}3\,\%.$$

Als Maßstab für die Zielerreichung (= Vollbeschäftigung) wird die aktuelle Arbeitslosenquote in das Verhältnis zu den offenen Stellen (= 545 000, Stand: 2015) gesetzt.

Begründung für das wirtschaftspolitische Ziel des hohen Beschäftigungsstands

Arbeitslosigkeit kann gravierende Folgen für die persönlich Betroffenen und für die Gesamtgesellschaft mit sich bringen.
- Die **individuellen Konsequenzen der Arbeitslosigkeit** sind ein vermindertes Einkommen und eine Beeinträchtigung des Lebensstandards. Hinzu kommt oftmals noch der Verlust der Selbstachtung in unserer sog. Leistungsgesellschaft. Bei Langzeitarbeitslosen können zudem die erworbenen Fähigkeiten verloren gehen, insbesondere bei fortschreitender Technisierung.
- **Gesamtgesellschaftliche Auswirkungen** sind die geringeren Staatseinnahmen bei gleichzeitig höheren Unterstützungszahlungen, z. B. Arbeitslosengeld I und II usw. Die Güternachfrage leidet ebenfalls darunter, weil Arbeitslosen weniger Geld für den Konsum zur Verfügung steht, was dann auch die Unternehmen zu spüren bekommen können.

Außenwirtschaftliches Gleichgewicht

Bei der heutigen engen außenwirtschaftlichen Verflechtung, insbesondere vor dem Hintergrund unserer gemeinsamen europäischen Währung, kann Wirtschafts-, Konjunktur- und Finanzpolitik nicht mehr isoliert betrieben werden.

Das außenwirtschaftliche Gleichgewicht, d. h., dass Zahlungseingänge und -ausgänge möglichst ausgewogen sein sollten, ist für Deutschland besonders wichtig. Wir sind ein Transitland im Herzen Europas, besitzen kaum nennenswerte Rohstoffe außer Kohle und unsere Industrie ist sehr stark exportorientiert. Die vom Ausland bezogenen Rohstoffe, z. B. Erdgas, Eisenerz, Kupfer usw., müssen von uns be- und verarbeitet (= veredelt) werden, um sie bezahlen zu können. Das Ziel des außenwirtschaftlichen Gleichgewichts wird am **Außenbeitrag** einer Volkswirtschaft gemessen. Dieser bezeichnet den Unterschied zwischen dem Im- und Export von Waren/Dienstleistungen.

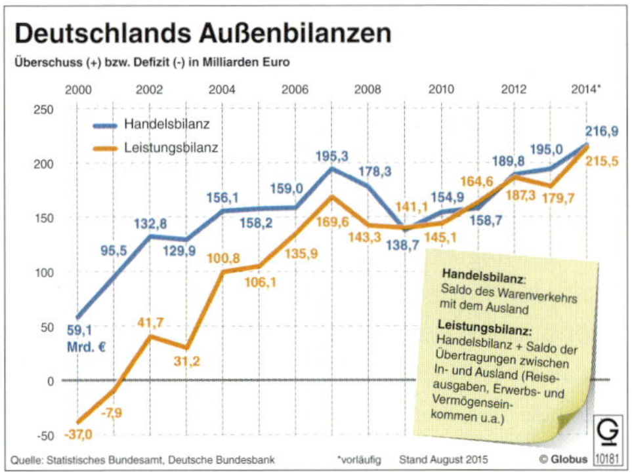

Ein außenwirtschaftliches Gleichgewicht liegt vor, wenn die Leistungsbilanz ausgeglichen ist. Diese Bilanz beinhaltet die Handelsbilanz (= Im- und Export), die Dienstleistungsbilanz (= Austausch von Dienstleistungen mit dem Ausland), die Erwerbs- und Vermögenseinkommensbilanz (= Arbeits- oder Kapitaleinkommen, die aus dem Ausland kommen oder ins Ausland fließen) und die Übertragungsbilanz (= z. B. Kosten der deutschen Urlauber im Ausland usw.).

In Deutschland spricht man auch noch von einem außenwirtschaftlichen Gleichgewicht, wenn der positive Außenbeitrag (= Exportüberschuss) 1 % bis 2 % des **Bruttoinlandsprodukts** beträgt. Das Bruttoinlandsprodukt besteht aus allen Waren, die innerhalb eines Jahres produziert werden und dem Endverbrauch dienen.

Begründung für das Ziel des außenwirtschaftlichen Gleichgewichts

Aufgrund der internationalen Arbeitsteilung und der damit zusammenhängenden Verflechtung sollten sich die außenwirtschaftlichen Beziehungen „gleichgewichtig" entwickeln, damit die beteiligten Länder zahlungsfähig bleiben.

Stetiges und angemessenes Wirtschaftswachstum

Durch eine steigende Warenproduktion wird normalerweise der Wohlstand in einem Land gefördert. Das Wachstum hat Auswirkungen auf die soziale Sicherheit, den sozialen Frieden und die Gerechtigkeit in einem Staat. Allerdings hängt es davon ab, wie letztlich der Wohlstandszuwachs verteilt wird. Aufgrund zunehmender Kritik am Wirtschaftswachstum wird dieses Ziel heute mehr unter dem Aspekt der

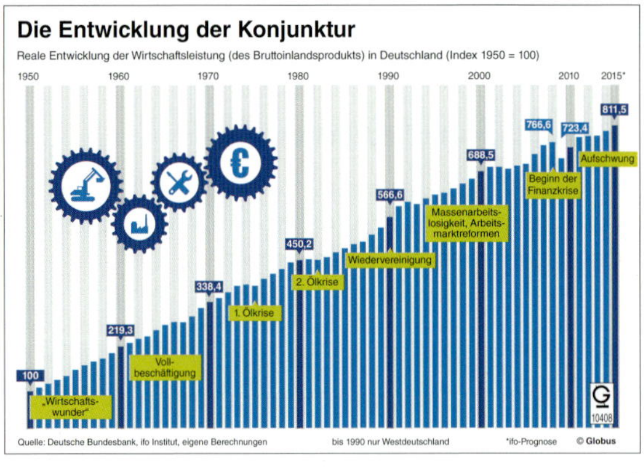

Nachhaltigkeit betrachtet. Daher wird das magische Viereck auch auf ein Sechseck erweitert, bei dem der Umweltschutz eine eigenständige Rolle spielt.

Als Maßstab des Wachstums wird die jährliche Zuwachsrate zum realen Bruttoinlandsprodukt genommen.

Das Wachstumsziel gilt als erreicht, wenn das reale Bruttosozialprodukt kontinuierlich und angemessen wächst. Von vielen Wirtschaftspolitikern wird eine Wachstumsrate zwischen 2 % und 3 % als erstrebenswert angesehen.

Begründung für das wirtschaftspolitische Ziel des stetigen und angemessenen Wachstums

Wirtschaftswachstum soll das Bedürfnis der Menschen nach mehr Wohlstand erfüllen. Allerdings setzt sich immer mehr die Erkenntnis durch, dass es über den materiellen Konsum hinaus zu einer höheren Lebensqualität mithilfe verbesserter Umweltbedingungen, humanerer Arbeitsplätze, umfassende Gesundheitsvorsorge usw. kommen soll (= nachhaltiges Wachstum).

Zu den Zielen des magischen Vierecks kamen im Laufe der Zeit weitere wirtschaftspolitisch wünschenswerte Ziele hinzu. Dies ist zum einen eine **gerechte Einkommens- und Vermögensverteilung**, damit sich nicht große Teile der Bevölkerung vom gesellschaftlichen Wohlstand ausgeschlossen fühlen. Wenn nämlich die Einkommen und Vermögen sehr stark auseinanderklaffen, wird dies von großen einkommensschwächeren Teilen der Bevölkerung nicht akzeptiert und der soziale Frieden ist gefährdet. Zum anderen ist die **Erhaltung einer lebenswerten Umwelt**, insbesondere für künftige Generationen, immer wichtiger. Eine vorausschauende Umweltpolitik muss versuchen, ökologische Schäden zu mindern bzw. zu vermeiden und damit Ressourcen zu schützen.

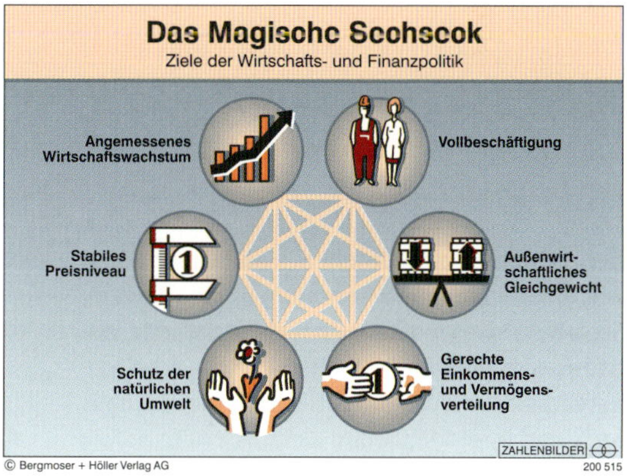

Manche erweitern das Sechseck sogar noch um die Ziele „Verbraucherschutz“, „ausgeglichene öffentliche Haushalte“ und „humane Arbeitsbedingungen für die Belegschaften“.

Die wirtschaftspolitischen Ziele werden als magisch bezeichnet, weil alle zusammen kaum zu erreichen sind, da sie voneinander abhängen und miteinander verwoben sind (= Zielgeflecht).

7.3.2 Wirtschaftspolitische Strategien

Das Hauptziel der wirtschaftspolitischen Aktivitäten ist die **gesamtwirtschaftliche Stabilität.** Diese wird in marktwirtschaftlichen Systemen, wo es um Angebot und Nachfrage geht und der Markt alles regulieren soll, nicht immer erreicht. Um Krisen zu vermeiden, greift der Staat ins Wirtschaftsgeschehen ein. Hierzu benutzt er **ordnungspolitische, strukturpolitische und prozesspolitische Instrumente.**

- **Ordnungspolitik**: Hier setzt der Staat bestimmte Rahmenbedingungen, indem er z. B. die Eigentumsrechte regelt, die Wettbewerbsbedingungen festlegt usw.
- **Strukturpolitik**: Dabei wird staatlicherseits in die Infrastruktur eingegriffen, indem z. B. bestimmte Regionen oder auch Branchen unterstützt werden (Aufbau Ost usw.)
- **Prozesspolitik**: Der Staat greift direkt in Marktprozesse ein durch seine Arbeitsmarkt-, Fiskal-, Handels-, Steuer-, Konjunkturpolitik usw.

Zur Sicherung des gesamtwirtschaftlichen Gleichgewichts kann der Staat mithilfe seiner Instrumente die Angebots- oder die Nachfrageseite bevorzugen.

Konzepte der Wirtschaftspolitik

Angebotsorientierte Wirtschaftspolitik	Nachfrageorientierte Wirtschaftspolitik
Ziel: Eine Verbesserung der gesamtwirtschaftlichen Angebots-/Rahmenbedingungen führt zu kostengünstigeren Produkten und damit zu mehr Konsum, zu verbesserter Wettbewerbsfähigkeit, zu mehr Investitionen usw. und trägt langfristig zum Wirtschaftswachstum bei.	**Ziel:** Die Stärkung der gesamtwirtschaftlichen Nachfrage insbesondere in einem Konjunkturtief führt zur Ankurbelung der Produktion und wirkt antizyklisch (Theorie von J. M. Keynes). Trägt zur Erhöhung des Wirtschaftswachstums bei.
Maßnahmen: - Beseitigung von Angebotshemmnissen, z. B. durch Erschließung von Gewerbegebieten usw., - Leistungsanreize für Arbeitgeber und Arbeitnehmer, z. B. durch Steuersenkungen, um das Investitionsklima zu verbessern usw., - Förderung des technischen Fortschritts, um beispielsweise kostengünstigere Produkte anbieten zu können usw. (siehe auch Kap. 7.1.2, S. 261 ff.).	**Maßnahmen:** - entsprechend der konjunkturellen Situation Steuern und Zölle senken/anheben, um die Nachfrage nach Konsum- und Investitionsgütern anzukurbeln oder zu dämpfen, - Subventionen einsetzen, um bestimmte Branchen, z. B. alternative Energien, zu fördern, - in Kooperation mit Bundesbank und EZB das Zinsniveau anheben oder senken, um größere Konjunkturausschläge abzumildern,

Träger dieser Wirtschaftspolitik sind neben den **öffentlich-rechtlichen Körperschaften,** wie Bund, Ländern, Kommunen, Sparkassen, Sozialversicherungen, auch **nicht staatliche Institutionen,** wie die Kirchen, Parteien, Arbeitgeberverbände, Gewerkschaften usw., die ebenfalls im Sinne ihrer Mitglieder die Wirtschaftspolitik beeinflussen. Durch die verschiedenen Interessenverbände entsteht ein gewisser Macht- und Interessenausgleich in der Gesamtgesellschaft. Außer den öffentlich-rechtlichen Körperschaften und den nicht staatlichen Interessengruppen haben **multinationale Unternehmen** einen erheblichen Einfluss auf das Wirtschaftsgeschehen.

7.4 Probleme der zunehmenden Staatsverschuldung aufzeigen können

„Wenn ich mir manchmal Gedanken um meine Zukunft und die Zukunft unseres Staates mache, wird mir fast schwindelig. Eigentlich ist der Staat für die wirtschaftliche Stabilität zuständig. Allerdings hat er im Laufe der Zeit insgesamt über zwei Bio. € Schulden angehäuft! Diese Summe ist kaum vorstellbar. Wie kam es überhaupt zu diesem Schuldenberg? Sind evtl. meine Eltern und Großeltern daran schuld und wir Jüngeren müssen dies u. U. einmal „ausbaden“? Wie dürfte es weitergehen bei diesen Schulden? Sieht es eigentlich in anderen Staaten besser aus? Welche Folgen hat diese Überschuldung der Staaten?“

7.4.1 Ursachen der Verschuldung

Unter Staatsverschuldung versteht man die Aufnahme von Krediten durch die Gebietskörperschaften Bund, Länder und Kommunen sowie durch die Sozialversicherungen.

Diese Gelder werden aufgenommen zur Deckung der öffentlichen Ausgaben wie Auszahlung von Kindergeld, Zuschüssen zu Schwimmbädern, Schulunterhaltung usw. Dazu kommen noch „ausgelagerte Schulden ins sogenannte Sondervermögen“ wie beispielsweise das ERP-Sondervermögen (für den Wiederaufbau der deutschen Wirtschaft), den Erblastentilgungsfonds (Kosten aus der Wiedervereinigung) usw.

Schuldenhöhe der öffentlichen Hand (Aufteilung):

- Bund 60 %,
- Länder 32 % und
- Gemeinden 8 % der Staatsschulden.

Neuverschuldung

Für die politische wie auch für die wirtschaftliche Bewertung der massiven Staatsschulden sind sowohl die jährliche **Neu- als auch die Gesamtverschuldung** von Bedeutung. Bereits in den 1950er-Jahren begann die öffentliche Hand, mehr Geld auszugeben, als sie durch Steuern eingenommen hat. Der jeweils fehlende Betrag, das **Haushaltsdefizit**, musste dann mit Krediten gedeckt werden. Diese neuen Schulden werden als Bruttokreditaufnahme bezeichnet. Allerdings werden auch in jedem Haushaltsjahr Schulden getilgt, die dann von der Bruttokreditaufnahme abgezogen werden, sodass man zur aussagekräftigen **Nettokreditaufnahme** oder Neuverschuldung kommt.

Neuverschuldung = Bruttokreditaufnahme – Tilgung

Allerdings wird von den Schulden kaum etwas getilgt, da die neuen Kredite meist nur alte ablösen, sodass der Schuldenberg jährlich um den Betrag der Neuverschuldung wächst. Nach dem **Haushaltsrecht**, das im Grundgesetz verankert ist, sind Neuverschuldungen nur akzeptabel, wenn mit ihnen Investitionen finanziert werden, die Erträge abwerfen und den späteren Generationen zugute kommen.

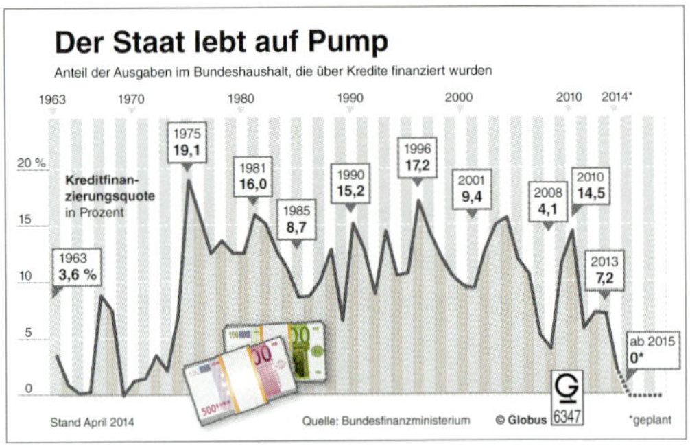

Gesamtverschuldung

Hierunter versteht man den Schuldenstand, den Deutschland seit seinem Bestehen (1949) angehäuft hat. Im Jahr 1950 waren dies ca. 10 Mrd. € und im Jahr 2015 insgesamt 2,062 Bio. €, dies sind 2 062 Mrd. €, was eine Pro-Kopf-Verschuldung von 25 400 € bedeutet! Der Bund der Steuerzahler hat ermittelt, dass die Verschuldung pro Sekunde um weitere 165 € wächst, wie man seiner sog. Schuldenuhr an der Geschäftsstelle in Berlin entnehmen kann (Stand: 2015).

Deutschland als Mitglied der Europäischen Union hat im Vertrag von Maastricht 1992 die Schaffung einer **Wirtschafts- und Währungsunion** mitunterzeichnet. In diesem entscheidenden Vertrag zur Euroeinführung wurden im Rahmen des Stabilitäts- und Wachstumspakts Kriterien zur Haushaltsstabilität aller Mitgliedsländer beschlossen, die den Euro einführen wollen.

Maastrichtkriterien zur Stabilisierung der Haushalte aller Mitgliedstaaten (Euroeinführung)

Neuverschuldung	Gesamtverschuldung
Darf nicht mehr als 3 % des Bruttoinlandsprodukts (BIP) betragen.	Darf nicht mehr als 60 % des Bruttoinlandsprodukts betragen.

Trotz dieser vertraglichen Bestimmungen zur Einführung der gemeinsamen europäischen Währung haben viele Länder, einschließlich Deutschland, gegen diesen Vertrag verstoßen und des Öfteren die „Maastrichter Hürden gerissen", was allerdings ohne Konsequenzen blieb. Besonders gravierende „Fälle" bei der Gesamtverschuldung sind Italien und Griechenland, die einen Schuldenstand von über 100 % ihres Bruttoinlandsprodukts haben.

Wichtig ist auch, wo der Staat seine Kredite aufgenommen hat, ob im In- oder Ausland. Bei einer hohen Verschuldung bei ausländischen Gläubigern ist die Abhängigkeit von diesen nämlich sehr groß.

Deutschlands Gläubiger kommen

- zu 60 % aus dem Inland, wobei 2/3 Banken und 1/3 Versicherungen, Unternehmen oder Privatpersonen sind, und
- zu 40 % aus dem Ausland.

Hauptursachen der massiven Staatsverschuldung in Deutschland und Europa

Eine wichtige Ursache ist bereits seit Anfang des 20. Jahrhunderts der Wandel vom Verwaltungs- und Rechtsstaat zum Wohlfahrts- und Umverteilungsstaat. Dies führte zu einer deutlichen Ausweitung staatlicher Leistungen.

- So stieg die **Staatsquote** (= Anteil der öffentlichen Ausgaben am BIP) von ca. 15 % um 1900 auf 33 % im Jahr 1960 und auf 44 % im Jahr 2014. Das heißt, dass bei uns fast jeder zweite Euro des BIP direkt über den Staatskonsum und die staatlichen Investitionen oder auch indirekt über sog. Transferzahlungen und Subventionen staatlich verwaltet wird. Zu anderen europäischen Ländern gibt es große Unterschiede, so liegt z. B. die Staatsquote in Finnland bei 58, in Österreich bei 52, im EU-Durchschnitt bei 48, in Irland bei 38 und in Rumänien bei 35 % des jeweiligen BIP (Stand: 2014).
- Eine weitere Ursache der Verschuldung ist die **antizyklische Fiskalpolitik** (siehe Kap. 7.1.2, S. 261 ff.), die die meisten Staaten betreiben. Dies besagt, dass bei einem Konjunkturabschwung der Staat die Lücke zwischen konjunkturbedingten Steuerausfällen und wachsenden Staatsausgaben durch Kreditaufnahme schließen soll (= „deficit spending"). In Boomzeiten sollten dann die angehäuften Schulden wieder zurückgezahlt werden, was allerdings kaum gemacht wird.
- In Deutschland kam die strukturell bedingte Verschuldung durch die **Wiedervereinigung** von 1989 dazu. Diese erforderte massive Investitionen, z. B. in die Infrastruktur (Verkehrsnetz, Kommunikationsnetz usw.), was die Verschuldung stark in die Höhe trieb.

- Deutschland ist ein **Sozialstaat**, d. h., es wird eine Vielzahl von Sozialleistungen und auch Teile des Gesundheitssystems teilweise über Schulden finanziert. Wie man dem Schaubild entnehmen kann, ist der Etatanteil des Bundesministeriums für Arbeit und Soziales der höchste aller Haushaltsanteile. Interessanterweise nimmt bereits der Zinsaufwand für die Verschuldung die drittgrößte Position im Bundeshaushalt ein (Bundesschuld).

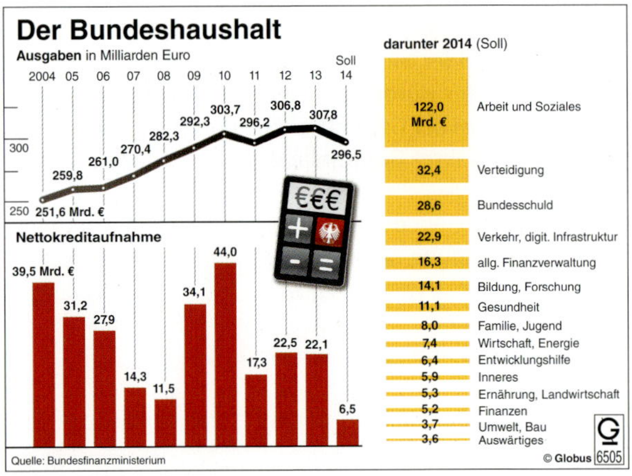

7.4.2 Folgen der zunehmenden Verschuldung

Fallbeispiel:
Der 24-jährige Kai Wagner ist besorgt wegen der hohen Staatsschulden und fragt sich, welche Probleme eine solche Verschuldung alles mit sich bringt. Noch mehr bedrückt ihn die Frage, ob seine jüngere Generation evtl. diese Schulden „abtragen muss“, die sie „geerbt hat“. Kann er bei diesem Schuldenstand vom Staat überhaupt noch Sozialleistungen erwarten oder wird er später einmal auf sich allein gestellt sein?

Die starke Verschuldung der öffentlichen Hand bringt Probleme mit sich, sowohl für die jetzige Generation als auch insbesondere für die kommenden Generationen.

Probleme der Verschuldung

Das Hauptproblem des Schuldenbergs ist ein Verteilungsproblem.

Ein großes Problem stellt die **Einkommens- und Vermögensverteilung** dar. Diese wird durch die ausufernde Staatsverschuldung zugunsten der Besserverdienenden und höheren Vermögensschichten verschoben. Dieser Personenkreis ist in der Lage, z. B. Staatsanleihen mit entsprechenden Zinseinkünften zu erwerben, die dann in der Folge ihr privates Geldvermögen noch weiter erhöhen. Die Zinszahlungen der Staaten gehen dann zulasten des Steuerzahlers, d. h. der Allgemeinheit.

Die Schere zwischen Arm und Reich geht daher immer weiter auseinander. So stieg beispielsweise in Deutschland das durchschnittliche reale Nettoeinkommen pro Kopf bei den reichsten 10 % der Bevölkerung von 1990 bis 2010 um weit mehr als 30 % an. Während im gleichen Zeitraum die ärmsten 10 % der Bevölkerung ca. 15 % ihres Nettoeinkommens verloren.
Innerhalb der Eurozone gibt es in Deutschland die höchste Vermögenskonzentration bei den „Superreichen“. So besitzt das reichste Prozent der Bundesbürger 24 % des gesamten Vermögens in Deutschland (Stand: 2013), was von großen Teilen der Bevölkerung stark kritisiert wird.

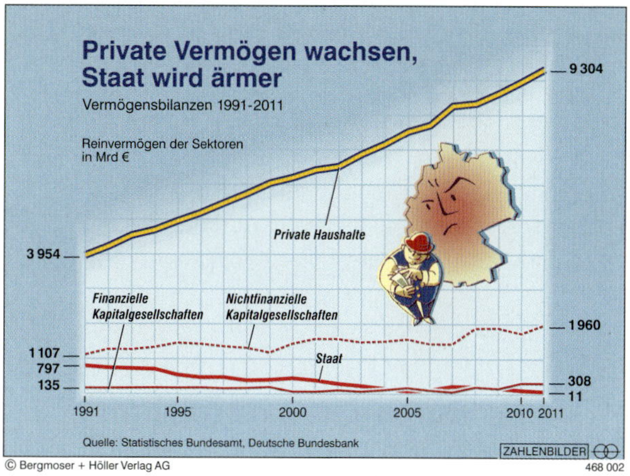

468 002

Ein weiteres Verteilungsproblem der Staatsschulden betrifft die **Verteilung zwischen öffentlichem und privatem Bereich**, wie das Schaubild verdeutlicht. Da die Staatsverschuldung das wirtschaftliche Wachstum übersteigt, wird auch normalerweise die Staatsquote höher und die Eingriffe in das marktwirtschaftliche System größer. Hinzu kommt noch, dass das Reinvermögen des Staates (= Anlagegüter in Form von Verkehrswegen, Versorgungsanlagen, Verwaltungsgebäuden usw.) in den letzten Jahrzehnten stark abgenommen hat. Das heißt, für künftige Herausforderungen/Aufgaben steht ihm kein nennenswertes Vermögenspolster mehr zur Verfügung.

Lösungsvorschläge

Es ist schon bedenklich, wenn ca. 10 % des Bundeshaushalts für den Schuldendienst aufgewendet werden müssen. Wie der riesige Schuldenberg von Bund, Ländern und Gemeinden reduziert werden soll, darüber gehen die Meinungen stark auseinander. Manche plädieren für höhere Steuern, insbesondere für größere Einkommen und Vermögen, manche für „eisernes Sparen“ beim Staat, z. B. durch die Reduzierung von Sozialleistungen und mehr Eigenverantwortung der Bürger.

Andere wollen die Staatsquote weiter zurückführen und fordern die Privatisierung verschiedener staatlicher Tätigkeiten wie Straßenreinigung, Abwasserbeseitigung usw. Ob der Ausstieg aus dem „Teufelskreis der Neuverschuldungen“ mit all seinen Konsequenzen gelingt, wird die Zukunft zeigen.

7.5 Gründe für die jeweilige wirtschaftliche Lage von Staaten darstellen

Nullwachstum: So gefährdet ist Europas Wirtschaft

Deutschlands Wirtschaft schrumpft, Italien rutscht in die Rezession, die Eurozone stagniert: Europas Konjunktur schwächelt bedenklich. Droht eine neue Krise?

Hamburg - Es ist kein guter Tag für Europas Wirtschaft. Die neuesten Zahlen des Europäischen Statistikamts zeigen: Der größte Wirtschaftsraum der Welt wächst nicht mehr. 0,0 Prozent Wachstum zwischen April und Juni im Vergleich zum Vorquartal.

Die deutsche Wirtschaft ist im zweiten Quartal im Vergleich zum Vorquartal gar um 0,2 Prozent geschrumpft. Erstmals seit 2009 hat sie sich schlechter entwickelt als die Eurozone im Durchschnitt. Die Bundesrepublik, so scheint es, droht ihre Rolle als Wachstumstreiber Europas zu verlieren.

Die konjunkturelle Entwicklung Europas stimmt bedenklich. Vor einigen Monaten erst war vom baldigen Ende der Eurokrise die Rede. Spanien und Portugal konnten den Euro-Rettungsschirm verlassen. Irland versprach, seine Schulden schneller als geplant abzutragen. Und nun das: 0,0 Prozent Wachstum. Dazu die hohe **Arbeitslosigkeit** in vielen EU-Staaten.

Was ist passiert in Europa?

In Deutschland liegt das leichte Minus unter anderem am milden Winter. Dieser hat im ersten Quartal einen Boom erzeugt, viele Unternehmer haben Geschäfte vorgezogen. Das drückt nun das Wachstum im zweiten Quartal. Strukturell aber steht Deutschland mit seiner niedrigen Arbeitslosigkeit, der sinkenden Staatsschuldenquote und dem lebhaften Konsum nach wie vor gut da. Für das dritte Quartal ist wieder mit Wachstum zu rechnen.

In anderen Euroländern dagegen ist die Lage bedenklich. Vor allem Frankreich und Italien, die nach Deutschland größten Volkswirtschaften des Währungsraums, haben große strukturelle Probleme. Und in Krisenstaaten wie Griechenland, Spanien und Portugal geht es dank schmerzhafter Spar- und Reformprogramme zwar inzwischen wieder leicht bergauf mit der Wirtschaft. Doch die Gefahr eines Rückfalls in die Krise ist noch immer groß.

Ein weiterer Gefahrenherd für alle EU-Länder sind die aktuellen Großkonflikte. Die Spannungen zwischen der EU und Russland, die Kriege im Nahen Osten, der politische Umbau der Türkei: All das hat ein Klima der Unsicherheit geschaffen. „Geopolitische Risiken könnten die Konjunkturlage negativ beeinflussen“, schreiben die Währungshüter der Europäischen Zentralbank. Ebenfalls belastend sei die sinkende Nachfrage aus Schwellenländern wie China und Brasilien.

Quelle: Schultz, Stefan/Kröger, Michael: Nullwachstum: So gefährdet ist Europas Wirtschaft, 14.08.2014, abgerufen unter: www.spiegel.de/wirtschaft/soziales/konjunktur-in-eu-analyse-des-ersten-halbjahrs-2014-a-986056.html [22.02.2016].

Welche Gründe führen dazu, dass manche Länder/Volkswirtschaften „absteigen", andere wiederum wirtschaftlich „aufsteigen" und dadurch an Bedeutung und Einfluss gewinnen?

Wichtige Gründe für die aktuelle ökonomische Situation von Staaten

Historische Bedingungen	Wettbewerbsfähigkeit	Ressourcen[1]	Wirtschaftsordnung
Darunter fallen Gegebenheiten wie: - Teilnahme an Kriegen, - revolutionäre Umwälzungen, - koloniale Ausbeutung usw.	Beantwortet Fragen wie: - Welche Rahmenbedingungen setzt der Staat? - Wie können sich Unternehmen entfalten? - Wie produktiv wird gewirtschaftet usw.?	Kriterien sind: - vorhandene Rohstoffe, Energie usw., - Fruchtbarkeit der Böden, - Bildungs- und Entwicklungsstand des Arbeitskräftepotenzials, - vorhandenes Kapital für Unternehmen und Konsumenten usw.	Hat sich das Land für eine Zentralverwaltungswirtschaft, für eine freie Marktwirtschaft oder für eine soziale Marktwirtschaft entschieden?

Um die wirtschaftliche Lage von Staaten miteinander vergleichen zu können, wird meist das **Bruttonationaleinkommen** (**BNE**) herangezogen.

Das BNE ist die Summe der innerhalb eines Jahres von allen Bewohnern eines Landes (Inländer) erwirtschafteten Einkommen.

Das Bruttoinlandsprodukt (BIP) beinhaltet ebenfalls alle in einem Land erwirtschafteten Einkommen, ganz gleich ob sie von In- oder Ausländern erzielt wurden.

Allerdings ist es bei einem wirtschaftlichen Vergleich verschiedener Länder sinnvoller, das **Pro-Kopf-Einkommen als Gradmesser für die Wohlstandsentwicklung** heranzuziehen, da normalerweise eine größere Volkswirtschaft auch ein größeres BNE erzielt. Ein höheres Pro-Kopf-Einkommen in einem Land bedeutet allerdings nicht gleichzeitig eine Erhöhung des Wohlstands und der Lebensqualität für jeden einzelnen Bürger.

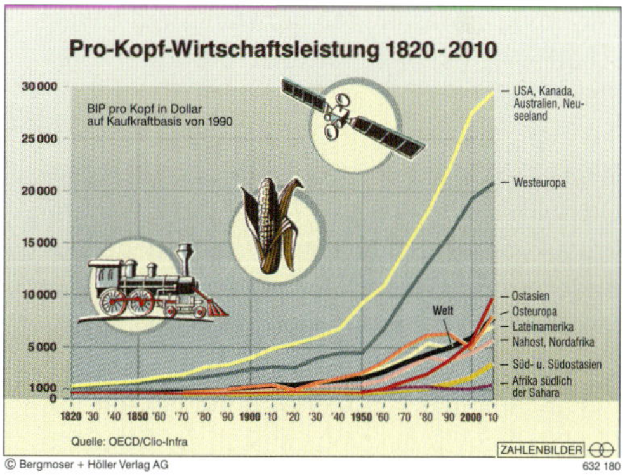

632 180

Beispiel

Unfälle auf den Straßen erhöhen das Bruttonationaleinkommen. Es werden Ärzte eingesetzt, Medikamente bezahlt, Versicherungen müssen tätig werden und der Kauf neuer Autos treibt die Statistik nach oben. Wie sieht es aber mit der Lebensqualität des evtl. querschnittsgelähmten Unfallopfers aus ...?

Ein ebenfalls wichtiges Vergleichskriterium ist die **Einkommens- und Vermögensverteilung** in einem Land. Einem Geringverdiener nützt ein hohes durchschnittliches Pro-Kopf-Einkommen in

1 *Ressourcen = materielle oder auch immaterielle Güter, worunter man Betriebsmittel, Geldmittel, Rohstoffe, aber auch Personen verstehen kann.*

seinem Land nichts, wenn sich nämlich der Großteil des Vermögens in den Händen einiger weniger Superreicher konzentriert.

Um die wirtschaftliche Lage von Staaten darstellen zu können, untersuchen wir drei vollkommen unterschiedliche Länder, nämlich einen hochentwickelten Industriestaat (die USA), ein sog. Schwellenland (Russland) und ein Entwicklungsland im Süden Afrikas (Namibia).

7.5.1 Wirtschaftssituation des Industriestaats USA

Seit ihrer **Gründung** vor über 200 Jahren spielte in den Vereinigten Staaten die freie Entfaltung der wirtschaftlichen Kräfte eine dominierende Rolle. Trotz der Teilnahme an beiden Weltkriegen stieg das jährliche Pro-Kopf-Einkommen von 1800 bis zum Jahr 2000 kontinuierlich von 1 550 US-$ auf über 30 000 US-$. Um diese Steigerung richtig zu bewerten, muss man allerdings auch die jährlichen Inflationsraten berücksichtigen, dann sieht der Anstieg realistisch nicht ganz so gewaltig aus. Die Teilnahme am Vietnamkrieg schadete dem Wirtschaftswachstum nicht, allerdings erhöhte sich die Staatsverschuldung. Diese Verschuldung stieg bis heute in ungeahnte Höhen, da bei Konjunkturabschwüngen der Staat die Steuern senkte, die Staatsquote zurückfuhr und Konjunkturprogramme auflegte, um die Wirtschaft anzukurbeln.

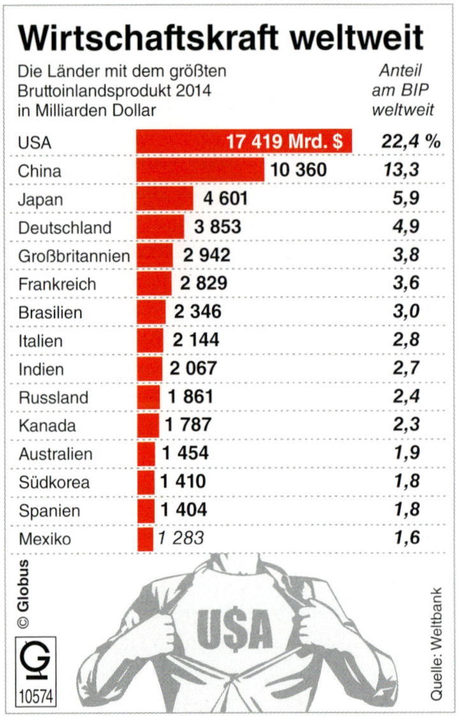

Die internationale **Wettbewerbsfähigkeit** der USA ist enorm. Die Vereinigten Staaten sind mit einem Bruttoinlandsprodukt von 16,8 Bio. US-$ noch die größte Volkswirtschaft der Welt, knapp vor China (Stand: 2015). Traditionell wird der größte Teil der produzierten Sachgüter und angebotenen Dienstleistungen von privaten Unternehmen erwirtschaftet, da die Regierung in Washington nur wenig in die Wirtschaft eingreift. Aus diesem Grunde ist die Staatsquote auch relativ niedrig.

Manche bezeichnen das Land als **„Verbraucherwirtschaft"**, da zwei Drittel der gesamten Produktion dem privaten Konsum dient. Aus dieser Konsumfreude der privaten Haushalte resultiert auch deren relativ starke Verschuldung. So hatte beispielsweise im Jahr 2007 ein durchschnittlicher Haushalt Schulden von ca. 10 000 US-$. Hinzu kommen noch die Schulden aus Immobilienkrediten.

Noch gravierender als die private **Verschuldung** ist die öffentliche Verschuldung. So hatte der Zentralstaat inklusive der Länder, Kommunen und der Sozialversicherungen 2015 Schulden in Höhe von 18 Bio. US-$, was 105 % des Bruttoinlandsprodukts (BIP) darstellen. Pro Kopf ist dies eine (Staats-)Verschuldung von ca. 40 000 €, diese wird nur noch von Japan mit ca. 66 000 € übertroffen. In Deutschland zum Vergleich beträgt die Verschuldung pro Einwohner ca. 26 000 €, in Spanien 19 000 € und im Schwellenland Brasilien nur 5 000 €.

Die USA sind reich an natürlichen **Ressourcen**. Hinzu kommen noch fruchtbare Böden, die in der gemäßigten nordamerikanischen Klimazone landwirtschaftlich intensiv genutzt werden. Durch die Nutzung eigener Rohstoffe insbesondere zur Energieerzeugung ist man nicht allzu stark abhängig von Importen aus anderen Ländern.

Wirtschaftsdaten zu den USA

Bevölkerung: 310 Mio. Einwohner

Wachstumsrate des BIP: 1,8 % (2014)

Anteile am BIP: Landwirtschaft 1 %, Industrie 20 %, Dienstleistungen 79 %

Inflationsrate: 2,15 %

Arbeitslosenquote: 6,2 %

Haushaltsdefizit (am BIP): – 4,2 %

Hauptexportgüter: Maschinen und Transportmittel 39 %, chemische Produkte 14 %, Fertigwaren 10 % usw.

Hauptausfuhrländer: Kanada, Mexiko, China

Rohstoffe: Erdöl, Erdgas, Kohle, Kupfer, Eisen, Silber, Uran usw.

Zum relativ hohen **Lebensstandard** trägt auch das Arbeitskräftepotenzial bei. Hohe Geburtenraten und ein enormer Zufluss an Migranten sorgen für ein großes Arbeitskräfteangebot. In Verbindung mit einer hohen Produktivität, Erfindungsreichtum und einer guten Infrastruktur tragen sie zum Wohlstand des Landes bei.

In den Vereinigten Staaten kann man fast von einer **freien Marktwirtschaft** sprechen, da sich der Staat in wirtschaftlichen Fragen stark zurückhält. Dadurch wird allerdings auch auf manche sozialstaatliche Elemente, wie Arbeitslosenversicherung, Krankenversicherung für alle, Pflegeversicherung usw., die in Europa oftmals Standard sind, weniger Wert gelegt.

7.5.2 Wirtschaftliche Lage des Schwellenlandes Russland

Unter Schwellenländern sind ehemalige Entwicklungsländer zu verstehen, die auf dem „Sprung zur Industrialisierung stehen". Sie werden manchmal auch als „Zweite Welt" bezeichnet. Soziale Entwicklungsaspekte wie Lebenserwartung, Alphabetisierungsrate, Säuglingssterblichkeit, Ausbau demokratischer Strukturen, Entwicklung einer Zivilgesellschaft, Umweltschutz, weit auseinanderklaffende Einkommens- und Vermögensverteilung usw. hinken dem wirtschaftlichen Fortschritt hinterher.

Wichtige Schwellenländer sind die sog. BRICS-Staaten: Brasilien, Russland, Indien, China und Südafrika.

Russland als aufstrebendes Schwellenland

Seit der Oktoberrevolution 1917 wurde die sowjetische Wirtschaft vom Staat gelenkt. Die **Zentralverwaltungswirtschaft** gab damals der landwirtschaftlich geprägten Sowjetunion die Ziele vor. Unter dem Diktator Stalin kam es dann mithilfe von Fünfjahresplänen zu einem radikalen Umbau vom Agrar- zum Industriestaat, der mit einem wirtschaftlichen Aufschwung verbunden war. Mit der wirtschaftlichen Entfaltung ging gleichzeitig ein Aufstieg zu einer Weltmacht einher. Der Zweite Weltkrieg (der „große vaterländische Krieg") brachte, auch aufgrund der massiven militärischen Aufrüstung, gravierende Einschnitte für die Wirtschaft und den Lebensstandard mit sich. Dank des starken Exports von Erdöl und Erdgas konnte sich dann die Gesamtwirtschaft wieder langsam erholen.

Nach der Auflösung der Sowjetunion und dem damit verbundenen **Zusammenbruch der Planwirtschaft** Ende der 1980er-Jahre brach die russische Produktion um etwa 40 % ein. Nach einer wirtschaftlichen Erholungsphase sanken die Erdölpreise sehr stark, was zu einer massiven Abwertung der russischen Währung (= Rubel) führte. Seit der Jahrtausendwende geht es allerdings aufgrund wirtschaftspolitischer Reformen und insbesondere auch wegen des Öl- und Gaspreisanstiegs wieder „bergauf". Dies führte zu Rekordüberschüssen in der Handels- und Leistungsbilanz.

Gas aus Russland

Wichtige Gas-Pipelines nach Europa (Auswahl)

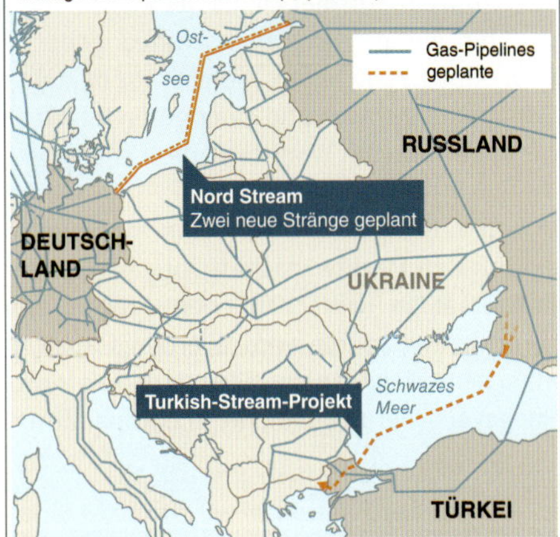

Stand 2014, schematische Darstellung
Quelle: Eurogas, Gazprom, dpa
dpa•22783

Die kräftigen Exporterlöse trugen auch zum stetigen Anstieg der Währungsreserven bei.

Die **Wettbewerbsfähigkeit** Russlands mit einem Bruttosozialprodukt von ca. 2000 Mrd. US-$ (Stand: 2014) hängt schwerpunktmäßig an den Rohstoff- und insbesondere an den Energiepreisen, die auf dem Weltmarkt zu erzielen sind. Dank der Wachstumsraten seit dem Jahr 2000 wurden die Staatsschulden auf rund 10 % des Bruttoinlandsprodukts reduziert, was im internationalen Vergleich fast eine Spitzenstellung bedeutet. Auch die hohen Gold- und Währungsreserven stellen eine erwähnenswerte Absicherung des aufstrebenden Landes dar.

Wirtschaftsdaten zu Russland

Bevölkerung: 143 Mio. Einwohner

Wachstumsrate des BIP: 4,4 % (2012)

Anteile am BIP: Landwirtschaft 4 %, Industrie 37 %, Dienstleistungen 59 %

Haushaltsüberschuss: 122 Mrd. US-$

Hauptexportgüter: Brennstoffe 68 %, Metalle und Edelsteine 13 %, chemische Erzeugnisse und Gummi 6 % usw.

Hauptausfuhrländer: Niederlande, Italien, Deutschland, China

Rohstoffe: Gas, Öl, Kohle, Torf, Palladium, Platin usw.

Der Staat ist einer der größten **Energieproduzenten** und verfügt über ein Viertel aller Gasreserven, über 6,3 % der Weltölreserven und über die zweitgrößten Kohlereserven (= 19 %) weltweit. Allerdings führt diese einseitige Ausrichtung vieler, vom Staat dominierten Kapitalgesellschaften zu einer Abhängigkeit von deren Exportgeschäften. Rohstoffe stehen für 80 % der Exporte und finanzieren die Hälfte des Staatshaushalts. Auch in strategisch wichtigen Wirtschaftsbereichen, wie der Weltraumtechnik, der Atomkraft, dem Schiffs- und Flugzeugbau usw., „gibt die Moskauer Zentralregierung den Ton an".

Nach dem radikalen wirtschaftlichen Umbau von der Planwirtschaft zu Sowjetzeiten zur Marktwirtschaft im Jahr 1990 („staatlicher Monopolkapitalismus") ging es langfristig wieder aufwärts, was beispielsweise das Pro-Kopf-Einkommen von fast 25 000 US-$ im Jahr 2014 belegt. Probleme bereiten allerdings die hohe Inflationsrate von mehr als

10 % und die Arbeitslosigkeit von 6,5 % im Jahr 2015, die auch auf die Sanktionen des Westens wegen der Annexion (= Aneignung) der Insel Krim zurückzuführen sein dürften. Negativ zu Buche schlagen auch die verbreitete Korruption, der gravierende Unterschied zwischen Arm und Reich, der relativ starke Bevölkerungsrückgang und die Lebenserwartung von durchschnittlich nur 68 Jahren.

Generelle **Probleme der Schwellenländer**:

- **politische Instabilität**, daher sind Investoren oft zurückhaltend,
- verbreitete **Korruption** verbunden mit Misswirtschaft,
- **Reformunfähigkeit**, Fehlentwicklungen wird oft zu wenig gegengesteuert,
- **soziale Verwerfungen**, d. h., der Unterschied zwischen Arm und Reich ist zu groß, der Anteil der Mittelschicht daher auch oftmals sehr gering, was z. B. auch zu einer erhöhten Kriminalitätsrate führen kann,
- geringes **Bildungsniveau**, was die Innovationsfähigkeit und technische Weiterentwicklung erschwert, daher auch eine weit verbreitete Arbeitslosigkeit,
- oftmals ein **Leistungsbilanzdefizit**, weil mehr importiert als exportiert wird usw.

7.5.3 Wirtschaftslage im Entwicklungsland Namibia

Als Entwicklungsland wird ein Staat bezeichnet, dessen Großteil seiner Bewohner in Bezug auf die wirtschaftlichen und sozialen Bedingungen einen sehr niedrigen Lebensstandard hat. Dies zeigt sich vor allem in der schlechten Versorgungslage mit Nahrungsmitteln, an der Armut, an der hohen Säuglingssterblichkeit, an der hohen Analphabeten- und Arbeitslosenquote usw. Circa eine Milliarde Menschen weltweit leben unter der von der Weltbank definierten Armutsgrenze von weniger als 370 US-$ Jahreseinkommen, zwei Drittel von ihnen haben sogar weniger als 275 US-$ im Jahr. Ein Großteil der Bewohner sind im Agrarbereich (= primärer Sektor) beschäftigt, wo volkswirtschaftlich keine große Wertsteigerung erzielt wird.

Namibia im südlichen Afrika gehört zu der **„Armutszone“ auf der Südhalbkugel** (= südliche Hemisphäre) unserer Erde. Es ist mit 2,2 Millionen Einwohnern auf 825 000 km² hinter der Mongolei das am dünnsten besiedelte Land der Welt. Dazu kommt noch eine klimatische Benachteiligung, weil es nur ganz wenig regnet. Den langen Küstenteil des Landes nimmt die Wüste Namib ein, daher die Staatsbezeichnung Namibia.

Im Rahmen der Jahrhunderte währenden **Kolonisierung**, in der europäische Mächte viele sog. unterentwickelte Regionen besetzten und auch oft ausbeuteten, wurde Namibia 1884 vom deutschen Kaiserreich als Schutzmacht besetzt. Dieses Protektorat wurde als Deutsch-Südwestafrika bezeichnet. Nach dem verlorenen Ersten Weltkrieg stellte der (internationale) Völkerbund Namibia unter südafrikanisches Mandat, was ebenfalls einer unselbstständigen Kolonie entsprach. Erst 1990 erlangte Namibia nach einem Befreiungskampf seine Unabhängigkeit.

Wirtschaftsdaten zu Namibia

Bevölkerung: 2,25 Mio. Einwohner

Bruttosozialprodukt: 13 Mrd. US-$

Wachstumsrate des BIP: 4,8 %

Anteile am BIP: Landwirtschaft 8 %, Industrie 20 %, Dienstleistungen 73 %

Inflationsrate: ca. 5,4 % (2013)

Arbeitslosenquote: 28 %

Handelsbilanzdefizit (am BIP): – 638 Mio. US-$

Hauptexportgüter: Drucksachen 17 %, Diamanten 16 %, Uran und Thorium 16 %, Fisch 11 %

Hauptausfuhrländer: Südafrika, Großbritannien, Angola

Rohstoffe: Diamanten, Zink, Uran, Blei, Gold usw.

Diese frühere Unterdrückung und Entmündigung ist in dem landschaftlich reizvollen Staat heute noch zu spüren. Circa die Hälfte der Bevölkerung lebt unter der internationalen Armutsgrenze, fast 15 % sind mit Aids infiziert, die Lebenserwartung liegt bei knapp über 50 Jahren.

In der größtenteils **marktwirtschaftlich orientierten Wirtschaftsordnung** spielen der Bergbau, der Fischfang, die Landwirtschaft und der Tourismus die Hauptrolle. Die **Landwirtschaft** (Weidewirtschaft) spielt traditionell eine wichtige Rolle und trägt mit Rind- und Schaffleisch sowie tierischen Produkten zum Export bei. Aufgrund der weltweit hohen Nachfrage nach Uran, erlebt die namibische Uranförderung einen Boom. Der Tourismus trägt mit ca. 11 % zum BIP bei (2011) und ist der zweitwichtigste Wirtschaftszweig. Die Staatsverschuldung betrug 2012 etwa 20 % des BIP.

Obwohl Namibia über große **Ressourcen** an Uran, Diamanten, Gold, Kupfer, Zink usw. verfügt, ist das Land sehr arm. Die Rohstoffe werden von ausländischen Unternehmen ausgebeutet, wobei für die einheimische Wirtschaft kaum etwas „übrig bleibt". Die weit verbreitete **Korruption**, insbesondere bei der Vergabe von öffentlichen Aufträgen, trägt mit zur äußerst ungleichen Vermögensverteilung bei. Daher dürfte Namibia, wie viele andere Entwicklungsländer auch, in absehbarer Zeit nur schwer aus dieser misslichen Lage herauskommen.

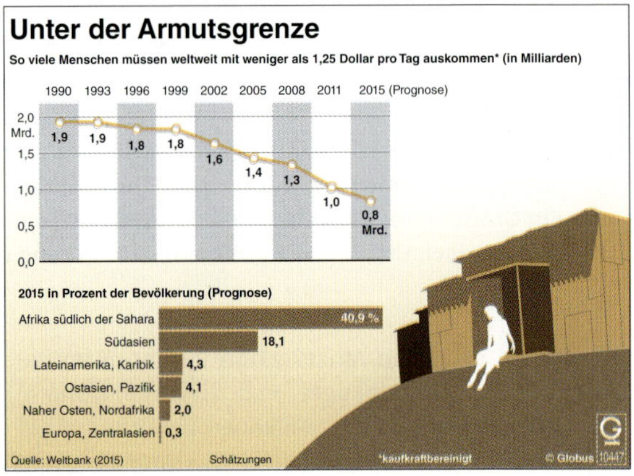

Generelle **Probleme der Entwicklungsländer**, die meist als „Dritte Welt" oder auch als „Vierte Welt" bezeichnet werden:

- Die **Bevölkerungsexplosion** bewirkt, dass das zur Verfügung stehende Bruttoinlandsprodukt auf immer mehr Köpfe verteilt werden muss, daher ist das Pro-Kopf-Einkommen sehr gering.
- Es gibt eine extrem ungleiche **Einkommens- und Vermögensverteilung**.
- Die geringe **Sparfähigkeit** der armen Bevölkerung bedingt eine geringe Investitionstätigkeit, dadurch auch eine geringe Arbeitsproduktivität und kaum technischen Fortschritt (= „Teufelskreis der Armut").

- Der schlechte **Bildungs- und Ausbildungsstand** in Verbindung mit einer „Überbürokratisierung" bringt sehr oft auch eine hohe **Arbeitslosenrate** mit sich.
- Die einseitige **Exportausrichtung** (meist Agrarprodukte – Monokulturen – wie Kakao, Kaffee, Baumwolle usw. oder Rohstoffe wie Kupfer usw.) bewirkt eine gewisse Abhängigkeit von den Industrieländern, für deren technologisch hochwertige Güter immer mehr Devisen (= ausländische Zahlungsmittel wie US-Dollar usw.) ausgegeben werden müssen.
- Hinzu kommen auch noch eine gewisse **Misswirtschaft** und schließlich auch **ökologische Probleme** wie unkontrollierte Verstädterung, Versalzung von Böden, Vernichtung der Tropenwälder, Grundwasserbelastung wegen unzureichender Umweltstandards usw.

Ob die, von den Industrieländern gewährte Entwicklungshilfe dazu beiträgt, die wirtschaftliche Lage der Entwicklungsländer langfristig zu verbessern, muss die Zukunft zeigen.

7.6 Aspekte der Nachhaltigkeit und sozialen Gerechtigkeit berücksichtigen

PRESSEMELDUNGEN

IMMER SCHÖN FAIR BLEIBEN
Elmshorn will Nachhaltigkeit und Fair Trade in die Bildungslandschaft integrieren

Zusammen mit den Volkshochschulen aus Elmshorn und Wedel und Dr. Ernst Dieter Rossmann, dem bildungspolitischen Sprecher der SPD-Bundestagsfraktion, schmiedet der Elmshorner Verein Weltladen Top 21 jetzt konkrete Pläne, mehr Nachhaltigkeit in die Bildungslandschaft einzubringen.

CAUSE MARKETING
Wie dm und Rewe mit Nachhaltigkeit und sozialem Engagement werben

NACHHALTIGKEIT
Neue Möbel aus altem Holz bald in Lechenich

Im Lechenicher Wirtschaftspark errichtet das Unternehmen „Zimmerei – Holzbau Gebrüder Münch GmbH" eine neue Firmenniederlassung. Dort werden Möbel angeboten, die aus Holzresten hergestellt werden.

Vier Häuser von Düsseldorf Congress Sport & Event für Nachhaltigkeit ausgezeichnet
Düsseldorf Congress Sport & Event ist für nachhaltigen Veranstaltungsbetrieb ausgezeichnet worden. Mit dem CCD Congress Center Düsseldorf, der Mitsubishi Electric HALLE, der ESPRIT arena und dem ISS DOME tragen jetzt vier Veranstaltungshäuser das internationale Green-Globe-Zertifikat. Das CCD Congress Center Düsseldorf erhält dieses Siegel bereits zum dritten Mal in Folge. Erstmals zertifiziert wurden die drei Multifunktionsstätten.

Quellen: Pressemeldungen vom 24.08.2015 und 25.08.2015, abgerufen unter: www.shz.de/lokales/elmshorner-nachrichten/elmshorn-will-nachhaltigkeit-und-fair-trade-in-die-bildungslandschaft-integrieren-id10537626.html, www.horizont.net/marketing/nachrichten/Cause-Marketing-DM-und-Rewe-werben-am-PoS-mit-Nachhaltigkeit-und-sozialem-Engagement-136012, www.rundschau-online.de/rhein-erft/nachhaltigkeit--neue-moebel-aus-altem-holz-bald-in-lechenich,15185500,31580448.html, greenglobe.com/latest-news/vier-hauser-von-dusseldorf-congress-sport-event-fur-nachhaltigkeit-ausgezeichnet/[22.02.2016].

Fallbeispiel:
Kai Wagner hat einige dieser Schlagzeilen in der Tageszeitung gelesen. In einem Gespräch mit seiner Großmutter Gerda unterhält er sich über einige ökologische Probleme, die es bei uns gibt. Daraufhin erwidert Oma Gerda, dass diese Probleme wie Ausbeutung unserer Rohstoffe, Bodenverschmutzung durch Überdüngung der Landwirtschaft, Luftverschmutzung durch Industrie- und Autoabgase usw. nicht von einem Land wie Deutschland allein gelöst werden können, sondern ein globales Problem darstellen, wobei allerdings jeder einzelne Verbraucher eine große Mitverantwortung trägt.

Beim Diskussionspunkt soziale Gerechtigkeit bekommen die beiden fast Streit, da Oma Gerda der jungen Generation von Kai vorwirft, zu wenig zum Generationenvertrag beizutragen, deshalb wurden nämlich die Renten gekürzt! Kai erwidert, dass in den letzten fünf Jahren seine Rentenversicherungsbeiträge bereits zweimal gestiegen seien und er als junger Arbeitnehmer bei der Europa-Bau AG sehr wohl seinen Beitrag zur Finanzierung der Renten leiste, obwohl er später vermutlich nur noch eine staatliche „Minirente" erhalten dürfte im Gegensatz zu seiner Großmutter.

7.6.1 Nachhaltigkeit

Eine nachhaltige Entwicklung (= „sustainable development") befriedigt die Bedürfnisse der Gegenwart, ohne zu riskieren, dass künftige Generationen ihre eigenen Bedürfnisse nicht befriedigen können. Sie bezieht sich langfristig auf den Schutz von Umwelt und Ressourcen und gleichermaßen auf die Verwirklichung sozialer und ökonomischer Ziele.

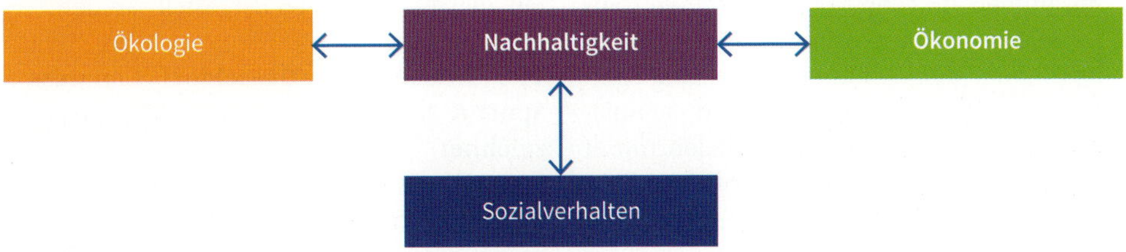

Angesichts der **Ressourcenknappheit**, der **Armut** in der Dritten Welt und der gravierenden **globalen Umweltbelastungen** wie Ozonloch, Waldsterben, Verkehrslärm, Klimakatastrophe, Müllberge usw. müssen die drei Ziele Ökonomie, Ökologie und Sozialverhalten im Sinne der Nachhaltigkeit gleichermaßen erfüllt werden. Fast alle Tätigkeiten im privaten wie im öffentlichen (= staatlichen) Bereich, also Einkäufe und jede Investition, aber auch alle politischen Entscheidungen können mehr oder weniger nachhaltig sein. Um die wirtschaftliche Lage sowohl der Entwicklungs-, Schwellen- als auch Industrieländer (= sog. Erste Welt) langfristig zu verbessern, sind Kreativität und technisches Know-how erforderlich, um z. B. ressourcenschonend, sozial gerecht und zugleich profitabel zu produzieren.

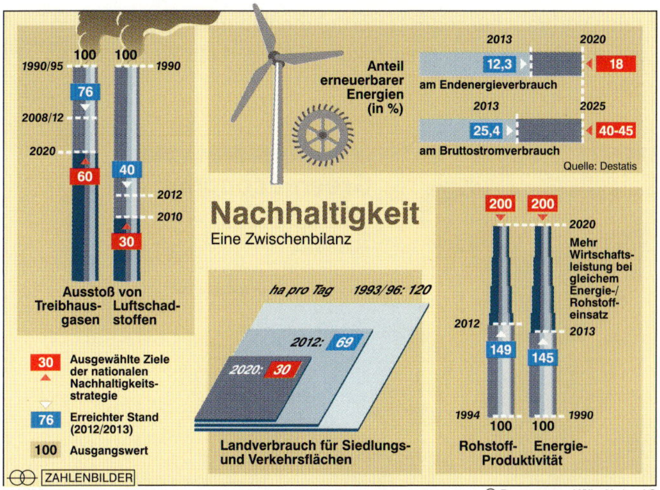

126 495 © Bergmoser + Höller Verlag AG

Nachhaltigkeit auf allen Ebenen

Gesellschaft

Hier geht es um die langfristige, soziale Ausgewogenheit zwischen den heutigen und zukünftigen Generationen; ebenso um die gerechte globale Ressourcenverteilung und das Wohlstandsgefälle zwischen der reichen nördlichen und der armen südlichen Hemisphäre (= Erdhalbkugel) usw. Gleichzeitig sollen demokratische Strukturen in allen Ländern gestärkt werden.

Wirtschaft

Der Wohlstand möglichst aller Menschen soll angehoben und langfristig gesichert werden. Dabei geht es vor allem um die Entwicklung und Verstärkung intelligenter und weitsichtiger Formen des Wirtschaftens. Langfristig soll die Schonung der noch vorhandenen Rohstoffe mit der Sicherung oder auch Erhöhung der Lebensqualität verbunden werden.

Umwelt

Hier steht der Schutz unserer natürlichen Lebensgrundlagen (Wasser, Boden, Luft, Klima, Artenvielfalt und Ökosysteme) im Vordergrund. Durch schonenden Umgang mit den Rohstoffen und dem Recyceln von Materialien sollen auch die natürlichen Lebensgrundlagen für nachfolgende Generationen gesichert werden.

Insbesondere in einer marktwirtschaftlich ausgerichteten Wirtschaftsordnung ist das Konzept der Nachhaltigkeit nicht so leicht umzusetzen. Hier stehen oft kurzfristige Ziele wie stärkeres Wirtschaftswachstum, Gewinnmaximierung, Machterweiterung oder auch die rasche Lösung aktueller gesellschaftlicher Probleme im Vordergrund. Allerdings gibt es zwischenzeitlich **immer mehr nachhaltig wirtschaftende Firmen**, die u. a. folgende Ziele anstreben:

- Sie setzen sich für gute Arbeitsbedingungen und faire Löhne für die eigenen Mitarbeiter und auch die der Zulieferer überall auf der Welt ein.
- Sie vermeiden gesundheits- und umweltschädigende Inhaltsstoffe.
- Ihre Dienstleistungen und Erzeugnisse fördern lebenswerte Bedingungen und dienen der Umsteuerung der globalisierten Wirtschaft hin zu einer nachhaltigen Wirtschafts- und Lebensweise usw.

Sowohl jeder einzelne Verbraucher, jedes Unternehmen als auch gesamte Staaten sollten, um unserer gemeinsamen Zukunft willen, mehr Wert auf Nachhaltigkeit legen.

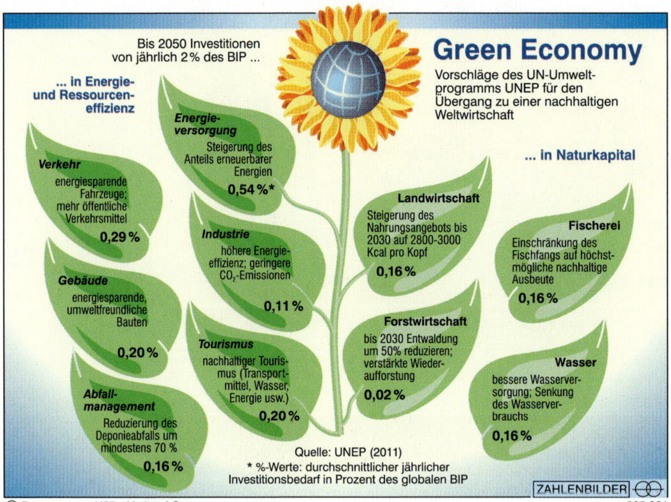

 665 061

Um die wirtschaftliche Lage eines Staates zu verbessern, sollten wirtschaftliches Wachstum und ökologische Nachhaltigkeit miteinander verknüpft werden. Neue, umweltschonende Technologien, erneuerbare Energien und eine effizientere Nutzung der vorhandenen Rohstoffe können ein neuartiges „grünes Wachstum“ erzeugen, das nicht nur die Umwelt schont, sondern auch neue Arbeitsplätze schafft und mithilfe steigender Löhne gleichzeitig zur Verringerung der Armut beiträgt.

Wie wichtig **nachhaltiges Handeln** in Wirtschaft und Gesellschaft ist, erkennt man daran, dass dieses Handeln 1994 ins **Grundgesetz** aufgenommen wurde.

§ Artikel 20a GG

Der Staat schützt auch in Verantwortung für die künftigen Generationen die natürlichen Lebensgrundlagen und die Tiere im Rahmen der verfassungsmäßigen Ordnung durch die Gesetzgebung und nach Maßgabe von Gesetz und Recht durch die vollziehende Gewalt und die Rechtsprechung.

Dieser Grundgesetzartikel fordert nicht nur den Staat, sondern jeden Einzelnen von uns auf, **Verantwortung** für Mitmenschen, Tier- und Pflanzenwelt heute und in Zukunft zu übernehmen. Das heißt, den „**ökologischen Fußabdruck**“[2], den jeder hinterlässt, so zu gestalten, dass der individuelle Verbrauch an Nahrung, Energie und Rohstoffen jedes Einzelnen mit dem weltweit zur Verfügung stehenden Naturangebot in Übereinklang stehen kann. Daher sollten alle in unserer „Überflussgesellschaft“ ihren Lebensstil kritisch hinterfragen.

---

2 *Ökologischer Fußabdruck: Konzept, mit dem sich der Ressourcen- und Energieverbrauch eines Menschen bei seinem derzeitigen Lebensstil in Landfläche umrechnen lässt.*

7.6.2 Soziale Gerechtigkeit

Vermögensverteilung: Deutschland ist gespalten – in Superreiche und den Rest

[...] Reiche bleiben gerne unter sich. Sie reden auch nicht über ihre Vermögen. Während die Einnahmen und Ausgaben der Mittelschichts- und Armen-Haushalte in Deutschland bis auf den letzten Cent durchleuchtet sind, wissen Staat und Statistiker über die Besitztümer der wirklich Wohlhabenden nicht so genau Bescheid.

Allerdings gibt es immer bessere Schätzungen. Und jede weitere Präzisierung festigt die Erkenntnis: Die Superreichen vereinen einen immer größeren Teil des gesamten Vermögens in Deutschland auf sich. Das zeigt eine neue Studie des Deutschen Instituts für Wirtschaftsforschung (DIW). Die reichsten ein Prozent der Haushalte in Deutschland besitzen 33 Prozent der Vermögen. Noch deutlicher wird es an der Spitze der Spitze: das oberste Promille (das sind ungefähr 40.000 Haushalte) halten mehr als 17 Prozent des Reichtums. Wie ungleich die Verteilung in Deutschland ist, zeigt die Gegenrechnung: Die ärmere Hälfte der Deutschen besitzt gerade einmal 2,5 Prozent der Vermögen. In Frankreich, Spanien oder Griechenland, die das DIW ebenfalls untersucht hat, sind die Vermögen gleichmäßiger verteilt – auch wenn die Reichen dort ebenfalls weit mehr als der Durchschnitt besitzen. (...)

Quelle: Kwasniewski, Nicolai: Vermögensverteilung: Deutschland ist gespalten – in Superreiche und den Rest, abgerufen unter: www.spiegel.de/wirtschaft/soziales/vermoegen-sind-in-deutschland-sehr-ungleich-verteilt-a-1051286.html [22.02.2016].

Die Zeitungsmeldung verdeutlicht, dass **soziale Gerechtigkeit** mit **sozialer Ungleichheit** einhergeht. Ist es gerecht, wenn ein 25-jähriger Bundesligaspieler Millionen im Jahr verdient oder der Chauffeur eines Vorstandsvorsitzenden 2 000 € monatlich erhält, während sein Chef im gleichen Zeitraum das 100-Fache verdient?

> **Soziale Gerechtigkeit beinhaltet eine subjektive Empfindung. Da es eine absolute Gerechtigkeit nicht gibt, versteht man unter sozialer Gerechtigkeit das Streben nach möglichst annähernd gleichen und fairen Lebensbedingungen, Chancen und Möglichkeiten für alle Menschen einer Gesellschaft. Dazu gehören auch allgemein akzeptierte Regeln, die der Verteilung von Gütern und Lasten durch den Staat an seine Bürger zugrunde liegen.**

Weil das Gerechtigkeitsempfinden aber etwas Individuelles ist und keine Gesellschaft vollkommen sein kann, wird es sozial gerechte Gesellschaften nie geben, nur solche, in denen es gerechter zugeht, und solche, die ungerechter sind.

Arten sozialer Gerechtigkeit

Leistungsgerechtigkeit	Chancengerechtigkeit	Bedarfsgerechtigkeit
Menschen sollten so viel erhalten (Einkommen, Lob, Schulnoten usw.), wie ihr persönlicher Beitrag und ihr Aufwand zur Gesellschaft ausmachen. Dies soll zu weiteren Anstrengungen motivieren, um sich noch bessere Lebensbedingungen zu verschaffen.	Menschen sollen zur Erlangung von Gütern/Dienstleistungen und zur Vermeidung von Lasten, unabhängig von ihrer sozialen Herkunft, die gleichen (Start-)Chancen haben, damit sie ihre Fähigkeiten entfalten können.	Verteilungen innerhalb der Gesellschaft sollen dem „objektiven" Bedarf der Menschen entsprechen, zumindest ihren Mindestbedarf decken. Daher gibt es z. B. verschiedene Steuerklassen, die Familien oder Ledige unterschiedlich behandeln usw.

Zu diesen drei Dimensionen sozialer Gerechtigkeit könnten noch die Aspekte der **Einkommens- und Verteilungsgerechtigkeit** mit ihrer möglichst gleichmäßigen Verteilung von Einkommen und Vermögen hinzukommen. Ebenso die **Regelgerechtigkeit**, die gleiches Recht für alle beinhaltet, und die **Generationengerechtigkeit**, die fordert, dass künftige Generationen nicht gegenüber der heutigen Generation benachteiligt werden.

Da die wirtschaftliche Lage und die politische Situation von Staaten Auswirkungen auf deren Fähigkeit, nachhaltig zu handeln und sozial gerecht zu sein, haben, sind die jeweiligen Regierungen und Parlamente gefordert, bestimmte Werte und Zielsetzungen umzusetzen.

Beispiel:
Die Ergebnisse einer **Marktwirtschaft** sind oftmals **unsozial**, da sie den „Stärkeren bevorteilen" und bestimmte gesellschaftliche Gruppen wie alleinerziehende Mütter, Kranke usw. benachteiligen. Daher muss es sich eine verantwortungsbewusste Regierung zur Aufgabe machen, solche negativen Auswirkungen mithilfe einer **Einkommens- und Sozialpolitik** zu korrigieren. Die Umverteilung in einem Staat ist über Steuer- und Sozialsysteme möglich. In Deutschland fordert das Grundgesetz sogar mehrfach einen demokratischen und sozialen Bundesstaat (= Sozialstaatsprinzip).

§ Artikel 14 GG

[…] (2) Eigentum verpflichtet. Sein Gebrauch soll zugleich dem Wohle der Allgemeinheit dienen. […]

§ Artikel 20 GG

(1) Die Bundesrepublik Deutschland ist ein demokratischer und sozialer Bundesstaat. […]

§ Artikel 28 GG

(1) Die verfassungsmäßige Ordnung in den Ländern muss den Grundsätzen des republikanischen, demokratischen und sozialen Rechtsstaates im Sinne dieses Grundgesetzes entsprechen. […]

Aus diesen grundgesetzlichen Forderungen erwachsen die Aufgaben der staatlichen **Sozialpolitik**. Diese beinhalten die sozialen Ziele Gerechtigkeit, Sicherheit und Frieden. Die Ziele sollen auf der Grundlage von Freiheit und Wohlstand verwirklicht werden.

Soziale Ungerechtigkeit

In vielen Ländern kann man von einer „Undurchlässigkeit der sozialen Schichten" sprechen. Dort ist der Lebensweg von der Herkunft abhängig. Das heißt, wer arm geboren wurde, bleibt es meistens auch. Der Aufstieg beispielsweise in höhere Ämter ist den Mitgliedern der Unterschicht oft verbaut.

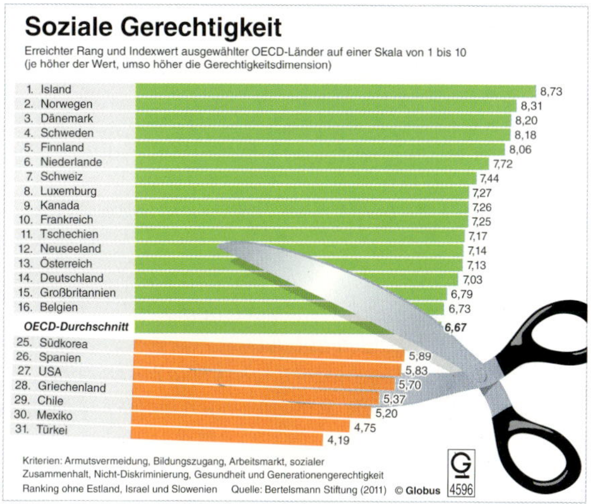

Um soziale Ungerechtigkeit zu überwinden, hilft in erster Linie **Bildung**, die unabhängig von der sozialen Herkunft gewährt werden muss. Sie trägt dazu bei, die eigene Situation zu erkennen, sich für Verbesserungen einzusetzen und dann Veränderungen zu ermöglichen. Bildung bewirkt, dass staatliche Strukturen demokratischer und damit letztlich auch sozialer gestaltet werden.

Demokratisierung führt in einem Land dazu, die Ausgaben für soziale Einrichtungen zu steigern, Bildungsinstitutionen weiter auszubauen, die Geschlechtergleichstellung voranzutreiben, Armut zu bekämpfen usw., um damit dem sozialen Frieden näherzukommen.

Sozialer Frieden entsteht in einem Land, wenn alle sozialen Gruppen mit den vorherrschenden Zuständen im Großen und Ganzen einverstanden sind.

Aufgaben

1. *Von welchen Bestimmungsgrößen sind unsere Wirtschaftsschwankungen abhängig und weshalb wird die Konjunktur von diesen Faktoren beeinflusst?*

2. *Welche Zeitabschnitte (= Phasen) hat der Konjunkturverlauf, wie könnte man diese einzelnen Phasen kennzeichnen? Nennen Sie typische Merkmale dieser vier Phasen.*

3. *Führen Sie in der Klasse eine Podiumsdiskussion durch, bei der Arbeitgeber und Gewerkschafter über die wirtschaftliche Krise (Entstehung und Behebung aus der jeweiligen Sicht) in einer Volkswirtschaft diskutieren.*

4. *Ein Konjunkturzyklus erstreckt sich von einer bestimmten Konjunkturphase, z. B. einem Boom, bis zur nächsten. Für jede Phase sind bestimmte Merkmale typisch.*

	Tiefstand	Aufschwung	Hochkonjunktur	Abschwung

Fertigen Sie eine Tabelle (siehe Kap. 7.1.1, S. 259 ff.) an, in der Sie die Merkmale a) Kapazitätsauslastung der Unternehmen, b) Güterabsatz, c) Zinsen und d) Einkommen der privaten Haushalte den verschiedenen Konjunkturphasen mit ihren jeweiligen Inhalten gegenüberstellen.

5. *Legen Sie die Bedeutung und die Auswirkungen einer Hochkonjunktur a) für die Unternehmen, b) für private Haushalte und c) für den Staat dar.*

6. *Welche Aussage ist richtig? Weshalb ist diese These richtig? Konjunkturpolitische Maßnahmen sollen:*

a) *Konjunkturschwankungen fördern?*
b) *Konjunkturschwankungen dämpfen?*
c) *Staatsschulden abbauen?*
d) *Konjunkturschwankungen völlig beseitigen?*
e) *Konjunkturelle Schwankungen möglichst nicht beeinflussen.*

7. *Lesen Sie im Grundgesetz nach, welche konjunkturpolitische Bedeutung der Artikel 109 hat und erläutern Sie ihn. Gegebenenfalls können Sie die Website www.gesetze-im-internet.de dazu besuchen.*

8. *Verfassen Sie zu der folgenden wirtschaftlichen Kurzmeldung, ggf. in Partnerarbeit, einen Leserbrief. Hierbei könnten Sie ansprechen, wie Sie zu dieser Meldung stehen, wie der Staat nach Ihrer Ansicht evtl. auf diese Situation reagieren sollte, welche Auswirkungen diese Meldung auf die gesamte Konjunkturlage haben kann usw.*

Deutscher Pkw-Markt legt wieder zu

Der deutsche Automarkt hat im Juli nach dem leichten Rücksetzer im Vormonat wieder deutlich zugelegt. Im Juli wurden mit einem Plus von 7,4 Prozent rund 290.200 Autos neu zugelassen, teilte das Kraftfahrtbundesamt (KBA) mit. Die bisherige Jahresbilanz weist einen Zuwachs von 5,6 Prozent aus. Im Juni waren die Neuzulassungen noch um knapp 2 Prozent gesunken.

Fast alle deutschen Marken schlossen den vergangenen Monat mit einem Plus ab. Bei Smart lag das Plus bei 81,4 Prozent, Porsche legte um 24,7 Prozent und Mini um 12,8 Prozent zu. (DJ)

Quelle: Kurzmeldung vom 04.08.2015, abgerufen unter: www.n-tv.de/wirtschaft/kurznachrichten/Deutscher-Pkw-Markt-legt-wieder-zu-article15651566.html [22.02.2016].

9. *Welche Möglichkeiten hat die Europäische Zentralbank, die Geldwertstabilität zu beeinflussen?*

10. *Was versteht man unter Fazilität? Wozu dient dieses Instrument der EZB? Nutzen Sie hierzu ggf. eine Suchmaschine im Internet.*

11. *In einer europaweiten Rezessionsphase mit hoher Arbeitslosigkeit setzt das Europäische System der Zentralbanken den Zinssatz für die sog. Spitzenrefinanzierung (Kreditvergabe an Banken) von 3 % auf 2,5 % und den Zinssatz für die Einlagenfazilität von 1, 5 % auf 1 % herunter.*

a) Welche beabsichtigten Wirkungen dürfte diese zinspolitische Maßnahme für die Investitionsgüternachfrage der Unternehmen (= Nachfrage nach Rohstoffen, Halbfabrikaten usw.) mit sich bringen?

b) Welche Gründe könnten evtl. der beabsichtigten Wirkung entgegenstehen?

12. *Messen sind ein „Barometer“ für die Konjunktur. Zählen Sie Ihnen bekannte Messeorte und Fachmessen auf.*

13. *Informieren Sie sich über die aktuelle Konjunkturphase, indem Sie die folgenden Fragen beantworten.*

a) Wie hoch waren das Wirtschaftswachstum, die Inflationsrate und die Arbeitslosenquote im vergangenen Jahr? b) Wie hoch ist die aktuelle Arbeitslosenrate in NRW, wie hoch in Ihrem Arbeitsagenturbezirk? Nehmen Sie ggf. das Internet und aktuelle Veröffentlichungen in den Medien zu Hilfe.

14. *Erstellen Sie in Gruppenarbeit eine Collage über den Konjunkturverlauf der letzten 20 Jahre in Deutschland.*

Außer dem Schaubild können Ihnen die Statistiken des Statistischen Bundesamtes in Wiesbaden und weitere Hilfsmittel im Internet helfen. Stellen Sie den Verlauf der Konjunkturwellen dar und veranschaulichen Sie Ihr Plakat mithilfe von Zeitungsartikeln, Zeichnungen, Ausschnitten aus Nachrichtenmagazinen, Karikaturen, Diagrammen, Ausdrucken aus dem Internet usw. Ihr Plakat könnten Sie dann auf einer Stellwand in der Schule präsentieren.

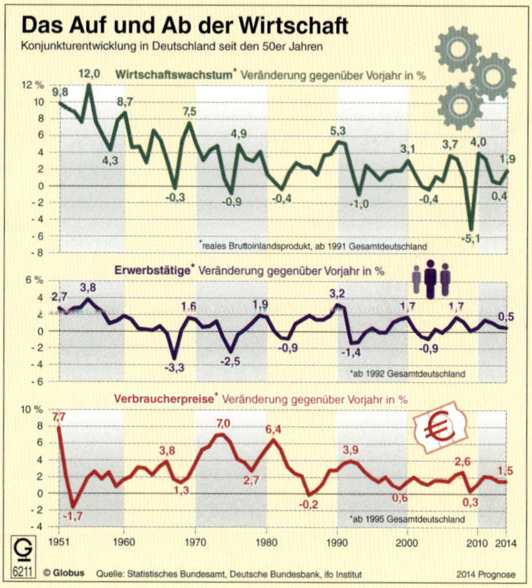

15. *Was hat die Personaleinstellungspraxis in Kai Wagners Firma Europa-Bau AG mit dem Konjunkturverlauf zu tun? Welcher Zusammenhang besteht zwischen den nur befristet eingestellten neuen Mitarbeitern und den Konjunkturphasen?*

16. *a) Wieso kann man von einer starken Stellung der Verbraucher am Markt sprechen? Nutzen Sie für Ihre Antwort auch das Schaubild auf S. 267, „Die Milliarden der Verbraucher“.*

b) Wie sollten die Verbraucher in puncto Konjunkturverlauf ihre Marktmacht ausnutzen?

17. *Beschreiben Sie die Auswirkungen auf die Konjunktur, die eine Erweiterung der Investitionstätigkeit vieler Unternehmen mit sich bringt.*

18. *Der Außenwert des Euro hat seit der Griechenlandkrise 2015 gegenüber der Weltleitwährung US-Dollar und anderen wichtigen Währungen wie dem britischen Pfund, dem japanischen Yen, dem chinesischen Yuan (Renminbi) usw. stark abgenommen. Was bringt eine solche Abwertung für unsere stark exportorientierte Wirtschaft, insbesondere z. B. für große Automobilunternehmen, mit sich?*

19. *„Maß halten"*

Was wollte der damalige Bundeskanzler Erhard 1962 mit seinem Appell („Maß halten") an die deutsche Bevölkerung bezwecken? Begründen Sie Ihre Sichtweise.

20. *Welchen Beitrag zur wirtschaftlichen Stabilität können Sie persönlich als junger Verbraucher leisten? Legen Sie Ihre persönlichen Möglichkeiten dar.*

21. *Kann man zurzeit in Deutschland/imEuroraum von Preisstabilität oder einer Geldentwertung (Inflation) sprechen? Begründen Sie Ihre persönliche Sichtweise.*

22. *Führen Sie in Form eines Rollenspiels ein Hearing (Anhörung von Fachleuten, z. B. im Europaparlament) zum Thema „Stabilität des Euro und der Gesamtwirtschaft" durch. Hier könnten vor einem Ausschuss (Finanzausschuss) die EZB, der jeweilige Finanzminister, die Arbeitgeberverbände, Gewerkschaften, Verbraucherverbände usw. ihre Meinung und die Möglichkeit zu einer gesamtwirtschaftlichen Stabilität darlegen.*

23. *Ordnen sie in Partnerarbeit die folgenden Begriffe den wirtschaftspolitischen Zielen (magisches Sechseck) zu: a) Inflationsrate, b) Importzölle, c) Arbeitslosenquote, d) Energiewende, e) gerechte Löhne und Gehälter, f) Steuereinnahmen, g) Europäische Zentralbank, h) mehr Ausbildungsplätze, i) Wirtschaftswunder, j) sozialer Friede, k) Bruttoinlandsprodukt, l) Schere zwischen Arm und Reich, m) Verbraucherpreisindex, n) natürliche Lebensgrundlage der Menschen.*

24. *Wäre evtl. ein Verzicht auf Auslandsreisen eine Möglichkeit, die Leistungsbilanz aufzubessern? Welche Folgen würde ein Ausbleiben der Touristen in anderen Ländern haben, die wiederum Kunden unserer Wirtschaft sind?*

25. *Hören Sie sich im Internet die A-capella-Version des Songs „König von Deutschland“ (Rio Reiser) von „Ganz Schön Feist“ auf YouTube unter www.youtube.com/watch?v=9ehJJBmlZk8 an, und beschreiben Sie, welche wirtschaftspolitischen Maßnahmen die Sänger ergreifen würden, wenn sie „König von Deutschland“ wären.*

26. *Beschreiben Sie einige Zielkonflikte, die entstehen, wenn multinationale Konzerne (wie im Schaubild zu sehen) ihre eigenen Ziele verfolgen, die der Wirtschaftspolitik eines Staates, in dem sie produzieren, widersprechen.*

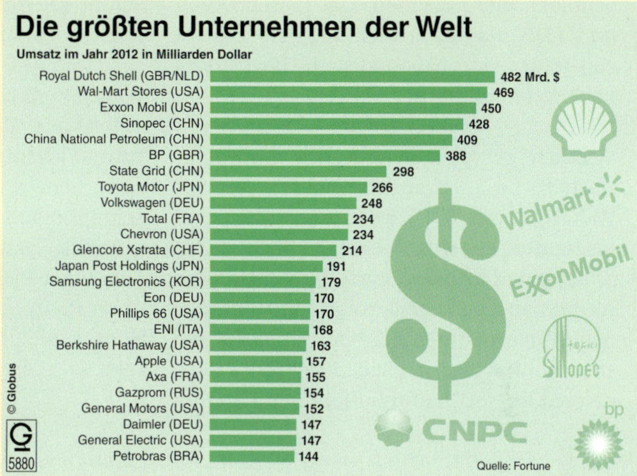

27. *Lesen Sie den Artikel 115 im Grundgesetz und legen Sie anschließend dar, was er in puncto Kreditaufnahme und Verschuldung aussagt.*
Die Webadresse www.Gesetze-im-internet.de hilft Ihnen hierbei.

28. *Interpretieren Sie die Karikatur und legen Sie Ihre Sichtweise zu unserem Steuersystem dar. Erscheint es Ihnen (un-)gerecht, sinnvoll, zu niedrig bei der hohen Staatsverschuldung? Begründen Sie Ihre Meinung.*

29. *a) Welche Faktoren führten nach Ihrer Ansicht zur gravierenden Staatsverschuldung (pro Kopf über 26 000 €) bei uns? b) Wie beurteilen Sie die noch massivere Staatsverschuldung der größten Wirtschaftsmacht USA mit über 50 000 € pro Kopf?*

30. *Lesen Sie die folgende Meldung und legen Sie dann ihre persönliche Meinung zur sog. Schuldenbremse dar, die der Bundestag und Bundesrat 2009 mit Zweidrittelmehrheit beschlossen haben und die Bestandteil des Grundgesetzes ist. Sie verpflichtet den Bund ab 2016 und die Länder ab 2020, keine neuen Schulden mehr zu machen.*

Schuldenbremse greift
NRW kommt schon 2019 ohne neue Kredite aus

Das bevölkerungsreichste Bundesland NRW will schon ab dem Jahr 2019 keine neuen Schulden mehr machen. Das hatten Union und FDP der rot-grünen Regierung nicht zugetraut. Der Null-Haushalt liegt indes noch weiter entfernt.

Sichtlich gut gelaunt trat der nordrhein-westfälische Finanzminister Norbert Walter-Borjans (SPD) am heutigen Dienstagnachmittag vor die Medien. Endlich würde er alle jenen Kritikern am Schuldenkurs der rot-grünen Landesregierung den Wind aus den Segeln nehmen können. All jenen, die stets moniert hatten, die Landesmutter Hannelore Kraft (SPD) und ihr Kabinett könnten nicht sparen. Die Schuldenbremse im Jahr 2020, prophezeite die schwarz-gelbe Opposition, sei mit dieser Verschwender-Politik nicht einzuhalten.

Walter-Borjans kann sich ein Lächeln nicht verkneifen, als er verkündet, das bevölkerungsreichste Bundesland werde schon 2019 ohne neue Kredite auskommen. Sollte sich seine Prognose bewahrheiten, so wäre dem obersten Kassenwart geglückt, was alle seine Vorgänger bisher versäumt haben: Ein Etat ohne Pump. „In Konsolidierung steckt das Wort solide", betont der Minister, „das nehmen wir ernst." […]

Quelle: Spilcker, Axel: Schuldenbremse greift, 23.06.2015, abgerufen unter: www.focus.de/finanzen/news/schuldenbremse-greift-nrw-kommt-schon-2019-ohne-neue-kredite-aus_id_4771122.html [22.02.2016].

31. *Führen Sie in der Klasse eine Podiumsdiskussion zum Thema „Generationengerechtigkeit" durch. Dabei geht es um die künftige finanzielle Belastung der jungen Generation, die wahrscheinlich unter der jetzigen Staatsverschuldung stark zu leiden haben dürfte. An der Diskussion könnte evtl. ein Landtags- oder Bundestagsabgeordneter, ein Vertreter der Jugendorganisation einer Partei, evtl. sogar jemand von der „Stiftung für die Rechte zukünftiger Generationen (SRzG)" (www.generationengerechtigkeit.de), ein Fachmann der Rentenversicherung usw. eingeladen werden, um die Zukunftschancen der jüngeren Generation zu diskutieren. Gegebenenfalls könnte über die gut vorzubereitende Diskussion ein Presseartikel verfasst und der Lokalzeitung zugeschickt werden.*

32. *a) Welches sind die wichtigsten Gründe, die die wirtschaftliche Lage eines Landes beeinflussen?*
b) Weshalb sind diese Gründe bedeutsam für das jeweilige Land?

33. *Prüfen Sie, ob die aufgeführten Güter und Dienstleistungen im Nationaleinkommen eines Staates erfasst sind und begründen Sie Ihrem Nachbarn, weshalb oder weshalb nicht.*
a) Die Mutter wäscht daheim die Kleidung. Der Vater lässt die Kleidung in der Reinigung säubern.
b) Die Tochter baut einige ihrer Möbel selbst. Der Nachbar kauft seine Möbel im Fachgeschäft.
c) Der Vater tapeziert alles allein. Der Opa lässt das Zimmer vom Malermeister tapezieren. Onkel Fritz lässt alle Räume in Schwarzarbeit tapezieren.
d) Frau Emsig ist bei Herrn Freundlich als Haushälterin angestellt und versorgt seinen Haushalt. Herr Freundlich und Frau Emsig heiraten. Sie versorgt weiter den gemeinsamen Haushalt.

34. *Für den Wohlstand eines Landes sind nicht allein die Höhe und die Qualität des Sozialprodukts (= Nationaleinkommen) entscheidend, sondern insbesondere auch dessen* ***Verteilung****. Nehmen wir an, in zwei Volkswirtschaften X und Y ist das Volkseinkommen gleich groß. Im Land X entfallen 80 % des Volkseinkommens (= Gesamtheit aller Einkommen) auf 15 % der Bevölkerung (dies ist in manchen Entwicklungsländern der Fall). Bei der Volkswirtschaft Y liegt eine gleichmäßigere Einkommensverteilung vor.*

a) In welcher Volkswirtschaft hat die Zunahme des Bruttonationaleinkommens für den Wohlstand des Volkes kaum Bedeutung?

b) Diskutieren Sie in Ihrer Klasse diese Situation, begründen Sie Ihre Sichtweise und legen Sie dann Möglichkeiten des Staates dar, für eine möglichst gerechte Vermögensverteilung zu sorgen.

35. *In den USA stieg die Produktivität zwischen 1979 und 2009 um 80 %. Das Einkommen des unteren Fünftels der Bevölkerung ging allerdings in diesem Zeitraum um 4 % zurück, während das Einkommen des obersten Prozents in diesem Zeitraum um 270 % zunahm! Beim Vermögen ist es so, dass 1 % der Bevölkerung über 50 % des gesamten Vermögens besitzen (Stand: 2007). Was halten Sie von einer solchen Einkommens- und Vermögensverteilung?*

36. *Fertigen Sie in Gruppenarbeit eine Collage mithilfe von Ausschnitten aus Zeitungen, Magazinen, Fotos, eigenen Zeichnungen, Karikaturen, Schaubildern, Beiträgen aus dem Internet usw. zum Staat USA an. Aus der Collage sollen die Betrachter die Gründe ersehen, weshalb die Vereinigten Staaten eine starke Wirtschaftsmacht darstellen.*

37.

Freihandel	Protektionismus
Hier können, wie im Binnenmarkt, Sachgüter ohne Handelsbeschränkungen im- und exportiert werden. Dies führt normalerweise zu kostengünstiger Produktion und fördert den internationalen Wettbewerb.	Hier greift der Staat zum Schutz der heimischen Wirtschaft in den Außenhandel ein, um sie vor (billiger) ausländischer Konkurrenz zu schützen. Dies geschieht mithilfe von Zöllen oder auch „nichttarifären Handelshemmnissen" (siehe Schaubild).

Führen Sie in Ihrer Klasse eine Podiumsdiskussion durch zum Thema „Außenhandel – welche Auswirkungen haben Freihandel bzw. Protektionismus auf die wirtschaftliche Lage von Staaten?"

Benutzen Sie ggf. für weitere Argumente das Internet. An der Podiumsdiskussion könnten teilnehmen: Politiker, Gewerkschaftsvertreter, ausländische Diplomaten, Unternehmer, Vertreter von internationalen Organisationen wie der Weltbank, der Organisation für wirtschaftliche Zusammenarbeit und Entwicklung (OECD) usw.

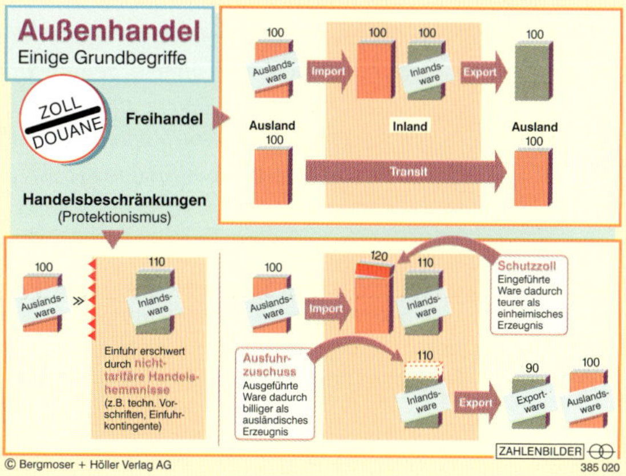

38. *„Gib einem Hungernden einen Fisch, und er wird einmal satt, lehre ihn fischen, und er wird nie wieder hungern."*
Diskutieren Sie in Ihrer Klasse das alte chinesische Sprichwort unter dem Aspekt der Entwicklungshilfe.

39. *Welche Gründe/Begebenheiten haben nach Ihrer Ansicht dazu beigetragen, dass auf der einen Seite ein Industrieland so hoch entwickelt ist und auf der anderen Seite die wirtschaftliche Lage vieler sog. Entwicklungsländer meistens miserabel ist.*

40. *Wie stehen Sie zu der Aussage von Kai Wagner, die er im Gespräch mit seiner Großmutter Gerda machte: „Es ist verwerflich, bei uns im Winter Erdbeeren aus Spanien oder Neuseeland zu kaufen und zu verzehren!"*

41. *Nachhaltigkeit beginnt zu Hause beim persönlichen Verhalten. Durch unseren persönlichen Lebensstil hinterlassen wir täglich unsere „CO2-Fußabdrücke". Wählen Sie zehn Gewohnheiten aus, auf die Sie absolut nicht verzichten wollen. Versuchen Sie sich anschließend in kleinen Gruppen auf fünf unverzichtbare Gewohnheiten zu einigen.*

42. *Schauen Sie sich im Internet unter www.youtube.com/user/Mitverantwortung den Videoclip zum Thema „Verantwortungsvoll kaufen?!" an, und beschreiben Sie, weshalb wir in Europa verantwortungsbewusstere Konsumenten werden sollten.*

43. *Diskutieren Sie in der Gruppe, wie nachhaltiges Wirtschaften die Situation in einem Land verbessern kann.*

44. *Erstellen Sie in Gruppenarbeit eine Wandzeitung, in der Sie darlegen, wie sich jeweils die wirtschaftliche Lage a) in einem Industrieland und b) in einem Entwicklungsland auf deren nachhaltiges Verhalten und deren soziale Gerechtigkeit auswirkt.*

45. *„Geht es in Deutschland sozial gerecht zu?" Die Bundesrepublik bezeichnet sich als Rechts- und Sozialstaat, obwohl die soziale Ungleichheit zunimmt. Welcher der vier Thesen stimmen Sie zu, welche lehnen Sie ab? Geben Sie am Schluss eine Begründung für Ihre Sichtweise.*
Thesen:
a) Leistung lohnt sich bei uns kaum noch, da die Steuerbelastung zu hoch ist. Wer mehr arbeitet, soll auch mehr davon haben.
b) Jeder hat das Recht auf Arbeit, daher muss der Staat auch jedem einen Arbeitsplatz anbieten, damit er sich nach oben arbeiten kann.
c) Die Steuersätze müssten für Reiche massiv erhöht werden, da es nicht gerechtfertigt ist, dass jemand z. B. mehr als eine Million im Jahr verdient.
d) Arbeitslose haben eine gemeinnützige Arbeit zu übernehmen. Nur wer am Wirtschafts- und Gesellschaftsleben teilnimmt, kann auch Ansprüche stellen und gleichberechtigt sein.

46. *Was spielt eigentlich für die soziale Gerechtigkeit in einem Staat eine wichtige Rolle? Legen Sie dar, welche der aufgeführten Aspekte Ihnen besonders wichtig, nicht ganz so wichtig und welche Ihnen unwichtig erscheinen. Begründen Sie Ihre persönliche Sichtweise in einigen zusammenfassenden Sätzen.*
a) Einkommen, b) Arbeitsplatz, c) Steuerbelastung, d) Glück, e) Bildung, f) Urlaubsreisen, g) Gesundheitsvorsorge, h) soziale Sicherheit, i) Gleichstellung von Mann und Frau.

Methoden und Arbeitstechniken

Bei der Arbeit mit dem Buch „Wirtschafts- und Betriebslehre“ sind viele Methoden zu verwenden, von denen einige vielleicht schon bekannt sind.

In dem nun folgenden Methodenteil sind besonders wichtige Methoden zum Nachschlagen und Üben zusammengestellt.

Mindmapping

Der Begriff Mindmap kommt aus der englischen Sprache und bedeutet so viel wie „Gedanken- oder Ideenkarte“. Er bezeichnet eine Kreativitätstechnik, mit der Sie allein oder zusammen mit anderen Vorschläge oder Ideen sammeln können. Diese werden sonst oft in eine Tabelle eingetragen oder als Liste formuliert. Häufig hat man aber, wenn ein Stichwort gefallen ist, dazu gleich ganz viele weitere Einfälle. Diese muss man dann irgendwie der Tabelle oder Liste zufügen. Diese Darstellungsformen stoßen also recht schnell an Grenzen.

Als Auszubildende, z. B. in einem Betrieb der Abfallwirtschaft, müssen Sie eine Berufsinformationsmesse oder eine andere Informationsveranstaltung für Schülerinnen und Schüler planen. Da ist eine ideale Lösung die Form der Mindmap. Sie sieht aus wie eine Art Baum oder wie ein Netz und man kann neue Punkte an schon bestehende anfügen, neue Äste wachsen lassen oder die bestehenden verzweigen.

Inzwischen gibt es sogar Computerprogramme, mit denen man Mindmaps erstellen kann.

Beispiel:
Betrachten Sie die angefangene Mindmap zum Thema „Nachhaltigkeit“ und führen Sie sie weiter.

Fragebogen, Umfrage, Interviews

Um zum Beispiel den Bedürfnissen der Kunden auf die Spur zu kommen, kannt man im Rahmen einer Marktanalyse Meinungsumfragen durchführen. Eine solche Befragung ist sorgfältig vorzubereiten.

Überlegen Sie, wen Sie befragen wollen. Sollen es Personen verschiedenen Geschlechts, unterschiedlichen Alters oder unterschiedlicher Herkunft sein? Dann ist der Parkplatz eines Einkaufsmarktes geeigneter als ein Schulhof, wo man nur Menschen einer Altersgruppe vorfindet. Je nachdem, wo man interviewen will, muss man um Erlaubnis fragen. Soll ein Interview geführt werden oder sollen die Angesprochenen ein Formular ausfüllen? Dann ist entsprechendes Schreibmaterial bereitzuhalten.

Stellen Sie nicht zu viele Fragen. Denn dann dauert es möglichen Gesprächspartnern zu lange und sie lehnen ein Interview ab. Seien Sie höflich, stellen Sie zunächst sich und das Ziel Ihrer Arbeit vor.

Überlegen Sie vorher, was die Befragten sagen könnten. In einem Rollenspiel mit Mitschülern können Sie üben, das Wichtigste der Antworten aufzuschreiben, wenn Sie keinen Fragebogen austeilen wollen.

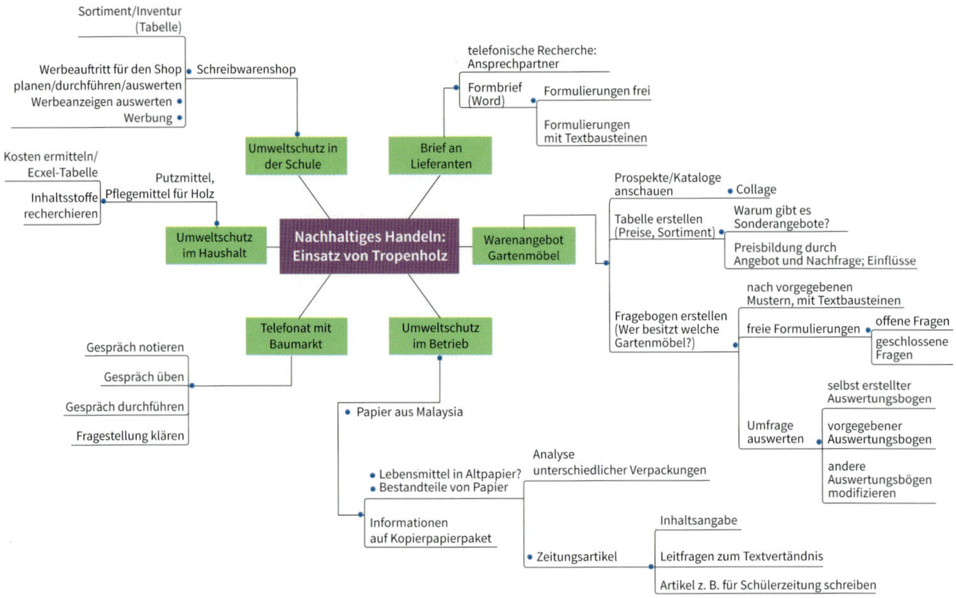

Auswertung einer Befragung

Es gibt offene und geschlossene Fragen. Bei geschlossenen Fragen sind die Antwortmöglichkeiten vorgegeben. Ja-nein-Fragen sind die bekanntesten geschlossenen Fragen. Der Vorteil geschlossener Fragen ist, dass sie sich leichter auswerten lassen. Wenn man die Antwortmöglichkeiten vorgibt, kann man eine Strichliste führen und auch bei mündlichen Befragungen (ohne dass der Befragte einen Ankreuzbogen o. Ä. hat) den Überblick behalten. Es lassen sich dazu Säulen- oder Tortendiagramme anfertigen, die das Ergebnis auf den ersten Blick deutlich machen. Die in der Tabelle mit * markierten Fragen eignen sich gut als geschlossene Fragen.

Beispiel:

Wer wird befragt?					
Würden Sie handgefertigtes Holzspielzeug kaufen?	Ja		Nein		
Zu welcher Gelegenheit brauchen Sie/brauchst du Spielwaren aus Holz?	Geschenke	Eigenbedarf	gar nicht	Krankheit, Urlaub	Sonstige
Woher haben Sie/hast du dieses Holzspielzeug bekommen?					
Welchen Betrag haben Sie/ hast du im letzten halben Jahr dafür ausgegeben?	nichts	1–10 €	10–50 €	über 50 €	

Bei offenen Fragen ist die Auswertung schwieriger, weil man nicht weiß, was die Befragten sagen werden, ob sie kurz antworten oder ganze Romane erzählen. Wenn man aber zum Beispiel etwas über die Einstellung der Menschen wissen willst, sind offene Fragen geeignet.

Präsentationen

Häufig ist es nötig, andere Menschen darüber zu informieren, was man getan oder vorhat, also die Ergebnisse der eigenen Arbeit zu präsentieren.

Das kann auf verschiedene Arten geschehen. Es ist möglich, mit Tafel, Smartboard oder Flipchart, Plakaten, Handouts (= Blätter mit den wichtigsten Informationen zum Austeilen an die Zuhörer) oder mit Powerpoint-Präsentationen zu arbeiten.

Doch ganz gleich, welches Medium (= Vermittler von Informationen, z. B. Computer, Fernseher, Buch) verwendet wird: Beachten Sie beim Präsentieren die nachfolgende Checkliste, in der die erledigten Punkte abgehakt werden können.

Inhalt	Erledigt
Ich entscheide, was und auf welche Weise die Arbeitsergebnisse präsentiert werden sollen.	
Ich bereite mich auf die Präsentation vor, indem ich Sprechanteile übe, ggf. in der Arbeitsgruppe verteile und Medien herstelle.	
Ich bereite mich auf mögliche Fragen der Zuhörerinnen und Zuhörer vor.	
Ich übe die Präsentation vorher mehrmals.	
Ich kann/Wir können auch die Teile der anderen Gruppenmitglieder präsentieren, wenn diese selbst verhindert sind.	
Vor der Präsentation stelle ich mich vor und fasse die Aufgabe mit eigenen Worten zusammen.	
In der Präsentation wird deutlich, dass wir ggf. als Gruppe zusammengearbeitet haben.	
Ich spreche zu den Zuhörerinnen und Zuhörern.	
Ich spreche laut und deutlich.	
Wir weisen auf Pausen und damit auf Möglichkeiten zum Fragenstellen hin.	
Wer von der Gruppe der Präsentierenden gerade nicht zu sprechen hat, wendet sich den Zuhörerinnen und Zuhörern zu.	
Ich ermuntere das Publikum zu Fragen und Anregungen.	

Collage und Informationsplakat

Informationen kann man auf viele verschiedene Arten vorstellen. Eine Form ist das Informationsplakat, eine Art Collage (= aus Papierstücken oder anderen Materialien geklebtes Bild), auf der man Wichtiges zu einem Thema oder Projekt sammeln kann.
Vorteilhaft ist hierbei, die verschiedenen Gestaltungsmöglichkeiten wie Text, Schaubild, Diagramm, Bilder auf einem Plakat zu vereinen, das zum Beispiel im Klassenraum aufgehängt werden kann.

Auf Stellwänden lassen sich mehrere Collagen zu einem Thema oder verschiedene Plakate zu Teilaspekten (= verschiedene Seiten eines Themas) anbringen.

Im Verlauf eines Projekts kann man eine Collage ergänzen, Infos einfügen, weitere Collagen anfügen usw.

Tabellen und Schaubilder

Im diesem Buch finden Sie viele Schaubilder, Grafiken und Tabellen, die eine Vielzahl von Informationen enthalten. Diese alle zu nennen ist oft nicht möglich und meist wenig sinnvoll. Mithilfe eines Vierschritts können Sie diese Materialien bearbeiten:

1. Benennen des Themas
2. Messgröße nennen
3. Auffälligkeiten beschreiben
4. Auffälligkeiten erklären

Beispiel:

1. **Thema:** Werbeeinnahmen der Medien 2014
2. **Messgröße:**
   Milliarden Euro bzw. Veränderung in Prozent
3. **Auffälligkeiten:**
   Ausgaben für Werbung in den Bereichen Mobilfunk sowie die Kinowerbung haben die größten Zuwächse.

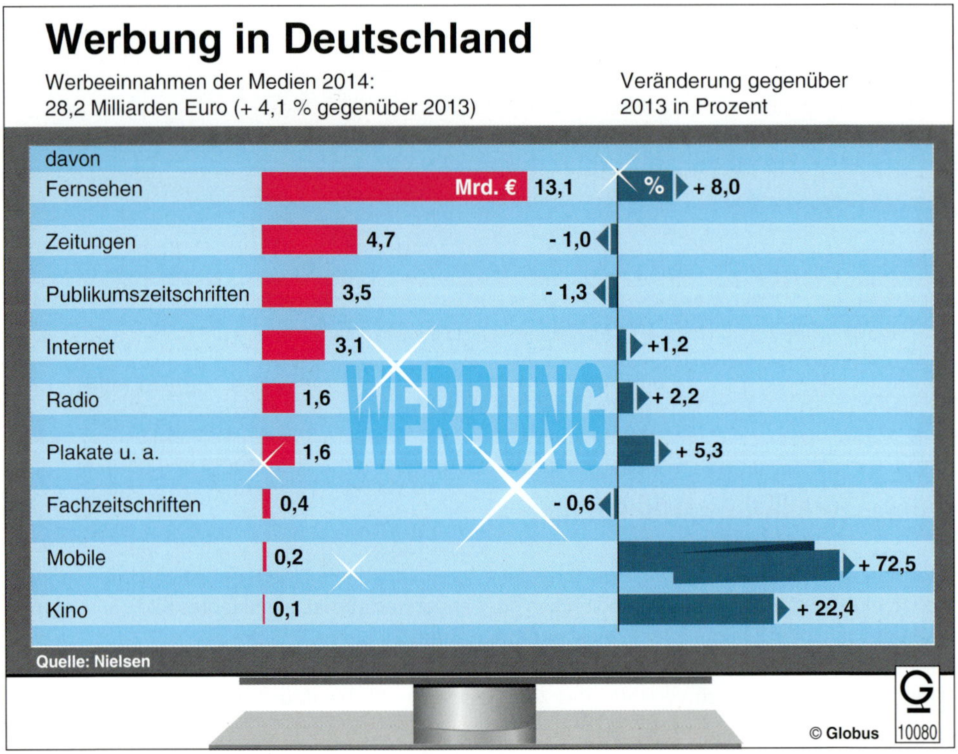

4. **Erklärung der Auffälligkeiten:**
   Die flächendeckende Verbreitung von Smartphones und die damit verbundenen immer größer werdenden Möglichkeiten, Kunden mit personalisierter Werbung anzusprechen, hat diesen starken Zuwachs zur Folge.

   Die höheren Ausgaben im Bereich der Kinowerbung liegen entweder an gestiegenen Preisen, beispielsweise für die Produktion von Werbefilmen, oder verstärkten Werbemaßnahmen, da Kinobesucher zumeist der für die Werbung relevanten Altersgruppe bis 49 Jahre angehören.

Karikaturen

Karikaturen sind beliebte Mittel, sich in satirisch-kritischer Form mit aktuellen Themen oder politischen Fragen zu beschäftigen.

Für die Analyse von Karikaturen bietet sich ebenfalls ein Viererschritt an:

1. Nennen des Themas der Karikatur, inkl. Erscheinungsdatum, Erscheinungsort, Zeichner/Zeichnerin
2. Beschreibung des Karikatur
3. Meinung der Zeichnerin/des Zeichners und damit Ausdeutung der Abbildung
4. Eigene Meinung zum Thema sowie zur Auffassung des Zeichners/der Zeichnerin und zur Darstellung in der Karikatur

Beispiel:

1. **Thema:**
   Start-up-Unternehmen und ihre Anfangsschwierigkeiten

2. **Beschreibung:**
   Zwei Männer sitzen an einem Cafétisch und schauen sich in einer Zeitung vermutlich den Wirtschaftsteil an. Der rechts Sitzende fragt sein Gegenüber, wie dessen neues Unternehmen denn so laufe. Er bekommt zur Antwort: „Du, nicht schlecht. Zwar nur rote Zahlen, aber immerhin Zahlen."

3. **Meinung des Zeichners:**
   Junge Start-up-Unternehmen haben häufig zu Beginn eine finanzielle Durststrecke zu durchlaufen; sei es, weil die finanziellen Mittel zur Existenzgründung fehlen oder weil durch (noch) fehlende Kundenakzeptanz das Umsatz- und damit das Gewinnvolumen zu klein ist.

4. **Eigene Meinung:**
   ???

Sachwortverzeichnis

Bildquellenverweis

Abriß, Werner, Offenbach an der Queich: S. 34, 181
BDEW Bundesverband der Energie- und Wasserwirtschaft e. V., Berlin: S. 234
Bergmoser & Höller Verlag AG, Aachen: S. 20, 38, 39, 42, 49, 85, 89, 90, 92, 93, 96, 102, 104, 117, 124, 141, 146, 148, 150, 159, 160, 167, 216, 259, 263, 272, 275, 281, 283, 291, 292, 301
Deutscher Industrie- und Handelskammertag e. V., Berlin: S. 237, 238
dpa-Infografik GmbH, Hamburg: S. 11, 17, 24, 27, 40, 46, 48, 55, 76, 101, 103, 119, 120, 121, 128, 137, 147, 151, 157, 168, 169, 171, 175, 177, 182, 184, 187, 188, 192, 194, 196, 203, 219, 237, 239, 242, 244, 247, 251, 252, 253, 254, 255, 256, 265, 266, 267, 270, 272, 274, 278, 280, 284, 286, 288, 295, 297, 299, 306
Bund der Steuerzahler Deutschland e.V., Berlin: S. 278
Industrie- und Handelskammer zu Düsseldorf, Düsseldorf: S. 208
Institut der deutschen Wirtschaft, Köln: S. 17
GK MittelstandsMagazin Verlag GmbH, Westensee: S. 243
Fotolia.com: S. 9.1 (S. Kobold), S. 9.2 (Rudie), 9.3, 26, 73, 155.1, 155.2, 185, 257.2 (Trueffelpix), 10 (Julian Rovagnati), 12 (detailblick-foto), 14 (Arsdigital), 18 (vimavori), 22 (Sergey Nievens), 30 (Gerhard Zwerger-Schoner), 51 (industrieblick), 53 (Loraks), 56, 58, 65 (Michaeljung), 57 (THesIMPLIFY), 61, 87.2, 92.1, 94 (Stockwerk), 64 (iQoncept), 65.5 (MK-P), 65.6 (pfpg), 66, 233.1 (Photographee.eu), 67 (Kybele), 69 (Kadmy), 72 (Couloures-pic), 77 (Apops), 79, 87.1 (Junker), 81 (Marco 2811), 82 (Kebox), 84 (ABCmedia), 86 (nmann77), 90.1 (Ehrenberg Bilder), 90.2 (creative Studio), 97.1 (FotoEdhar), 97.2 (Pavel Losevsky), 98.1 (Luna), 98.2, 100, 165, 189.2, 236.2 (G. Sanders), 99 (Pakhnyushchyy), 115.1 (Armyagov), 115.2 (Kzenon), 115.3 (Ttstudio), 118 (Kwarner), 123 (Rob. Kneschke), 125 (Marco 2811), 126, 129 (goodluz), 130 (Zirocool), 132 (djama), 135 (Arjuna Kodisinghe), 143 (wavebreakpremium), 148, 294 (Andrey Popov), 155.3 (Coloures-pic), 172 (Roxcon), 173 (MH), 175 (Yuriy Shevtsov), 177 (Jeanette Dietl), 180 (Gulien Diavel), 183 (Marco), 189.1 (fotodo), 189.3 (Minerva Studio), 190.1, 211.1 (Krawczyk-Foto), 190.2, 211.2 (Krappweis), 191 (guukaa), 194, 270.2, 292 (stockpics), 215 (jojje11), 233.2 (Idprod), 233.3 (Alena Ozerova), 236.1 (Marco2811), 241 (Franz Pfluegl), 250, 271 (Alexander Raths), 257.1 (Kenishirotie), 257.3 (Visions-AD), 258, 277 (Ingo Bartussek), 267 (Lukassek), 269 (Teteline), 270.1 (pixlmaxl), 272 (fotomek), 276 (blende11. photo), 282 (ufotopixl10), 285 (mipan), 287 (siempreverde22), 295 (Thomas Reimer)
Statistisches Bundesamt, Wiesbaden: S. 242
Stollfuß Medien GmbH & Co. KG, Bonn: S. 220
Umweltbundesamt, Dessau-Roßlau: S. 36, 37
Umweltgutachterausschuss (UGA), Berlin: S. 36

Zeichnungen/Karikaturen:
Bildungsverlag EINS GmbH, Köln/ Oliver Wetterauer: S. 43, 88, 89
Cartoon-Caricature-Contor, Pfaffenhofen: S. 299
Felmy, Kai, Frankfurt: S. 85
Mester, Gerhard, Wiesbaden: S. 29
Perscheid, Martin, Wesseling: S. 170
Rürup, Stefan, Münster: S. 38
Sakurai, Heiko, Köln: S. 213
Stuttmann, Klaus, Stuttgart: S. 224, 279
Toonpool.com/Hack, Bob: S. 191
toonpool.com/Schley, Karsten: S. 245
Wiedenroth, Götz, Flensburg: S. 174